SOURCEBOOK
OF COACHING HISTORY

教练技术

教练学演变全鉴

［美］维吉·布洛克——著
（Vikki G. Brock）
梁立邦——译

北京联合出版公司
Beijing United Publishing Co.,Ltd

图书在版编目（CIP）数据

教练技术 / (美) 维吉 · 布洛克著；梁立邦译. --
北京：北京联合出版公司，2016.10（2025.9重印）
ISBN 978-7-5502-8489-0

I.①教… Ⅱ.①维… ②梁… III.①企业管理
IV. ① F272

中国版本图书馆CIP数据核字（2016）第 212247 号

北京市版权局著作权合作登记　图字:01-2016-4440号

教练技术
作　　者：（美）维吉 · 布洛克
译　　者：梁立邦
出 品 人：赵红仕
选题策划：北京时代光华图书有限公司
责任编辑：孙志文
特约编辑：何英娇
封面设计：新艺书文化
版式设计：曾放

北京联合出版公司出版
（北京市西城区德外大街 83 号楼 9 层　100088）
北京时代光华图书有限公司发行
北京雁林吉兆印刷有限公司印刷　　新华书店经销
字数 486 千字　787 毫米 × 1092 毫米　1 / 16　32.75 印张
2016 年 10 月第 1 版　　2025 年 9 月第 3 次印刷
ISBN 978-7-5502-8489-0
定价：108.00元

谨以本书致敬过去、现在和未来担任教练的人们

推荐与读后感言

Vikki G. Brock 为读者贡献的这部巨细靡遗的精美著作展示了教练这一独特职业的产生过程，在总结历史的同时描绘了教练行业的未来。

——Jan Austin　教练行业先驱、*What No One Ever Tells You about Leading for Results* 作者

这本著作如百科全书般，以生动活泼的方式全面描述了教练学的发展历程。根据自己的研究，以及当代教练从业者和研究人员的各种研究，Vikki G.Brock 从极其广泛但又令人耳目一新的视角对当代教练学的复杂起源和先驱者进行了剖析。她以证论事，认为教练学可能存在许多兼收并蓄的深层次历史根源。

——Sunny Stout-Rostron 博士　*Business Coaching International: Transforming Individuals and Organizations* 作者

Vikki G. Brock 博士生动详细地讲述了教练从业先驱者开拓进取的重要历程。通过与关键人物进行深入细致的交谈，Brock 博士阐述了卓有远见的领导者们对个人及高管教练行业的独特贡献。

——Jeffrey E. Auerbach 博士　国际教练联合会高级认证教练、*Personal and Executive Coaching: The Complete Guide* 作者

Vikki 的研究热情、令人钦佩的建立全球关系网络的卓越能力，以及多年的潜心研究，让她终于得到回报。对于所有希望了解教练行业起源的人，这部著作描述了这一职业的演变路线，同时预测了这一行业的美好未来。

—— Liz Hall　*Coaching at Work* 杂志编辑

Vikki G. Brock 非常全面地描述了职业教练行业。她详细分析了这一新兴领域的根源和大量分支，还对其早期发展做了一定的论述。据我所知，专业教

练领域没有任何人像她那样全面了解该行业的历史渊源。通过 Vikki 的这一著作，我们或许可以最终将教练学确定为一门专业学科，或者至少是一种未来很长时间都保持持续发展的跨学科尝试。

—— William Bergquist *Coachbook: A Compendium of Organizational Coaching Strategies、Tools and Best Practices* 作者之一

对于教练行业来说，这部书都是一种弥足珍贵的资源！这要感谢 Vikki 汇集了大量信息并将其融为一体。

—— Linda Miller 全球领先的领导力培训机构肯•布兰佳公司全球教练联络人

Vikki G. Brock 花费大量时间与教练领域开拓者们对话，投入大量精力研究并书写教练学的起源。任何希望了解教练行业的人都应当向她致敬，因为她为我们节省了不可估量的时间。这本资料大全应是每位教练的必读著作。

—— Sylva Leduc 教育学硕士、高级私人 & 高管教练、SageLeaders.com 经营合伙人

Vikki 完成了其他教练无法完成的工作。她追溯了专业教练行业从无到有的发展历程，保存了教练行业数十年来的发展和成长印记，保护了专业教练行业的历史发展轨迹。

—— Mike Jay 全球最具创新精神的教练

感谢 Vikki G. Brock 凭借其独一无二的耐心、好奇心和公正心，以极为中立与公平的视角创作了这部教练学发展史著作。这是对一个令人惊异的行业，所做的真正令人敬畏的总结。Vikki 撰写的是人类发展史上最重要的篇章之一。

—— Laura Berman-Fortgang 教练行业先驱、*Living Your Best Life, Take Yourself to the Top and Now What?* 作者

该书以独特的视角揭示了教练领域复杂的历史渊源，对其整个发展轨迹进行了深入的剖析。教练、顾问、心理学者和相关领域其他人员都能从这一强大的现代运动发展背后获取多种灵感来源。Vikki G. Brock 对教练领域的持续扩大和积极影响做出了卓越的贡献。

——Angela Spaxman 2008 年—2009 年国际教练协会主席、香港国际教练协会创会主席、“热爱工作”（香港的一家职业教练机构）董事

正如每个人都要不时反思自己的人生（教练在这方面可起到推动作用）一

样，教练领域也应不断反思其自身历史。Vikki 为这种反思提供了一件强大的工具。

——David Rock　Results Coaching Systems 创始人兼首席执行官、神经领导学研究所联合创始人

Vikki G. Brock 孜孜不倦地探寻教练职业的起源，并准确记录了国际教练联合会（ICF）的创建历史，我对此深表赞赏。她对教练行业做出了实实在在的贡献，同时表达了对行业先驱们的敬仰之情。

——David Matthew Prior　高级认证教练、专业及私人教练协会（PPCA）创始人、Getacoach.com 负责人

该书堪称教练学领域"百科全书！"据我所知，Brock 博士多年来一直对相关内容进行潜心研究。本书所含的教练行业相关信息在未来很长时间内都是富有启发性的巨大资源。

—— Patrick Williams　教育学博士、高级认证教练、终身教练培训研究所创始人

每种新职业都需要记录其发展历史并在世界范围内形成明确统一的定义，确保其随时间推移而活力不减。现在，本书为教练行业提供了这样的基础依据，其影响还将持续到未来。这本书面向的人群相信教练学的巨大力量，并希望通过成为教练或雇用教练来促进其自身及其组织的成长。非常感谢 Vikki 为这部重要著作所做出的巨大努力。

—— Marcia Reynolds　心理学博士、Covisioning 总裁、国际教练联合会前总裁、*Wander Woman: How High-Achieving Women Find Contentment and Direction* 作者

与学术学科不同的是，教练技术的起源和演变更加复杂，同时还夹杂着误导信息，至少到目前为止是这样的。Vikki 的这部书是新老教练的必读书，他们可从中学习教练技术的历史，改善实际操作，提高专业素养，并为持续成长奠定基础。

——Rey A. Carr 博士　*The Peer Coaching Starter Kit* 作者、Peer Resources（www.peer.ca）首席执行官

这部优秀的著作为广大教练和受训者提供了一种研究教练职业发展的历史视角。

—— Stephen Palmer　伦敦教练中心主任、*Handbook of Coaching Psychology* 联合主编

经过多年深入、广泛的研究，Vikki 向我们展示了教练这一新兴职业的成形、诞生和成熟过程。这是一段引人入胜的故事，也是一段不可思议的旅程。

—— Henry Kimsey-House　教练培训学会联合创始人、*Co-Active Coaching* 合著者

Vikki 遵循的价值理念和标准展现了她的智慧与良好的专业操守。这部著作反映了 Vikki 的所有上述优秀品质及诸多其他美好品质。非常荣幸能够成为 Vikki 的朋友和同行。Vikki 花费巨大精力撰写这部著作的目的，是要让全球广大教练认识到，教练学就是要不断探索人类身上的宝贵财富。该书全面涵盖教练技术领域，Vikki 从其所从事的工作中感受到的由衷喜悦，其幽默和智慧，以及对人们的同情和爱也融于其中。

——Sara Arbel　高级认证教练、职业生涯设计专家、职业演说家、*Me Too* 作者、以色列教练职业先驱者、以色列国际教练联合会创会主席、Coach Inc. 全球领导

本人强烈向在商业环境中指导他人或渴望得到指导的企业主管或团队领导推荐这本书。Brock 博士全面透彻地描述了教练学发展史，为严谨认真的领导根据商务环境实现成功的教练指导提供基本参考。

——Cynder Niemela　首席人才官、*Leading High Impact Teams: The Coach Approach to Peak Performance* 合著者

正如我们所了解的那样，教练行业处于人文科学下一步发展的核心位置。大多数人都意识到全球转型已拉开大幕，未来发展存在多种可能。教练学提供自觉选择未来的推动力，而 Vikki 最终将该过程与教练行业的历史、现状和未来建立联系。作为 Vikki 多年的老友，我知道她为这本书贯注了大量心血，这是一本将使所有人受益匪浅的著作。Vikki，我们大家对你表示衷心的敬意。

——Terry Musch　9E Global 联合创始人、领导力及职业生涯教练

从未有人像 Vikki 这样将我们的过去、现在和将来浓缩在一起。她的激情和奉献在所有层面和领域都对教练行业产生了极大影响。该书体现了她在教练行业多年的辛勤工作，对教练行业的投入，以及对其未来前景的坚定信念。Vikki，感谢你勇敢地选择完成这项工作。很荣幸成为你在这个圈子中的挚友。

——Garry Schleifer　国际认证专业教练、认证辅导教练、*Choice, the Magazine of Professional Coaching* 杂志发行人

从上小学时起我便有“教练”相随，走出大学校园后又成为一名“教

练”。在超过 25 年的领导生涯中，我过去 5 年雇用了专业商务教练与我共同寻找自身的独特之处并提升我的满足感。在本书中，Vikki 不仅探讨了教练学的发展历史，更重要的是，她还探究了教练学的本质。对于真正希望帮助他人的专业人员而言，本书将是这一“旅程”的基础和起点。

——Mike Meko　PG&E 发电供应链总监

目　录

第二部分 教练学的演变

第三部分 教练学——一个发展中的专业

结语　教练行业的未来

推荐序一

2002年，在通过国际教练联合会（ICF）认证汇才人力技术有限公司（以下简称汇才）的教练技术国际认证计划（以下简称ACCP）时，我认识了本书作者Vikki G.Brock博士，当时她是评委之一。她给我的印象直观而深刻：深邃的眼睛闪现着智慧和慈悲的光芒，言谈举止之间流露着西方人少有的宁静。认证程序通过之后，作为汇才的总裁，外子梁立邦代表全体员工从美国驻中国总领事的手上接过ICF的认证教练培训（ACTP）资格证书，ACCP是首个获得国际机构认证的中文教练培训项目。数年后，因为对教练业的贡献，汇才获得了ICF 2006年度主席奖，我自己则很荣幸地获选进入ICF的董事会，作为华人代表推动全球教练业的发展。Vikki作为教练界的元老，对推动教练学的发展不遗余力。在国际教练的舞台上，我们经常会相遇。

Vikki走了一条少有人走的路，她用5年的时间研究教练学并汇集成一部深入了解教练领域的发展根源及其最初20年发展模式的巨著，对教练业是非常伟大的贡献。这部书不仅仅是历史的记载，而且启发性极强，从中读者能够洞见人类永无止境的精神追求轨迹。博学的Vikki追溯教练学的源头至数千年以前，分析的领域从东方到西方，从心理学到管理学，从培训机构到教练行业协会，等等，巨细靡遗，丰富的研究资料展现了教练学真正的面貌。

近年来，在中国市场上，教练业的激烈竞争导致大家对教练学的众说纷纭，正如教练业的先行者之一Peer Resources首席执行官Rey A.Carr博士（加拿大）所说：“与学术学科不同的是，教练技术的起源和演变更加复杂，同时还夹杂着误导信息，至少到目前为止是这样的……”而这部巨著则起到了正本清源的作用，有助于教练业的健康发展。

1995 年的中国，无人知晓何谓“Coaching”，当时我和外子苦苦思量，决定把 Coaching 这个关键词翻译为“教练技术”，并且投入半生精力教育公众什么是教练技术，如何应用这门新兴的管理方法于企业及生活中。从 1995 年到 2012 年，教练业迅速发展，全球参与推动教练业的人士已经从培训机构发展到高等院校，这意味着“教练技术”这个关键词已经到了重新定义的时候。外子梁立邦从 2015 年年初开始翻译这部著作，并且把重要关键词 Coaching 翻译为“教练学”，就是基于 ViKki 的庞大研究数据。

据 ViKki 的研究数据显示，截至 2012 年，全球共有数千人从事教练职业。从 20 世纪 90 年代初开始，教练行业快速增长，截至 2008 年，教练培训学校由 3 所增加到 250 所以上，专业协会从 0 增加到 16 个以上。通过全球教练的努力，截至 2009 年，已经有不少院校把教练学纳入成人教育体系或者学位课程。

我们希望通过这部教练学史诗，帮助教练及客户更透彻地理解教练学的起源，清楚区分心理学者、商务顾问、个人成长训练或励志演说与教练的界限。教练专业日益细化是行业演变的必然和必要趋势，认知和认同教练行业历史会帮助从业者了解如何有效学习和从事教练的工作，客户也可以有效选择自身需要的教练类型。

在很大程度上，教练学可用来观察我们所做的事情并探求其如何与我们内在的诉求相对应，从而发现差距，在探索中不断优化生活的质量。作为中国教练学的先驱，我对人本教练的探索步伐从没却步，在我的著作《人本教练模式》最新版的后记及我的自传 *Woman on a Tightrope*（《走钢索的女人》）中，我详细介绍了人本教练发展的轨迹。这个发展的故事还在进行中……随着我的人生阅历、对人性及教练的理解的不断丰富，于我而言，教练学已经不仅仅是一门学科或一种职业，而是一种生活态度，是一种自我砥砺修行的工具。教练的尊贵精神养成是学习教练学、成为职业者的磐石，更是成就百年幸福企业的关键。

我和外子很荣幸能够协助 Vikki 传播这部教练学史诗，祈愿在修行路上遇到更多的教练，共同为人类的发展做出贡献。

Eva Wong（黄荣华）

人本教练创始人

2016 年 6 月 28 日写于加拿大弗农市

人本教练网址：rencoaching.com

Eva 个人网页：abouteva.com

推荐序二

能为本书作序，实为一大幸事。初读本书草稿时，它的研究深度、对细节的注重，以及关于教练学的大量有用信息给我留下了深刻印象。我立马感觉到这本书完全可以成为全球各高校和教练培训学校的核心教材——令人欣慰的是，世界各地确实存在大量认真钻研教练学的学子。现如今，教练学已然成为一种主流。

作为一种以创造有目的性的积极变化为目标的方法，教练学现已成为公司经营的固定组成部分，日益广泛地应用于个人、健康和医疗环境，并作为一门学科在全球各大高校讲授。实证教练方法和经同行评议的教练学术文献原本被视作一时兴起的潮流，但最终它们却出人意料地将教练学推到主流位置，同时见证了教练学的职业化过程。

毫无疑问，从业者的专业知识和教练方法在现实环境中的应用是教练学不可或缺的组成部分，而经过深思熟虑的严谨治学态度也是教练行业成长与成熟的关键要素。如果没有批判性思维、适当的评价，以及基于事实信息的反思性实践，教练领域极有可能会迷失并淹没在夸大、无意义和纯主观思维的海洋中。

正是上述原因使本书非常特别。本书对教练行业做出了独特的贡献，因为它详细讲解了教练学的历史根源，将推动这个朝气蓬勃、旨在“创变”的跨学科方法（即我们所称的“教练学”）诞生的各种社会力量与各种哲学、专业和科学学科巧妙联系起来。教练学生气蓬勃，令人振奋，充满活力。而教练过程能将这种生气和活力带入客户的生活中。

了解教练学的发展历史、相关领域对其的影响，以及影响当代教练行业的重要人物等知识非常重要，因为教练和教练行业需要从中借鉴我们在培训辅导客户过程中倡导的行为。换言之，我们自身也需要持之以恒地坚持终身学习。我们需要不断检验自己的信念、设想和态度；我们需要不断进行集体和个人的反思实践。回望过去，从错误中吸取教训，从成功经验中汲取营养，这是学习过程的重要组成部分。而这个过程对教练学尤为重要，因为当代教练学在一定程度上是伴随着营销和夸饰，是从自助和个人成长运动发展起来的。

许多方面的事实表明，教练学是一种令人着迷的社会现象。Vikki G. Brock 认为，自助和个人成长运动本身就有力地推动了当代教练行业的发展。自助和个人成长运动的发展与学术和制度化教育无任何关联。学术界的确曾刻意回避公众对幸福感和生活体验改善技术、方法的渴望。在我看来，这种做法有百害而无一利。事实上，至今人们很可能在获得行为学学位后，仍对人类福祉、目标实现或促使生活更有意义的其他因素知之甚少。但值得庆幸的是，学术界思维正在发生改变。

统计数据（截至 2010 年 10 月）显示，全球至少开设了 20 门高校级的教练学课程。高校以外也有越来越多的商业教练培训学校正寻求行业机构和高校的课程认证支持。由于在同行评议刊物中发表的、严谨程度更高的教练学研究成果和理论日益增多，相关教学和实践门槛都有所提升。随着行业的成熟，要求更加严格。客户要求教练具备深厚的实证基础；学生们希望获得有理论根据的有效教练模型，并希望在要求严格的挑战性环境下进行理论学习和实践。这一过程的其中一项目标就是了解教练学的过去和未来。

作为教练，我们有时会帮助客户讲述他们人生中的精彩故事。作为新兴专业学科的从业者，我们需要了解并分享各自的经历。尽管教练学是面向未来的，但不要忘记，历史使我们能够深刻理解教练学的性质和根源，从而提供我们所需的坚实基础。让我们尊重历史，携手共创专业教练学的美好未来。本书将在我们共同创建美好未来的过程中发挥重要作用。祝大家阅读愉快！

Anthony M. Grant 博士

悉尼大学，心理学院，教练心理学系主任

前　　言

截至2012年，全球共有数千人从事教练职业。教练行业从20世纪90年代初开始快速发展，截至2008年，教练培训学校由3所增加到250所以上，专业协会从0个增加到16个以上。2000年，全球尚未出版任何教练学期刊，但到2008年却达到11种之多。随着教练领域的日益发展成熟，人们能够深入了解教练领域的发展根源及其最初20年的发展模式。

20世纪70年代的大群体意识训练和个人成长推广先驱Werner Erhard见证了教练行业的迅速成长。他在2006年指出："好的教练会给予人们更大的力量、更多的自由与更平和的心态。"

本书是全球教练领域第一部准确的发展史资料全书。我访问了170多位影响职业教练行业产生与演变的人物，他们分别来自个人成长、成人教育和心理学等领域。我希望以巧妙的方式将通过访谈收集的各种理论、模型和方法编织在一起，准确讲述关于作为当代社会独立执业领域的教练职业如何出现与演变的精彩故事。

本书第一部分讲述了教练学的起源学科在社会经济影响背景下的演变及其对教练学的贡献。我通过研究确定了教练学的起源和演变过程、影响其发展的关键人物及其主要和次要影响。正如Francine Campone所述:

> 各起源学科是教练学的DNA，早期开拓者是教练领域的"先辈"，而当前教练领域（以及现有从业人员）都是"子孙"。本书探究了上述DNA及其在"先辈"身上的表现方式，并就后辈"子孙"们如何继承

和发扬给出了建议。

第二部分追溯了教练学的演变史。从初代教练开始，我在书中描绘了教练学在 20 世纪的诞生、其全球传播，以及教练学与其起源学科的区别要素。

第三部分研究了专业协会和培训公司的发展。最后一章描绘了循证教练学的产生和影响，它大大丰富了教练学知识库。

最后，我根据研究和访谈结果总结了教练行业的未来前景。

如果再往后推十年，这本书将更加难以撰写。我亲自访问过的许多早期先行者都对教练职业的产生与早期发展有直接影响。他们为我的著作提供了大量翔实的资料，他们的个人经历和深刻见解使尘封的历史跃然纸上。对那些花时间与我共享经验和智慧的受访者，我深表感激，非常感谢他们鼓励我对教练职业进行全面准确的记录。

Vikki G. Brock

加利福尼亚州文图拉市

2012 年 2 月

第二版修正了第一版的部分事实表述错误。

Vikki G. Brock

加利福尼亚州文图拉市

2014 年 2 月

引　言

一个多世代之前，教练职业悄然兴起于行政办公室、城市上流社会和市郊平民区。时至今日，商务教练在美国企业中就像会计一样常见，而生活教练人数可能很快就会超过场边大声指导的橄榄球教练、棒球教练和足球教练。商业和生活教练行业在全球的发展速度超过了任何人的预期，且远远超出其起源学科的发展速度，为生活、商业和成熟的支持网络带来了巨大变革。

时代变革造就了商业和生活教练行业的迅猛发展和广泛认可——回想一下全球社会结构和商业惯例在过去半个世纪发生的翻天覆地变化。既然发生了如此多的变革，支持机制岂有不变之理？现代企业结构演变便是其中一项变革，另外还包括知识工作者的出现和劳动妇女人数的增加。由于“深刻巨变的涟漪效应”，在人本心理学的推动下，广大男性和女性纷纷重新检视其工作和个人生活之间的平衡。简言之，随着全球商业和社会环境的变化，人类需要求变，教练行业应运而生。

与其起源学科一样，教练学的产生、快速认可和惊人的发展也并非一帆风顺。作为心理治疗、管理咨询、自助、促动因素、继续教育和体育运动的融合产物，教练学理论早期存在大量混乱的模型和标准，它们都来自教练学的起源学科，在广泛应用的同时并未全面了解模型和标准的起源与目的。这些结果可以预测，但着实可悲。“复杂而时有困惑，声势渐增并持续演变。”——在不同人的眼中，教练学延伸出不同的含义。（我在这里使用一种简单全面的定义——作为一名教练，我“提升意识，使每个人都能自觉选择”。）本书撰写时基于的理念是：长期的历史教训应使从业者和客户更好地理解教练行业的精髓。

如果不能更透彻地理解所从事职业的起源，教练们怎样才能将自己与心理学者、商务顾问或励志演说家们区分开来呢？如果界限不清，客户如何选择自身需要的教练类型？教练学各分支都有其自身特征：有些商务教练专注于企业合并领域，而另一些商务教练则专注于企业收购领域；有些教练的服务对象是职业女性，而另一些教练服务的则是家庭妇男；有些教练几乎成了全职员工，他们的工作就是向企业管理人员提供各种教练服务选项，几乎可在任何情况下提供相应的支持。专业日益细化是行业演变的必然和必要趋势，但缺乏对行业历史的认知和认同会导致从业者无法实际了解如何从事现在的工作。

为此，我开始深入挖掘教练职业的发展历史，希望揭示其基础结构，为教练职业设置一个功能性的灵活定义，并减少在其目的和实践方面的困扰。我在研究过程中一直探究“教练”一词的由来。Jim Selman 和 Robert Evered 在其 1989 年发表的文章“Coaching and the Art of Management”中指出，在 19 世纪 40 年代，“教练”一词用于指代一种人。在牛津大学，“教练”在口语中特指与牛津大学无任何关联的私人教师，其职责是帮助学生应对考试。“教练”一词到底从何处而来？英语中“教练”一词最早出现于 16 世纪，最初是指一种特定的马车（这一含义沿用至今）。因此，“教练”作为动词的最初含义是将一位重要人物从其所处地点送往其想要前往的地点。

在深入研究过程中，我开始更多地关注各种主要起源学科影响教练学的方式，以及教练学反过来影响主要起源学科现代实践的方式。正如本章所述，教练学的起源学科并非孤立发展——它们相互依存，为其上层结构的发展寻求稳定和“滋养”。

与此同时，我开始将教练学起源学科的演变（每种学科都有其复杂的历史）与教练学的演变进行对比，特别关注伟大的社会科学先行者们对教练学发展的影响。最后，我试着归结促使教练学演变成一种职业的诸多要素：部分要素明显属于社会经济学范畴；部分要素反映了影响因素之间的联系；部分要素（例如后现代主义概念）是教练学发展的背景。这些研究带来五大核心发现。

第一，教练学同时拥有多种独立来源，每种来源在现有专业关系之间衍生出多个分支，跨越独立的学科，最后以前所未见的方式使它们重新结合。

第二，教练学以多种学科为根基，繁衍出丰硕的果实，在开展相互交流的同时确保结构内外部的延续。换言之，教练学从起源学科不断汲取养分的同时也开始对其产生影响。

第三，教练实践不断变化且前后相承：它们并不依赖于客户周围环境，而是对其做出响应。

第四，教练学用于满足一种需求，社会和专业网络一旦满足这种需求，通常会导致严重不稳定性和复杂性。随着世界的变化（特别是知识工作者开始更加频繁地换工作，一次又一次地将其支持网络抛在后面），教练学在每个客户的新工作环境中满足对个人支持的需求。另外，更宽泛的历史变革（从工厂社交环境到更加个性化的办公室环境）几乎不可避免地需要采用一种新的支持形式。最后，随着社会富裕程度的提高，企业和个人都创造出一种用于支付服务的收益来源，而这些服务原本是由朋友、家人、导师和长者提供的。

第五，教练学在 20 世纪末的开放社会环境中开花结果，其中多样化和包容性起了重要的推动作用。然而，随着教练学的日益成熟，包容性被专业化所取代（其所依赖的多数起源学科都会出现此种情况）。由于信息技术革命和普及的推动作用，教练学的发展道路从最初的“羊肠小道”逐渐发展为“康庄大道”，经历了不寻常的高速发展。

就像其初次出现时所处的社会一样，教练学既是一种开放的流动性社会运动，也是一门学科，它通过人际交往和关系传播开来，最终演变为人们应对各种变化的各种方式。因此，教练学现代模式与实践方法充满活力且前后相承，一定程度上受环境影响，一定程度上也受选择支配，但最终都要适应每位客户的需求和环境。最后，也可能是最重要的一点就是：我通过研究认识到，教练目前不仅是一种跨学科职业，还是一种社会现象；如果加以支持和培养，教练职业必将在“不断创新”和“加深了解并尊重其根源和历史”之间寻得平衡。

关于教练学初期发展史的错误信息不断传播。结束一项经认可的教练培训课程之后，我于 1996 年开始从事专业教练工作。该领域当时人气极低，国际教练联合会在教练职业发展成形时期对该领域进行了定义。但在过去 14 年间，教练行业迅猛发展，以至于许多教练竟不知教练学科早期先驱、初期发展状态和演变方式。

因此，本书通过文献回顾和评价，以及访谈剖析了教练领域的产生与成长过程：从催生教练学的各种社会经济要素到教练学的起源，再到教练领域本身。

本书大量使用调查数据和访谈，两种方法参见 Brock 的著作。

Coaching Technology

第一部分

教练学的起源

追溯教练学各种深远的根源时，明确的历史界定必须考虑这些根源的发展背景，即它们汲取营养的沃土。因此，在研究教练学起源学科及其对20世纪后半叶现代教练领域诞生的影响作用时，我们也必须考虑世界格局的变化，特别是数个世纪的政治和社会经济系统演变。

导　言

教练学根植于人类历史土壤，其出现远早于20世纪60年代的人类潜能运动；它的发展远早于管理咨询和行业组织的诞生；它见证了职业指导、成人教育、12步程序和人力资源的诞生；它甚至比心理学和精神病学更悠久。总之，教练学历史远长于其所依赖的起源学科。

教练活动可追溯到远古时代。现在所谓的“生活教练”和“企业商务教练”职业诞生的数千年前，教练活动已是一种常见的人类活动，其作用是帮助个体实现个人目标。教练或与今天的教练职能非常相似的个体，从事教练活动的历史，远长于自然科学、博物学、社会学、语言学和人类学研究。教育成为一种职业之前，教练们已经开始努力工作。然而，比教练学漫长历史更令人信服的是：当今教练的工作方式非常接近其鼻祖们。无论你称其为教练、导师、长者或是大师，他们在人类活动早期的历史中就已出现，其影响也完整延续至今。

东方先哲和古代体育教练都是教练行业最早的从业者。古代东方身体锻炼的主要方式是武术，而非体育运动。而古希腊陶器上的图案表明，运动教练在西方已存在了近三千年。正如现代体育教练一样，古希腊教练通常出身自运动员，他们的职责是帮助当时的体育竞技者实现个人最佳状态。

在希腊哲学繁盛时期，西方世界出现了最早的“私人”教练。实际上，苏格拉底正是一名教练！柏拉图所记录的苏格拉底语录表明，苏格拉底并不想传授知识，而是一直鼓励自我醒悟。东方世界第一批哲人同样持这种思想。同样值得注意的还有“二分法”：自人类有记载的历史开始，它一直存在于自我实现思想和严格的行为规则之间的夹缝中，最终延续至今。

追溯教练学各种深远的根源时，明确的历史界定必须考虑这些根源的发展背景，即它们汲取营养的沃土。因此，在研究教练学起源学科及其对20世纪后半叶现代教练领域诞生的影响作用时，我们也必须考虑世界格局的变化，特别是数个世纪的政治和社会经济系统演变。

在探究影响教练学发展的专业、领域和学科时，当今的教练从业者可以同时受益于支持这些专业的循证研究和信念本位实践。最后，在每种起源学科对教练领域的主干或主体提供滋养的同时，各分支自身仍在不断扩展，表明教练学已向多个方向延伸——尽管起源相同。但是，本书第一部分只涉及“参天大树的根部”，指出它们的分歧和一致情况，以及如何通过研究加深对现代教练实践的了解。第二、三部分将转向“树干上的树枝”，甚至是“大树周围生长的幼苗”。

C. B. Allison 在谈到教育问题时提出一种全面了解教练学历史的一般情况：

> 重点是人类的现实观念由人类历史及历史传承内容决定。最不了解历史的人们最容易被历史“绑架”，因为他们最不可能了解他们的信仰之源。因此，他们极有可能会将既成偏见与事实混淆。

教练行业备受尊敬的另一名代表人物 Francine Campone 认为：“各起源学科是教练学的 DNA，早期开拓者是教练领域的“先辈”，而当前教练领域（以及现有从业人员）都是‘子孙’。”

第二至五章所列学科构成教练学的根基，但需分别进行评述，以便更透彻地理解教练学的过去与未来。Irene F. Stein 在 2003 年 11 月的《第一届国际教练联合会教练研究研讨会论文集》中写道：

> 与大多数基于先验知识产生的新领域一样，教练研究领域可从许多现有理论体系中究其根源。教练理论应用范围极广，包括“高管教练”和“修行教练”等，各种教练均非常倚重教练学。如图 1 树形结构所示，树干表示各种教练应用领域共有的理论和实践方法，其功能“一目了然”。我

将教练研究领域比作整棵大树，但研究者和学术实践者的主要任务是确定支撑整棵大树的树干。树干越强壮，枝叶越繁茂。

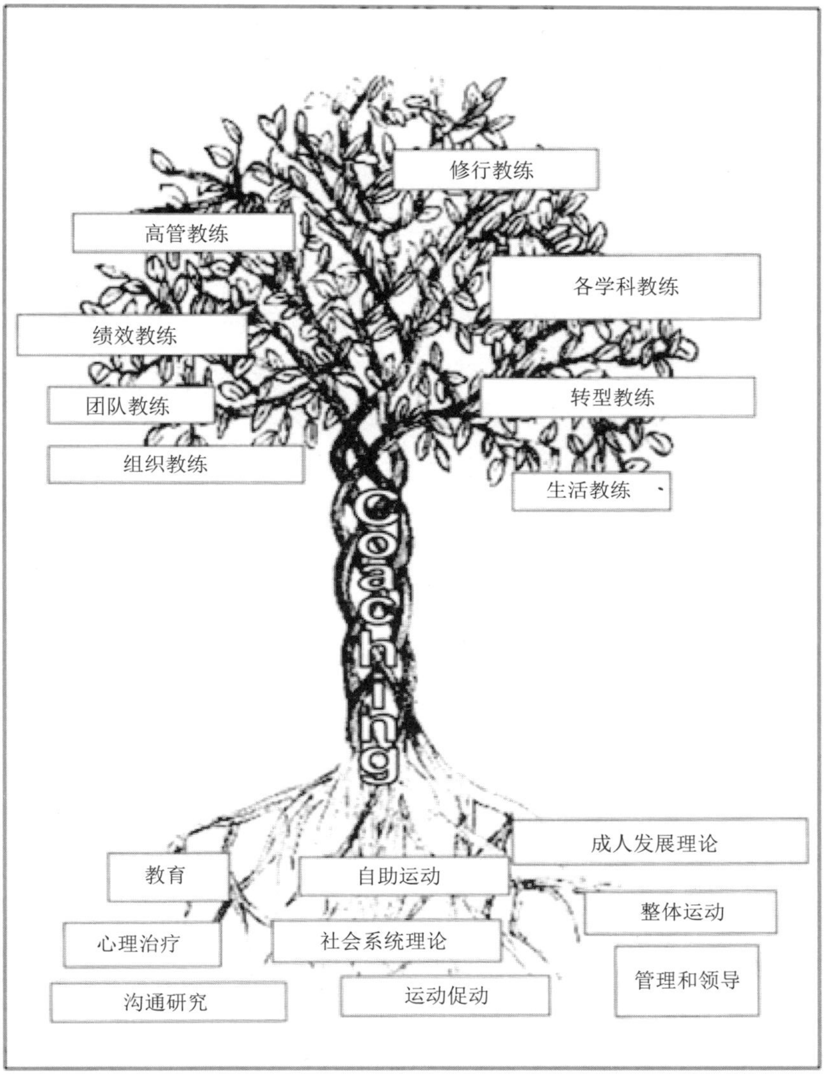

资料来源：摘自 Stein 的著作

图 1　教练研究领域的树形结构

如图 1 所示，Stein 确定了支撑教练学发展的“九条主根”，即教育、心理治疗、沟通研究、自助运动、社会系统理论、运动促动、成人发展理论、整体运动，以及管理和领导。

本书描述的是教练学的历史，并非说明手册。因此，我绘制了一幅只有两条主根的示意图：一条代表哲学，另一条表示社会科学。第一条主根（哲学）包含从业者、学员和研究者所需要的支撑教练领域的全部主要信念和假设；第二条主根（社会科学）包含心理学、商业、运动促动和成人教育及其内部蕴含的现代教练实践理论、模型和方法。

在研究上述起源学科的相关历史时，我建议现代从业者记住以下几点：第二至五章所论述的许多学科面临与教练学相似的挑战，其历史并不能预测教练学的未来。另外，教练的不同定义之间经常相互矛盾，它们通常基于每位从业者的背景和专业知识，而非对教练学整个历史的彻底了解。因此，我希望每位学生或从业者在参阅本书时都能考虑自身经验，针对教练方式创建更具包容性和一致性的模型。

通过审视教练学的起源学科，当今从业人员能更加方便地确认教练学与方法的来源，从而综合得出一种更被普遍接受的教练定义。最后，教练学无可争议地根植于其起源学科，同时也受到社会、文化和经济条件的滋养；因此，全面研究其历史时必须考虑教练学生根繁衍的社会经济基础。本书第一章描述了社会经济基础，第二至五章探讨了各种起源学科，图 2 展示了教练学发展树形结构及其环境。

在审视支撑并滋养教练学的各种起源学科之前，我要明确指出的是：第一部分所提供的信息并未涵盖所有内容，也并非要满足每位读者对背景知识的需求。考虑到每位读者的专业知识和经验，部分章节将重复先前已获得的知识，而其他章节将描述进一步研究的需求。因此，开篇导言的目的是方便教练学初级入门者详细了解教练学的学科基础，再次强调教练学对长期从业者的多重影响。

若要了解教练学的演变过程、当前应用情况和未来发展的各种可能性，必须深入了解教练学的起源学科。基于哲学和社会科学两条主线的教练学是各种学科和专业的混合体，各专业之间有些相关，但另外一些则毫无关联。图 3 从时间发展角度展示了教练学起源学科的产生及相互关系，

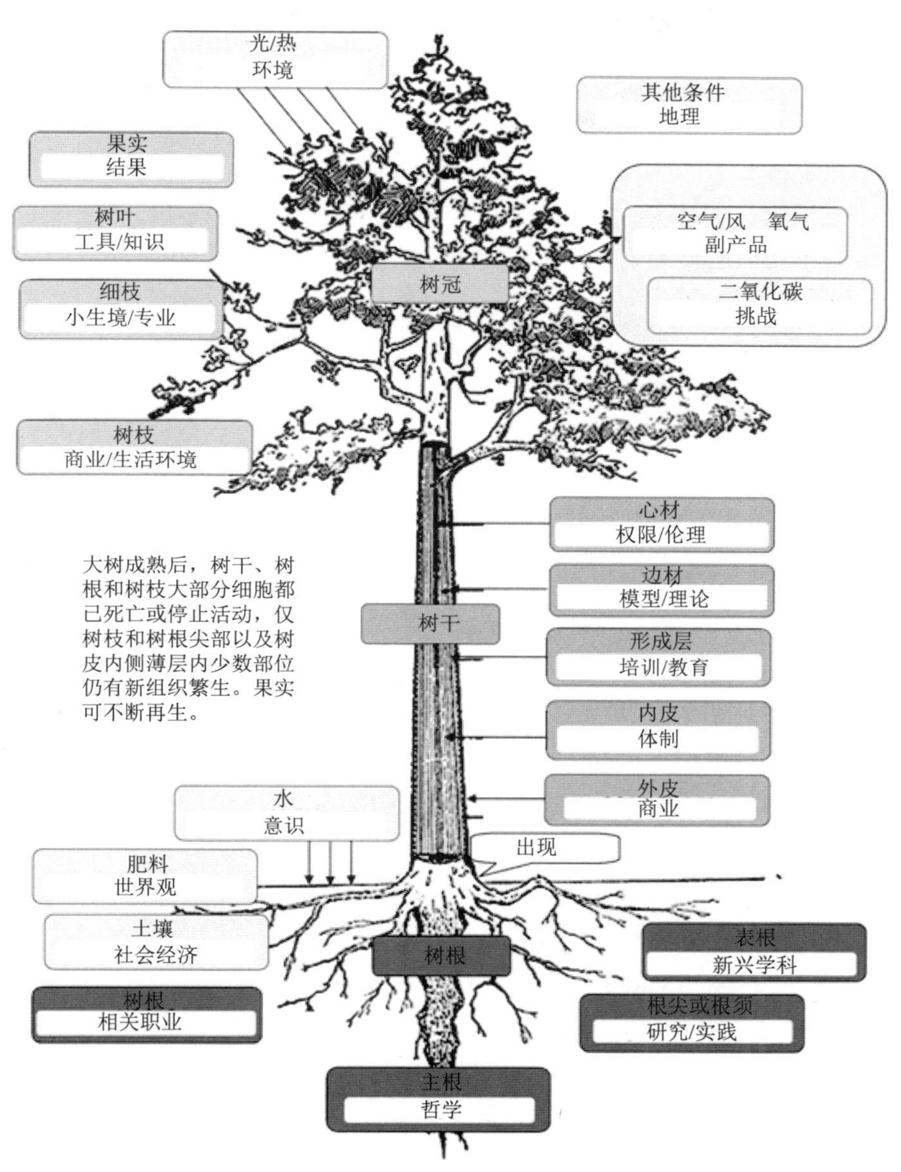

资料来源：摘自 Brock 的著作

图 2　教练学发展树形结构及其环境

明确了教练理论、模式和方法所来源的各学科之间的相互关联和影响。

鉴于工作背景的局限性，我并不知道这些学科如何相互关联，甚至不晓得部分学科所涵盖的内容，但从图 3 中可以看出，一切均在多年前源自哲学。社会科学（包括人类学、语言学和心理学）产生于 19 世纪中后期。心理学对人类潜能运动和组织发展产生了巨大的影响。另外，社会科学还涵盖成人教育与发展领域。所有这些学科都对教练学产生了特定的影响。

以下是描述教练学与上述领域之间关系的一些评论意见：

- 成人学习理论 + 行为中的未知环节；
- 组织发展子集 + 干预；
- 过程咨询是教练学的分支；
- 治疗的自然演变；
- 另一辅导领域；
- 管理者和领导者的角色；
- “治疗”是否属于积极心理学。

你可能赞同或不赞同上述所有陈述，但它们明确指出了教练学是否与起源学科息息相关。

总而言之，对教练学影响最大的领域包括：

- 心理学：1879 年出现第一名自称为心理学家的人，而心理学此前一直是哲学的一个分支；
- 运动 / 健身 / 娱乐：可追溯到公元前 776 年的罗马角斗士；
- 人类潜能运动：在 20 世纪 60 年代的社会和知识背景下产生，人本心理学是其发展根基；
- 管理学：19 世纪由经济学演变而来，领导学于 1977 年从管理学中分支出来；
- 咨询：19 世纪末源自管理学；
- 组织发展：20 世纪上半叶源自社会心理学；
- 教育 / 教学：古典教育可追溯到中世纪；

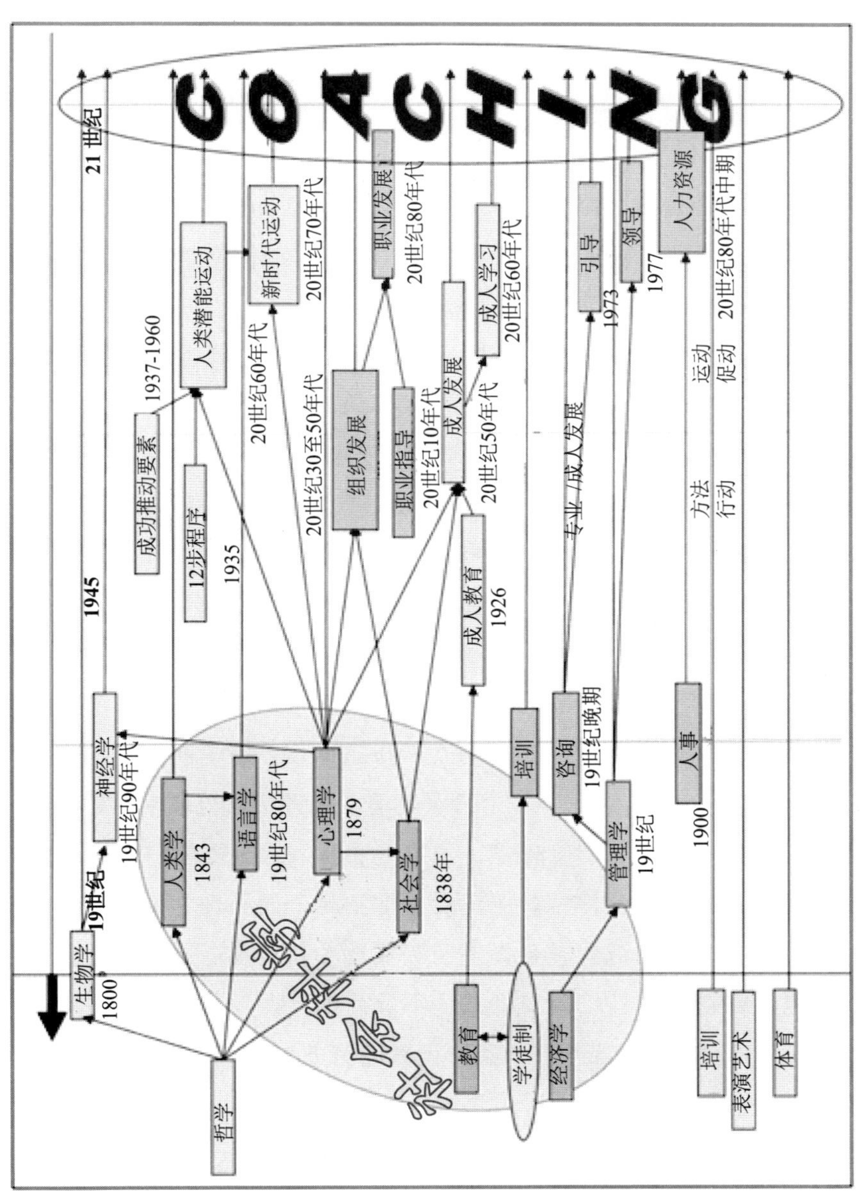

资料来源：摘自 Brock 的著作

图 3 教练学起源学科的产生及相互关系

- 培训：产生于中世纪后期，表现形式为学徒制度；
- 人力资源：最初来源于19世纪末的英格兰社会福利官，直到20世纪80年代中期之前还被称为“人事职能”；
- 哲学：西方哲学可追溯至公元前470年的古希腊，东方哲学历史则更悠久；
- 社会学：如上文所述，社会学产生于19世纪初。

以上所列举的专业均有较高水平的相互关联性。另外我还发现，包括我本人在内的许多教练学从业人员都曾接受过“12步程序”教育。匿名戒酒会的部分用语、声明和理念同样适用于教练学。

Dale Carnegies 和 Napoleon Hill 是教练学走向成功的推动者。回顾他们的著作，你会发现当今教练实践用到的许多知识都来自那里——即使我们并没有意识到这种情况。所有这些方面都在相对稳定的现代社会经济时期得到发展，大多数起源学科都建立在科学观点之上，而后转向人文主义视角。20世纪后期产生教练学时，科技和互联网革命大大加快了社会发展进程。因此，教练学的产生环境与其起源学科截然不同。第一章描述了对教练学的社会经济影响。

图3未描述起源学科对教练学的影响，而仅仅是展示了各种关联及起源学科出现时间。以心理学为例，它基于人本和超个人心理学创造了各种重要理论，基于心理动力和行为/认知心理学创造了各种工具与技术。另一方面，商业部门通过组织发展、管理学、领导学和咨询等分支学科为教练从业者提供理论和技术。现代体育教练深受人本和超个人心理学影响，从而引申出动机与绩效理论；成人教育提供了实践技术和对其进行引导的理论。最后，哲学（对教练学持续成长的贡献不及社会科学）对该领域做出了基础理论贡献，部分贡献甚至早于人类有记载的历史。

图4探究了教练学起源的另一种方法——社会网络观点。这里的主要观点是：东、西方哲学是现代教练学的主要基础，其中中国、日本和印度的教练学则是从东方哲学发展而来。图4所示社会科学领域包括地理学、经济学、人类学、社会学、心理学和教育学。图4共包含16个心理学子专

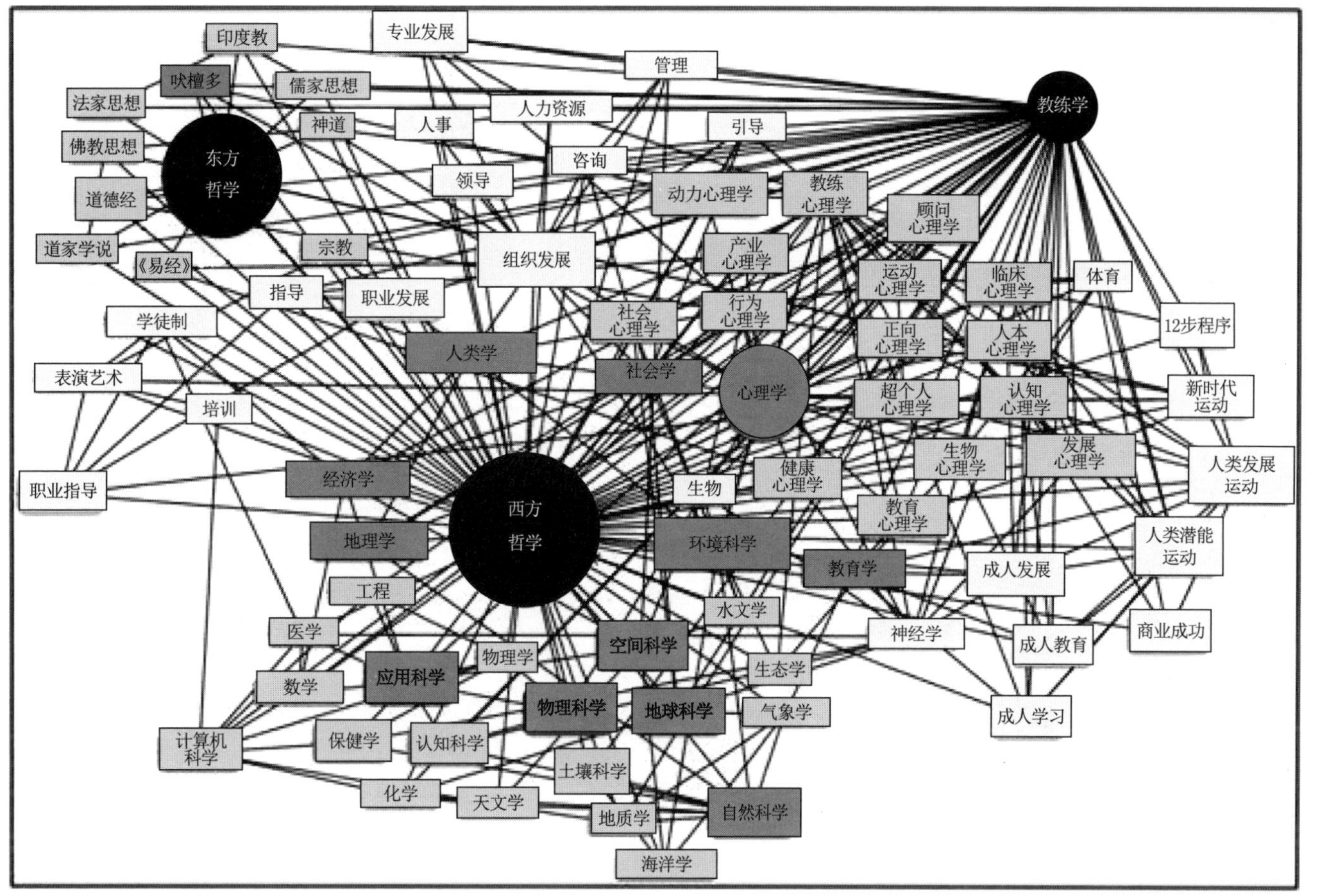

资料来源：摘自 Brock 的著作

图 4　教练学与其起源学科之间的关联

业，此处的观点是：每个节点之间都相互关联。你会注意到，我将所有这些内容与教练学相关联，因为其基于多种来源，而非一种。此处以图示方式为读者提供一种相互关联感。

第一部分旨在使教练学新晋参与者深入了解（并使长期从业者重新了解）其学科的发展基石，从而帮助每个从业者根据对教练领域的各种不同影响，以及不断增长的知识库的各种资源，重新定义通往教练之路。然而，上述影响并非毫无依据。因此，我现在就要论述教练学诞生于这个世纪时（20 世纪）的社会经济状况。

第一章

影响教练学起源学科的社会经济因素

社会经济趋势缓慢翻动着现代历史的土壤，直到条件最终成熟并致使现代教练学出现——或者更确切地讲，对现代教练学的需求出现。第一部分其他章节揭示了支持教练学开枝散叶的各种根基，但我将首先简要分析一下滋养它们的土壤。

事实证明，正是哲学、心理学和商业等多个方面的共同作用催生了教练实践，但这种融合绝非偶然。

我没有试图在这里讲述西方世界20世纪全面的社会经济史，而是努力吸引读者注意影响教练领域的起源学科并最终催生教练学出现的各种趋势，相信初学者、研究者和从业者都可将本章所述信息作为指南，并适时将其融入自身的研究当中。

20世纪的社会巨变

20世纪末的人们常说，一百年前出生的任何人都见证了人类历史上前所未有的一系列剧变。技术进步、社会习俗变化，以及全球人口、地缘政治与金融领域的转变为整个世界带来巨大变化，这对20世纪初出生的一代人来说简直无法想象。就像教练学树形结构根基一样，我们几乎无法将各种变革割裂开来——无论是社会、科学、政治还是经济变革，它们共同构成我们现在生活的世界，以及教练学所产生的世界。

单就发生的技术变革来说，就多得令人眼花缭乱。这种技术变革始于交通运输，短短几十年内，人类的距离观念就发生了彻底改变。汽车和飞机的出现使世界各大洲的居民（甚至是全球所有人类）能够以前所未有的舒适度和速度进行迁移。20 世纪后半叶乘船穿越大西洋需要 5 天时间，而第二次世界大战结束后不久，旅客航班在 12 小时内便可穿越大西洋。但随着技术的进步，基于家庭、社会和民族认同的长期统治人际关系的规则日益松动，支持网络日渐消失，长期关系宣告终结，周围人们的行为模式日益不确定。

通讯技术的进步同样声势浩大：首先是无线电的出现，电话、电视、传真机和手机紧随其后，直至个人电脑及其数据连接系统——互联网的出现。正如交通运输技术进步一样，通信技术革命加强了世界各地的沟通，打破了时空和地域的阻隔。这些工具为全球社会、政治和金融领域带来飞速的变化，但同时也伴随着不可预测的意外结果。部分变革起到积极作用，使机遇等不再局限于世界某些区域；某些变革带来了恶果，导致人们无法与其他人进行近距离接触。

交通运输技术的进步还催生了世界历史上最伟大的迁徙，即从农场到工厂的大迁移。当然，此种迁移在绝大多数情况下并非自发自愿，某些情况下与短视和气候密切相关。例如，亚马孙雨林的乱砍滥伐或大萧条的巨大冲击——它们都与经济密切相关。需要指出的是，上述迁移并无国界。

各种政治经济因素打破了 20 世纪的人口平衡，造成从欧洲到美洲的迁徙潮——或许是有史以来最重要的洲际迁移。与此同时，太平洋沿岸的各国人开始大批穿越太平洋，其原因与当时大量欧洲人离开祖国的原因类似。20 世纪早期的美国，同样的金融不稳定性连同各种各样的社会、政治和历史因素促使美国南部各州居民纷纷迁往美国北部工业中心。20 世纪后期还出现了另一次大迁徙，中南美洲大量公民纷纷涌入美国西南部。最后，20 世纪末又发生了从印度到美国的一次大规模迁移，但不同于其他几次迁移的是，此次移民的主力军并非大规模迁移中常见的低级别劳动力，而是受过良好教育但在本国工资相对较低的高技能人才。

就像同时代的技术变革一样，上述大规模迁移也有不可预测的结果——有些迁移产生了积极影响，有些则带来了恶果：一方面，数百年来延续的生活习俗在新世界迅速消失；另一方面，之前因语言差异而无法获取利用的庞大知识体系很快可通过翻译实现利用。失实的言论很快造成一种错误的观念，即人才和创新是任何一种文化与生俱来的特性。

总之，全球人口迁移在整个 20 世纪似乎从未间断。上述迁移活动显著改变了全球社会的经济环境，为教练学的产生创造了条件。

20 世纪发生的又一重大变革是妇女参加工作。首先，由于第二次世界大战的需要，以及 20 世纪六七十年代的社会和经济革命影响，越来越多的女性每天清晨离家外出工作，迫使男性和女性重新审视并衡量传统的养家和育儿分工。父母双职工家庭成长起来的第一代儿童现在都已建立家庭，他们大都延续着父母双职工这一趋势。

最后，20 世纪还产生了一种新型员工——知识工作者。作为拥有更多受教育机会的一代人，随着世界工业经济的不断变化，知识工作者能够从事全球现代经济所需要的各种工作。从本质上讲，知识工作者的诞生标志着西方世界蓝领工厂经济的终结，同时标志着白领服务和技术经济的开始。

然而，随着能力和责任的变化，员工态度也发生变化，而公司忠诚度首当其冲。就之前几代人而言，他们希望找到能够终生从事的工厂和管理工作。但随着知识工作者的诞生，无论是管理人员还是普通职工几乎丧失了这种期望。

与此同时，行政管理层面也发生了同等级别的变迁。随着第一次真正的全球经济的诞生，企业所有者开始远离公司营业地点。例如，美国、英国和日本的许多跨国公司都在境外生产产品。随着所有权变更，管理变化频繁程度大大增加，进而导致执行层面的流动性增大。

总之，20 世纪是一个大变革时代，社会变迁、人口变化、经济变革和个人变化在 20 世纪最后十年达到顶点，为教练学的出现创造了社会经济条件。

现代和后现代的社会经济

我将本章描述的短暂社会经济史分为现代和后现代两个基本阶段。第一阶段是 1890 年—1950 年，第二阶段是 1950 年至今（参见图 5）。在这两个阶段，我还将讲述世界各地保守主义和自由主义的交替盛行，但主要讲述对象是美国。

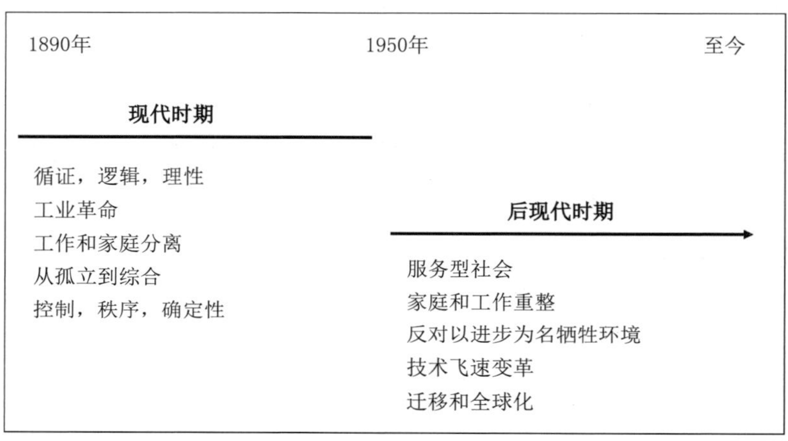

图 5　现代和后现代的社会经济学

回到上文所述主线，现代社会经济学的特点是从相对孤立的区域社会向大规模的综合社会过渡。与之前不同的是，上述新兴社会强调科学、逻辑思维和理性分析，以上三方面均用于工业生产。劳动者在上述过渡的初始阶段仅被视作一种生产单位，一位劳动者在其专业范围内很容易被他人取代。可能更重要的是，经济产业化导致工作和个人生活的分离，这是农业经济中从未有过的现象。

William Anderson 曾经指出，20 世纪上半叶见证了“文化传统与习俗遭受的冲击、两次世界大战和割裂了现实社会构建的智能运动”。William Bergquist 将上述要素体现于“庞大而复杂、将增长作为成功首要标准”的现代组织中。为此，Nevis 引入了弗洛伊德的理论、荣格的集体意识理论和不断增强的工业化要素。

20 世纪前 30 年经历了俄国革命、第一次世界大战、爵士乐时代和科学理性运动，但该时期本质上仍是保守的。终结了欧洲王朝和帝国时代的第一次世界大战结束后，英国经济遭到严重破坏，大英帝国日渐衰微，欧洲形成权力真空。当然，这个时期催生了欧洲的法西斯主义和纳粹主义、日本的技术和军事扩张，以及美国的罗斯福新政，它们扭转了保守趋势，并一直延续到第二次世界大战结束。第二次世界大战结束之后，苏联和美国成为世界两极，两者之间的冷战一直持续到 20 世纪 80 年代。该时期涌现卡耐基和其他早期的促动理论大师，罗杰斯开创了以客户为中心的咨询理论，马斯洛创立了动机理论，波尔斯提出完形疗法，美国国家培训实验室（National Training Laboratories，简称 NTL）和英国芬霍恩生态村建成。

后现代时期发生了影响教练学现状和未来发展的两次重要转变，分别是日益增长的全球化和日益复杂的社会。Reinhard Stelter 指出：

> 德国著名社会学家 Ulrich Beck 曾说过，全球化是指我们很长时间以来一直生活在世界社会中，在这个意义上，封闭空间的概念已变得虚幻。任何国家或团体都不能与其他国家或团体割裂。最近爆发的金融危机明确证明了全球化对个人生活的影响。气候变化、迁移和媒体报道都是全球化渗透到每个工作场所和家庭的鲜活例证。Beck 对部分后果进行了论述：全球化是指，从现在开始，我们星球上发生的任何事情都不仅仅是有限的局部事件；所有发明、胜利和灾难都会影响整个世界，我们必须沿着“局部 - 整体”轴线重新调整和组织我们的生活和活动，以及我们的组织和机构。局部和整体相互关联。我们所面临的必须在教练学对话中解决的部分挑战必须从全球化视角进行剖析。我们可能不得不接受一个现实，那就是：我们对生活中日益减少的元素可进行局部控制。即使控制观念会被全球化对个体生活的影响贬低。基于上述简短的反思似乎会出现以下结果：尽管存在社会、经济、民族等差异，我们必须更加豁达，并试着共同生活！

Richard Stelter 更深层次地剖析了第二次后现代转变，他认为：个体正面临社会领域的日益多样化，每个领域都有其自主的“发展逻辑”。不同的社会环境孕育了特定形式的组织和文化，其成员创造了各自的沟通方式，以适应当地文化；然而，社会总体上缺乏一种内在一致性。德国社会学家 Luhmann 指出，“系统趋于‘超复杂化’，对其自身复杂性给出大量意见和诠释”。顺着这一思路，几乎不可能实现统一且一致的特定社会背景认知。我们在“应对不同社会领域之间社会多样性和互动”方面面临的挑战日益加剧——每个人都讲自己的语言，同时又有不同的诠释。为成为不断变化的特定文化（例如组织中的特定文化）中的一员，个体必须有能力接受并适应。此外，员工们对工作情况有不同见解；丈夫和妻子会对他们的婚姻有不同的看法——只要它们彼此不相互矛盾，这些差异便无关紧要；然而，一旦他们企图说服对方接受自己的观点，分歧必然会加剧。

教练学的作用是帮助人们应对全球化和超复杂化的后果，并求同存异。因此“‘事实’的价值取决于背景和本地文化的社会认同，所以事实成为一个权力或社会协商问题”。

自上述两种重大转变发生之后，后现代时期出现的其他转变加速催生了教练学，而这次是从工业经济转变为服务型经济。最初，新经济中的工作者（尽管受教育程度高于其前辈）仍被视作车间工人。然而，随着时间的推移，工作者开始反抗现行管理制度，坚决主张其个人贡献的特殊性应得到认可，坚决要求恢复其个人生活和工作之间的联系。此次重新整合得以完成，部分归功于他们的坚持，部分归功于工作性质的改变。

考虑到这一转变，Jeannine Sandstrom 率先指出，“20 世纪 50 年代，人造卫星，我们（美国）利用科学方法征服世界经济的方式——（相反），我们在全球化程度更高且更灵活的世界（需要针对人们的要求不断变化）中陷入了这种方法的局限性”。全球日益反对打着进步的旗号破坏环境，不断推进和平、公民权利、机会均等、妇女权利和多元文化共融。社会、经济和政治变革的迅猛程度远胜从前，这主要得益于大众媒体报道、通讯技术进步、全球移民的增加，以及世界经济的全球化。

变革步伐如此之快，以至于 Bergquist 在 1993 年写道：“我们（现在）定义任何事物都参照历史（后工业化、后资本主义、后马克思主义、后冷战时代），却不知道它将走向何处。”这些尚不确定的变革包括物理学与哲学的范式转变（冲击着现行思想体系和合理原则本身），大众传媒的全球扩张，全球大规模生产中心的转变和全球市场的相应增长，制造经济向服务型经济的转变，消费必需品价格的下降（但在经济和情感方面的成本却远高于从前）——我们一度认为是理所当然的社会联系。

后现代时期最初十几年间（约 1950 年—1965 年），全球冷战日益升级，前欧洲帝国不断丧失殖民地，日本开始重建，B. F. Skinner、Martin Heidegger 和马斯洛的著作开始广泛传播。他们提出的理论影响了会心团体的增长、人类潜能运动的兴起、垮掉一代的出现、管理学校的迅猛发展、种族歧视的废止，以及嬉皮士的诞生。总之，正是他们的学说诱导了美国反主流文化的诞生，进而迅速影响到远在伦敦、巴黎、柏林和罗马的学生。William Anderson 曾写道："20 世纪 60 年代是后现代时期的真正开端……（其特点是）对既有文化的反抗……其中，Leary、Watts、Laing、Zen 和 Acid 代表一个分支，它有时被称为'运动'。" Ian Prosser 将其描述为："20 世纪 60 年代出现的整个嬉皮士理想主义文化和 70 年代的整体情况，一切都在进行……关于探索……一种探究正在进行，（它）在全球蔓延。" Jinny Ditzler 发现，这个时期强调"个人蜕变与个人发展……人类处于安全境地，承认错误也不会产生危险"。

表 1 分类汇总了从现代到后现代时期的主要变革。

表1　现代到后现代演变概述

现代	后现代
科学（逻辑，理性，客观，分析）	人本（人类关系，网络化，主观，群体，协作）
工业和制造社会	服务和信息社会
大众城市社会	移动社会（多元化的世界性组织，迁移）
进步心态（通过经济和技术发展取得进步，同时牺牲环境和其他要素）	社会责任（反对以进步之名肆意破坏环境，整体的组成部分，环境）
社会结构可靠（宗教、家庭、学校和政府信任的制度实现社会价值和可接受行为）	社会结构破碎（传统制度不再传递社会价值和可接受行为）
宗教（有组织，有指向性）	精神性（集体整体意识，价值，流动）

（续表）

现代	后现代
遵奉者（人类是可互换的经济单位和分离部分）	个人主义和人类潜能（自我认知，整体视角，自我整体发展，个人价值，确实性）
企业安全（退休，终身职务）	个人责任（自定义学习，伦理，职业生涯和执行能力管理，个人品牌化）
线性渐进（对与错）	复杂性（选择，选项，多样化规范，需求）
国家主义（封闭化，同质化，层次化，结构化）	全球化（全球性，多元文化，矩阵式复杂化，多样化；例如多国经济和全球经济安排布局）
机械化	技术（提供信息渠道并保持分离，但支持社会网络化）
可预测变革速度（有秩序，自然规律）	变革速度加快（不确定性，模糊性，混同，悖论；日常生活中的破坏性和不确定性日益增加，寿命周期加速，快速学习，灵活敏捷）
分离（清晰的界限，区别；例如工作和家庭生活的社会分离）	重新整合（界限和区别崩塌；例如，工作和家庭生活通过虚拟工作和远程交换重新整合）
竞争（生存竞争，职业道德）	努力和推动文化（唯物主义，消费主义，成功，形象，地位，成长）
追求经济财富	追求意义、幸福和目标（人们在良好的经济环境中生活更长时间）
稳定性	压力（绩效，满足，对不断成长的需求，改变和/或改进）
受控信息	信息可用性（基于大众传媒与电信的信息可及性和使用）
实体和社会联系	虚拟和媒体联系（社会联系和群体费用更高；互联网与媒体取代社会联系）
官僚主义	基层（普通人参与决策；参与式文化，数字融合）
等级，权威，命令，控制	协作、参与和影响

资料来源：摘自 Nevis 的著作

William Anderson 指出：“难以确定何时发生了真正的文化革命的原因之一，便是社会非常善于吸收其‘逆反者’。破坏现行社会现实构建的事物最终会成为社会的组成部分。”当然，这个过程永无止境。因此，展望教练学未来的人们会在表 1“后现代”栏目右侧新建一列，暂时留下空白。

人们还可在表 1 左侧添加若干列，列出导致 20 世纪出现现代主义的各种变革。如图 6 所示，自然科学（生物学、地质学）和物理科学（化学和物理学）在 17 和 18 世纪之间作为独立学科从哲学中分离出来。研究涵盖人类社会与个体各方面的社会科学（经济学、心理学、社会学、语言学、人类学）在 19 世纪也从哲学中分离出来。Mannion 认为，最近出现的社会科学开始积极运用科学方法研究社会、文化和人类思想的神秘运行。华盛顿州立大学网站做了如下描述：

> 社会科学史根植于 18 世纪重大事件，即工业革命和法国大革命。神学和演绎推理中得出的观点粉饰着当时的社会科学，直到 19 世纪，人们才从科学和经验角度努力去定义和研究社会。达尔文和马克思所处的时代利用更加实证主义（科学）的方法推动社会科学的发展。

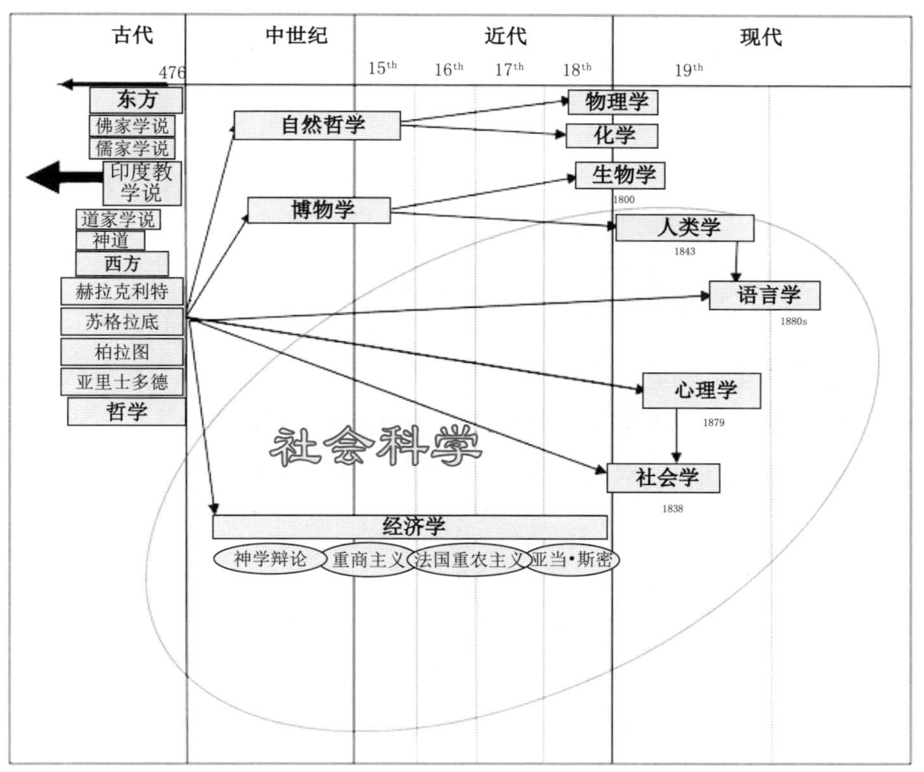

资料来源：摘自 Brock 的著作

图 6 哲学起源学科演变

新出现的“社会”学科尝试利用科学方法支撑其各种理论，而弗洛伊德“在他所生活的时代打破了哲学家与医生之间的界限，坚决认为推理可用于大胆探索激励人类行为的决定因素”。许多人现在质疑弗洛伊德有关“压抑性记忆”和“梦的重要性”的理论的有效性，甚至是合法性，但毋庸置疑的是，弗洛伊德将意识与潜意识研究公开化，并提出了移情、防御机制和抵抗等问题。

随后，现代企业管理学在19世纪作为经济学的一个分支出现，并且在1900年之前一直强调劳动分工与使用机械来提高劳动力。19世纪末，英国形成福利官制度，随后开始出现人事管理。“这些专业的出现是对严酷工业条件，以及公民权延伸、工会影响、劳工运动和开明雇主运动（又称‘工业改良’，由贵格会教徒发起）所致压力的响应”。

随着工业革命所致组织复杂性的日益加剧，19世纪末开始出现咨询专业。19世纪80年代到20世纪50年代期间，最早期的管理顾问以业务分包商形式出现。“外部顾问通过专业知识解决内部工作人员无法轻易解决的问题”。

在20世纪最初的几十年，技术进步与科学视角研究的热情一直延续，甚至涵盖了教练学的起源学科。阿尔伯特·爱因斯坦提出了物理学相对论，而内燃机的出现进一步推动了工业化进程。俄国革命终结了俄国漫长的帝国制度，同样第一次世界大战也开始在欧洲瓦解帝制；在美国，爵士乐时代娓娓而来。Philip Goldman将这一时期描述为“世界从机械模式到有机模式转变的开端。机械模式条件下，人们修理坏掉的物品，并以病理学为导向与他人交往……因此，整个（有机）时代思潮从20世纪年代早期便开始形成”。

匿名戒酒会是这种趋势的另一例证。匿名戒酒会成立于1935年，旨在支持各种贫富状态和社会地位的酗酒者进行持续戒酒。匿名戒酒会联合创始人Bill Wilson赞扬了牛津小组的“自省、承认性格缺陷、伤害救赎，以及与他人合作影响个人行为”等基本理念。匿名戒酒会在很大程度上发挥了导师作用，扮演了发起者或与新参加者合作的另一名戒酒者的角色。

20世纪40年代以前，各种组织运营时通常采用机械原理和官僚体系，包括权威服从、劳动分工、分层监督、形式化程序和规则，完全以劳动力的非人格性为基础。经营研究（又称“管理学”）诞生于20世纪40年代，利用科学方法解决管理问题。与此同时，成人教育和集体治疗领域逐渐意识到帮助团体和团体领导者关注领导过程的重要性。群体动力学在20世纪40年代有所发展，该学科鼓励个人参与决策，并开始注意到工作小组对绩效的影响。

组织发展（OD）是对科学管理的另一种响应，在“劳动力廉价、未受教育且能够轻松执行小任务”的情况下更具优势。Nevis指出：“我认为组织发展领域的历史可追溯到1930年—1999年，但令人非常沮丧的是，更年轻一代竟认为所有历史都起源于20世纪60年代，所以我想告诉他们，大多数主体思想都诞生于20世纪30和40年代。”该学科早期对团体和个人成长的关注主导着20世纪40年代和50年代的研究方法，而Kurt Lewin所创立的NTL正是这种关于个人和团体新观念的主要倡导者。

20世纪60年代出现人类潜能运动，同时代的重大事件还包括基于反越战活动的嬉皮士运动和全球反主流文化。许多学生将世界问题归咎于“制度”，认为它是导致法国1968年“五月风暴”的原因；而在美国，支持公民权利的法律在抗议声中通过，这是美国插手东南亚事务的结果。这是反主流文化的十年，以迪伦、甲壳虫乐队、滚石乐队和亨德里克斯为代表的现代音乐应运而生，东西方日益关注精神传统与替代医学。这种心态的转变点燃了人们对伊莎兰研究所、EST训练（Erthard Seminar Training）、生命源泉（Lifespring）甚至是自助和团体支持（例如减肥中心）的兴趣。最后，美国的首次登月为这个“大同时代”画上一个句点。

20世纪70年代，世界各国国家元首和政府首脑中女性人数显著增加，全球激进组织恐怖主义活动日益频繁，但Skiffington和Zeus指出，“政治动荡的时代终结之后，人们日渐意识到激进的政治并未解决个人或现存问题”。因此，20世纪70年代出现以个体解决方案为中心的方法，这在一定程度上是对管理式医疗系统失败（无法满足不需要长期治疗的患者的需求）的回应。这种方法融入个人成长运动，强调个人责任与选择，受到“希望把焦点从问题转移到寻找解决办法的人们”的追捧。

20世纪六七十年代的毒品文化印证了弗洛伊德和赫胥黎早期关于“迷乱心智的药物”的实验。超个体心理学研究者 Patrick Williams 强调“人的整体整合，包括智力、情感、身体和精神本性”。人本心理学与超个人心理学的主要区别在于，前者包含“人的精神或更高本性”。他进一步指出，“……它深入研究秘传方法自然引起的，以及麦角酰二乙胺（LSD）和其他致幻剂所导致的意识状态变化，作为探索超个人领域的一种途径”。

20世纪80年代是一个充满不确定性、模糊性、悖论与不连续性的年代，这种情况一直延续到90年代中期。社会、经济和文化变革更加频繁，并具有前所未有的发展速度。随着“柏林墙”的倒塌，20世纪60年代的“伟大社会”法律基本土崩瓦解，日本和欧洲的工业力量得到加强。跨国公司将生产转移到新兴经济体，财富和生产逐渐流入这些国家。

随后，全世界于20世纪90年代出现了有史以来最伟大的进步：个人电脑和互联网的广泛应用，以及电脑软件的爆炸式增长。这些进步连同苏联的解体和第一个真正意义上全球经济体的诞生为教练学的产生奠定了基础。

接下来的四个章节将会探讨上述社会经济变革影响教练学的起源学科（哲学、心理学、商业、体育和成人教育）演变的方式，以及每种学科在理论和实践方面对这个新兴领域所做的贡献。

总结

如本章所述，社会经济环境为教练学的产生创造了条件。从1890年左右到1950年的现代时期专注于科学世界观和疾病或病理模式（弥补弱点并改善身体机能）。这是一个工业革命时代：人们外出工作造成工作和家庭的割裂；孤立的小群体转变为较大的工厂网络，每个人类个体都是一个经济单位。在此期间，人类经历了两次世界大战，交通运输技术的进步大大提高了沟通效率。

后现代时期出现于1950年左右，以服务社会为特征。这种转变之前的其中一个事件是第二次世界大战结束；战争结束后，大量男性重新回到工厂，代替之前从事工厂工作的女性。另外，许多为战争而开发的物品开始为日常生活带来便利。20 世纪六七十年代，人类潜能与人类发展运动加速推进。社会经济环境从注重证据和科学发现转变为服务型社会——通过改变工作性质实现家庭和工作的重新整合。此外，人们日益反对打着发展的旗号破坏环境。

新的社会经济环境对理性心态、大众传媒和生产提出质疑，开始整合全球经济布局，并从制造经济向服务经济转变。与此同时，组织发展、成人教育和发展，以及系统理论成为主流商业文化的焦点。20 世纪 80 年代，人口迁移和全球化步伐加快导致技术和人员流动日益增加，人们纷纷迁往新工作地点，并在这一过程中失去了他们的支撑结构。同时，一般人更容易获得信息。面对巨大的生活压力、飞速的变革和技术进步，任何领域的灵活性或适应性均不能满足人们的个性化要求。

因此，20 世纪 80 年代的社会经济环境和人文环境使教练学能够借势发展到更高层次。2000 年，互联网与通信技术的转变预示着一个以全球化为特点的新时期的到来（规范、更短的产品寿命周期、容易获取的信息和壁垒的倒塌），信息化战略取代了实体产业，教练学的发展趋势变得更加明显。正如 Reinhard Stelter 所述：

> 过去二三十年间，我们的社会发生了根本性转变，转变方式对所有社会成员都产生了极大影响。总体而言，这些变革对人们的职业和私人生活造成了根本性影响。更确切地说，是对我们创造知识、构建自我和身份，以及理解个人生活的方式产生了根本性影响……我所要表达的本质是，社会变革的各个方面证明了它们对教练学和教练心理学（教练领域未充分探索的一个方面）的影响。

我们无法知晓后现代时期将在何时终结。人们经常回顾历史，并描述某段历史的终结点。但我们在这里需要注意的是，教练学之所以产生，是由于环境因素作用，以及教练从业人员基于强调潜能的世界观（而非病理学）提出问题。临床心理学家 Richard Strozzi-Heckler 曾指出："20 世纪 80

年代中期前后，我发现人们基本上都有较高机能，他们寻求治疗，并对其工作场所或个人生活中产生的涵义、目的和各种分类提出疑问。”教练学同时采用现代和后现代视角。例如，教练从业者所提出的问题涉及从人类潜能运动和人本主义心理学分支到现代科学视角的方方面面，具体取决于客户背景与目标。

基于此种社会经济基础，第二至五章将探讨教练学起源学科的演变，首先详细探究哲学的演变及其对教练学领域的影响。

第二章

哲学的演变及其对教练学的贡献

哲学的源头可追溯至数千年以前，“所有现代科学都是哲学的分支”。“哲学”一词代表着两种不同的含义，即一系列实践和一系列理论。例如，禅宗哲学认为万物本无常，任何事物都不以永久离散状态存在。实践就是坐到垫子上，调整呼吸，并通过一系列方法观察心智——这些实践用于测试并亲身体验理论。西方哲学中存在各种形式的辩证或苏格拉底式发问，目的是探索现实本质。我将哲学视作一系列用于探索有关人类境况的各种问题的结果，包括人们了解万物的愿望。

随着时间的推移，哲学领域扩大并根据特定时代所提出的问题而发生转变。所有主要哲学派系都包含一种现实观和对人类本性、经验的定义，通过一系列实践验证并亲身体验理论。关注重点和问题的转变直接归因于社会经济和个体因素对哲学学科的影响。例如，继文艺复兴之后，由于东西方贸易航路的开通和印刷术的出现，民族文化的相互影响对哲学产生了更大影响。直到现在，全球化、技术和互联观念等要素仍推动着现代学科的转变。一切源于哲学——没有哲学，教练学不可能达到现有高度。

从字面上讲，“哲学”一词意为“追求智慧或知识”。从本质上讲，哲学几乎与所有学科相关：物质宇宙的本质、人类意识和道德推理的基础与目的；“全能的哲学专家”必须能够解答人生的所有基本问题。Merriam 和 Brockett 指出：

作为人类的普遍动机，意义探究（我们对了解万物的期望，以及对世界的体验）引申出批判性考察、分析和哲学思维。我们在设定目标，应对生活变迁或危机，或者检验构成我们特定生活方式的信念和价值观时，都会试图了解自己的人生。

在了解世界及通往世界途径的过程中，哲学涉及人与人之间的所有互动和交流，从而构成所有模式的基础和通往教练学的途径。教练学从哲学中汲取的实践和方法包括批判性思维能力、分析和推理能力，以及构建论据和进行稳健合理讨论的能力。鉴于哲学是其他所有思想领域的发展基础，因此确定哲学作为教练学的主要根源具有重要意义。

我们通过哲学思维认识提供决策指导的基本价值观、原则和假设条件。了解我们工作所依从的假设条件能促进人际沟通。教练学很大程度上能够观察我们所做的事情并探求其如何与我们自身相对应，从而揭示错配和差距。Skiffington 认为，行为教练模式受哲学影响，因为其包含我们的世界观，以及指导性或道德性哲学原理，它在探索含义、价值观和愿景时便会浮出水面。哲学与教练学的另一相似之处在于，两者都将语言作为主要工具。如果将教练领域比作一棵大树，哲学就是它的主根——一条衍生其他根系的主根。

哲学在过去曾经是对现今确认是其自身知识分支领域的探究。所探究的各哲学领域已演变成为心理学、社会学、语言学和人类学等现代领域，后续章节将对这些领域进行论述。即便如此，哲学也并非统一论题，而通常是分解为多个专业。哲学的基本模式与方法（至少在发达国家）可区分为东方和西方传统范畴。另外，我们还要探讨一下与东、西方传统共同构成教练学基础的各种本土和土生信念。

东、西方哲学传统探究

东、西方哲学是世界主要哲学体系，其历史可追溯到数千年前。图 7 展示了东、西方哲学的异同点。

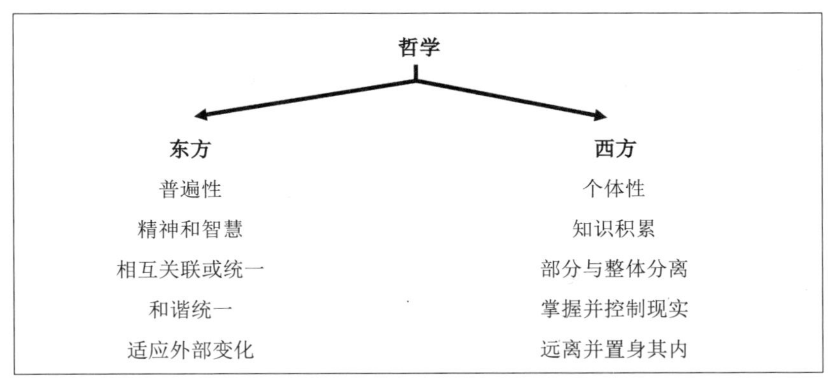

资料来源：摘自 Brock 的著作

图 7　东、西方哲学异同点

Stevenson 指出，西方哲学传统上讲是符合科学规律的，它寻找事物之间的明显区别，既注重了解事实，又要求掌握事实。相比较而言，东方哲学强调统一性、协调性和适应性。然而，Chang 和 Page 的研究成果表明：

> 东、西方哲学有相似之处。荣格的著名“集体无意识”和“共时性理论”均源自东方哲学。马斯洛、罗杰斯、道家和禅宗均假设每个人都有一种推动增长、方向和生产效率的实现倾向。所有上述理论中的个体均涉及关怀和负责的人际关系。道家、禅宗、罗杰斯和马斯洛的理论视角都有一致的元素，因为它们都反映了人类某种共通的经验。人们彻底开发其人类潜能的各种方式可以看作是东、西方文化的中心焦点。

与东方哲学相比，西方哲学建立的基础是将部分从整体中分离或将事物分解成构成要素。在人性方面，这意味着考虑个体时脱离社会和环境或将个体包含在其内。判别西方哲学与东方传统之间的差异时还需注意，西方哲学不仅帮助我们了解现实，还能帮助我们掌握并控制现实。这种倾向性几乎影响着西方哲学的所有分支，特别是逻辑和推理超越宗教的现代时期。古代与现代西方世界主要哲学之间的差异是区别于东方传统（最早的知识体系随着时间的推移依然保持影响）的另一要素。

某种意义上讲，东方与西方哲学传统之间的区分反映了精神与世俗之间的区别——当然，两者都是现代教练学的核心内容。关于此点，Anthony

Grant 有如下看法：

> 巨大的哲学知识体系是循证教练的重要基础。哲学是教练学许多问题（例如良好企业治理、商业伦理、自我认同问题和个人价值）的核心。当代许多教练学教科书论述了特定方法的哲学基础，并且探讨了伦理与个人价值问题。另外，教练从业者需要具备良好的批判性思维能力、分析和基本原理推理能力，以及构建论据和进行稳健合理讨论的能力。

Grant 的评估表明，除自我发现、伦理和个人价值等（源于哲学并经心理学进一步阐明的）关键问题之外，现代教练从业者还必须通晓更加实用的社会科学，即商业管理和教育，以及运动促动基本原理。

Stevenson 认为，东、西方思想的主要区别在于：前者主张“现实和谐统一”，而后者认为“万物皆相关联”。

> 不同于西方思想的是，东方思想总是将自身置于思维范畴之内……一种情况下的正确观点在其他情况下并不一定适用……哲学教导具有指导作用，必须通过对事实的体验和实践确定其真实性……关于 ……打破将自我与整体割裂的各种界限……统一性渗透、联合或超越万物……更注重于总体情况，而非挖掘细节……知识是一种心境和生活方式。

因此，精神和智力的同步研究并不与东方思想相悖。用 Stevenson 的话说，“……东方思想也有许多教导方式，包括个人和公共方式”。Stevenson 还指出，与西方思想相比，东方哲学四大分支（印度教学说、佛家学说、道家学说和儒家思想）“在观念衡量方面要求较不严格……并倾向于相互包容”。

社会经济学要素还有助于说明东方哲学的基本分类。举例来讲，中国哲学主要关注社会与自然的和谐，似乎比印度哲学更加世俗和实用，在很多方面都接近西方哲学，而关注焦点也集中于个体。

完成东、西方哲学传统的探究之后，我将进一步探查主要的哲学传统。

东方哲学

东方哲学历史远比西方哲学久远，它始终关注普遍性而非特殊性。东方哲学并不专注于个体或个体知识积累，而是关注精神状态、生活方式和个体在更大宇宙中的定位。因此，东方哲学侧重于统一性、和谐性和对外部变化的适应性，认为现实与一切相关事物和谐统一。

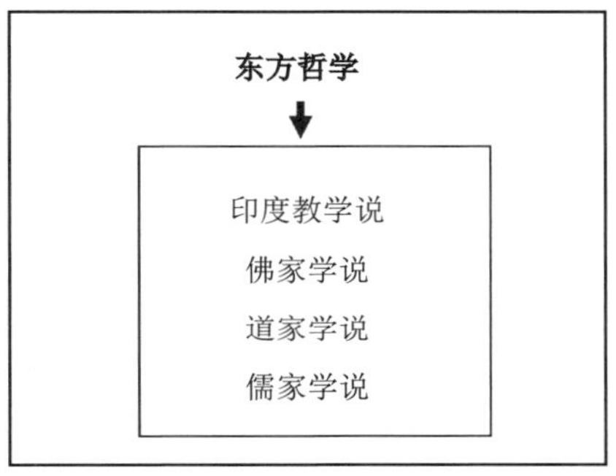

资料来源：摘自 Stevenson 的著作

图 8　东方哲学

东方哲学分支

◇ **印度教学说(印度)**：关于终极存在本质的哲学思辨；融合印度生活方式、宗教和学术；同时具备较高的宗教性和哲学性。空幻境界（印度教幻境思想）用于解释几乎所有世俗存在问题。关注宇宙整体性。

◇ **佛家学说（印度）**：印度教学说思想分支；源于释伽牟尼学说的各种方法和理念，他认为“任何欲望都会带来痛苦，通过舍弃欲望才能加以克服”。关注精神整体性。

◇ **道家学说（中国）**：强调与自然的自发联系、直观作用和和谐相处；一种宗教性的神秘思想，强调“不灭不朽”，以及人、自然和宇宙万物之间的和谐一致。关注自然整体性。

◇ **儒家思想（中国）**：强调通过“尊长仁爱”培育社会和谐；中国封建社会的统治哲学（公元前 2000 年到公元 1911 年）。关注社会整体性。

资料来源：摘自 Stevenson 的著作

东方哲学是指中国、印度、日本和南洋地区的文化、社会结构与哲学体系，包含记录在案的有关人类本性、宇宙存在和生存目的的最古老思想（如图 8 所示）。对于教练学，在一种情况下正确的观点在其他情况下并不一定正确。基于整体性和经验性的东方哲学有许多教导方式，对各种类型的个体更加包容。

西方在整个 20 世纪对东方思想的兴趣日益提升，一定程度上是由于通信线路的开放、重要书籍的准确翻译，以及灵性与智慧之间的联系。例如，荣格的集体无意识（描绘人类心智的普遍性的一套共用原型）和共时性（外部事件和个体精神状态的统一）理论均源自东方哲学。荣格的集体无意识理论可视为西方世界对印度教思想的诠释，而其共时性观点与中国的道家思想密切相关。

东方哲学如今产生普遍影响的另一个原因是其灵活性和适应性，这是在复杂的快节奏后现代环境中获得成功的两个必要条件。例如，Skiffington 和 Zeus 指出，“……教练学对‘活在当下’‘不被过去羁绊’和‘专心但不过度注重结果’等思想的重视反映了禅宗哲学的特别影响”。

Mannion 从其他角度探讨了这个问题，在探究佛家学说对教练学的贡献时阐述了佛家学说公理“静心觉知”，又称为“聆听心灵”。

当然，东方哲学同样存在各种分支，这点与西方哲学完全相同。例如，印度教学说提供了一种行动导向。佛家学说源于印度教学说，提出了业力、灵活性、适应性、同情和镇静的概念。佛教徒还崇尚“不为害、无私、适度追求幸福、精神磨炼和简朴生活”。禅宗的某些思想还为教练学提供了理论依据，包括“专注、活在当下、放下过去，以及专注过程而不过分追逐结果”。道家学说通过轻松和谐的生活方式影响教练学，其特点是“朴素、时机把握、无约束、内心自由、伺机而动和柔韧”。最后，源自儒家思想的“黄金法则”构成教练学大多数情况下的核心原则。

下面我要更详细论述东方哲学的广义分支。

印度教学说

印度教学说宣扬灵魂永恒，并为其物质和精神世界的改善提供了一个框架。即便如此，Mannion 仍然认为作为印度主要宗教的印度教学说是面向行为而非思想。他曾经指出，“思想和行动之间存在差别”。业力是印度教学说的普遍主题，它坚持认为宇宙之间存在内在平衡。其他主要主题包括“相信轮回转世、素食主义和对牛的敬畏”。

Ralph Waldo Emerson 和 Henry David Thoreau 于 19 世纪在美国发起超验主义运动，引入大量印度教思想。该运动认为现实本身具有精神性，所有人类在诠释此种精神性时都与自然相统一。超验主义运动的主要思想包括超灵（与印度教学说婆罗门思想相对应的宇宙意识）、高层自我（对应于大我的理想化自我）、幻景（对应于幻境的错误现实观）和命运（对应于印度教学说的业力概念）。

超觉冥想（Transcendental Meditation，简称 TM）运动于 20 世纪 50 年代中期由印度教学说精神领袖 Mahesh Yogi 发起，经甲壳虫乐队参与后于 1967 年开始迅猛发展，强调基于冥想的实践、情感和生理提升。

佛家学说

佛家学说源自释伽牟尼（后被称为佛陀，即“开悟者”）的生活和教诲。他所创立的哲学摒弃了许多印度教思想，包括种姓制度、婆罗门祭司制度的权力和影响。

佛家学说以业力概念为基础，认为宇宙中存在一种内在的平衡与正义——这是一种源自印度教的教义。Mannion 认为：“与印度教学说相似的是，佛家学说也将业力作为宇宙的平衡和正义力量。”因此，佛教徒努力通过“坚守仁慈、怜悯和镇静的信条”获得开悟（或“极乐世界”）。

佛家学说的主要内容很难适应现代社会，因为大多数公司都专注于底线而非开悟。例如：

- 不为害（任何工作都不会伤害他人，包括自然）；
- 适度幸福（必须对自己所做的事情感觉良好或安于现状）；
- 精神性（能够将工作作为精神成长的载体）；
- 朴素（普世精神原则）。

甚至企业教练和指导都有底线利润动机。尽管社会秩序在过去数千年间发生了巨大变化，佛家学说崇尚的“灵活性、适应性和柔韧性”使其今天仍然很受欢迎。

禅宗进一步细化了这些概念，突出强调“活在当下、放下过去，以及注重过程而非结果”。禅宗源自中国，后推广至日本，它是印度佛家学说与道家学说的综合体。禅宗信徒力图客观认清世界本质，认为冥想是获取开悟所需悟性的关键。

中国和印度哲学

与印度哲学不同的是，中国哲学更直接地关注世俗现实。中国思想对“超然存在、永恒和绝对存在”的关注程度不及印度思想，它更关心的是如何通过与社会和自然的和谐相处促进事物正常运行。总体而言，中国哲学比印度哲学更具世俗性和实用性，比西方哲学更注重全体性。道家与儒家思想是中国哲学的两大主要分支。

资料来源：摘自 Stevenson 的著作

儒家思想

儒家思想是一种基于孔子（前 551—前 479）哲学理念的社会整体世俗哲学，强调任何情况下的适当行为及礼仪礼节。儒家思想著名的著作《易经》(即“变易之学”)融合了儒家社会观和道家自然观。

Eva Wong（黄荣华）和 Lawrence Leung（梁立邦）所建立的人本教练模式（2007）源自中国传统文化和儒家学说，同时融合了西方管理原则，强调知识、技能、信念和态度的平衡发展。人通“仁”，“仁”在汉语中意为“仁爱”或“德行”，是儒家哲学的思想核心，Mannion 将其表述为“己所不欲，勿施于人……这一著名的‘黄金法则’也是古代中国思想的基石”。在东西方世界对接的许多实例当中，基督教核心的“黄金法则”与儒家学说的基本原则相同。

Stevenson 指出，孔子的所有学说都有两种相互联系的基本思想支撑。其一是“义”，即根据具体情况正确行事；其二是“人性、善和仁”，包括基于对人类本性和人类社会的理解而给予他人的仁爱和同情。

道家学说

道家学说是一种中国哲学体系，主要著作是总结哲学家老子言论的《道德经》。与佛教家说相似的是，道家学说基于轻松和谐的生活方式，崇尚朴素和内心自由。Stevenson 认为，“道家思想是一种包罗万象的哲学，其观点几乎涵盖所有事物，平衡、和谐和自然过程的轻松自如成为人类行为典范”。道家部分思想涉及“内心自由”“至简”“不约束自己或他人”“采取行动并退避”和“时间设定”。道家学说认为“唯物主义有碍开悟，主张追求内心平和”。《道德经》有一则名言曰“千里之行，始于足下”，与教练学的逐步推进过程完全契合。

西方哲学

哲学几乎是所有人类探究活动的基础，但其在 20 世纪对教练学起源学科的影响是基础性的，而非关键性的。事实上，随着自然科学（特别是物理学、化学、生物学、计算科学和遗传学）的持续飞速进步，哲学似乎退到了幕后。然而，分析哲学可看作是对自然科学上述进步的回应，它试图将哲学与逻辑和理性联系起来，使其远离形而上学（例如本质、存在、空间和时间）。存在主义（强调个人主义、自由和主观性）的出现，对哲学在一个“似乎一心希望将自身撕裂”且“个体日益疏离传统社会结构”的世界中的有用性提出质疑。20 世纪连续两次世界大战违背了哲学的许多基本道德信条，至少在“它们被用于指导人类行为”这个论点上产生了质疑。但话说回来，一个“曾经出现过洲际战争、对平民使用原子弹并试图推进种族灭绝”的世界怎可能遵从任何理性、道德的哲学？

Dianne Stober 认为，西方哲学的人文根源是“当今教练学的基本哲学基础”。基于人本哲学，教练学融合了“责任、探索、开放选择、自由、成长与执行能力”等概念。Julio Olalla 进而确定了语言哲学的主要贡献，包括“语言具有描述性和创造性”“存在之屋容纳所有交际”和“形成理解的载体”。Jan Austin 指出了精神（或新时代）哲学的贡献——它主要关注传统智慧、无任何联系的共时性，以及我们维护世界美好的集体责任的同步发展。

西方哲学其他分支（见图 9）也对教练学的发展做出了贡献。现象哲学提供了“意向性，意识和第一人称视角”；神学哲学指出导师或精神领袖基于“移情、支持、积极期望、联盟契约、原理、面对和学习”与其追随者建立特殊关系；整合哲学强调“身体 – 思想 – 精神”连续统一，认为科学和精神性都是觉悟的必要条件。根据整合哲学原理，上述所有要素均须纳入一个平衡、全面且相互关联的整体（当然，这种方法符合东方哲学的许多古老信条）。本体论哲学假定他人的正当性、语言的本质性、情绪的重要性、情感、生理和身体透明度，认为“实在”必须在一定历史背景下解读，需同时考虑社会 – 经济 – 政治层面。

西方哲学

分析：客观，常识，推理，逻辑，无道德绝对性或普遍真理	**整体**：“身体–思想–精神”连续性；觉悟所需科学和精神性；均衡、包容和互联的整体
存在主义：存在，个人主义，强度，主观性，个人自由，选择	**关于语言**：语言具有描述性和“创造性”，形成所有沟通和理解
人本主义：责任，探索，开放选择，自由，成长和执行能力	**精神**：传统智慧，无联系的共时性，建立美好世界的集体责任
现象学：意向性，意识，第一人称视角	**认识论**：知识来源和范围，机械和行为世界观，推理，逻辑，客观性
神学：基于移情作用的关系，支持，积极期望，联盟契约，基本原理，面对，学习	**伦理**：认识对与错，价值和习俗体系，日常选择，价值澄清，自省，内省
本体论：他人的正当性，语言本质性，情绪的重要性，情感，生理和身体透明；在社会–经济–政治层面历史背景下理解存在	**形而上学**：存在，实在，普遍性，特性，关系，因果关系，空间，时间，事件，推理
	政治：社会范围内允许的活动

资料来源：摘自 Brock 的著作

图 9　西方哲学分支

西方哲学最近的著作融合了 Ken Wilber 的整合理论（采用更系统化的整体哲学）和 Fernando Flores 所提出的“对语言和沟通的本体性理解”。上述哲学原则对教练学的贡献不胜枚举，包括“选择、学习、自我责任、存在、透明性”和“将受教者（客户）视作正当他人”。

西方哲学上述分支，以及本节未详细论述的其他分支对教练学做出了巨大贡献。例如，认识论提供了“本性的首要性与知识的来源和范围，以及机械和行为世界观、理性、逻辑和客观性”；伦理学提供了对错研究、价值与习俗系统日常选择、价值澄清、自省和反思；形而上学提供了存在、实在、普遍性、性质、关系、因果、空间、时间、事件、原因、存在性，以及存在事物的种类。最后，政治学提供了社会范围内允许进行的活动。

Engler 指出了“解决关于世界和人性的部分西方哲学基本假设”的重要性，认为“这些基本哲学假设深刻地影响着我们感知世界并建立理论的方式。……这里提出的所有问题都具有两极性。部分理论家可看作是认同某种极端情况，而其他人则保持中立或寻求中和”。

大多数教练从业者将存在于下列极端情况和假设之间的连续统一体中，他们所持立场会显著影响其教练风格。表2展示了Engler提出的理论，以及整体论和还原论的最终范畴。

表2 西方哲学假设

左维量	中立	右维量
自由：人们基本上都能够控制自己的行为并了解其行为背后的动机	中立，或融合两种观点	**决定论**：人们的行为基本上决定于他们几乎无法控制的内部或外部力量
遗传论：遗传和天生特征对个人行为具有最重要的影响		**环境论**：环境要素对个人行为的影响最重要
唯一论：每个个体都独一无二，无法与其他个体进行比较		**普遍性**：人们在本质上非常相似
前摄论：人类行为主要基于其主动性		**反应论**：人类活动主要是对外界刺激的反应

（续表）

左维量	中立	右维量
乐观论： 人格与行为在整个人生中会发生重大变化		**悲观论：** 每个人的人格和行为基本稳定不变
整体论： 系统各部分的简单叠加无法决定或解释整个系统的特性		**还原论：** 描述各种有争议的相关理论，认为复杂事物的特性总是可以简化为更加简单或根本性的事物

资料来源：摘自 Engler 的著作

Rafael Echeverria 提出的“语言转向”理论中，语言取代了推理或形而上学的位置。James Flaherty 也认为语言在哲学中发挥着更突出的作用，且在教练学出现过程中发挥了关键作用（特别是本体论和整体论）。Flaherty 还认为，“语言是教练学的基本组成部分，事实上可以说教练从业者的基本任务是为客户提供一种新语言”。

总之，教练学受分析哲学、存在哲学、人本哲学、现象哲学和神学哲学直接影响，而它们都是西方思想的组成部分。大致讲述西方哲学及其分支学科的演变过程之后，本章还将论述其他哲学的贡献。

西方哲学的演变

西方哲学源于苏格拉底及其进行知性对话时提出问题和引导回答的方法，通过引导使人们认识自我。苏格拉底式对话是了解谈话对象思想的一种方法，也是教练学的重要实践方式。他的得意门徒柏拉图认为，知识包括内部和外部认知，以及数学与哲学真理。教练学还涉及认知、真理和现实。跟随柏拉图长达 20 年的亚里士多德在研究中几乎涉猎了当时所有学科，包括天文学、物理学和动物学——当然还有哲学。在广泛的哲学范畴内，亚里士多德研究了形而上学、伦理学、政治学和数百年后才正式出现的心理学，同时还撰写了相应的著作。他认为人类灵魂是身体不可分割的组成部分（现在称为身心概念），也是宇宙意识的整体组成部分。他还认为，将潜能转化为现实是美好幸福生活的源泉。时至今日，亚里士多德的询问体系仍深刻影响着西方思想。简言之，此种方法涉及考查、学习和论证。因此，亚里士多德曾饱受非议，人们谴责他刻意规避神的力量，和几百年后伽利略的遭遇几乎相同。

随后几个世纪，统治西方的是犹太教思想、基督教思想和伊斯兰教思想，但哲学仍未被遗弃，只是被宗教教条所束缚。随着文艺复兴的出现，黑暗时代穷途末路，哲学随着人文主义的诞生而重现活力。这场文艺复兴运动的影响甚至延续到 20 世纪，其主要表现形式为古希腊和古罗马失落文化的复苏，同时肯定了人类思想、情感和经验之美及其力量。此后不久，马丁・路德成功挑战了教会的权威，而“上帝”在不久之后也开始遭到质疑。随着洛克、笛卡尔和霍布斯的涌现，西方开始寻求通过理性、人性和政治手段清除世界弊病。

到了 19 世纪，理性（至少在西方哲学领域）回归主导地位，康德、黑格尔、克尔凯郭尔、尼采和詹姆斯开始寻求将理性（而非信仰）传播到生活的方方面面。与此同时，自然科学正式同哲学分离，为心理学的诞生准备了条件。

如上文所述，哲学的出现似乎是水到渠成，至少教练学出现时是这样的。因此，这个学科存在极大的不稳定性。20 世纪诞生了分析哲学、存在主义哲学、现象哲学、神学哲学、本体论哲学、整合哲学和最重要的人本哲学。但我想说的是，当教练从业者不假思索地向前文图 9 所示哲学分支汲取理论和实践方法时，哲学在教练学出现方面的核心贡献主要是重新回归数百年甚至数千年前提出的各种原则。

西方哲学的理论贡献包括语言本质、集体思想（即集中的社会和经济控制）、共时性思想和个人成长与实现概念。最后，我所访问的许多人都肯定了东方和西方哲学对教练学的影响，特别是其对宗教或精神领域的贡献。

分析哲学

总之，分析哲学从根本上不相信道德绝对性或普遍真理，而是希望远离主观而追求客观，或者远离形而上学而追求常识。在分析哲学运动影响下，西方哲学在 20 世纪出现三个社会科学领域分支，即社会学、人类学和心理学，“开始积极运用科学方法研究社会、文化和人类思想的神秘运行”。

存在哲学

Bruce Peltier 指出，“存在主义将‘存在’视为基本核心概念，强调事物的完全不可预知性（包括我们随时可能死亡这一事实），并对这种不可预知性进行赞扬”。这一哲学运动的特点是注重个人主义、个人自由和主观性。存在主义强调存在先于本质（即：人要生存才能产生意义），并因此认为每个人都有时间进行选择。Peltier 还将个性和环境的存在主义价值、选择和强度作为高管教练的核心能力。

Rafael Echeverria 将 Martin Heidegger 和 Fritz Perls（详见第三章）视为著名的存在主义者，认为他们分别影响了本体论和完形教练。Heidegger 关注对“存在”的理解，认为苏格拉底“浑浑噩噩的生活不值得过”的信条很有道理。基于意向论视角，他还认为“真正的人会经历包括美与丑在内的精彩人生”。Peltier 发现 Heidegger 是将索伦。克尔凯•郭尔•的理论作为依据，而 Sieler 更指出，Heidegger“使用‘透明’一词描述我们非常熟悉但不知其存在的事物”。同样，我们鼓励教练从业者在从业过程中保持“透明”状态。Wittgenstein 是一位有影响力的分析和语言哲学拥护者，认为“语言实际上是一种游戏，只在由语言使用者创造的世界上才有意义”。

Peltier 和 Skiffington 与 Zeus 都认为，存在主义哲学对学习、选择和自我责任的强调对教练学产生了较大影响。

人本哲学

14 世纪起源于意大利的文艺复兴人文主义是“一种以修辞学、文学和历史为核心的文化运动，一种基于希腊语和拉丁语名著的教育潮流”，包含“五个主题：语法、修辞、诗歌、历史和道德哲学”。人文主义在 19 世纪蜕变为现代学术古典主义，如今已被注入新的内涵。

总体而言，人文主义是热爱生活的人的一种哲学。人文主义者对自己的生活负责，热衷于投身新发现、寻求新知识和探索新领域。他们不满足于有关人生重大问题的现成答案，重视问题的开放性和自由探索。

人文主义是人本世界观的前提条件，而后者是教练学的原则基础之一。Skiffington 和 Zeus 认为：“教练学具有人文特征，因为它将人类视为一切事物的终极评判标准，认为每个人都有成长与自我实现的能力甚至是渴望。”

现象哲学

作为一种学科，现象学在整个 20 世纪一直是欧洲大陆哲学文化的核心。D.W. Smith 认为：

> 现象学正式形成于 20 世纪早期，其理论依据可见于 Husserl、Heidegger、Sartre、Merleau-Ponty 等人的著作。意向论、意识和第一人称视角等现象学问题已成为精神哲学的重要问题。现象学研究主观或第一人称视角的意识经验，从而区别于并关联至哲学的其他主要领域，包括本体论（存在或本质研究）、认识论（知识研究）、逻辑（有效推理研究）和伦理（正确和错误行为的研究）等。

关于教练学，Flaherty 指出：

> 无论是本体论还是整体论，方法或理论必须保持受指导者的正当性，同时考虑学术严谨性和常识经验。若不考虑上述要素，任何教练理论都将缺乏保证教练从业者和客户积极参与所需的稳定性。该理论……源于现象学 —— 一个关注“现象在人们生活中实际出现方式”的现代哲学学派，其与哲学形而上学学派的区别在于，后者按预先存在的区别对事件和经验进行分类。

神学哲学

哲学区别于神学的地方在于，前者拒绝教条，涉及的是思辨而非信仰。世纪之前的大多数哲学家都为神学问题投入了大量精力。实际上，亚里士多德认为神学是形而上学的一个分支，而形而上学在当时却是哲学的核心领域。Mannion 认为：“古代中东地区三大宗教对重塑世界的贡献大于任何苏格拉底式对话或本体论难题。”犹太教、基督教和伊斯兰教主张一神论，只崇拜一位神祇，而这种哲学“几乎在所有层面塑造了当代世界——无论是世俗还是精神层面”。他进一步指出，“耶路撒冷是犹太教、基督教和伊斯兰教的圣地”，“耶和华、上帝和安拉都是指三种宗教以不同方式崇拜的同一神祇”。

以色列人所创立的犹太教将律法（希伯来语意为“教义”）作为犹太宗教、传统与法律的基础。律法部分内容包含基督徒称为《旧约全书》的最早五本著作。犹太传统认为犹太人是“上帝的选民”，他们应遵从神的旨意按照《十诫》的要求生活。

作为犹太教的衍生宗教，基督教形成的基础是耶稣关于仁爱和宽恕的教义。此种信仰的核心是相信“耶稣复活”，以及“自身能在天堂与主永生同在”。摩西和耶稣都是上帝的神圣使者。简言之，基督教教条就是“上帝即爱”的基本信念。

跟宗教一样，教练学也随着社会互动和干预呈现一个变化过程（无论是个体还是整体）。因此，Lampropoulos 考查了心理治疗的一般变化过程和包括宗教在内的其他七种社会互动。他将与牧师或精神领袖的关系比作“与追随者的特殊关系——他们显然是神的选民或代表”；他们的职责包括同情和支持 / 净化、积极期望、联盟契约、阐释，以及面对和学习。

1952 年，Norman Vincent Peale 将基督教原则用于“实现成功生活”这一目标。这些原则包括：相信自我；内心平静创造力量；人们可期待最佳结果并加以实现；每个人都能决定实现幸福的方式。Gary Collins 最近根据基督教世界观创建了一个教练模型，其核心为耶稣基督。Collins 认为 21 世纪的教会领袖通过一种典型的教练活动实现领导——他们帮助他人在生活中理解并执行神的旨意。

我的多名受访者证实了宗教哲学对教练学的影响。例如，Ben Dean 论述了贵格会“澄清”会议，包括基于群体质疑的陈述和解决问题方式。Linda Miller 认为“基督教精神结构关注的是认识自我和自身根源，以及基于此种信息的继续前行”。Jane Creswell 认为：

> 教练学是耶稣所使用的工具，他当时已经能够熟练地针对不同的人使用不同的工具。此外，当教练问题或探索问题经证明是一种适当的工具时，他优先考虑这种工具。他熟练利用引寓和比喻来教化信徒。……此外，耶稣还传递了大量简明的信息。

Creswell 和 Miller 发现，根据《圣经》记录，耶稣共提出 150 个独特的问题。关于宗教哲学对教练的影响，Jan Austin 也曾给出支持意见，认为“精神哲学同时还关注智慧传统的兴起、无任何联系的共时性，以及使世界更加美好的责任”。

本体论哲学

本体论研究的是“存在与实在”，其所探讨的问题包括：存在是什么？我是什么？ 20 世纪后期，哲学和生物学领域重要成果的融合催生了新的本体论学科。其中，维也纳哲学家 Ludwig Wittgenstein（1889 年—1951 年）扩大了语言的范畴，将语言作为完成各种沟通任务的手段。另外，智利生物学家兼哲学家 Humberto Maturana（生于 1928）提出了生物存在本质相关理论。除 Heidegger、Gadamer 和 Austin 的哲学思想之外，Terry Winograd 和 Fernando Flores 建立了一个框架，从理论上阐明语言、人类行为和生物存在对我们所建立的事物及其使用方式有深远影响。

Alan Sieler 将本体论哲学描述为：

> 提供一种对人类，以及相关且适用于日常生活、工作、学习和教练活动的人际互动的新认识……所产生的教练方法和教练实践做法称为本体论教练体系，其同样适用于组织教练和生活教练。

Sieler 也将此种沟通和对深层变化的专注视为教练学的特色。

智利哲学家 Fernando Flores 通过本体论思想家的哲学思想影响了教练学先驱 Julio Olalla、James Flaherty 等人。Sieler 还指出：

> Fernando Flores 认为，要想精通人类活动任何专业领域（例如教练学），必须认识并深刻理解存在卓越表现的涵盖更广的历史环境。人类

> 是历史性的存在……“实在”始终发生在社会、经济、政治和文化领域组成的历史条件下。本体论教练和接受指导的人们在特定的历史条件下生活工作。

Flores 的早期工作并未涉及影响教练学的起源学科，他无疑是教练学的主要奠基者之一。他在伯克利完成的论文集中探讨了语言对行为协调的巨大作用，直接催生了“语义教练”这一概念，又称“语言教练”或“语言本体论”——这是一种会话分析和沟通设计体系，颠覆了“语言并非用于描述一个预先存在的世界，而是创造其所描述的世界”这一论断。Flores 将沟通视作“讲话者对倾听者做出承诺”的行为。这种方法“另辟蹊径地帮助人们避免误解并实现更高效的合作”。Sieler 是将沟通与根本变化之间的联系视为教练学特色的众多学者之一。

本体论教练方法的关键要素来源于 Heidegger、Wittgenstein、Habermas、Gadamer 和 Searle 的众多著作，以及哈达瑜伽、灵气疗法、Lowen 和罗尔夫按摩疗法等身体治疗方式。本体论教练方法的五大核心相关要素包括：

- 将受教者视为正当的他人；
- 找出问题（教练学的关键问题）；
- 语言；
- 情绪和情感；
- 生理 / 身体。

Sieler 认为：

> Flores 曾受 Maturana……关于感知、认知、语言和沟通、基于生物学的新思想影响……能够通过融合 Maturana、Heidegger 和 Searle 的思想实现对语言和沟通的新认识，并创建一个新学科。Flores 提出“本体论教练”概念，致力于将这种对语言和沟通的新认识以商业化方式应用于组织机构设置；与他同行的还有另外两位智利学者，即 Julio Olalla 和 Rafael Echeverria。

整合哲学

整合哲学是寻求“涵盖身体、思想、灵魂和精神等各种真理”的一系列理论和学说。这一新运动目前仍处于发展期，其依据是相信科学与神秘主义或精神性是全面了解人类在宇宙中地位的必要条件。印度教作家兼导师 Sri Aurobindo 第一次将“整合”一词用于描述他所教授的瑜伽课程，假设其涉及整个存在的转换。Spiral Dynamics 的 Claire Graves，Esalen 的 Mike Murphy 和 George Leonard、Ken Wilber，以及 Robert Kegan 等认为这种精神遗产最早源自 Aurobindo。其他人未在其理论中使用“整合”一词，但仍被视为这个群体的成员，其中包括 Habermas、Shelldrake、Emerson 和 Gandhi。

整合理论是指最初由 Wilber 创立的超越个人的系统性整体哲学，主要涉及身体、思想、心灵和灵魂。这种全方位演变理论对所有观点兼容并包，并将其带入更广阔的背景条件。Flaherty 全面定义了这一理论：“Wilber 的著作表明，整合理论是涉及人类生活中方方面面的一项前卫工程，它无所不包。”整体思想所研究的是“世间万物如何才能和谐共存”。

对于 Wilber 而言，“整合”仅仅是指更加均衡、全面、互联和完整。我们可以通过整合方法（无论是商业、个人成长、艺术、教育、精神性还是其他任何一种领域）涵盖现实和人性的更多方面，以便更加清醒地认识并更加有效地实现我们所做的任何事情。

由于整合理论旨在涵盖人类生活的方方面面，整合教练无所不包且逐渐演变，在准确把握大局的同时包容所有观点。Flaherty 认为整合教练的哲学基础涵盖整体论、实用主义、语言学、成人发展理论、生物学和整合理论。使用这一概念就意味着在教练学发展史研究中采用了整合方法。

其他哲学

除东、西方哲学之外，教练学的基础还包含其他各种哲学根源。例如，更具东方哲学特点的美洲本土哲学认为万物皆相联，人类只是整体的一小部分。就像苏格拉底之前的哲学家赫拉克利特一样，美洲原住民相信生命循环是一个不断变化的过程，并非是“混乱或无意义”的。万事皆有因，还需多学习。学习的最佳条件是达到身体、心理、情感和精神方面的平衡。我们的目标是发挥自身最大潜能，这与教练学的目的不谋而合。

无论是哪种文化，无论时间如何变迁，哲人和长者都从个人和本能智慧方面提出各种问题，以帮助个体应对与其相关的各种情况。在这方面，作为更“先进”时代产品的教练学能够从“原始文化”中学习到大量更加简朴的哲学。

12 步程序

12 步程序还包括教练学的根源，Mannion 将其定义为一种心理和精神态度调整的实证哲学。他指出：“创立于 1935 年的匿名戒酒会是人类自我改进的最成功行动计划之一，（它）认为存在一种远大于我们自身的力量，由明确的自利所推动。它的前提非常简单：将正在努力克服同一种问题的一群人聚集在一起。”

Donna Steinhorn 对此表示赞同，他指出，“匿名戒酒会及其后续的所有 12 步程序也是教练学的一种基础……就连 ……Thomas（Leonard）都针对恢复者进行了大量的工作”。Thomas Leonard 将恢复者定义为“经过超越 12 步恢复、康复或不需要治疗的客户”。至少 15 名受访者将其对 12 步程序的认识与其教练方法联系到一起。我本人自 1983 年开始一直接受恢复治疗，因此清楚地知道匿名戒酒会的原则对我的教练活动产生了一定影响。

这 12 个步骤主要为个人服务，你也可以将“上帝”作为一种“更强大的力量”。

- 第 1 ~ 3 步中，个体坦白承认无力感并需要他人帮助解脱自我，服从超出自我的力量；
- 第 4 ~ 5 步进行无畏的探索性道德清算，并与另外一个人分享；
- 第 6 ~ 7 步是要求“上帝”去除性格的缺陷；
- 第 8 ~ 9 步列出自己曾伤害过的人，然后进行弥补；

- 第 10 ~ 12 步主要涉及保持问题，需要持续监测性格缺陷、祷告和沉思，通过服务传递信息，帮助新加入者（将自己无偿获取的东西传授给其他人）。

类似地，12 项程序可用于提升整个组织的健康和状态。但需要注意的是，它们将经济自立和原则摆在比个性更重要的位置。作为一种哲学，匿名性的重要原则通常难以应用于实践，而保密原则同样难以应用于教练学领域。

此外，12 步程序的许多口号已广泛应用于我们的文化，并不知不觉地被教练从业者所使用。

- 每次一天（超越东、西方的古代哲学）；
- 止步闻花香，不要喝第一杯（保持清醒）；
- 原则高于个性；
- 做好基础工作，并得出结果；
- 带走可使用的，留下无用的；
- 吸引而非促进；
- 饥饿、生气、孤独、疲劳；
- “平静接受我无法改变的事物，用于改变我能改变的事物，利用智慧认识差异”。

12 步程序鼓励参与者与发起者合作；发起者通常与参与者性别相同，他们参加恢复治疗时间较长。这种情况类似于导师的活动：他们不需要任何特别的才智，只需了解最实用的知识，并乐意通过帮助他人来实现自我提升。发起者和教练完全属于不同领域，但他们有许多相似点，且有许多相同的操作方法。两者均可称作是苏格拉底式问答法的促成要素。

非洲哲学

Repacking Your Bags：Lighten the Load for the Rest of Your Life 的作者 Richard Leider 认为，非洲大陆上的“教练从业者”都是围坐在篝火旁的长

者。在非洲，人们非常重视直觉与想象，还有思想 – 身体 – 精神联系——他们极其尊重生命循环，并将人类视为和谐整体的组成部分。

非洲哲学相信在物理现实之外还有一个与之并存的精神世界，众神处于宇宙秩序的最顶端，底部是人类、动物和无生命的自然物。不同于西方和东方哲学的是，非洲或美洲本土文化不存在二元论，因此不存在对立冲突和非此即彼心态。情感扮演着更重要的角色，“灵魂之病”可导致身体疾病——这是整体医学的理论依据。

美洲本土哲学

与非洲哲学一样，美洲本土哲学涉及众多神祇，以及基于季节变化、月亮周期变化和人体生物钟的时间观念。精神哲学的主要表现形式是“灵境追寻”和对“医药法轮”的普遍信仰。轮形符号代表世界和个人层面的生命循环。教练用“生命之轮”代表个人的整体宇宙。

美洲原住民的历史、精神和哲学口口相传。非洲哲学将口头传授视为传授原则的最佳方式，但美洲本土哲学认为生命循环中的动物与人类地位相同。美洲原住民认为“无法利用自身长处谋求发展，以及更高层次的全体发展”是唯一真正的罪恶。

新时代哲学

社会学家和媒体用“新时代”一词描述了一个基于多样化综合生活方式和学科的折中主义时代。新时代运动始于 20 世纪 60 年代末 70 年代初，涵盖了古老精神和宗教信仰及实践的各种要素，它们多数是由东西方伟大的思想家和哲学家所创立。Stevenson 描述了这场心智运动如何在“西方对科技进步感到幻灭并转向东方思想寻求精神重建和重整”时加快发展。该运动为系统化宗教和学术知识提供了一种替代选择。

新时代运动认为人类意识已开始在全球范围内达到一种新的认识和改善状态。Marilyn Ferguson 在其 1980 年出版的 *The Aquarian Conspiracy* 一书中写道，人类思想精神能力的提高使人们团结起来共同寻求和平与尊重，培养环境并挖掘自身内在潜能。

新时代运动的其他要素包括轮回（印度教和佛教的基本原则）、业力（一种宇宙“记分卡”）、灵魂伴侣（由柏拉图提出，类似于荣格提出的女性意向 / 男性意向）、占星术（源自希腊和罗马文化，与荣格的原型和人格特质存在关联）、数字命理学（基于毕达哥拉斯“现实可还原为数字和数学原理”的思想）和曼陀罗（一种旨在强化冥想和集中精力的印度教和佛教教条）。许多人也许会质疑上述思想对教练学的适用性，但背后的各种理念表明其在教练学的哲学根源内占有一席之地。

总结

从人类探究开始，哲学无疑是现代世界的所有学科（包括教练学）的基础。作为本书框架的树形结构表明，各分支学科的次级分支既可看作是主根自身的细小分支，又可视作教练学之树周围丛生的小树苗。就西方哲学而言，上述“外周根系”包括分析哲学、存在哲学、人本哲学、现象哲学、神学哲学、本体论哲学和整合哲学等。东方哲学分支包括印度教学说、佛家学说、儒家思想、道家学说，以及其他来源的哲学，包括 12 步程序、非洲哲学和美洲本土哲学等。

细心的读者会发现，东西方哲学对教练学的贡献存在一种基本矛盾：东方哲学崇尚精神性和“统一性”，而西方哲学认为，我们必须依靠理性和逻辑了解世界和生命。然而，教练学几乎所有起源学科的贡献都存在这种矛盾——鉴于这一不断发展领域的混合特性，所述矛盾很可能会延续下去。

第一部分下列章节会将起源学科的演变追溯至教练学出现的时间点，但现在完全可以说，教练学之树的主根无疑是哲学，它涵盖东、西方和其他哲学传统的各种要素，每种要素都对教练学做出了重要贡献。下面将论述心理学的演变及其对教练学的深远影响。

第三章

心理学的演变及其对教练学的贡献

如果说哲学是所有人类探究、知识和理解的源泉，心理学无疑是其最重要的分支之一。正如哲学一样，心理学也包含一系列的理论和实践。心理学并非代表一种单一实体，但其影响已渗透到我们的生活、文化、社会和经济世界观。

心理学的根源可以追溯到古希腊哲学家，但科学心理学正式诞生于1879年，其标志性事件是Wilhelm Wundt在德国开办第一家心理学实验室。美国心理学会认为：

> 心理学范畴在该领域的演变范围内变化。19世纪末，心理学主要通过内省和体验描述研究思想和意识。经长期努力仅从科学和行为角度定义心理学之后，关注焦点在20世纪末扩大到与人类行为相关的科学和实践，以及支撑整全健康的心理过程。20世纪最后20年，人们开始意识到心理学是科学与实践的统一体，提出了反映当今心理学广泛性的定义。心理学在1999年之前通常定义为“行为及其基础心理现象的研究”，但在现实生活中，心理学越来越多地从所研究的特定领域角度（而非作为一个整体）进行定义，使其逐渐脱离统一学科的范畴，而更多地成为分支学科的松散联合。

诞生于1879年的心理学将哲学反思与分析、实验与比较方法融为一体。Wundt和William James（医学研究者，美国心理学之父）都是哲学传统的继承者。与此同时，接受过医师培训的弗洛伊德根据医学模型建立起一种基于病理的心理治疗模型，用于治疗人类精神疾病和障碍。世界当时对精神治疗尚存困惑，精神疾病被归因于恶魔附身、神经错乱或某种未知的身体机能障碍。

弗洛伊德提出精神分析之后的几十年间，行为主义者成为心理学史上第二大力量。行为主义者在欧洲和美国的代表人物分别是 Pavlov 和 Skinner，他们将心理学研究引向明显的人类行为，以及外部刺激调节方式。认知心理学家紧随其后，为行为学派提供了一种新的研究视角。他们集中关注人类借以辨别和改变其自身想法、感觉和生活方式的意识思维模式。他们的研究采用主导早期心理学发现的各种科学方法，可以看作是自然科学对教练学起源学科影响的“巅峰”。

随着人本心理学的出现，行为主义在不久后出现低潮。对于人本心理学，更广泛的学科出现第三种主要力量——它关注完整的人，并未局限于精神领域；因此，心理学领域得以扩展至个人意识和人类潜能研究。心理学三大力量中，人本心理学对替代性观点的包容能力最强，这大大增强了其对教练学的影响。作为人本心理学的附属部分，超个人心理学（马斯洛是这两种心理学分支的先驱）成为心理学史上第四大主要力量。超个人心理学更加重视意愿和意向性；更重要的是，它更加关注精神性。

20 世纪六七十年代，人类潜能运动（HPM）和大群体意识训练（LGAT）提出许多心理和非心理原则，它们成为西方（特别是美国）流行文化的一部分。（本书所提到的 LGAT 是指用于增强自我意识和实现个人生活积极效果的各种程序，并非像一些流行著作那样是在暗示一种贬损参考。）例如，EST 训练活动用于阐明精神结构、思维陷阱、生活计划和生命攸关事件，并为研究灌输一种塑造思想、培养意识和创造环境的语言。另外，罗杰斯、马斯洛和波尔斯等人直接将心理学原则推广至前往伊莎兰治疗中心的更大人群。上述原则和语言日益流行，一般人（并非特指曾经患过精神疾病的人）开始利用这些原则改善他们的生活。人本心理学、人类潜能运动和人类发展运动通过这种方式影响了社会经济风潮，以及人们关于实现自身潜能的各种问题。

心理学在其诞生后几十年内迅速蔓延至人类生活的许多领域，并于 20

世纪初演变成多种专业。各种主要力量前后相承；图 10 展示了广义心理学学科的演变流程。

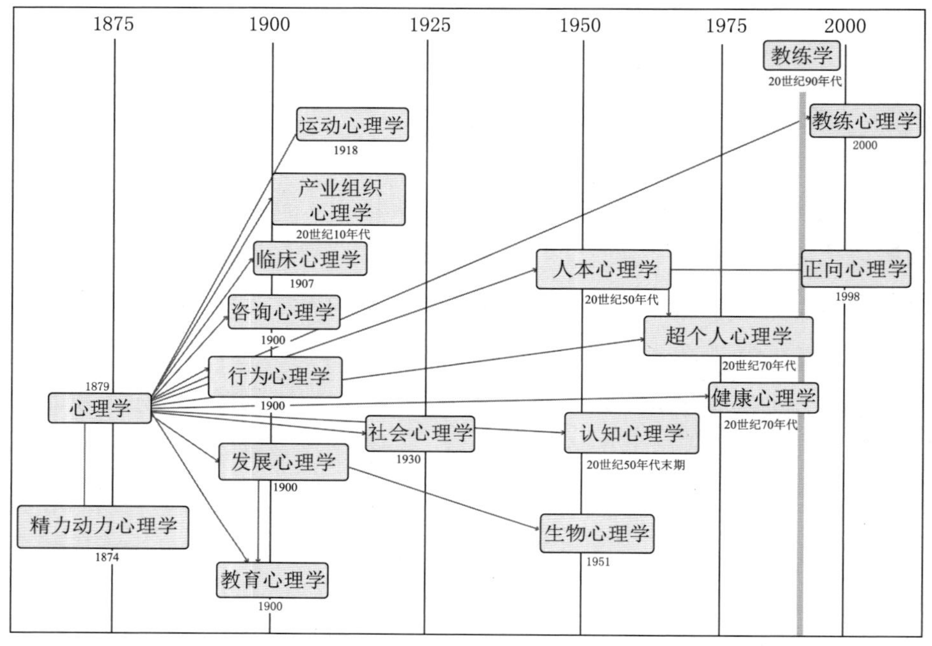

资料来源：摘自 Brock 的著作

图 10　心理学力量演变

当今心理学范畴内几乎所有分支学科都采用精神分析、行为、认知、人本和超个人方法（见图 11），它们总是或多或少地对应或依赖现有方法。本章描述了 Wundt 和 James 所创一级学科各种分支的演变过程，包括应用领域的临床、社会、组织、咨询、运动、健康和顾问心理学，以及研究领域的教育、发展、生物和正向心理学。

为更好地理解心理学众多分支学科的影响，我将介绍教练学出现之前的心理学演变过程，借此论述心理学及其分支学科提供的理论和方法，以及其理论、概念、模型或过程显著影响了教练学的心理学者。例如，心理学的早期结构法因弗洛伊德的心理动力医学模型，以及 20 世纪 10 年代早期到中期的行为和认知心理学而迅速失色。Adler 于 20 世纪 20 年代开始影响日盛，其后来者包括马斯洛、A. Ellis、荣格、罗杰斯和 Erickson（20 世纪 50 年代），Chris Argyris 和波尔斯（20 世纪 60 年代），Bandler（20 世纪 70 年代），Dilts（20 世纪 80 年代），Goleman、Wilber、Seligman 和 Csikszentmihalyi（20 世纪 90 年代）。最后，我将论述上述贡献如何帮助确定教练学如今最常见的实践领域范围。

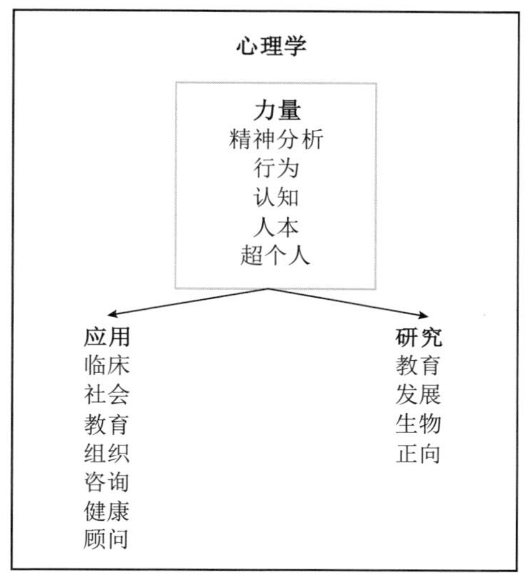

资料来源：摘自 Brock 的著作

图 11　心理学

Dianne Stober 认为，人本主义视角是“当今教练学的哲学基础”，但临床心理学具有同样强大的影响力；实际上，它们共同论证了作为“教练学对起源学科借鉴”的理论和方法的基本组合。此外，被我视为人本心理学分支的“个人成长”也具有强大的影响力，它本身就是一个基于其他学科的领域，为教练学提供了各种模式、理论和实践方法。即便如此，当今教练从业者曾经利用而且还将继续利用心理学四种主要力量，尽管其具体组合取决于每位从业者的个人经历、教育情况和执业范围。

例如，结构和功能心理学持续影响人类意识研究，而心理动力学依然为教练从业者提供接待客户所使用的某些基本技术。行为 / 认知学派仍活跃于成人学习的许多方面，而超个人心理学持续要求包含意志和意向性，以及精神性的关键要素。

考虑心理学的各种贡献时需要注意，心理学的每种主要力量都有其自身框架，亦即：一个包含各种理论、假设、模型和方案的统一结构；部分贡献较为普通，其他贡献较为独特。例如，所有力量均通过评估提高自我意识，帮助开发技能并提供改进措施。所有力量均包含具体的治疗模式、技能和技术，而它们通常以不同的语言描述。

结构与功能心理学

科学心理学诞生于 19 世纪末期，最初集中于结构和功能研究，其与哲学的直接联系不难证实。该领域创始人 Wilhelm Wundt 将第一份心理学学术期刊命名为《哲学研究》。然而就像弗洛伊德一样，Wundt 最初是一名医学院学生。他认为心理学能够揭示思想的运行方式，其原理与生理学揭示身体运行方式时基本相同——换言之，都要借助科学研究。为此，他建立了人类历史上第一个心理学实验室，成为有史以来第一位“实验”心理学家，研究领域主要包括感觉、意识本质、情感和感知。他认为自我观察或内省是一种十分重要的心理工具。随着早期心理学正式研究的开始，Wundt 将这一新学科视作自然科学而非社会科学的分支，他相信意识心理学研究就像大脑本身一样需要采用生理学研究所用的严谨科学方法。心理学研究的发展自然引向精神疾病患者的治疗。

William James 也认为，对于那些寻求了解大脑和心智之间联系与区别的人，心理学是一种功能机制。像 Wundt 一样，他最初从事的也是生理学研究，但职业生涯后半期不断在哲学与心理学之间摇摆。他最重要的著作《心理学原理》试图将心智功能区别于大脑功能，以及体验影响意识的方式。

目前看来，Wundt 和 James 都必须在其特定历史背景下进行解读，但他们早期的著作为后来心理学研究的飞速发展奠定了基础。尽管如此，无论结构还是功能心理学家都认为，内省在意识研究中发挥着重要作用，从而可在一定意义上视作自助的早期支持者。因此可以说，心理学的结构和功能概念并未消失，而是一直蛰伏到 20 世纪中后期人本心理学和超个人心理学的问世。

尽管结构和功能心理学的部分理论与方法在心理学演变之初便已存在，它们仍被教练从业者沿用至今。外部刺激对心智作用的相关理论（特别是心智崩溃的情况下）至今依然发挥作用，各种用于研究认知、自我观察，以及思考、感觉和认知意识状态的方法仍被教练从业者使用。

心理动力学

Wundt 创立心理学十几年后，同样出身医学的弗洛伊德提出心理疗法，并称之为“精神分析”。

弗洛伊德理论是对早期心理学家功能和结构基础的革命性颠覆。就像所有早期的心理学开拓者一样，弗洛伊德也曾接受过医学教育，但随后很快放弃生理学并积极参与无意识心智研究，将其作为一种认识自觉行动与行为的手段。为此，他开始探索人类性欲和心理发展之间的关系，支持梦的解析，并将催眠作为了解人类意识的一种手段。他还开始将药物（主要是可卡因）辅助实验作为研究辅助手段。

就像更早期的心理学家一样，弗洛伊德的研究在整个 20 世纪受到大规模的再评价，但他创立的心理学研究方法仍是一个里程碑事件，其革命性不亚于爱因斯坦对物理学的贡献。特别值得一提的是，他将潜意识划分为本我、超我和自我（第一个术语来自 James 的理论），从而改变了心理学的研究方向，这一思想主导心理学研究数十年。

本章特别论述了精神分析——它是心理动力学的一个特征。弗洛伊德认为神经症或精神疾病治疗方式应与医生治疗生理疾病的方式大体相同。因此，精神分析假设存在需要治疗的病理状态，而不是作为一种释放潜能的手段。我将在人本心理学论述时重新讨论这一重要问题。

弗洛伊德的同事 Adler，以及最后与弗洛伊德决裂的荣格也许是平衡或整体个体观点的最早支持者，他们为人本心理学的出现奠定了基础。Adler

致力于使每个个体的生活产生意义和目的，寻求人类正确行事而非错误行事的证据，认为个体能够找出解决其所面对问题的办法。他的研究基于类似于 Erickson 的各种原理关注“为人本质”。与此同时，荣格强调后半生的精神觉醒，以及梦想的价值、原型的存在、集体无意识和共时性。荣格的许多思想明显借鉴了东方哲学思想，他通过分析方式鼓励他的合作者审视自己的人生，以便在历史背景下更好地了解其未来。为了解人类意识，他甚至将 12 步程序的联合创建人 Bill Wilson 作为研究对象。

作为弗洛伊德当时的支持者，Alfred Adler 被认为是心理动力学的又一位主要理论家；事实上，正是 Adler 建立了精神分析、行为认知心理学、人本主义运动甚至是超个人心理学之间的联系。他对选择的强调影响了精神分析领域的“自我心理学”理论家，其改善养育实践的做法为行为方法带来了目标定向，他对人们基于所谓“真实信念”的活动构建现实方法的研究已得到认知心理学研究成果的证实。作为 Abraham Maslow 的导师和“治疗师—客户平等原则”的积极推动者，Adler 被视为人本运动的先驱，其“精神追求是人类与生俱来的特性”的论断为超个人心理学的兴起奠定了基础。随着教练理论的发展，Adler 对社会联结、现象学、目标导向、独特性、自我创造性和整体论的假设现在已得到充分认同。

催眠疗法之父 Erickson 的研究方法基于询问而非解答，因此成为教练学基本原则毋庸置疑的先驱者。Marilyn Atkinson 认为，Erickson“展示了人们如何成为系统的组成部分，以及如何随系统改变”。Erickson 的研究催生了许多分支学科，其中包括神经语言程式学、人类与家庭系统理论和寻解导向治疗。

心理动力学在教练学领域发挥了特别突出的作用，在理论和技术方面做出了巨大贡献。例如，Jan Austin 将本能意识和未满足需求的识别视为心理动力学的两项巨大贡献。另外，心理动力学还影响着教练从业者在其客户的生活中创造意义和目的方面的尝试，并帮助他们更深层认识自我。心理动力学还提醒教练从业者“在特定条件下考查个人事件”的重要性。例如，Seth Allcorn 将这种方法视为有效的高管教练活动的关键部分，并对“心理提示法”作了如下描述：

> 将组织咨询的传统问题融入高管教练。了解组织和了解高级管理人员之间存在无缝接续。它们通过组织、社会、人际和个体动态的持续相互作用实现相互影响。探索这些要素中与其他要素不相容的一个要素有悖于精神分析提示教练原则。

他还认为：

> 人际世界的维度需要通过精神分析等理论深入洞察人类本性……基于精神分析提示的高管教练需要情境条件。高管教练精神动力法表示教练和高级管理人员之间的合作过程。

Bruce Peltier 提出一种相似的观点：

> 作为一种重要的教练思想，心理动力学思维来源于心理治疗监督领域，表明教练学动态反映了高级管理人员客户在日常工作中经历的动态。……因此，教练对高级管理人员的反应很可能会对客户工作行为做出重要的有效暗示。

最后，Frederic Hudson 认为，“尽管教练并非治疗师，但他们与客户的大量互动均表现出治疗的各种特征，教练从业者通过了解心理治疗、寻解导向的短期心理治疗和叙事疗法等各类治疗互动能够学习大量知识”。教练从业者与早期精神分析学家的不同之处在于，前者在出现抗拒改变的情况时并不假设存在疾病，但心理动力学方法仍特别适用于存在阻力的情况。例如，Peltier 曾指出：

> 方法是将“分析”或“动态”思维融入教练学，不使客户或关系病态化。任务是基于分析进行思考并积极行动。即便如此，行动导向和深入了解心理动力学知识的教练从业者仍能发挥极好的作用。

Peltier 将包括客体关系理论（人们通过彼此稳定自己的内心世界）和自我心理在内的心理动力理论视为有效的教练方式。Hudson 也指出了几种心理动力学模型对教练学的重要意义，其中包括弗洛伊德对象征性思维的强调、Adler 的个体心理学、荣格的“后半生精神觉醒”和 Gould 对个人神话的关注。

最后，Richard Kilburg 证实了心理动力理论在高管教练中的应用，指出“高级管理人员自觉意识以外的事件、感觉、思想和行为模式，可显著影响他们的决策和行动方式”。他还指出，“主要用于心理治疗的许多方法同样适用于教练学的各种情形”。

行为心理学

如果说弗洛伊德的心理动力学明显偏离 Wundt 和 James 的功能和结构概念，心理学的行为和认知方法，则在某种意义上希望重新建立心理学研究与自然科学的早期关系。如前所述，这一关系（即心理学第二大主要力量）的主要建设者包括行为心理学家 Ivan Pavlov、John B. Watson 和 B. F. Skinner，以及认知心理学家 Ulric Nasser 和 Noam Chomsky。

尽管 Pavlov 与 Wundt、James 和弗洛伊德处于同一时代，但他从未关注哲学的结构和功能方面或者心理疾病的心理动力缓解等领域；相反，他几乎纯属偶然地开始研究“调节”人类反应的可识别刺激。从这个意义上来说，可假定人类行为出于本能——即对某些刺激的特定心理生理反应结果，而不是对刺激的有意识或潜意识理解。几乎所有读者都知道，“给狗喂食之前摇铃”是验证这种趋向的最佳方式。Pavlov 发现响铃本身或者任意一种听觉刺激（包括口哨或音叉）都会引起狗的唾液腺工作，因此，导致唾液分泌的原因并非进食行为或喂食活动本身，而是狗对二级刺激的条件反射。他的另一个同等重要的研究重点是，令人难以承受的感觉、压力或痛苦（即过度刺激）会在生理上和精神上导致主体“停工”。这种反应（称为超限抑制或 TMI）并非以同等方式发生于所有主体当中；相反，除刺激本身之外，条件反射还取决于主体的“天性”。荣格继承了 Pavlov 的研究，专注于研究内向性格和外向性格之间的本质区别，而前者更易受上述超负荷情况的影响。

就像在其之前的Pavlov一样，John B. Watson也试图重建心理学与自然科学之间的联系，使心理学研究远离“心灵深处”，并转向对显性人类和动物行为的观察。此外，他还认为更好地理解主导动物行为（包括但不限于人类行为）的机制，可对人类行为施加更有效的控制。他的研究既不涉及形而上学，也不涉及潜意识，而是认为行为存在主观基础，可以基于共同利益和个体利益进行解读与引导。

B. F. Skinner沿着上述研究方向继续前行，进一步研究某些行为的后果，以及此类后果影响或“强化”某些行为的方式。这一研究方向致使其专注于环境控制方面的研究，特别是环境对于婴儿的影响和控制。在充分考虑了遗传因素于成长中的作用的前提下，他直接探讨比较了后天培养的力量与先天的力量，认为人类是其所处生活条件的生动体现，我们通过改变这些条件再现最理想的结果。

20世纪早期，行为主义成为心理学主要分支，其地位一直保持到20世纪50年代。该分支对教练学做出大量贡献，包括用于控制外显行为的各种模型和方法，以及对外界刺激如何调节外显行为的研究。教练从业者还用各种方法进行意识思维、目标导向、强化和行为修正。Peltier指出，后者并不是指防止“不良”行为，而是指“行为干预与心中的目标共同作用。检查目标达成进度，并根据进展情况对实验进行调整”。

应当注意的是，在借鉴行为主义思想的过程中，教练从业者感觉没有必要将自己与早期心理学各种力量割裂开来（主要是心理学后期的各种力量）。这种包容性使教练从业者区别于心理学主要力量范畴内的大多数从业者，每种力量的出现都是对先前模式可感知失效的回应。Skiffington和Zeus认识到这种趋势后指出：

> 尽管弗洛伊德的理论产生了巨大影响并仍旧与文学和艺术保持一定的联系，他对个人自我认识和成长的强调在主流心理学中的地位日益受到行为主义理论的挑战。行为学派（主要相关者包括Pavlov、Watson和Skinner）于20世纪20年代提出：我们研究的只是外显行为，以及外界刺激对其进行控制或调节的方式。

行为学派对教练学的另一项重要影响就是：改变的机会通常是客户个人或职业生活中重要情感事件的结果，客户的响应打开了行为变化的大门。下面是 Skiffington 和 Zeus 列出的行为教练所制定的部分发展目标：

1. 过真实的生活；
2. 寻找新的目的和意义；
3. 促进自我认识；
4. 提升自我责任；
5. 提升自我价值感；
6. 提升情感的自我调节；
7. 培养一种控制感；
8. 增加喜悦和快乐的源泉；
9. 更充实地活在当下；
10. 回顾人生成就和目标；
11. 设定现实而有意义的目标。

Peltier 指出，上述目标并不一定是个人目标，也可以是组织目标，并特别论述了 Fred Luthans 的研究（通过他所谓的“组织行为修正”将行为主义者的研究转换为管理模式和语言）。如今，此类模式被教练组织和个人所广泛使用。

认知心理学

认知心理学家与行为心理学家有大量相同的观点，对信念进行回应是行为主义者所用方法的主要特征。与心理动力学相比，行为心理学更多地将人类行为与主观标准联系起来，并解释结果对“某些行为将会重复”这种可能性的影响，似乎忽视了个人力量和个体控制其自身体验的天生能力。总之，它将个体视为整体的组成部分，认为个体要承受其他部分所致压力，而不是将其视为参与者。相反，基于计算机科学新兴语言的认知心理学认为个体并不仅仅是对外界刺激做出反应，而是随着知识的增长和情况的发展不断凭经验改变行事方法。从这个意义上讲，个体就像一台不断学习的计算机，随着情况的发展不断积累知识。

换言之，在心理学短暂的发展历史中，认知心理学家第一次寻求将心理学工具交到个体而非心理学家手中。另一方面，行为主义者寻求了解影响个体行为的方式，而认知心理学家则鼓励个体了解（更重要的是主导）相同的过程。

Noam Chomsky 将这种方法推广到语言学研究，认为语言习惯是一种本能，同时也受天资和学习者周围人们鼓励的影响。他并未否认存在经行为主义者观察确定的各种刺激，但并不认同其在学习过程中的首要地位。

现代教练学从认知心理学中借鉴颇多，经常利用其自我评估和改变等基本原则。认知学派未将治疗师或教练从过程中排除，而是假设客户在识别并修正适得其反的行为和思想方面应具有更高的能力，承担更大的责任。

这些原则（至少对于认知心理学家而言）是之前行为原则的自然延伸；为此，Hilgard 指出，“20 世纪 40 年代末 50 年代初开展的自我感知和创造性想象研究标志着认知心理学的发展”。随着此项运动的发展，West 和 Milan 指出，“20 世纪 60 年代，Aaron Beck 和 Albert Ellis 向行为方法引入一个认知维度，特别关注不正常思维过程和不合理的信念”。Peltier 认为，上述发展是认知学派和教练学相互联系的基础。正如他所描述的那样，认知疗法的核心理念是：

> 人们能学会基于强大的情感和行为利益注意并改变自己的想法，其核心思想与早期思想的显著区别在于，它所关注的是意识思维而非潜意识过程。

当今的教练从业者从 Ellis 对意识思维、情感和幸福感之间关系的研究中得到启发；Beck 认为严重抑郁者的思维方式可以修正；Homme 确信有意识的想法可进行观察、控制和管理。Peltier 认为所有这些方法都适用于当今的教练从业者。

希望采用认知方法的教练从业者可进入三大认知研究领域，每个领域都涉及客户思维的不同方面：一般思维方式；具体思维模式；具体思想。

Jeffrey Auerbach 对此表示赞同，“采用认知方法的教练从业者帮助客户认识假设条件、错误结论、心智模式、非生产模式和适应不良的自我对话，学习和执行观察情况的其他方式”。意识提升之后便可确定现实目标，检查目标的实现程度，并及时进行调整。

人本心理学

Moss 对这一领域的出现做了如下描述：

> 20 世纪 50 年代的心理学领域由马斯洛所谓的精神分析第一力量和行为主义第二力量支配。心理学各学派在了解人类行为和缓解人类痛苦方面取得各种突破。但各学派还存在各种偏见，拒绝承认或探索人类生活的重要维度。人类心理学的出现有助于了解人类的这些基本缺陷。

简言之，人本心理学关注整体的人，而非具体的行为或狭义的目标。在认知学派指导下，人本心理学将每个个体视为一种有意识的作用者：他们“先体验再决定”，就像处理其他重要数据那样学习价值观、意义和经验。然而，正如 de Carvalho 所述，“由于每种理论都反映作者的背景和兴趣，很难提供人本心理学单一模式”。为此，他接着确定了五位被公认为该领域创始者的个人及其学说：Maslow 的成长假说，Rogers 的咨客中心疗法，Allport 的人格理论，May 和 Bugental 的存在主义和现象学取向。

人本心理学家（主要是马斯洛、罗杰斯和波尔斯）继续将个体而非内在不良因素或外界刺激置于心理学领域核心位置。

Adler 的学生马斯洛被认为是人本和超个人心理学之父。他的理论利用需求层次理论解释人类动机，包含自我实现理念。他根据其所谓的“需求层次理论”进行行为研究，将这些需求从生理到心理进行排列整理，认为后者取决于前者的实现。

生理需求是最简单最基本的生活需求，即空气、水和食物。之后是个人身体意义上，以及更广泛的社会意义上（稳定的群落和对财产权利基于法律的尊重）对安全的基本需求。上述需求得到满足后，个体便可自由地考虑更加非物质的人类需求，即爱、友谊、自尊、道德体系，以及创造性。在马斯洛看来，只有基本需求得到满足后，个体才能将注意力转向更加重大的自我实现心理问题。这些要素不受外力刺激，只有在某种程度上不再受此类影响时才会出现。

马斯洛和罗杰斯、老子和禅宗都假设每个人均有一种促进成长、指导和生产力的实现倾向。他还认为，个体参与关怀和负责的人际关系是一种普适原则。

Stewart Emery 认为，“自我实现实际上是通过发挥个人作用和表达激情最终服务于世界和个人的”。Flaherty 直接指出，“西方教练学始于马斯洛，他认为心理学还应考虑人的潜能”。最后，Whitmore 认为马斯洛的研究是后续所有发展的关键所在。“马斯洛等人为 Timothy Gallwey 所从事的研究准备了条件”。

罗杰斯对此表示赞同，并将其开创的治疗方法称为“咨客中心疗法”，将其所创立的教育方法称作“以学生为中心的学习”。罗杰斯认识到我们都在某种程度上受到社会经济力量和周围个体的影响，认为自我可从环境中分离，人们可发现真实自我并追求真我。鉴于此种个人道德在本质上是本能的，自我实现的人不需要参考规则和原则，但在任何特定时刻都能信赖其不断发展的是非观念。总之，尽管很大程度上是其环境的组成部分，已经自我实现的人总会忠实于真实的自我。

针对“正常”人，波尔斯通过两种不同的方法创立了“格式塔疗法”：一种方法针对治疗师，另一种针对希望改善其生活的人。他所创立的“空椅法”正是这种方法的体现，牵涉到同自我不同部分的对话，特别关注肉体或物质表达。许多教练从业者都采用此种方法。波尔斯的研究专注于这种自我实现的机会，将格式塔疗法作为帮助个人实现自我的一种手段。格式塔疗法某种意义上是心理动力学的回归（经培训的专业人员“治疗”患者的精神疾病），但主要是依靠个体实现自身成功。为此，反映了认知学派大量基本原则的这一过程被认为比即刻疗效更重要，假设个体或患者的兴趣指导着对话。因此，该过程必然是现在而非过去的功能，明显不同于精神分析学派有关“记忆和过往经历的心灵法则”的思想。最后，格式塔疗法认为个体只能参照他们周围的其他个体（包括治疗师）及其生活和工作环境来了解自我。

波尔斯、罗杰斯和 A.Ellis 等人本心理学家认为治疗师与客户之间的配合比所采用的方法更加重要。罗杰斯的咨客中心疗法体现了这种思想：该方法同客户一样关注其目标，而非精神疾病或客户自身问题。Peter Reding 指出，罗杰斯认为“客户是唯一能够治愈自己的人——在不带批判、完全包容的环境中所展现的爱、支持和无条件积极关怀都是客户自由表达的前提条件，而我们（教练从业者）的倾听多于交谈”。该方法是国际教练联合会（International Coach Federation，简称 ICF）核心理念之一，也是“共创式”教练学的核心。

Ellis 是“推动认知疗法发展的关键人物……他在 20 世纪 60 年代打破弗洛伊德理论思想，基于意识思维、情感和幸福感之间的关系创立了独具特色的心理疗法。“理性情绪疗法”的依据是坚信人们可通过与自身对话改变自身思维。这些思想催生了教练从业者所说的“重构”和“语言再产出”。

从事语言学研究的 Bandler 和 Grinder 创立的神经语言规划（Neuro-Linguistic Programming，简称 NLP）最初效仿 Erickson、Satir 和 Perls 的直观语言，其基本前提是语言与人类神经相关联，并反映我们身体的内部结构。因此，我们构建语言和关系的方式反映了我们构建现实的方式。NLP 对教练学的贡献包括形象化、重复、模式化，以及提出正确问题的价值。

Dilts 是一名 NLP 培训师，师从 Bandler 和 Grinder，“……他从逻辑层面解读 Gregory Bateson 的研究，将系统思维的力量作为框架提出重大问题”。Dilts 在 2003 年撰写的 *From Coach to Awakener* 将教练活动定义为“帮助个人和团队发挥最大潜能的过程”，它挖掘人们的长处，帮助他们绕过个人障碍和局限以达到自身最佳状态，并提升其作为团队成员的工作效率。因此，有效的教练活动需要同时强调任务和关系。Dilts 认为教练活动“以结果为导向多于以问题为导向”，在强调改变的同时关注确定和实现特定目标。他将教练活动分为两种形式，即高管教练和生活教练（称为 C 教练）。他还认为“c 教练”专注于行为层面，即提升资源和能力的自觉意识，以及自觉能力的开发。他将“C 教练”的能力和技能组合定义为“照管、指导、教练、教学、辅导、支持和唤醒”。

当今的教练从业者从心理学四大力量中汲取理论和技术，而人本心理学毫无疑问是教练学的基础。简言之，人本心理学不仅为教练学奠定了基础，还为教练学提供了最重要的原则。此外，人本心理学的工具和方法为教练从业者与客户角色，以及他们关系的本质提供了重要的指导准则。Jeffrey Auerbach 曾坦言：“对于缺少人文关怀的教练活动，即使值得信赖的教练也寸步难行……大量使用认知法的教练从业者也必须融入情感知识。”

Stober 提出了类似的观点，将人本心理学和教练学直接联系起来。

> 人本疗法和教练学的共同点是，积极改变是各类客户的一种驱动力……自我实现的人本论是教练学的基本假设，主要关注促进成长而非改善功能障碍。

Stober 接着确定了教练学从人本心理学中汲取的主要概念：

1. 个人的成长导向观点及其自我实现潜力；
2. 基于合作原则和“直接讨论当前问题”的从业者 - 客户关系；
3. 催生确实性、真实性和相互一致性的从业者同理心和无条件积极关怀；
4. 考虑人类经验程度和个体独特性的一种个人整体观；
5. 选择的可获得性及其产生的责任。

人本心理学家马斯洛和罗杰斯超越了该领域其他所有研究者，几乎达到教练学殿堂级高度。马斯洛提出了个人真实性的概念，并根据他的个体成长导向观创立了“需求层次理论”和“自我实现模型”。随后，罗杰斯提出了咨客中心疗法；作为教练学的支柱之一，它提供了合作、无条件积极关怀、真诚和自我表露的基本概念。

马斯洛和罗杰斯基于人本心理学原理对教练学做出的贡献不仅为当今的从业者普遍接受，它们还深深融入教练管理机构的语言中。例如，ICF 核心理念包括“与客户建立信任和亲密关系”和“展现教练风范”。作为上述核心能力的开创者，以及教练培训学会（The Coaches Training Institute，简称 CTI）共创式教练模式的创立者，Laura Whitworth 指出了人本 – 超个人心理学对两种语言的影响，其中包括意识、选择、关注眼前、过程信任和对他人福利的了解与提升。

Bohart 和 Greening 对 Laura Whitworth 的观点表示赞同，认为人本心理学基本原则不承认有文化边界。

哲学对其他观点的包容性和开放性使人本心理学家努力了解不同文化所表达的各种世界观。一般人本取向不仅包括重视传统实证研究的各种方法，还包括以欧洲哲学（例如现象学）为基础的其他科学方法，以及超个人心理学对精神的重视。

正如我将在后续章节中描述的那样，这一立场经证明是教练学在全球范围内持续传播的关键因素。

最后，人本心理学不仅影响着教练理论和实践，还催生了该领域目前广泛使用的各种新方法，Richard Bandler 和 John Grinder 在 Gregory Bateson 和 Milton Erickson 影响下创立的 NLP 便是其中一例。教练从业者和治疗师将 NLP 用于个人成长、创造力培养、绩效提升、沟通能力提高和加速学习。

你可能会问，个人成长、20 世纪初的激励运动、人本主义运动、交心心理治疗小组、人类潜能运动、大群体意识训练、支持组和自助到底是怎样的？我将在本章的“人本心理学分支学科”小节中讨论这些问题。

超个人心理学

超个人心理学是由 William James 于 20 世纪初首次提出的一个术语，

最终在马斯洛推动下发展成为一个思想学派，它是马斯洛需求层次理论最上层（即所谓的“顶峰体验”）的派生产物。超个人心理学融合了人本心理学某些要素和东方哲学的古老信条，目标是在心理学背景下为精神性寻找一片乐土。正如认知和人本心理学家设法使心理学摆脱行为主义者较为呆板的概念那样，超个人心理学家希望将意识从个人思想中解脱出来，并和宇宙重新建立联系。简言之，人类生存的基本需求得到满足后，个体才能实现自我；一旦达到这个阶段，个人成长的最后一步便是“个体从自我中心提升到精神意识”。超个人心理学为教练学提供了精神潜能提升方法，以及对存在的先验和超个人特质的认识方法，教练从业者可借以协助客户进行自我发现。

所有主要力量中，只有超个人心理学现在仍处于快速演变期。因此，其最终形式仍不确定，而其对教练学的贡献也尚未完全显现。事实上，Ruzek 发现，心理学历史研究者和超个人心理学的开创者们都未能将超个人心理学视作美国现代心理学的一股影响力。尽管如此，研究还指出：随着正向心理学的日益风靡，以及对精神性的持续研究，超个人心理学将来可能会演变成一种主流心理学。

John Whitmore 赞同 Ruzek 的初步成果，但他还在教练学中窥见心理学的第四种力量。

> 人本心理学带来了“意识增强”思想，而超个人心理学则强调“意愿和意向性”思想……如果你喜欢，它可以是心理学的下一阶段，并以人本心理学为基础。当你有想要遵循的特定方向（目标）时，如果你认为意识提高有助于改善绩效，则要考虑改善程度。如果教练从业者不了解他们自身的超个人性，以及研究他人超个人性的方法，则他们帮助他人的能力将受到限制……超个人教练学的主要思想就是关于发现真正自我的力量。

※ ※ ※ ※ ※ ※ ※ ※ ※ ※ ※ ※

正如我在本章开头所述，社会科学这一“主根”比哲学主根有更多的分支；换言之，心理学分支学科几乎不可胜数。我在本书中对三个主要子群进行考查，即应用心理学分支学科、理论和研究心理学分支学科，以及人本心理学分支学科。最后一个分支学科是迄今为止规模最大且最具争议的子学科。

应用心理学分支学科

正如我在本章导言中所述，心理学分支学科日益增多，这些分支学科调整心理学四种力量的工具和模式以适应专业实践。这些分支学科（特别是“应用心理学”跨学科范畴内的各种学科）对教练工具和方法做出了重要贡献（见图 12）。

理论与研究分支学科也是如此，虽然贡献程度可能不如应用心理学分支学科。对于前者而言，临床、咨询、顾问、组织和运动心理学专业对教练学影响最大。心理学（教育、发展、健康、社会、生物和正向心理学）的研究和理论特性为教练学知识库添加了宝贵的信息，但对教练实践的影响相对较小。

应用心理学
临床
咨询
顾问
组织
运动

资料来源：摘自 Brock 的著作

图 12　应用心理学分支学科

就它的一个自有起源学科角度而言，教练心理学是“回报式贡献”的教科书式范例。教练心理学几乎涉及心理学的所有分支学科，其实践方法包括心理动力法、行为法、认知法、发展法、基于系统的方法和寻解方

法。教练心理学还采用NLP和促进心理学的观点，是一种目标明确、以人为中心、专注于问题的分支学科——换言之，它的本质是人本主义核心。

临床心理学

临床心理学未被列为心理学四大主要力量之一，但对教练学有着深远的影响。临床心理学发展史同20世纪的两次世界大战联系密切。第一次世界大战期间，临床心理学侧重于心理评估，通过评价言语和非言语技能将士兵与其最适合的军事任务匹配。第二次世界大战爆发后，伤员人数超出医疗机构（包括精神治疗专业人员）承载能力，心理学家开始提供治疗服务。因此，临床心理学家开始治疗发病率不断上升的创伤后应激障碍，心理治疗成为临床心理学家工作的重要组成部分。心理学家采用的治疗方法通常与精神病医师所用方法极其相似，但后者持有医学学位，有资格开展药物治疗。

20世纪60年代末，研究和实践之间的鸿沟日益增大，以至于学位课程本身就能将两者区别开来。首先是以实践为导向的临床心理学学位，然后就是心理学博士学位。时至今日，两种课程均注重实践而非理论，其前提是透彻理解该领域所特有的初始研究。换言之，临床心理学是心理动力学重申自身作用的途径，尽管这是患者经常被迫面对的各种情况而非潜在病理性疾病所作用的结果。

在心理学所有分支学科当中，临床心理学对教练学的实际影响最大。特别值得注意的是，教练学采用寻解导向的短期心理治疗，前提是客户和他人都能面对其自身问题；任何特定时刻都倾向于做出最佳选择；交谈可以塑造现实；教练和客户可以通过富有意义的对话共同找出问题并构建解决方案。心理治疗师Virginia Satir的研究也对教练从业者产生了较大影响：她创立了“家庭疗法”，并通过临床研究建立了一个心理学模型，确定了变革影响组织的方式。Satir对教练学影响的详细描述参见第五章。

Peltier指出，“尽管企业文化中存在令人讨厌的心理治疗暗示，但不可否认的是，心理治疗文献具有重要作用，且与职场的教练活动密切相关”。他还指出，“源自心理治疗文献的技术包括主动倾听和移情、自我意识、过程观察、给予和获得回馈、有效沟通、冲突解决、认知重构和学会乐观、有效使用强化、催眠语言、抗性管理、去三角化、重构甚至是悖论意图”。

Berman 和 Bradt 指出了许多心理学家因为“传统心理健康护理的政治性和经济性使得挫折感日益增加”而在实践过程中采用教练原则的方式。他们还指出：

> 鉴于临床实践中的工作相关问题，它似乎是传统临床与咨询工作的逻辑延伸。虽然目前存在多种类型的高管教练和咨询，但只有一部分与传统心理健康服务相关。专注于个人和工作环境中长期行为问题的发展教练极有可能适应传统心理训练。必须通过商业界高层培训或体验进行能力培养，帮助企业领导满足各种需求，以及寻回自我的情境。

教练相关具体疗法包括情绪聚焦疗法、现实疗法、理性情绪疗法和选择疗法。情感聚焦疗法采用情感教练学，其前提是“人在到达一个地方之前无法离开那个地方”。Glasser 的现实疗法将患者视为行为存在问题的责任个体。Ellis 的理性情绪疗法和 Glasser 的现实疗法强调客户的行为责任。Glasser 选择理论的前提是一个人的行动始终受其控制。

“除上文所述的罗杰斯咨客中心疗法之外，曾经影响教练学的其他人本主义心理治疗方法包括波尔斯的格式塔疗法、May 和 Yalom 的存在法和影响相对较小的欧洲存在主义者 Binswanger、Boss 和 Frankl”。Viktor Frankl 曾是一名集中营囚犯，他认为生命的意义存在于生活的每一时刻，这一思想引起许多教练从业者的共鸣。Erickson 的催眠与沟通研究也催生了一种基于非病理模型的以解决方案为中心的方法，它与教练学有诸多相似之处。

寻解导向的短期心理治疗（BSFT）的哲学基础包括：相信个体及周围其他人本质上是有能力的；人们能在任何特定时间为自己做出最佳选择；谈话和对话可以塑造我们的现实体验；治疗 / 教练活动是治疗师 / 教练与客户之间的对话，可帮助参与双方找出问题，并构建各自的解决方案。因此可以说，BSFT 将构成主义原理作为教练活动的重要前提。

咨询心理学

教练活动在20世纪七八十年代通常被称为工作场所绩效辅导，当时被看作是供管理人员改善绩效使用的一系列技能。

> 咨询心理学对360度考核与跟踪辅导的教练学实践产生了一定影响。两者之间的主要区别在于，教练活动属自愿性质，不一定需要采取治疗形式，且受教者的就业并不取决于课程的成功。

Peltier对此表示赞同：

> 虽然部分企业专业讲师将“咨询”视为管理人员日常使用的一种技能，但其一般适用于存在“心理问题”的困惑员工。心理咨询具有私人性质，目的是解决个人问题。教练活动在企业环境中有一层更积极的内涵。

美国心理学协会（American Psychological Association，简称APA）认为，

> 咨询心理学可在整个寿命期限内促进个人和人际关系运作，集中关注情感、社会、职业、教育、健康、发展和组织关系。咨询心理学的独特之处在于，它同时关注正常发展问题，以及身体、情感和精神障碍相关问题。

关于上述“正常发展问题”，Skiffington和Zeus描述如下：

> 助人技巧专业以各种方式对教练学做出贡献，特别是提供沟通模式、积极倾听模式、提问方法、移情反应和反思。挑战和探索问题，以及帮助个体深入探索的方法也充实了教练活动实践。

Diedrich和Kilburg援引Hudson在1999年的研究成果，“生活教练是心理咨询与心理治疗的对应部分，许多心理医生正探索如何将这些技能和这种概念性方法加入他们的专业组合方案中”。

顾问心理学

美国心理学协会13分部的顾问心理学会指出，顾问心理学包括“个体评估、个体与群体过程咨询、组织发展、教育和培训、员工选择/评估、专家技术支持、研究与评价试验构建、高管/管理人员辅导和变革管理”。

顾问心理学期刊《实践与研究》于1996年春、2001年秋和2005年冬推出三期特刊，将高级管理人员辅导视作顾问心理学实践中的一种新兴能力。上述特刊的特别编辑Kilburg认为，“传统组织发展方法、成人教育、管理培训、行业组织心理学和一般顾问技能正相互融合成一种分支学科”。Tobias提出了类似的看法：“我们基于人本心理学、存在心理学、行为心理学和心理动力学的框架，折中地选择自己适应客户、情况和需求的各种方法”。1996年特刊上的文章主要关注方法、作用、定义和实际的高管教练活动。2001年特刊包含一份文献综述，涵盖了团队教练和内部教练的作用、教练与治疗，以及具体的教练模式。最后，2005年特刊特别关注了高管教练案例研究。

1996年特刊未提及人本主义的影响，但Peltier发现十篇文章中有四篇的作者深受罗杰斯学派影响。他们是：David Peterson，他论述的是“获得信任和理解后使人们乐于跟你共事”的方式；Richard Diedrich，他将移情视为反馈的关键要素；Richard Kilburg，他将移情视为一种治疗方法；Witherspoon和White，他们重点研究了客户责任。这是起源学科与其分支学科之间交叉作用的又一个例证。

顾问心理学文献也涉及该领域对高管教练的特殊贡献。Kilburg指出了心理动力模式的影响；Tobias和Kilburg提出了系统视角；Diedrich创建了迭代反馈模式；Richard建立了多模式治疗模型；Sherin和Caiger创建了理性–情绪行为疗法（REBT）模式；Laske建立了变革性发展模型；Fitzgerald和Berger提出建设性发展理论方法；Peltier确定了认知疗法定向与存在取向；Cocivera和Cronshaw提出了行动框架理论方法；Ducharme提出认知行为方法；Campbell-Quick和Macik-Frey创立了基于人际沟通的方法。

组织心理学

又称行业与组织心理学、I/O心理学、工作心理学、职业心理学或人事心理学，主要涉及心理学理论、研究方法和干预策略在职场问题中的应用，针对各种情况为教练从业者提供多种方法，包括人事心理学、激励与领导力、员工选拔、培训和培养、组织发展、引导变革、组织行为和工作及家庭问题。当然，最后两项之间的平衡是教练学主要涉及的问题之一。

Glaser注意到“以临床为导向的产业心理学”向“针对主要管理人员的发展咨询”的转变，实际上触及了催生教练学的多种情况之一。上述转变的理论基础是，“许多有关组织长期运营绩效的问题都源自管理人员的态度和行动”。

Berman和Bradt也注意到组织心理学与教练学之间的联系，指出“顾问心理学、行业/组织（I/O）心理学和临床心理学在过去十年间越来越多地采用高管教练的概念”。他们建议临床、咨询和组织心理学家在组织环境中采用高管教练四类模型，包括促进性教练、高管教练、恢复性教练和发展教练。

Peltier认为高管教练所采用的测试和评估技术（例如多点或360度反馈、交谈、直接行为观察和客观评估）通常来源于组织心理学。具体组织模式包括：Lazarus的多模式治疗模型，一种适用于高管教练的综合整体性方法；Argyris的行动科学，关注理解和产生行为；Lewin的行动研究，目标是提高行动效率。Argyris的贡献详见第四章，Lewin的详见第五章。

运动心理学

运动心理学研究影响运动、锻炼和体育活动的参与及表现（或受其影响）的行为因素。运动心理学专业人员研究运动、锻炼和体育活动在整个生命过程中增进个人成长和福祉的方式。

Meryl Moritz认为，运动心理学实验室兴起于20世纪20年代的德国、俄罗斯和美国，研究对象包括形象化、可视化、信心、内在和外在动机、注意力和断定。20世纪70年代，伊莎兰运动心理学开始研究基于Gallwey、Murphy、Schutz和Millman思想的运动“心理调整”。

Whitmore 指出：

> 体育运动近年来发生了翻天覆地的变化，大多数顶级球队聘请运动心理学专家对运动员进行态度训练，但如果传统教练方法保持不变，教练从业者往往会在无意间否定心理学家的努力。为绩效而建立并保持理想心理状态的最佳方法是在日常实践和技能习得过程中不断建立意识和责任，为此必须转变教练方法，从指导转变为真正的教练活动。

此外，Skiffington 和 Zeus 认为：

> 运动心理学的贡献未得到充分重视；信任、个人最佳成绩，以及优秀人才教练观念均源自运动心理学；该领域相关研究包括目标设定、激励、关注、快速学习方法，以及规划并评价受教者偏爱的学习方式。

Skiffington 和 Zeus 追溯了该领域对高管和企业商业教练影响的起源。“运动心理学产生的一种重要研究机制影响了高管和商业教练活动。与行为教练特别相关的知识体系包括目标设定、关注、‘跟从’、动机和承诺方面的研究成果”。Martin 和 Hrycaiko 以同样的方式确定了六种特性，使得行为修正对竞技教练而言具有潜在价值。Grant 还指出了 20 世纪 70 年代以来运动心理学与职场人类潜能开发之间的关系。

理论与研究心理学分支学科

同应用心理学分支学科一样，理论与研究心理学分支学科也是两种独立学科的交集（见图 13）。唯一的例外是正向心理学——它对教练领域的影响与日俱增。

发展心理学

发展心理学以科学方式研究与年龄有关的行为变化，因而包含教育心理学的许多要素。Laske 认为：

理论与研究心理学
发展
教育
健康
社会
生物学（或生物心理学）
正向

资料来源：摘自 Brock 的著作

图 13 理论与研究心理学分支学科

> 发展教练基于成人发展研究，特别是 Piaget、Kegan、Basseches、Jaques 和 Laske 的研究。……教练学的行为变量反映了个体的行为变化，而发展变量描述了个体的性质或其当前状态。

成长和发展原则是各类教练活动成功的关键所在。Hudson 将 Erickson 的理论视作此种学习的起点，还提到了阶段理论的创立者 Kohlberg——该理论假定每个发展阶段均源于并取代上一个发展阶段。其他模式还包括：Neugarten 的社会发展观点，它构成人类发展领域的基础；Kegan 基于独立性与包容性之间关系的模型，主要涉及上述转变过程中的个人思想内容；Levinson 的生活转变模型关注成年人的中年危机；Gilligan 的女性发展模式挑战基于男性的现有理论。

Otto Laske 提出一种源自建构性发展心理学、家庭治疗督导和组织认知理论的教练模式。“该模式具有变革性和发展性，因此区别于认知行为和心理方法”。

最后，Skiffington 和 Zeus 通过一张表格将各发展阶段与教练理论和年龄相关问题联系起来，这是发展心理学影响教练活动的另一例证。

教育心理学

教育心理学关注的是人类在教育环境中的学习方式、教育干预的有效性、教学心理学和学校组织社会心理学。因此，教育心理学与发展心理学密切相关。教育心理学的主要理论家包括：Bandura（1925—至今）、James

（1842—1910）、马斯洛（1908—1970）、罗杰斯（1902—1987）、Skinner（1904—1990）、Thorndike（1874—1949），以及发展心理学家 Piaget（1896—1980）和 Vygotsky（1896—1934）。Bandura 的社会认知学习理论（Malone，2002）和罗杰斯的个人中心治疗思想都可有效应用于教练学。

Costa 和 Garmston 20 世纪 90 年代初创立的“认知教练”理论旨在提高教师效能，其方法基于一种依靠信任、推动相互学习并促进成长的非评判性关系，目标是与他人独立合作。Auerbach 指出，认知教练的基础领域包括“语言学、个体化、建构主义、调解、认知理论、人本心理学、系统思维和临床督导等”。

健康心理学

健康心理学涉及社会环境中的个体行为，专注于心理行为（思想、感觉和行动），以及身体健康之间的关系。尤其值得注意的是，该领域推动了应力方面对心理因素的认识，以及旨在促进健康福祉并预防疾病的有效应对机制的发展。Prochaska 和 DiClemente 旨在确定变化阶段和过程的行为转变理论模式，以及 Miller 和 Rollnick 的动机式晤谈是此种类型的两大代表性理论。后者作为一种非权威性方法，用于帮助人们释放自身的动机和资源，是一种克服矛盾心态并帮助客户解脱的强大手段。

Palmer、Tubbs 和 Whybrow 认为教练活动能够促进健康行为的推广，可帮助个体实现健康相关目标。他们将健康教练做如下定义：“健康教练在教练活动背景下开展健康教育和健康促进实践，用以增强个体康乐并推动实现健康相关目标。”Palmer 希望利用该定义将健康教育与健康促进和教练活动的关键要素联系起来。

Butterworth 等人认为健康教练是一种“较新颖的行为干预，它能以符合成本效益的方式应对多种行为、健康风险和自我疾病管理，因此广泛应用于健康促进、公共卫生和疾病管理”。基于上述前提，他们通过研究评价了大空间工作场所基于 MI 的健康教练对员工整全健康状况的影响。

我将在第四章详细论述同商业底线相关的教练目标，员工的情绪和身体健康显然是其目标之一。因此，健康心理学是心理学各种分支学科和教练学之间交叉作用的又一例证。

社会心理学

Kurt Lewin 所创立的社会心理学最早可以追溯到第二次世界大战，其主要研究的是个体与其生活或工作的社会环境之间的关系。“生活空间”和“群体动力”两个术语均出自 Lewin 的研究。Peltier 指出，“‘场理论’是 Lewin 的众多贡献之一，它代表一种帮助受教客户应对社会环境的方式。场理论并不关注个人素质或缺点，而是迫使教练从业者注意现时的社会环境和压力”。Lewin 的另一项贡献是“干中学方法（又称行动研究），其目标是提高行动的有效性”。

生物心理学

随着医学科学与生物化学的最新进展，人们重新回归生物学视角，旨在寻找身体、思想与人类行为之间的密切关系。David Rock 基于大脑官能为教练学引入一个理论基础，认为“所有教练活动都可从神经科学角度得到解释”。Rock 基于脑的教练方法或神经学教练方法假设：“首先，教练学每个事件都与某人头脑中的活动存在联系；其次，当考虑某种起源学科的其他竞争者（心理学就是一个明显的例子）时，基于大脑的教练方法较有吸引力”。科学研究主要集中于注意力、反思、洞察力和行动（简称“ARIA”）四个方面，旨在寻求一种核心说明，以了解教练活动如何影响大脑。据 Rock 所述，“Schwartz 在注意力，以及注意力如何改变大脑方面做了大量研究，为自我导向和寻解导向教练方法提供了强有力的证据”。Rock 进一步指出，“基于大脑的方法还有助于解释其他许多领域的研究，包括变革理论、成人学习理论、正向心理学与创造力研究等”。

哲学博士兼合气道黑带六级持有者 Richard Strozzi-Heckler 指出，“将躯体与个体的情感、身体、语言和本体方面相结合。躯体是指完整生命体，它证实了构成个人性格和应变力的许多独特方面”。

正向心理学

正向心理学从1998年开始成为一种专业，在教练学发展过程中也发挥了重要作用。该术语由马斯洛首创于20世纪50年代，但一般认为Seligman是这一领域的创立者。简言之，正向心理学专注于乐观和幸福，研究“整全健康”而非疾病。

Seligman和Csikszentmihalyi指出，“正向心理学的目标是将心理学研究重点从‘仅修复生活中最糟糕的事情’转变为‘包含构建积极心理品质’。”他们还将正向心理学描述为“一门有关积极主观经验、积极个人特质和积极基本原则的科学，它的目标是提高生活质量，并避免生活乏闷且无意义时出现病症”。关于教练的一个核心原则，他们指出：

> 对在很大程度上支配着我们学科的病理的特别关注导致人类缺乏使生活有意义的积极特征的模式，希望、智慧、创造力、未来意识、勇气、精神性、责任和毅力被忽视或被解释为更实际的负能量的转换形式。

Carol Kauffman对此表示赞同，他指出，“……正向心理学的核心（例如教练学）在于从业者选择将关注点从病理和痛苦转移到力量、愿景和梦想”。Kauffman接着指出，“正向心理学理论与研究将为教练领域的傲然挺立提供科学支撑”。之后，她引用了一些针对教练学的观点：

> 正向心理学有能力为教练这一新兴专业提供理论和实证基础（或者“内部支撑”）。基于证据的支持要求注意客户的整体性，点燃希望并帮助他/她建立对未来的憧憬。大量数据表明，教练活动中常见的喜悦和积极情绪的提升并非不理性现象；它可以进行可靠有效的测量，其对认知和社交技能培养的积极影响非常符合科学审视原则。

Kauffman指出，Csikszentmihalyi自1966年开始“研究全面参与生活的能力……（进一步指出），若能完全专注于你所做的事情，则会（出现）源源不断的体验”。关于此种方法，Bergquist指出，“正向心理学运动正将心理学推向一场革命……心理学时代思潮的总体转变对教练学造成了间接影响”。

正向心理学研究首先需要了解情绪智力，Daniel Goleman 的研究也包含在其中。Goleman 将 Howard Gardner 在 20 世纪 90 年代末的研究工作中的情绪智力推广开来，紧随哥伦比亚大学的 Peter Salovey 和 Jack Mayer 的研究步伐。他的模型以四种要素为核心，即自我意识、自我管理、社会意识和关系管理。Fred Kiel 认为，得益于 Goleman 的研究，“企业高级领导最终能够谈论内心世界及其对绩效的影响”。

正如我在前文中所述，教练学不仅受许多现有学科影响，还在短时间内影响了它的起源学科。因此，教练学能够为正向心理学提供事实依据，提高了教练学特有模型和理论的严谨性。

人本心理学分支学科

下文描述的分支学科（见图 14）都能在一定程度上支撑主要个人成长和成长理论。尽管激励运动、人本主义运动和人类潜能运动等并不是真正意义上的心理学分支学科，但在我看来，它们与 LGAT、交心心理治疗小组和自助小组一样，都是人本心理学的分支。

人本主义子群
（又称：个人发展与成长）
激励运动
人本主义运动
交心心理治疗小组
人类潜能运动
大群体意识训练（LGAT）
自助、支持组和个人发展

资料来源：摘自 Brock 的著作

图 14　人本心理学分支学科

个人成长运动为教练学在更大范围内的广泛认可创造了另一个理想环

境。此项运动源自20世纪60年代迅速发展的人本心理学和人类潜能运动，很快便被收入文献和各类公共课程中。个性化教练是集体参与个人成长和生活技能训练计划的逻辑后续。

正如 Skiffington 和 Zeus 所述：

> 无论是否能够提高工作绩效或在个人生活中获得更大满足感，教练学都涉及个人成长，此种发展通常出现在自我认识和自我意识背景下。个人教育和自我认识的价值并不是一个新概念，因为苏格拉底也曾告诫我们要“认识自己”。苏格拉底和他的弟子柏拉图致力于对话教育法，引导学习者审视其对真理和美的理解。行为教练不一定采用“苏格拉底式对话”，但确实是通过教练的质疑和挑战将受教者引向针对自身事实和价值观的更深层理性认识。

激励运动

Derloshon 和 Potter 提出的“成功商人”是指成功与激励运动（始于“大萧条”之后的20世纪30年代末，一直延续到20世纪60年代）的影响人物，但主要成功学和动机学出版物甚至在美国内战之前便已出现，在整个20世纪也频频出现。这些著作包括 Smiles 的《自助者天助》（1859）、Allen 的《人如其所思》（1902）、Wattles 的《华莱士财富宣言》（1910）、Behrend 的《你的无形力量》（1921）、Holmes 的《心智科学》（1926）、卡耐基的《如何赢得朋友及影响他人》（1937）、Hill 的《思考致富》（1937）、Hubbard 的《智力学》（1950）、Peale 的《积极思考就是力量》（1952）、Maltz 的《心理控制论》（1960）、马斯洛的《迈向存在心理学》（1962）、Harris 的《我好你就好》（1967）和 Schuller 的《你会成功》（1967）。

许多此类著作所传达的信息都影响了教练学，其中包括积极思考、自信、思想的力量、可能性思维、自觉、把握机会的能力，以及态度的重要性。Derloshon 和 Potter 指出，Allen 的《人如其所思》（1902）虽然略显落伍，但却论证了“思想在创造声誉、财富和幸福方面的重大作用，体现了之后出现的自我改进相关著作的核心与灵魂”。

Rey Carr 认为卡耐基、Nightingale 和 Hill 强调的是“如何利用内在智慧释放内在潜能，从而实现自我提升”。Carnegie 是责任承担论的早期支持者，他在著作中指出可通过改变一个人对他人的反应改变后者的行为。卡耐基的思想依据是格式塔学派和自我暗示。Mike Jay 认为 Hill 和 Nightingale 的著作“是起源于 20 世纪二三十年代的教练文献的主要组成部分”。Caterina Rando 指出，“它们在当时并不称作‘教练’，而是被称为励志演讲，《思考致富》的作者 Hill 就是该领域的最早开拓者”。Napoleon Hill 或许是最早的、也是迄今为止最具影响力的成功激励者，他 1937 年出版著作的许多章节都涉及想象力、有组织规划、坚持、“智囊团的力量”和作为“智慧之门”的第六感。Hill 的策划思想为教练学提供了各种要素，其中包括人们被倾听、支持和被鼓励制定并达成目标的非评判性安全环境。

Richard Bentley 指出，许多激励性的影响人物远远超前于其所处时代，特别是最初针对个体的研究成果应用更加广泛。他还指出，“卡耐基《如何赢得朋友及影响他人》一书中的一些原则竟然在 70 年后再次成为各类组织的核心原则，这着实令人感到惊奇……而在我看来，这些价值观和方法就是教练学的一部分”。Derloshon 和 Potter 在 Dale Carnegie 于 1937 年出版的《如何赢得朋友及影响他人》中也发现与教练学存在一定联系的理论，书中写道，“培训根植于干中学”（Derloshon 和 Potter，1982：21），并“基于自信和视自己为有价值的人——一个能够通过更深层次的自我认识实现预期目标的人”。卡耐基的思想依据为格式塔学派和自我暗示。

后来的 Earl Nightingale——有史以来第一位将思想制成录音带的成功激励者，讲授了态度、机会识别、有价值目标设定、自知和自我管理等有关问题，所有问题都与教练学有关。Thomas Leonard 去世之前正在与 Nightingale-Conant 公司商讨录制销售教练录音带的事宜。

Brian Tracy 和 Zig Ziglar 最初从事销售培训工作，但后来成为知名励志演说家。用 Rando 的话讲，“所有人都将 Zig Ziglar 看作一名励志演说家——毫无疑问，他是一名出色的励志演说家，但问题在于他最初是一位销售培训师”。你可能会问这将如何影响教练领域。Ziglar 的影响来自他对绩效提升的承诺——公司若要取得成功，必须从人开始抓起，由内而外提升绩效。在我看来，这也属于教练范畴。按照 Edie Pereira Hulbert 的说法，Tracy 提供个人或商业型教练课程，“采用基于个人教学的方法达成目标……许多高端商业演说家都有教练计划”。Tracy 在 1981 年建立起他的成功学体系，三年后以自助录音带形式发布，取名为《成功心理学》。他曾经说过，“世界上最幸福的人都感觉自己非常优秀，因为他们乐于承担生活点滴责任”。他的目标是“帮助人们以无法想象的速度和便利性实现个人和商业目标”。在我看来，他就像是一名教练；事实上，他借助课程计划以自己的方法训练教练，还为感兴趣的客户提供教练服务。

Wayne Dyer 最终成为马斯洛的积极拥护者，他在总结前辈的影响时说：“我们并未与成就我们自身的各种要素割裂，我们将要重新与其建立联系……当我们陷入困境或迷失方向时，我们失去了与上述要素的联系”。他所说的各种来源要素当然是指先行者为教练学提供的各种要素。

Anthony Robbins 等后来的激励大师们开始注重个人行动和对选择的责任。

人本主义运动

截至 20 世纪 50 年代，人本主义运动开始与罗杰斯和马斯洛对“个体自我和成长，以及哲学和启蒙理论中出现的矫正注意力”的关注产生联系。这是教练学同时注意过去和未来方式的又一个实例。例如，罗杰斯和马斯洛并未完全否定精神分析思想。但他们确实认为，生活分析法关注人们的病理病症而非潜能。Applebaum 指出，“精神分析思想正受到各类精神和身体治疗师的挑战——其在培训计划中的突出作用、其为患者感知到的有利条件及其在公众中的受欢迎程度已整体受到威胁”。Skiffington 和 Zeus 进一步描述了人本主义运动的发展：

> 所谓“第三种力量”（相对于精神分析和行为主义）的支持者认为人是具有创造性的自由个体，拥有巨大的成长和自我实现能力。探求 Maslow 提出的个人真实性时所依据的思想是：所有人都本能地追求健

康和自我实现。就像 Kierkegaard、Nietzsche 和 Sartre 一样，人本主义者认为人类某些需求（例如对意义、真实性与超越性的追求）是普适性的，是人类境况的组成部分。这些存在主义问题与个人成长关系特别密切。生活的存在主义方法是许多人本主义理论的基础，实际上也是教练学的基础。例如，Sartre 在谈到个体“责任”时指出，我们都是自己生活的主宰者。存在主义疗法认为，人类行为的基本决定因素并非源自过去，而是存在于当前，存在于我们为塑造未来而做出的各种选择当中。选择、“认识我们可以改变和无法改变的事物”，以及“为我们的选择承担责任”在任何成功的教练活动中都发挥着核心作用。

对于“教练学经千年循环最终回归哲学基本原则”这一问题，Skiffington 和 Zeus 指出了东方哲学对人本主义运动的影响：

人本主义运动还受禅宗佛教教义影响。20 世纪 50 年代，西方掀起一股研究东方哲学和宗教的浪潮。1957 年，Jack Kerouac 发表《在路上》，吹响了 20 世纪 60 年代反主流文化的号角，要求探索存在主义自由和精神成长，并希望脱离唯物主义。个体主观体验得到推广。与此同时，Alan Watts 推出一本有关禅宗和避世运动的著作，受到广泛欢迎；D.T. Suzuki 将日本禅宗传播到西方。行为教练的部分原则便来源于禅宗教义，其中包括“活在当下、保持醒悟、超越自我、不过度注重结果，以及同等重视过程和结果”。第一批教练从业者便广受此类影响。

教练学从人本主义运动中汲取的思想包括：活在当下，专心，不过度注重结果，享受过程。

交心心理治疗小组

交心心理治疗小组的迅速增长是与人本心理学盛行相关的另一项运动。Weigel 认为：

Rogers 于 20 世纪 50 年代提出交心心理治疗小组的概念，同时也是最积极的倡导者。交心心理治疗小组有许多别称，其中包括敏感性训练小组、T小组、人本意识小组、人际关系小组、人际关系强化小组、马拉松小组、个人成长小组、感官觉知小组等。

上述小组探索了人际交流和心理体验强化的新模式。Weigel指出：

> 交心心理治疗小组的前身是集体心理治疗，最早可追溯到原始部落治疗仪式和Mesner的集体催眠，以及作为Lewin和NTL研究成果的敏感性训练或T小组。敏感性训练原则来源于群体动力学、心理治疗和哲学，它假设正常成人可在T小组中学习上述原则，能够将所学原则应用于生活，并更有效地投入个人工作和生活中。

20世纪60年代出现了所谓的“马拉松小组”。Weigel认为，“集体心理治疗、敏感性训练和交心心理治疗基于时间延伸模式的组合与融合是马拉松小组创始人Fred Stoller在1963年做出的突破性贡献”，“马拉松疗法像野火般蔓延从一种疗法转变为个人终极成长体验，最终形成一种成熟的社会运动”。Weigel认为，LGAT是交心心理治疗运动的一个商业化分支。

人类潜能运动

罗杰斯、波尔斯和马斯洛等人类潜能运动早期参与者利用他们在传统心理治疗方面的专业知识创建模式和过程，它们很快成为教练学理论方法的组成部分。即便如此，此项运动的基本原则（即关注人类意识、变革与发展）在人类潜能运动中的应用方式不同于心理学初始学科。

> 人类潜能运动是加利福尼亚伊莎兰研究所发起的一项文化革命，马斯洛、May、罗杰斯、波尔斯和Schutz等人提出的各项原则被用于各类研究会。

20世纪60年代反主流文化背景下产生的这种变革很大程度上是对精英主义、不育和病理性精神分析的反应。Smith认为，关注人类成长的交心心理治疗运动在20世纪六七十年代成为HPM的主要焦点。

Michael Murphy 和 Richard Price 两人于 1962 年在加利福尼亚海岸创建伊莎兰研究所，作为人类未知能力探索的教育中心。该研究所融合东、西方哲学，经常开展各种体验式研讨会，常年汇集知名哲学家、心理学家、艺术家和宗教思想家，并拥有令人惊叹的天然温泉环境，因此很快声名远扬。伊莎兰理论研究中心支持伊莎兰研究所的基本哲学、学术和研究目标，评价最前沿的调查研究，建立开拓者网络，推动促进个人和社会转变的新发现，在与变革性实践和人类持续进化相关的哲学、心理学、比较宗教学、教育学、社会学、体躯学、艺术、生态及相关学科的发展边缘展开研究。

20 世纪五六十年代，Fritz Perls 和他的妻子 Laura 共同创立了格式塔疗法，他在 1970 年去世之前一直寓居伊莎兰研究所，对个人成长和发展产生了几乎难以估量的影响，进而对教练学产生极大影响。

格式塔强调“活在当下活在眼前”，以及“对自己的选择负责”。这些要素至今仍是教练活动获得成功的基本原则。为寻找意义和真理，个体利用人际关系心理分析（Transactional Analysis，简称 TA）、原始疗法和 EST 训练等技术转向内心。基于格式塔和 TA 原则的 NLP 也诞生于这一时期。人类潜能运动中产生的疗法强调“个人意愿，以及寻求个人福祉、健康和心灵安全”的重要性。

Margolis 认为 HPM 体系的共同要素包括“呼吸、体育锻炼、饮食、药物，以及旨在解决问题、清理思想或针对特定主题的冥想”等。其他方法包括“TM、EST 训练、阿里卡自我诱导法、Sylva 精神控制、生物反馈、费登奎斯法、太极、瑜伽和治疗导向模式”。上述许多要素和方法今天仍被教练从业者所沿用。

人类潜能运动是教练学基础的组成部分。Hargrove 认为，“成功的教练活动能够引导人们发掘自己最在乎的事物，从而创造真正合愿的未来”。Owen 和 Mink 同样指出，“教练的作用是帮助学习者通过突破自身极限获得成长”，而 Whitmore 认为“唯一真正有效的动机就是内在动机或自我激励，这是教练首先应关注的要点”。

HPM 对现代心理学同样产生了深远的影响。Skiffington 和 Zeus 发现：

> 现代主流心理学自 20 世纪 70 年代开始进入认知研究领域，最近试图在认知体系框架内重构马斯洛的理论。现代心理学对个人成长和发展的关注程度不及人本主义理论，但它确实为发展与变革提供了工具和方法。

大群体意识训练（LGAT）

20 世纪 60 年代末，随着交心心理治疗小组在美国的日益衰微，LGAT 课程开始对哲学、心理学、社会学、精神性和“生活肯定智慧”进行前所未有的融合。此种训练将各种普适原则概念化，并通过制订计划帮助人们了解西方观念。大群体意识训练通常“关注与个人责任、诚实和承诺相关的哲学主题，一般将其自身定义为针对成功、健康和高成就人士设计的成长体验”。大群体意识训练使许多人实现了个人成长，并为部分人（例如 Shirley Anderson）的教练职业生涯打下了坚实的基础。

Weigel 认为传统马拉松式交心已蜕变为大群体意识训练和针对许多特殊人群设置的长期小组。他对大群体意识训练描述如下：

> 大群体意识训练课程冗长，主要关注与效用、决策、个人责任及承诺有关的哲学、心理学和伦理学问题，通过演讲、示范、与参与者对话、有组织练习和参与者对相关个人体验的评价来检验这些问题。与交心心理治疗小组不同的是，大群体意识训练对领导者差异较不太放，因为每一场训练都是千篇一律按照事先详细设定的计划。训练鼓励参与者应用各种原则和思想改善自身生活。我所谈论的是 EST 训练小组（及其最近的后继者“论坛”形式训练）和 Liftspring 小组，两者都开展有组织的活动；一名核心领导率领数百甚至上千名参与者；具备预期适当行为的特定基本准则；有独特的教条强调个人责任和对自身命运的高度控制。

Klar 等人发现，心理痛苦或对当前情况的不满可能是促使个体寻求改变的因素，而个体所持的各种价值观和世界观可能会将其引导至特定的改变方式（例如大群体意识训练）。

作为大群体意识训练的首次尝试，Mind Dynamics 由 Alexander Everett 于 1962 年创立于得克萨斯州，其总部于 1970 年迁往加利福尼亚。Stewart Emery 认为它是某种形式的冥想，目标是达到 α 状态。Mind Dynamics 雇用的研讨课教师后来成为个人成长行业领军企业的创立者。Werner Erhard（创立 EST 训练）、Stewart Emery（创立“实现感”思想），以及 John Hanley、Charlene Afremow、Randy Ravelle 和 Bob White（共同创建 Lifespring）都曾担任过研讨课教师。

Werner Erhard 于 1971 年在加利福尼亚旧金山创立 EST 训练。同侪资源网络（Peer Resources Network）的 Rey Carr 指出，作为一种帮助人们通过关注如何体验自我而实现成长和发展的大规模方法（每个房间 400 ~ 500 人），EST 训练极具对抗性且十分严格。人们必须自觉收好自己产生的垃圾。

除对训练技术的各种贡献之外，Erhard 还提出“突破性思考”和“成功套路”等术语，认为拥有成功套路的人仍需寻找超越这些套路的方法。20 世纪 70 年代中期，Erhard 雇用了 Flores，要求他共同参与 Erhard 对某些他个人感到有兴趣的哲学家对特定概念的解释进行研究。“言语行为”是语言哲学的重要内容，最早来源于 Searle 教授在他 1969 年出版的同名著作。言语行为可简单归类为‘问题’、‘要求’、‘承诺’和‘声明’等。Flores 最初的研究方向并非商业，而是政治学、哲学和语言学，他对“论坛”的贡献包括超越内在对话并将思维、学习和目的提升到更高水平的语言创造原则。Flores 为教练学和“论坛”创造的特别术语包括：宣言未来；宣言可能；表明立场；作出承诺；作出要求；作出断言和评估；不同的倾听方式。Steve Zaffron 认为：

> Werner 从加利福尼亚大学伯克利分校哲学研究生院教授 Hubert Dreyfus 和科罗拉多大学哲学教授 Michael Zimmerman 那里得到的教诲，甚至比其接受的哲学教育更加重要。Dreyfus 和 Zimmerman 连同其他学者（最著名的是 Humberto Maturana）受雇对 EST 训练进行考察，并从专业角度描述 EST 训练思想与不同哲学家思想之间的交集。Werner 的教育，

以及他与 Dreyfus、Zimmerman、Searle、Flores、Maturana 和其他众多学者有关如何表达思想的对话最终催生了论坛。

1984 年，Erhard 将其自我变革理论发展为变革技术，成为 Werner Erhard and Associates（WEA）的商业分支。这些特许咨询服务允许 CEO 使用 Landmark 材料和培训，主要涉及的是沟通方法和突破性思考。与 Whitmore 不同的是，Evered 和 Selman 将 Erhard 视为一名教练：

> ……这位曾经颇具争议的 EST 训练创建者在过去十年中花费大量精力研究教练学，他既是一名教练，又是一名受教者。他对教练学的研究和研习包括花费数千小时接受各类学科的正规指导，最后终于创建了全面的职场教练原则实施理论和技术。

我访问过的许多人认为 Erhard 的功劳在于推广了个人成长理论，并基本认同他对教练原则的间接影响。美国许多早期并非来自精神治疗教育的教练从业者都参加或在一定程度上涉及 EST 训练或其衍生项目。正如 Whitmore 所述，“我认为 Werner Erhard 不是一名教练，但他所提供的训练当时产生了巨大影响；在他的影响下，许多从未考虑参加个人成长相关工作的人都投入这方面的工作中”。Erhard 从未撰写过任何有关教练学的著作，但据 WEA 估计，他在 1971 年—1981 年期间共培训过 75 万人，140 万人曾接触过他的培训材料。无论实际人数是多少，他的贡献都无可否认，其中包括：他强调“自我负责”，并证实了变革思想可以传授给各种人群。

澳大利亚人 Stewart Emery 于 1971 年来到美国，在 Mind Dynamics 手下担任研讨课教师，最终成为 EST 训练首任总裁兼 CEO。Emery 认为，“EST 训练的基本思想就是个人责任。20 世纪 60 年代末 70 年代初，人们纷纷谴责当局未满足其各种要求，这是一种极好的信号”。1975 年，Emery 与他人合作创立了国际性学习与发展组织 Actualizations。1980 年，他的著作 *Actualizations*：*You don't have to rehearse to be yourself* 出版发行。

John Hanley 博士于 1974 年同他人合作创建 Lifespring，旨在教会人们通过做出选择并利用他们之前所忽略的各种机会，创造美好的未来并体验新的存在方式。Hanley 认为，发现新区别为行动和行为开辟了新的可能性。Lifespring 和 EST 训练所用方法关注人们如何相互体验，且均涉及“执行各种规则并在一名小组成员分享其体验后要求大家鼓掌”的权威培训师。Lifespring 于 20 世纪 90 年代中期宣告解散，其早期核心骨干包括 Randy Ravelle（创建 Context Associates）、Bob White（在日本创立“生命动力”Life Dynamics）和 Charlene Afremow（在 Lifespring 和 EST 训练之间交替供职长达 30 年）。

Erhard、Guerin 和 Shaw 认为，“EST 训练是最著名的 LGAT，它帮助参与者通过体验探索发现，而不是分析其精神机能和行为”。在他们看来，上述训练的目标是增强其对满足感和活力的现有体验的个体意识。

LGAT 对教练领域的影响不可低估。例如，Thomas Leonard 在 20 世纪 80 年代后期供职于 WEA（EST 训练的延续）会计部，并招入 Laura Whitworth 与其共事。John Whitmore 爵士 1974 年邀请 Werner Erhard 前往英国参加他的“五月研讨会”；Werner 在会上向数千名与会者介绍了一项为期一天半的 EST 训练课程。包括 Thomas Leonard 在内的部分人认为 LGAT 透支了某些理论的实用性。Leonard 提出变革理论过度使用的十种思想，即承诺、感召、创新、突破、有所作为、创造可能 / 创造未来、激励自主、存在 / 存在方式、服务和诚信。

1982 年，Applebaum 记述了人类潜能运动和 LGAT 在当时给精神分析思想带来的挑战：

> 精神分析思想正面临挑战，“其在培训计划中的突出作用”“其为患者感知到的有利条件”及“其在公众中的受欢迎程度”普遍受到影响，主要挑战者是各类精神和身体治疗师，而他们都是“人类潜能运动”的拥趸。此次运动中诞生的“新疗法”（参见下文说明）包括格式塔、精神综合法、罗尔夫治疗法、生物能疗法、亚历山大疗法、EST 训练、西瓦心灵术、冥想、生物反馈等，它实际上是 20 世纪 60 年代在美国迅速蔓延的反主流文化的医学或治疗学分支。精神分析学家几年前已经站在了变革的前沿，针对精神病学的唯器官变化论断言动态思维的有效性，

而精神分析最终成为一种公认的体系。

关于“新疗法”，Applebaum并未针对心理学、精神分析学或其他传统临床方法，而是指向一系列当时越来越被大众接受的新方案、新方法和新思维。Applebaum接着瞄准这些所谓的治疗师们提出的各种批评（几乎与当今的教练从业者面临的批评完全相同）：“许多新治疗师无任何学位或未接受充分培训，只是凭借自身在他们所选择治疗方法方面的经验开展治疗；此外，他们往往具有各种非学术背景”。这是教练学与其起源学科之间在发展过程中相互影响的另一个实例，本章还介绍了其他几个相关实例。

自助、支持组和个人成长

自助和自我改善如今已发展成为数十亿美元的产业。Skiffington和Zeus指出，“每年约有2000种自助相关著作问世，它们当中有许多基于未经检验的变革理论提出一些未经证实的说法”。Anthony Robbins、Zig Ziglar、Tom Peters、Brian Tracy和Wayne Dyer等人的励志书籍和研讨会影响着教练学的发展，而此项运动还有一些更受欢迎的载体，例如Oprah和Dr Phil的电视节目。

自助产业的发展得益于EST训练等大型群体意识课程，以及格式塔、TM、TA和NLP等方法。上述课程和方法“今天以修正方式存在，在追求个人成长与发展的过程中强调自我意识和自体问责的重要性”。

自助和支持小组也成为个人康复的另一工具。匿名戒酒会早在1935年便建立起此类支持小组。AA的12步程序自那时起便被面临各种变数和问题的数以百计的其他小组广泛采用。（12步程序对其自身而言是一种哲学，因此已在第二章进行论述。）

Skiffington和Zeus也引用美国最近进行的一项研究证明更多美国人试图通过自助而非其他任何形式的专业设计课程来改变他们的健康行为。时至今日，各种电话和在线自助小组已经涵盖了从饮食计划到减压的方方面面。Earl Nightingale的策划思想是最古老的自助小组模式之一。“显而易见，教练学属于现代个人成长方法论范畴，其目标是提升个体自我意识，使人们为自己的生活设计承担更大的责任，并作为一个人成长和发展”。

总结

如果说哲学似乎在 20 世纪的喧嚣中止步不前的话，那么心理学则是一片繁荣，其触角也伸向了人类生活的各个领域。可以说，尽管 Wundt 和 James 将哲学的某些基本原理作为心理学研究基础，但他们仍试图将其初期学科归入自然科学范畴。而弗洛伊德则转向通过心理动力学研究有意识和潜意识状态下的精神病理学，为所述条件寻求一种超生理解释。之后，心理学经历了自然科学范畴内的行为主义和认知主义阶段；随着人本主义和超个人心理学的出现，心理学“兜了一圈又回到原地”，试图重新建立学科与古代东方哲学早期原则之间的联系。教练学从每种力量，以及心理学的应用和研究 / 理论分支学科中汲取“理论、模型和实践”的营养。当然，上述力量都是广义概念，每种力量都包含大量分支学科，但可将这四种力量用作一个框架，逐个探究心理学在过去一百年间的发展历程，直到教练学萌芽为止。

心理学的贡献远远超过其他任何起源学科。当今教练学的大部分支持理论，以及教练从业者使用的大量实践方法均源自心理学；此外，对于为教练学在西方世界的兴起创造了条件的文化变迁，心理学产生了显著影响。另外，心理学几乎所有分支学科都对教练学有一定影响，为其提供了各种理论和 / 或方法，包括临床、社会、教育、组织、顾问、发展、运动、健康、咨询、生物和正向心理学。我在本章中讨论了上述分支学科的演变。

人本和超个人心理学贡献了重要理论，而心理动力和行为 / 认知心理学提供了各种工具与技术。除分析教练学的理论和实践基础之外，我还要介绍教练学最常应用的领域。如我在前文所述，大多数教练从业者综合使用源自各类分支学科的各种理论和方法。尽管如此，教练学发展早期几乎完全由商业领域的心理学者掌控，并根据商业领域盛行的做法创建最初的方法。

心理学界新的分支学科层出不穷，就像是在心理动力学、行为和认知心理学、人本心理学和超个人心理学等各学派周围疯长的“树苗”。有些分支学科为教练学提供实践方法，另外一些则贡献理论或知识基础。例如，临床心理学对教练学实践做出了重要贡献，而正向心理学提供了一套宝贵的研究体系。部分新破土的“幼苗”（即“单条主根”的直接后代）呈现出错综复杂的局面——自助、动机、人类潜能和 LGAT 其实都是人本心理学的分支。组织心理学、顾问心理学、发展心理学、教育心理学、运动心理学、健康心理学和教练心理学等其他新生分支在一条或多条主根之间逐渐成长。

在第十三章描述循证教练学在 21 世纪的兴起时，我将重新论述这些影响因素，但当前要讨论的是商业管理学在 20 世纪的演变及其对教练学的贡献。

第四章 商业学的演变及其对教练学的贡献

商业学的基本原则早在数千年前就已广为人知，而现代教练学的起源则是工业革命期间产生的各种管理学理论。可以说，该时期开始于1776年亚当·斯密《国富论》的出版，因为此书将劳动分工、利己行为和自由贸易实惠等理论推广开来。这些理论很快得到实践强化，就像Eli Whitney的零部件标准化使大规模生产成为可能。随着工业化社会日渐取代农业经济，以及生产、金融、运输和贸易手段的日益复杂，新管理方法自然呼之欲出。

鉴于教练学大量吸收正统商业学理论，Nevis指出，20世纪70年代中期的“一般领导学领域建立在学术性更强甚至是社会学的视角之上，而非完全依赖于心理学”。事实再次证明，教练学理论和方法来源广泛，其最早的从业者具有广泛的多元化背景，这些要素不仅决定了他们所使用的方法，而且决定了他们开始实践的领域。商业领域也出现了同样的萌芽，并有系统理论提供知识基础，有人力资源、职业发展、培训、促进和指导提供各种久经考验的方法。

正如我在第一章所述，管理“科学”在19世纪末已开始崭露头角，但直到20世纪才走上正轨；尽管如此，催生教练学的各种变革最终开始出现。我将在本章简要描述管理、咨询、组织、发展，以及培训、促进、人力资源和指导相关理论与实践的演变。

现代教练学基本上根植于商业环境，既有高管客户，又有非高管客户。除为教练学提供主要发展环境之外，商业部门还为教练从业者提供

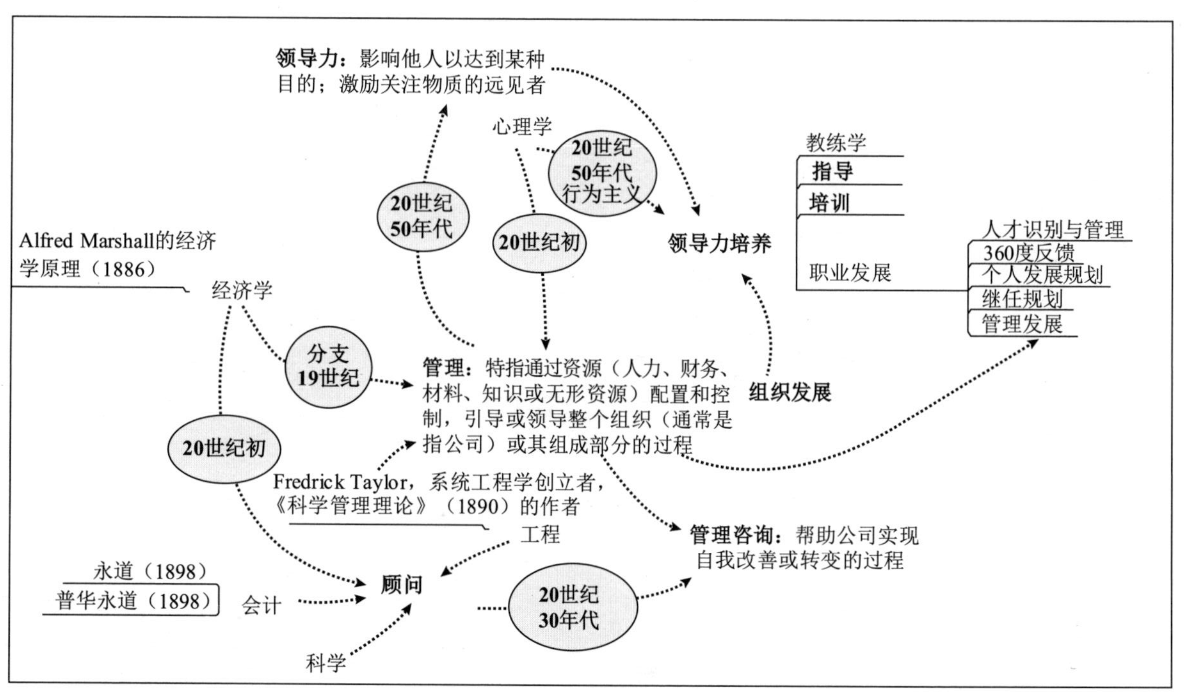

图 15　商业部门分支学科

大量模式和理论，其中包括团体和组织领导力培养、文化和动态、变革理论、评估工具和一般系统理论等。在本书中，我将把我针对“商业对教练学的影响”的调查研究划分为下列领域：管理与领导力、管理咨询、组织发展和组织咨询、人力资源、培训、职业发展、指导和促进（详见图15）。

此处应当指出的是，商业教练活动的广泛性已造成大量混淆。对教练学的看法各不统一，有的将其看作是一种管理活动，也有的将其看作是一种领导能力、一种咨询形式或一种组织发展干预。这模糊了教练学与其实践相关各学科之间的界限，也反映了这样一种现实，即教练学通常是指一系列实践做法，有时还被视为一种方法。

对于本章，我将商业部门划分为管理、组织发展和管理咨询等一级学科，以及工作培训、职业发展、促进、人力资源和指导等二级学科（详见图16）。

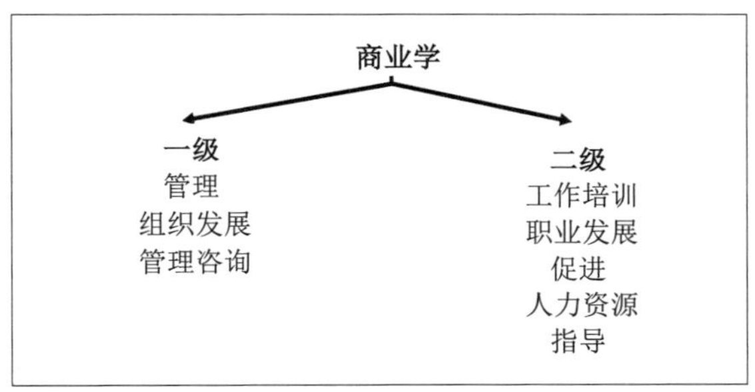

资料来源：摘自 Brock 的著作

图16　商业学

对于每个领域，我首先将论述学科的演变，包括识别影响教练领域的个人。

管理和领导力

我在此处假设总体了解商业管理的基本原则（即公司人力和机械资源

的协调实现具体的商业目标，无论其是否涉及产品生产或服务的提供），但不会进行主题引导。当然，管理人员的任务因其所处层级而异。通常而言，管理包含内部组织、领导、规划、人员配置和执行。我将在本书中回顾工业革命后期阶段；当时，机器设备取代大部分劳动力，机器操作人员和机器所属公司领导者之间的分工最终形成。值得注意的是，早期多本关于现代管理的著作都为专业提供了一种科学依据，这与心理学如出一辙，而其所处时期也几乎相同。

现代企业管理（即我所讲的组织管理，而不是对生产本身的监督）开始于 19 世纪后半叶。宾夕法尼亚大学创立于 1881 年的沃顿商学院是美国首家商学院。达特茅斯大学塔克商学院是第一家商学研究生院。哈佛商学院于 1910 年颁发首个 MBA 学位。

所谓的“控制 – 命令 – 执行”管理模式几乎主导了整个 20 世纪。此种管理模式所采用的层级制度与军事指挥系统十分相似：高级管理人员做出决策，中层管理者负责传达，而办公室工作人员只需执行命令。这种管理方法与当时盛行的车间管理体系也非常相似：工人们无权提出建议，也不能偏离标准程序，他们就像是自己面前没有生命的机器一样由他人操控。该模式盛行时期，员工们希望整个职业生涯都在同一家公司度过（事实往往也是如此）。企业晋升制度是员工向上爬的阶梯，每个梯级都不能错过，而晋升条件非常明确且必须严格执行。

现在看来，该体系存在严重弊端。第一种弊端在于割裂了工作指挥者与工作执行者之间的联系。“控制 – 命令 – 执行”模式使人们更加重视“游戏规则”而非最终结果。既然所有指令均来自上层且员工始终需要进行监督，中层管理者在很大程度上无须为最终结果负责——因为他们既不是发号施令者，也不是工作执行者。

从后来者角度讲，尽管上述体系的缺陷显而易见，但它仍然在 20 世纪 20、30 和 40 年代产生了显著的经济效益。但在第二次世界大战结束后，由于技术逐渐取代工业，全球经济再次发生变革，上述体系开始阻碍而非推动生产力的发展。

可以说，现代企业研究的真正起点应该是由德鲁克所著的《公司概念》一书，该书于1946年出版，基于通用汽车公司的委托研究。德鲁克是最早研究现代企业架构中人力要素的学者之一，同时关注员工之间的相互作用和组织目标，以及认识两者对成功的贡献程度。此外还须考虑企业新员工（特别是知识工作者的崛起）对管理原则，以及教练思想产生的影响。德鲁克撰写《公司的概念》一书时，企业劳动力基本将妇女排除在外，而促使员工审视自身工作方法和个人生活的革命还尚未开始。当第二次世界大战结束，永不失业就成为大多数从业人员的目标；工作仍与工作场所紧密联系；有助于实现劳动力分配的技术进步尚未出现。所有这些变化都对管理实践和现代教练的出现产生了很大的影响。

Bergquist认为德鲁克是“最后一位现代管理大师”，而Byrne和Gerdes认为他“关注机遇而非问题，（并构建）揭示绩效方面重要性更高的问题”，而不仅仅是给出答案。为此，德鲁克提出高级管理人员需面对的五大责任，即规划、组织、控制、激励和协调。德鲁克在其1969年出版的《卓有成效的管理者》一书中论述的各种原则，在20年后与史蒂芬·柯维的著作《高效能人士的七个习惯》中作为“一种操作性极强的连续思维框架”被重新提出。史蒂芬·柯维总结出的七种习惯包括：

1. **积极主动**：个人选择原则；
2. **确定最终目标**：个人愿景原则；
3. **要事第一**：完整性和执行原则；
4. **双赢思维**：互惠互利原则；
5. **知己知彼**：相互理解原则；
6. **统合综效**：创造性合作原则；
7. **不断磨炼**：均衡的自我更新原则。

史蒂芬·柯维在《第八种习惯》中进一步深入探究，提出“寻找你的心声”并“鼓励他人也倾听自己的心声”，这是教练学的另一核心理念。

20世纪70年代中期，随着各种变革的兴起，领导力研究开始出现，根据60年代的人本主义运动提出一种更具参与性的方法（无论是从管理者还是劳动者角度）。作为一名励志演说家和70年代著名卓越理论的提出者，Tom Peters 对教练学产生了一定影响。Sharpe 总结了 Peters 对教练学的影响：

> Nancy Austin 和 Tom Peters 在其《渴望卓越》一书中将教练学定义为：一种面对面的近距离领导，它将具有不同背景、信念、经历和兴趣的人们团结起来，鼓励他们积极承担责任并持续取得成果，并将他们视为全面的合作伙伴和贡献者。管理人员鼓励每位员工做出最大努力，即达到能力极限。

此外，William Deming（其研究工作深受生产和管理影响）的研究成果包含了著名的“十四条管理原则”——它在 1986 年首次发表于《转危为安》中，但至今仍具有重要意义。

管理和领导领域都针对沟通、绩效改善、执行、领导风格和有效习惯等对模式和方法进行跨学科组合，明显有一条线将这些模式和方法与教练学联系起来。例如，David Ulrich 证明，利用改善沟通、观察和反馈来改善关系（从而帮助他人提高效能和绩效）的管理方法是当前教练实践的组成部分。Evered 和 Selman 指出了该领域对教练学做出的其他贡献，包括在持续稳固的伙伴关系背景下基于谈话和可预测过程建立起来的沟通模式。

早期管理学文献在许多方面都将教练活动视为一种监督形式、一种由顶头上司主导的培训方法、一种可行的连续思维框架、一种定向讨论（讨论完毕后开展指导活动，帮助解决问题并改善任务绩效）。从管理学角度来看，教练活动还具有纯粹的教育性，通过提示、观察和反馈帮助学习。

Evered 和 Selman 并不认为教练学是管理领域的分支，而是将其视为管理的核心，认为“教练活动是一种管理活动，只通过沟通为推动个人或团队生成结果创造气候、环境和条件”。因此，他们在 20 世纪 50 年代的管理学文献中指出，教练活动最初仅被视为某种形式的督导。当时的相关文章强调了培训主管指导手下员工提升其工作绩效的益处。

在美国和英国，上下级之间的咨询和教练对话模式早在 1978 年便出现在管理文献中。Kinlaw，以及 Megginson 和 Boydell 都发现了它们的共同特点，即针对绩效和绩效相关主题的一对一谈话。然而，Elliot 认为，如果能够依靠对领导力的准确评估的研究文献，则商业环境中的教练活动（即帮助领导者实现最优绩效）最为有效。专门针对教练学的研究（至少从管理角度来看）最早见于心理学文献。

教练学20世纪70年代末进入管理文献时，职场咨询也悄然兴起，其描述的是上下级之间的谈话。20世纪80年代初，Kirkpatrick将教练活动与咨询区分开来，认为前者是“由管理者发起、定期开展、以工作为导向、具有正向性或修正性（强调管理者讲述、训练和教导）、以提高工作绩效为目标”的一种活动。他接着指出：

> 有效的教练活动更益于下级人员根据前瞻性的计划和目标开展工作，使他们不断探索新的体验领域，满足对个人技能发展的新要求并充分利用创造力和解决问题能力。

大洋彼岸的欧洲对此也持有相似的观点。在英国，教练活动被视为一种“通过直接讨论和引导活动帮助同事学会解决问题或开展工作以达到最佳效果的过程”。

尽管20世纪80年代末出现形形色色的方法，Evered和Selman仍将它们归入墨守成规的传统范畴之内。

无论如何，大多数将教练学转换为管理范畴的努力都出现在“控制–命令–执行”模式范畴内；然而，Evered和Selman却提倡“确认–创造–推动”模式。教练活动要求积极关注比赛者/执行者和教练之间能够实现有效沟通的环境。在这种环境下，教练需要与比赛者/执行者建立持续稳定的关系，并推动个人或团队前进以超过之前的比赛者/执行者。

Whitmore对此表示赞同。尝试转变视角在1989年仍是一种十分普遍的做法。他认为教练学“主要关注教练与受教者之间关系类型，以及沟通手段和方式，而将事实置于次要位置提升绩效的目标固然非常重要，但其最佳实现方式才是研究的核心问题”。

Hargrove在1995年发表的作品中将这种新管理风格称为“转型教练”，认为教练活动旨在帮助人们转换或扩展他们的视野、价值观和能力。1995年，Ken Blanchard和Don Shula合著的一本书将运动教练引用至商业领域；这本名为 *Everyone's a Coach：Five Business Secrets for High-Performance Coaching* 的著作用一个简单的首字母缩写描述了高效领导者的各种品质：

- 坚定的信念（Conviction-driven）：永远坚守信念。
- 精益求精（Overlearning）：不断实践，追求完美。
- 随机应变（Audible-ready）：知道何时改变。
- 一贯性（Consistency）：对绩效做出积极响应。
- 诚实至上（Honesty-based）：言行一致。

尽管商业教练相关著作自 1995 年开始急剧增加，但近期出版的大部分相关著作仍强调管理和领导教练。直到 2005 年，Elliott 终于可以说：

> 截至目前，现有教练文献基本都未能认识并利用广泛的领导力评估和优秀领导者培养相关研究文献。事实证明，用于管理发展和个体及组织绩效提升的部分广为流传的通用教练模式的核心假设和方法，降低了教练活动评估广泛的领导力培养研究基础的可能性。

直到 2006 年，各种互相矛盾的教练定义在工作场所不断出现。Edgar Schein 认为教练活动是"教练（顾问）的一系列行为，旨在帮助客户创造一种新的观察、感觉和行为方式，以应对客户认为存在问题的各种情况"。Ulrich 认为教练就是"通过提供指导帮助雄心勃勃的管理者了解该做什么，通过观察了解已经完成的工作，最终根据反馈改进工作方法"。涉及行为转变指导时，Marshall Goldsmith 为领导者提供了一种分步骤全系统法，鼓励高管教练和同事支持配合使用。

组织发展和组织咨询

组织发展是现代教练的第一个先驱领域，它采用影响教练学的大量相同的起源学科，并利用教练学今天所特有的许多相同的实践方法。简言之，组织发展的基本思想是认为组织目标、价值观和人力要素的现场调查有助于提高组织及其所有成员的长期效能。组织发展并未根据一般数据发展各种理论，而是通过实际工作绩效研究，力图逐步揭示企业的优点和弱点。特别值得注意的是，员工之间和部门之间关系的研究范围仅限于它们对公司效率的影响，以及实现其目标的能力。组织发展所提供的人与组织观点比之前的管理思想更为全面，强调人本主义和民主价值观。为此，组织发展通过深入了解人本系统及其功能关注变革和学习。

就在高级管理人员、上层管理者和顾问们开始质疑某些有关其工作的根深蒂固的假设时，组织发展领域的领导者也发现了新的研究方法。

第二次世界大战期间，Lewin 提出了一种新的组织发展理论，他将其称为“行动研究”。此种方法涉及三个基本步骤：第一步称为“解冻”，或者说是打破现有行事方法。第二步是“改变”，涉及组织审查和变革方案。第三步是“冻结”，或者说是使经过实地验证的预定变化永久化。（上述三个步骤又称为输入、转换和输出。）Lewin 认为，“行动”吸收员工参与（而非简单地向其传达指令）是在变革过程中将员工转变为充满积极性的合作伙伴的关键所在。

Lewin 还开辟了他所谓的组织“力场分析”理论，将各种力量划分为“致力于实现目标的力量”（或“有益的力量”）和“阻碍变革的力量”（或“阻碍力量”）。Lewin 认为，若不能充分认识组织中的各种力量，则几乎无法实现变革。

Lewin 以类似的方式将组织领导模式划分为专制、民主和自由放任的领导方式。专制型组织由高层制定决策，并以命令形式传达给员工。此种类型的领导者不参与工作，仅决定工作方式并评价下属的绩效。民主领导方式要求整个组织参与决策过程，同时考虑工作执行者、领导者和掌握特定专业知识者的意见。采用民主领导方式时，方案成功与否根据结果进行评判。自由放任领导方式允许工作执行者做出所有相关决定。若非特别请示，领导层既不干预决策，也不会被告知实现组织目标所用方法，而只会了解结果。

Argyris 使 Lewin 的方法更进一步，提出了所谓的“行动科学”理论。

简言之，Argyris 不仅研究人类行动（无论是个体，还是在特定社会经济学架构内）的基础和结果，还探讨与其相伴的学习过程。他将所述机会划分为所谓的“单环”和“双环”学习。

对于单环学习，个体或团体首先严格控制其目标和投入。单环学习涉及面较狭窄，不接受他人意见，行动成功的机会增加，同时还能规避风险，而且几乎没有任何反馈。某些情况下，学习完全限制在严格控制的、为获得成功而精心设计的行动参数范围内。

双环学习给予思想探究与互动（无论是消极还是积极）更大的自由空间。允许行动造成意外的结果，而所有人都可以看到结果。在减少行动直接“成功”机会的同时，双环学习使各种各样的成功成为可能，包括最关键的胜利——接受过程本身。双环学习通过鼓励冒险，以及寻求他人的意见和反馈来降低防御性，增进理解，增强参与者的支持。

本章描述的所有分支学科中，组织发展早期从业者所提供的服务与现代教练服务最为接近——他们在教练学诞生前数十年便开始提供此类服务（见图 17）。David Jamieson 认为，组织发展是“对人和组织更加全面的观点（强调人本与民主价值观）”的“早期倡导者”。Nevis 补充道，这种方法与“第二次世界大战之前组织内部提供的居于统治地位的科学管理理论”大相径庭。

例如，Nevis 也指出，“从 20 世纪 40 年代到 60 年代期间，极具影响力的行业运动就是评估、反馈和咨询，当代许多教练从业者就曾受其影响”。Stephen Covey 认为，后期的管理理论曾受人本主义模式影响，此种模式“研究个体在有凝聚力的高效组织中的发展，（并）假设人类本质上是有动机的生物”。随着 20 世纪的逐渐远去，社会经济条件朝着有利于教练学的方向发展，从治疗和咨询领域中汲取营养。Nevis 指出，尽管 20 世纪 40 至 60 年代期间尚未出现“组织发展”一词，但许多相同的个体“都参与到我们现在所谓的组织发展当中”。换言之，早在“教练”一词普遍流行之前，就有个人开始从事我们现在所说的教练活动。

Douglas McGregor 和 Chris Argyris 等人的推动作用催生了 20 世纪 40 年代的思维转变。他们提出一种更新颖的管理模式，它在一个工作复杂，

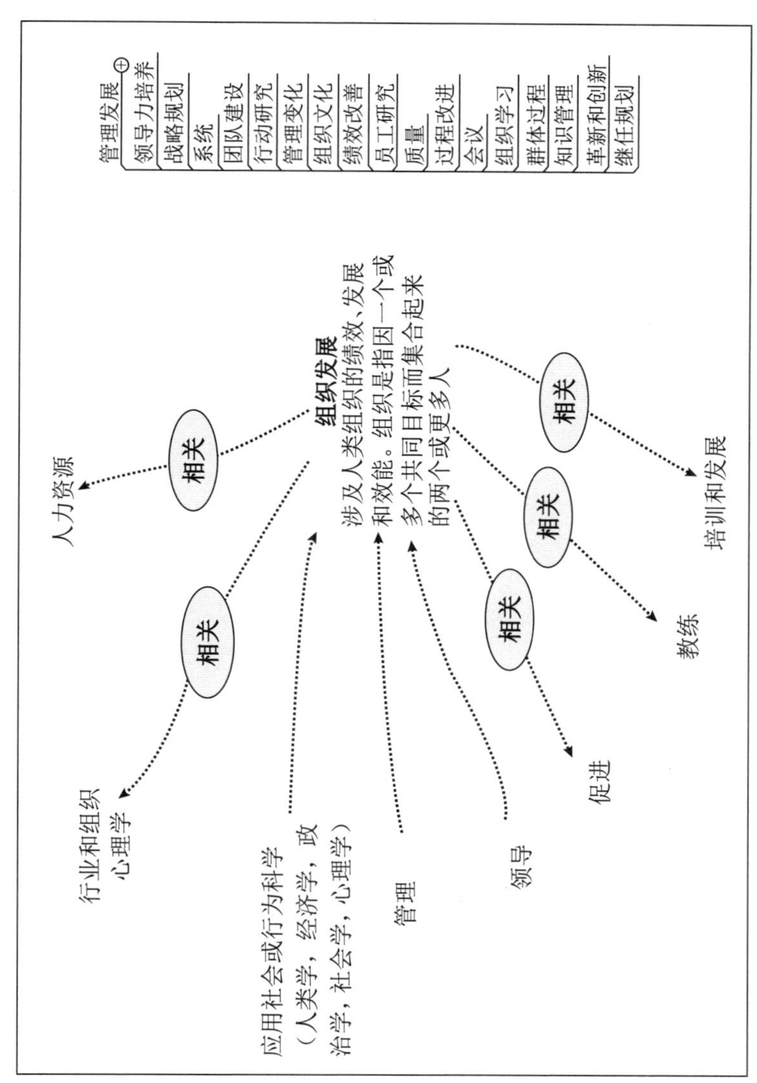

资料来源：摘自 Brock 的著作

图 17 组织发展关系

以及教育水平更高的劳动力环境中更具优势。简言之，员工值得信任，他们希望将工作做好，并希望被当作成年人看待。

French 和 Bell 认为，Argyris 于 20 世纪 50 年代末为商业领域引入这样一种思想：人们能够通过改变与自身对话的方式改变其思维方式。“1957 年，Chris Argyris 是最早与 CEO 和高层领导团队进行团队建设会议的人之一，他还与 T 小组和组织发展领域许多早期领导者进行互动”。Bergquist 认为，Argyris 和 Schon 对教练学的影响虽然是间接的，但仍源于“信奉理论和应用理论之间的区别”。如今，大量从事教练活动的从业者正与个体探讨解决言行矛盾问题。

在教练学起源学科交叉融合的另一个实例中，“格式塔治疗思想和方法在组织发展中的应用开始于 1959 年，标志性事件就是 Edwin Nevis 和 Richard Wallen 合作，对高级管理人员进行管理评估、敏感性训练和一般咨询”。

French 和 Bell 还指出了它们之间的联系，认为“组织发展关注组织‘人性面’的相关问题，具体表现为寻求提高个体、团队和组织人力与社会过程效能的方法”。David Jamieson 认为，组织发展从教育角度看是一种“实践领域”，当描述致力于研究组织发展的从业者、研究者和教授时，它又是一种“实践社群”，而不是一门专业或学科。组织发展和教练活动都注重改变和学习，前者从组织角度看待变化，而后者则是从个体角度。

Alan Sieler 将教练视为组织学习的新维度，认为它是保证组织顺利运营的基本要素。Sieler 进一步指出：

> 教练活动提供经过专门设计的学习方案，这是培训课程无法提供的。员工与教练人员合作确定对他们而言比较重要的具体学习方式，并参与产生直接或实际效益的学习过程。教练活动最重要的要素就是学习，这意味着教练和受教者需要共同建立学习合作关系。教练既不是培训师，也不是传授知识和技能的教师，而是一种学习推动者，他们的任务就是通过密切关注并积极回应受教者的需求、兴趣和关注点来为他们提供服务。作为学习的推动者，教练为受教者创造各种环境，实现相

关、实用和有效的学习。

借鉴自生物学和社会学的系统理论在发展过程中融合进来。Peter Senge 是 20 世纪 90 年代组织发展的主要代表人物，他在其著作《第五项修炼》中提出学习型组织的概念——它是一种处于持续适应和改进状态的动态系统。Senge 认为学习型组织采用系统思维构建共同愿景和心智模式，重视团队学习和自我超越。他对今天的商业运营模式产生了巨大影响。Kilburg 以同样方式描述了工作场所的教练活动：

> 现代组织发展方法和教练实践主要基于一般系统理论的概念基础，类似于其在人类组织和行为中的应用。基于该方法的干预通常包括组织诊断、过程咨询、社会技术和结构变化、团队建设、教练活动及其他培训技术。

Hudson 进一步指出，各种类型的人类系统模式仍在为教练学提供借鉴：“人类和组织发展领域通过深入了解人类系统及其功能认识教练实践。这包括夫妻和家庭系统、工作系统、社群系统和更大规模的系统”。

David Cooperrider 与其同事 Srivastva 都来自组织发展领域。他们共同创立“肯定式探询（AI）”——行动研究的一种变体。French 和 Bell 指出，Cooperrider “认为组织提出的并不是一种需要解决的问题，而是一种即将发生的奇迹。肯定式探询支持组织研究的四大原则：研究始于欣赏；研究应具适用性；研究应具激发性；研究应具有合作性”。这些理论对教练学的影响毋庸置疑。Jeffrey Auerbach 将 AI 方法总结如下：“关于 AI，我们要知道这里有什么真正值得欣赏的事物，它是否符合你对事物的期望。让我们以最佳状态收集我们自己的故事，然后努力创造更多奇迹……从第一课开始便将其用于个人教练活动。”

组织发展对教练学的主要贡献体现在干预和研究方法。这些贡献包括：行动研究，“假设组织中的人在相互关联的动态系统中行使职责，教练活动也是如此”；行动科学，Argyris 认为正是行动科学产生了组织中的有效管理；肯定式探询，它重视组织积极改变的能力（参考针对整个组织的正向心理学）；过程咨询。Skiffington 和 Zeus 补充道，“关于团队建设、变化模式和如何有效构建技能及改变行为的研究为组织内的教练从业者奠定了基础”。Witherspoon 和 White 提到了 Beckhard，正是他发现了人们在组织发展中的多重作用：

> 作为组织发展的创立者之一，Richard Beckhard 声称他自己通常同时扮演四种角色：……专家——提供解决方案或行动建议；顾问——帮助客户解决问题，但责任仍由客户承担；培训师或指导者——教客户应该知道什么，然后让客户应用自己所学的知识；教练或职业导师——帮助客户学习，并教客户如何学。

管理咨询

管理咨询诞生的基础是认为外部视角可用于认识某些商业问题（包括技术问题和组织问题）并优化公司活动。从一开始，实践便分为基于特定领域专门知识的实践和针对企业管理中各类典型问题的咨询服务。这种划分形式一直沿用至今：某些咨询公司服务范围仅限于信息技术，而其他咨询公司则关注更大的战略问题。

正如心理学和现代企业管理原则那样，管理咨询诞生于 19 世纪末，开始主要涉及工程或核算，就像心理学在诞生之初关注生理学一样。管理咨询起初仅限于美国，用于应对监管环境的变化，以及主导教练学许多起源学科的各种社会经济因素。

从 19 世纪 80 年代到 20 世纪 50 年代，早期的管理顾问以业务分包商形式出现。“外部顾问将专业知识应用于面临问题的组织，解决其内部工作人员无法轻易解决的各种问题”。世界上第一家独立顾问公司是由麻省理工学院（MIT）多名工程师于 20 世纪初联合创建的一家工程公司。

20 世纪初期，咨询业务重点从工程转换为成本核算。随着时间的推移，“20 世纪 20 年代的美国成本会计师学会成员 Arthur Anderson 和 James

McKinsey 等将其专业范围从成本监控（会计师）扩展至成本削减（顾问）”。McKenna 曾说过，“全球主要咨询公司自 20 世纪 20 年代便开始指导并重塑世界上最大的组织”。鉴于管理咨询的综合背景及其对全美各大组织董事会的影响，20 世纪 30 年代初的监管调整使该学科得到前所未有的发展。第二次世界大战结束后，顾问公司将企业重塑成高效的组织形式，影响日益扩大，并从 50 年代开始向海外扩张。20 世纪 50 年代，一篇关于咨询行业历史演变的博士论文专门“分析了咨询公司达到专业状态的程度”。

管理咨询尚未发展成为一种公认的专业——也就是说，它并未得到公认高等院校和研究机构的支持，也未通过获得充分认可的认证程序；但 McKenna 指出，管理咨询在 1960 年“已成功建立、构建和论证（相对于其他专业竞争者）”。到 1980 年，管理顾问实现了其专业文化的整理成文和商业化，实现了公司内部稳定，产生了可持续的服务需求，尽管其在社会上还尚未成为一种专业。

推动管理咨询早期发展的信条是“某些建议最好来自组织外部”；人们认为评估和建议也具有这种特性。局外人能够客观地评判一家公司的运营情况，并针对特定问题制定一般改进或解决方案，无须为了保住工作或保持良好关系来提出易接受的选择，而非最可行的方案。

管理咨询的倡导者还认为，大多数企业的最优组织结构基本大同小异，一家企业的经验教训或最佳做法同样适用于其他公司。因此，无论客户产品或服务的本质如何，管理顾问都能针对普遍问题提出通用解决方案。此类问题可能会包括组织效率低下、人事问题甚至是长期经营战略问题；这些问题在企业成长过程中尤为明显。企业可委托之前曾遇到类似问题且经验丰富的顾问解决这些问题，或者防患于未然，而不是要求管理者在管理日常运营过程中学习和面对这些问题。最后，作为问题解决者的顾问并不从公司领取工资。他们在工作完成后离开企业，成本也随之而去。

Schein 在 20 世纪 60 年代末提出了“过程咨询”这一术语。关于这种方法，French 和 Bell 认为“顾问职能的指导性更弱，探寻性更强，他 / 她会要求各小组解决自身问题”。Marilyn Blair 指出，“Edgar Schein 的过程咨询从多种角度来看都是一种教练机制；换言之，就像是观察并向客户提供反馈”。Rey Carr 和 Terrence Maltbia 都认为过程咨询类似于高管教练，而 Otto Laske 将过程咨询看作是互为发展教练方法的基础。

Schein 将管理咨询划分为三种基本方法：购买专门知识；医患模式；过程咨询模式。上述观点和方法反映了早期管理咨询模式的特征，即来自“专家的意见”。简言之，顾问就是凭借企业内部员工不具备的经验解决他们专业范围内的问题。而第二种模式通常称为“医患”模式，它类似于精神分析师所用模式，即假设客户具有某种病理特征。当咨询从业者寻求提升组织及其人员的潜能而非确认并解决问题时，咨询领域的革命最终到来（至少从其对现代教练影响的角度而言），它就是所谓的“过程咨询”从字面上看，过程咨询更加关注改善决策过程，而非决策本身。上述分类当中，Schein 将教练活动视为“咨询的一种分支，认为教练从业者应能够在过程顾问、内容专家和诊断医师 / 处方医师等角色之间自如转换”。

Peter Block 的顾问职能协同思想显然是以 Schein 的过程咨询理论为依据的，而契约相关基本概念则源自格式塔心理学。Mary Beth O’Neill 将 Block 的方法描述为，“你与客户是合作伙伴关系……你需要避免两种极端：一方面，你不能告诉他们该做什么；另一方面，你也不能完全被客户操控”。作为一名组织发展专家和接受过培训的教练，Ginny Storjohann 建议教练从业者参读《完美咨询》来了解他们工作的契约部分。

Block 使用稍微不同的术语将咨询定义为“协同专家或双手”，认为顾问是这样一种人：

> 他们努力向群体或组织施加某种影响，但无权直接做出改变或实施方案，主要目标是建立一种合作关系、不断解决问题并确保同时关注技术 / 业务问题和各种关系。

教练活动将自身与起源学科或对其产生影响的分支学科分离时会面临一定的困难，Schein 也认识到此点，并进而指出，“教练与咨询之间的重合程度取决于：（1）要求进行教练活动的一方；（2）受教者；（3）受教者所扮演的角色；（4）教练活动所针对的问题”。Skiffington 和 Zeus 对此表示认同，认为“教练也提供咨询服务”；更有甚者，Greene 和 Grant 将顾问描述为“促进学习和目标实现的专家”，这也是现代教练的职能。

作为组织发展和咨询领域最早的从业者之一，Nevis 认为除了为现代教练提供各种现有方法之外，管理咨询也很快受到教练学的影响。“1981 年，Personnel Decisions International（PDI）成为第一家提供层次分明、量身定制的教练课程以加速个人改变和发展的管理顾问公司”。

二级商业学科

现代教练学还吸收了人力资源管理、培训、职业发展、指挥、引导等方面的理论与实践方法，每种专业都融合了其他学科，以及彼此的模式和方法。在其与教练学相联系的范围内，职业培训是一种在职活动，旨在通过适时引入新方法和新视角提升绩效并培养关键能力。职业发展是帮助员工实现更长期的工作和事业满足感。“促进”活动有助于提高组织内相互作用的效率，而人力资源管理用于改善有能力、有责任感的员工的招聘及其绩效的管理和奖励等方面。指导（教练学的另一个前身）包括同事支持、发展指导、职业咨询和内部赞助。

人力资源管理

“人力资源”这一术语最初与劳动力同义，给人机械又缺乏人性的感觉，但现在已经明确认为任何组织中最重要的部分都是员工。如今，无论是生产商品还是提供服务的公司都适用这条法则。随着全球人口老龄化的加剧，劳动力越来越成为决定企业未来发展的重要部分。

20 世纪后半叶，该领域开始关注如何确定最适合特定工作的人员；但随着现代企业结构的发展，人力资源迅速承担起其他责任，包括培训、评估、晋升和劳资关系，甚至是咨询与职业发展。与此同时，企业对待员工的态度正在发生变化。

正如本章前文所述，商业理论正稳步发展，但直到 20 世纪 50 年代仍有企业要求员工“适应”他们的工作。这种态度无疑是工业革命最早期的一种思想残余——劳动者那时仅被看成是生产设备的一部分，管理者最关心的是其工作效率。几十年后，企业开始意识到它们未充分利用“人力”要素这种最宝贵的资源。随着全球经济重心从制造业转移到技术产业并从产品转移到服务，“人力”要素变得更加重要。20 世纪后半叶有大量著作描述了知识工作者的出现，而人力资源管理的发展很好地证明了此类工作者对现代企业管理的影响。

涉及管理教练和咨询技能培养的人力资源相关文献最早可追溯到 Happock 于 1958 年发表的文章、Mahler 于 1964 年发表的文章和 Ponzo 于 1980 年发表的文章。英国和美国早在 19 世纪 90 年代便出现专门的人事部门，而人力资源管理则是最近才发展起来的一种专业。人力资源管理可追溯到 20 世纪 70 年代，几乎涵盖人员管理相关的所有实践做法。Price 认为人力资源管理的影响与现代教练学十分相似，并将其视为一种：

> ……人事管理哲学，其所依据的思想是：人力资源对企业的持续成功有着不可替代的重要性。人力资源管理受心理学、社会学、哲学、社会科学研究和管理理论影响，旨在招募有能力、头脑灵活且责任感强的人，对其绩效进行管理和奖励，并培养其关键能力。

Skiffington 和 Zeus 明确描述了它们之间的联系。在过去十年左右的时间里，人力资源人员（HR）的职能发生了巨大变化，之前完成的许多工作都能外包，例如招募员工。与此同时，越来越多的 HR 开始行使内部教练职能。中高管理层领导力培养辅导日渐成为 HR 的重要工作。HR 还与管理者合作创立教练风格，参与团队训练和技能及绩效提升辅导。然而，HR 的职能仍十分广泛，以至于有时很难明确区分教练职能和其他职责。

培训

作为学徒制演变的结果，培训活动当前被视为人力资源开发的一个重要组成部分。毫无疑问，随着员工的职责扩展或工作内容的变化，他们必将需要接受（或者至少是受益于）额外培训。在过去，此类信息通常由高级员工在工作过程中传授给初级员工。某些情况下，员工甚至需要在空闲时自费到学校学习。随着当今经济的快速转变，员工职责几乎可在一夜之间发生改变，公司提供的培训目前被视为员工支持的必要部分。

事实上，除教授特定技能和信息之外，现代培训的概念已包含了工作丰富化、职业生涯及销售的相关内容。Skiffington 和 Zeus 认为，培训相关文献旨在强调提高绩效的工作现场学习，“针对技能、研讨和讨论方法及团队建设策略的教练活动均建立在已创立的培训方法基础之上”。他们还通过略微不同的视角发现，“教练活动已被描述成针对个体和组织目标的个性化培训”。

中世纪时期通常采用学徒制培养新一代熟练技工。培训和培养（通常称为专业培养）都在一定程度上涉及用于提升绩效的相同类型的职场学习。Greene 和 Grant 认为培训“一般通过固定的过程教授特定技能——要求特定数量的员工学习一套特定的技能”。

美国培训与发展协会（American Society for Training Development，简称 ASTD）于 1993 年开始在其《培训与发展》杂志上发表职场教练的相关文章。这些早期的教练学相关文章包括：1993 年—1995 年，职业生涯、销售和绩效方面各一篇；1996 年，四篇有关高级管理人员的文章和一篇有关培训的文章；1997 年—1999 年，有关绩效、教练和高管的文章各一篇。20 世纪 90 年代中晚期还出版了两本 ASTD 关于教练学的信息通告手册，即 Darragh 于 1997 年出版的《教练与反馈》，以及 Gibson 于 1998 年出版的《教练选择》。

关于文献中描述的培训与教练之间的关系，Skiffington 和 Zeus 指出：

> 由于缺乏学习迁移规则和规定，人们最初探讨的是培训的低效率。尽管这种情况时有存在，但最近的研究证实了培训的有效性。培训科学在建立培训理论、了解培训需求和探索先前培训条件、方法和策略，及培训后条件方面取得了长足进步，许多培训师越发意识到需要采用个人行动计划、后续教练课程等教练方法，以确保组织环境支持获取新的学习内容。

Carroll 对此表示赞同，认为“在工作丰富化概念方面对督导人员的辅导和培训是实施过程的必要前提”。

教练从业者往往发挥培训师或教师的职能，但培训与教练之间的主要区别在于，前者更加依赖信息。此外，培训的范畴更加狭窄，且假设参与者会在相似程度上学习和使用信息。鉴于目标已预先设定，考虑到所传授的信息量，培训通常必须严格遵循日程安排。相比之下，教练活动更具个性化，不限制个体学习方式和速度，更加迎合个体的日程安排——即使是组织层面的目标。

职业发展

发展理论可用于追踪个体在组织中的发展阶段，以及组织的整体发展阶段。另一方面，职业发展关注的是个体的预定职业道路，以及个体为实现职业目标而做出的自觉选择。职业发展文献对教练学做出了极大贡献，包括创业概念，不断改变的假设，识别长处的具体方法、技能及实现职业满足感所需的投入。

Marcia Bench 传达给我们的信息是，“职业发展专业由 Frank Parsons 创立于 20 世纪初期，旨在帮助人们提升工作和职业满意度”。Frederic Hudson 将该领域的主要理论家总结如下：John Holland 认为人们将自己投射到职业当中，产生自己的映像；Donald Super 提出的理论与成人发展理论并驾齐驱；Gene Dalton、Paul Thompson 和 Raymond Price 基于组织内的四种发展状态创立了一种职业发展模式；Edgar Schein 概述了成年人倾向于在组织内遵守的阶段和职业任务。另外，Hudson 认为 Richard Bolles、Charles Handy 和 Tom Peters 创立了一种新的职业规划方法。“职业理论自 1985 年前后开始从直线概念和工作系统稳定性假设转变为创业概念和持续改变假设”。

Skiffington 和 Zeus 指出，尽管职业生涯教练和职业咨询之间的界限往往比较模糊，但“对于经验丰富的教练而言，高级领导者层面上的职业转变辅导也是一个不断成长的专业”。Marcia Bench 认为，“与职业咨询相比，教练活动更注重结果，结构性相对较差，一般迎合客户的日程安排”。她进一步指出，“美国有 47 个州要求职业生涯顾问持有硕士学位，但对教练从业者的教育背景却没有任何特别要求”。

我将在第八章“现代教练的出现”中详细论述这一重要问题，它与因教练缺乏公认定义而导致的问题联系密切。

指导

相对于培训或促进活动而言，指导活动对某些员工更加有效，但它还远远不是人力资源的正规组成部分。事实上，指导活动（特别是其对一对一互动的依赖）无法在结构化的情况下获得发展。尽管如此，指导活动目前仍是公认的员工充实手段，指导者和被指导者都会从中受益，更不必说两者所供职的公司。从某种意义上讲，指导活动再次证明了一种持续的趋势，即允许员工独立制定自身的职业晋升规划。指导活动还被视作职业发展的组成部分，可包含下列一种、多种或全部要素：同事支持、发展指导、职业咨询或内部赞助。

教练学开始出现时往往遵循着当时业已存在的指导活动团体的足迹。例如，英国曾经出现过这种情况：作为该领域主要的专业组织，欧洲指导与教练委员会（European Mentoring and Coaching Council，简称 EMCC）的前身是 1992 年成立的欧洲指导委员会（European Mentoring Council，简称 EMC）。事实上，教练服务直到 2002 年才加入该组织的服务菜单中。“与培训一样，指导的概念源自学徒制盛行的时期。当时，经验更丰富的年长个体会将工作任务完成方式和商业领域运营方式等方面的知识传授给学徒”。David Clutterbuck 认为：

> ……美国传统或主流指导模式要求指导者具备丰富的经验，并愿意代表被指导者（称为“门徒”）执行权力和影响力，而欧洲的培养指导活动强调被指导者在关系管理中的作用，并关注个人认识能力的提高、心智挑战的应对和自立能力的提高。

Hudson 将指导活动视为教练学的一种主要模式，而 Whitmore 认为，“无论我们将其表述为教练、建议、咨询还是指导，若能顺利完成，基本原则和方法将依然如故”。

引导

引导是确保课程、会议和具体项目顺利运行的一个过程。在很大程度上，引导是前所未有的复杂商业环境的一种结果，需要（或受益于）中间人服务。公司外部顾问改善公司内部流程时保持一定的客观性一样，引导者能够更好地协调并独立于具体项目。因此，现代教练活动吸收了引导者所使用的许多技能。

国际引导师协会（International Association of Facilitators，简称 IAF）成立于 1994 年，是由 20 世纪 70 年代初文化事业学会（ICA）的引导者非正式集会演变而来的。Bacal 认为：

> 团队引导者也广泛用于描述方便他人开展工作的任何活动。组织发展中的引导活动是指成功组织和举行富有成效且公正的会议的过程。如果组织关注已经做出的决策，以及做出决策的方式，则适用引导方法。

Skiffington 和 Zeus 将引导活动描述为“团队发展，团体合作，促进变革”。他们还指出：

> ……引导有时与教练活动同步展开。引导和教练之间存在显著差异，但无论是组织层面还是个体层面，促进增长和变革的引导技能是团队发展教练、团体合作和变革教练的必要条件。

总结

如果说是心理学为教练学这一新兴学科提供了基本理论和实用的工具体系，那么商业就是教练学的第一片施展空间。教练学的出现得益于心理学提供的基础条件，倘若商业领域没有为其提供成长和发展的肥沃土壤，它也无法发展到今天的水平。正如我在前文中所述，各种新需求的共同作用（无论是个人还是商业需求）和一系列心理学新方法催生了教练学，这根本上都得益于全球社会经济因素的改变，以及实践和学术研究的不断进步。如果少了任何一个条件，现代教练学都不会诞生。

心理学和商业领域不断变化的需求、观点和策略实际上并不足以独自催生现代教练学。体育在理论和技术方面对该领域的贡献几乎微不足道，但它毫无疑问地促使教练学从起源学科中破土而出，并赋予它自己的身份。我将在下一章论述教练学的最后一批主要贡献者（包括体育和成人教育），以及表演艺术、语言学和生物学所做出的渺小而伟大的贡献。

第五章 体育、成人教育和其他学科的发展及其对教练学的贡献

哲学、心理学和商业对现代教练学的影响最大，但体育及成人学习和发展的贡献也十分重要。社会学、人类学、生物学、语言学、创造力、健康与休闲，以及表演艺术的贡献也不容忽视。我在本章中论述了这些起源学科对教练学的影响。

体育

尽管源自心理学和商业领域的理论与方法对现代教练学影响最大，但体育领域所做的贡献绝不仅仅是当今商业和生活教练所使用的“教练”这一称呼。实际上，心理学似乎也需要利用企业环境中存在的各种机遇扩展其应用范围，需要通过运动教练的类比接受它们先前曾经回避过或仅暗中接受过的支持类型。

这并不是说体育领域之前与心理学和商业并无联系或接触。Reinhard Stelter 对教练学做了以下陈述：

> 运动心理学是教练学的起源学科之一。早在 20 世纪 70 年代的美国（欧洲是将近十年之后），“竞争”“动机”或“最高绩效”等体育术语便开始受到商界领袖的关注，他们利用从运动心理学中吸取的干预策略和手段培养自己的员工。这种“完全以任务为导向、注重绩效强化”的

模式是一种典型的运动心理学方法。

专业体育团队在20世纪初转变为企业实体，而运动教练（无论是否接受相关专业教育）十分了解心理学在运动员比赛准备时的价值。

现代运动教练的首要目标是赢得比赛，但除此之外还有三个附属目标，即指导、体能和激励。针对如今已得到公认的教练规则（即教练并不是指导客户，而是帮助他们实现个人和商业目标），我首先将其对体育教练的论述集中于动机方面，然后再进一步从现代自我改善的角度论述有关“体能”培训的实例。哲学的许多古老原则与现代社会的联系基本上与古代相同，而心理学的一些最新发展则直接影响现代教练实践，运动教练的早期实践对商业和生活教练的影响与其对早期原则变化的影响不尽相同。

古希腊时期已经出现的运动教练实际上早于西方哲学。Evered和Selman认为，19世纪80年代的“教练”一词最初是指体育教练，特别是带领运动团队赢得划船比赛的指导者。然而，Whitmore认为“教练”一词的古典定义、教练者所使用的方法，以及本历史资料全书所关注的这种职业的现代意义之间存在明显界限。Whitmore将该领域视为心理学发展领域的平行领域，并指出早期教练活动的行为基础：

> 历史上的体育教练跟今天的体育教练存在较大差别，但指导活动主要基于主导心理学体系，即行为与认知心理学。其假设前提是：人们并不知道太多，且必须从别人那里学习。

Whitmore的观点既适用于团队体育教练，又适用于个人体育教练。团队体育项目包括足球、棒球、橄榄球和篮球，以及田径领域的网球和游泳。我在这里不会讨论两种方法之间的差别，因为个体教练方法对教练的影响更为直接。尽管如此，无论是比赛场地，还是80楼上的办公室一角，古典个体教练与现代个体教练之间确实存在显著差异。

简言之，正如Whitmore在他采访Hilpern时指出的那样，古典运动教练几乎仅注重传授知识。因此，这种关系表明教练对体育运动的认识比运动员更深刻。正如我随后将在本章中指出的那样，体育教练方法从单纯指导到引导，再到鼓励自我发展和自我意识的巨大变化，最终使运动教练能够帮助那些远在赛场之外的竞争参与者。

任何人都不能说该领域是停滞不前的。专业教练的发展是职业体育运动的巨大进步，它直接影响了体育运动对教练学的贡献。举例来讲，职业足球队现在都依赖各种各样的教练。主教练之外还有进攻和防守相关指导教练——这对此项运动早期许多球员来说并不存在此种区别，因为他们从未离开过赛场；配备进攻教练的位置包括线锋、近边锋、跑锋、外接手和四分卫。防守教练执教范围也涵盖线锋和内外线卫，以及第二防卫。最后，除开球、悬空球、回球、射门得分和附加分等方面的专门团队教练之外，所有现代橄榄球队还设有体能、调理和力量教练——他们与运动本身毫无关系。

最后介绍的这些教练项目实际上只与球员的整体状况有关，它们可能是现代商业和生活教练最相近的教练形式。为探究其原因，读者最好从我在第三章描述的心理连续角度了解运动教练。

大部分运动教练本身就是运动员，他们往往执教其曾经司职的位置。就棒球而言，老投手负责培养（或指导）新投手，老捕手培养新捕手。他们专精于各自领域，从不涉足专长领域以外的指导。因此，他们可称为认知学派的成员，其职责是向知识较少的人传授信息。他们的年龄通常年长于受教者，经验也更加丰富。另一方面，体能、力量和调理教练往往与受教者年龄相仿（或更加年轻），且教授的并不是赛场上所使用的技术。他们关注运动员的总体状况，检验其工作成功与否的标准是看他们的球员是否能够更好地适应团队专家提供的各种学习机会。鉴于身体健康是心理健康的必要前提，体能教练也可以说是在帮助运动员调整比赛心理。

研究认为，业余和职业体育需要的不仅仅是体育技能和耐力，还需要一种无形的力量，一种心理和心灵的力量——这也许是 20 世纪体育教练领域最大的进步。这种思维转变的倡导者就是 Timothy Gallwey。

教练学在体育运动中的发展渊源可直接追溯到 Timothy Gallwey 著作的《网球的内在诀窍》一书。该书出版于 1974 年，其理论依据为绩效思想、人本和超个人心理学，以及个人成长。Gallwey 发现场上体育比赛（外在比赛）和每位运动员自己思想中的比赛（内在比赛）之间存在重大区别。每种“比赛”都是整体运动不可或缺的组成部分，但两者不能割裂开来。外在比赛需要日复一日的练习，需要在比赛过程中逐渐提高，很大程度上依赖运动员自身固有的体育技能；而内在比赛则完全属于精神范畴，从某种意义上说，后者是一场与自我的比赛。年复一年的练习无法改善内在比赛，特别是在“运动员不愿接受其作为变革促成者的角色”的情况下。但从这个角度来看，内在比赛应该是运动员力量的源泉。

对于网球比赛，Gallwey 深刻指出，我们自己往往就是成功的最大绊脚石。他对事物的观点含蓄地表明，所有运动员都能指导自己获得成功。体育领域一直以来都有商业领域所不具备的明显自身特点。作为一名职业网球教练，Gallwey 部分客户的身份为企业领导者，他们认为上述原则同样适用于商业领域。在美国，这些原则于 1980 年融入商业领域；在英国，它们也由 Whitmore 带到了商业领域。

Frederic Hudson 指出，“从运动学角度讲，教练在很多情况下是指面向未来的各种能力的体验式学习的指导者”，这印证了 Mink、Owen 和 Mink 的下列断言：

> 直到今天，“教练”一词给人的第一感觉就是足球或篮球教练；但就教练的实际工作性质而言，这种类比有其合理性，也有不当之处，因为主教练往往还担任总经理或首席执行官，负责运营整套方案。从某种意义上讲，四分卫教练或线锋教练的定义比较准确，实质上就是能够通过教授知识使他人获得体验。

Gallwey 编写的《网球的内在诀窍》一书将讨论重点从比赛场地移到办公室。他在书中基于人本和超个人心理学原则提出一种体育思想，认为“内心的对手比外在对手更强大”。Whitmore 指出，“Gallwey 有史以来第一次证明简单全面的教练方法几乎适用于所有情形”。曾接受 Gallwey 培训的 Whitmore 在英国创立 Inner Game，并指出“英国当今商业教练的所有主要支持者（包括 Alexander、Downey 和 Whitmore）都毕业于 Gallwey 教练学校或深受其影响”。

James Flaherty 指出了 Gallwey 的革命性方法，如果不是在球场上被普遍接受，它也不会深刻影响现代商业和生活教练：“运动教练很少认为他们能从运动员身上学到东西，尽管他们在某些情况下可能会这样认为，但我可以很肯定地讲，生活中其他领域的教练都必须将不断学习作为教练活动的组成部分”。

许多人已经意识到这个问题。Bruce Peltier 认为，“高管教练来源于运动和绩效教练”，他还进一步指出成功的运动教练、商业教练和生活教练所用方法的相似性，其中包括个体方法、灵活性和机巧性、教会运动员超越自我、形象化、反馈、总结经验教训、沟通、信任和诚信、明确职责、善于钻研、持续改变和不断认识。

Kirkpatrick 于 1982 年对知名运动教练进行调查研究，以验证他们所用方法是否可由教练从业者推广至工业、商业和政府部门的管理者。结果表明，优秀的教练具备下列个人素质：

> 热情和奉献、自我控制、耐心、公正、诚实和诚信、友善、自信、谦逊、毅力、真正关心运动员、热心、善于承认错误、乐观、智谋、想象力、刚强、言行一致、团队归属感、思想开放、乐于接受批评、幽默、灵活、热爱运动、欣然接受比赛的成功与失败、强烈的道德价值认同感。

五年后的 1987 年 10 月，Werner Erhard 召集了 Timothy Gallwey、John Wooden 和“红衣主教”Auerbach 共同参加了一场有关教练的讨论会，并通过卫星进行全球直播。这是有史以来体育、人力开发和商业领域的领导者第一次共聚一堂，旨在确定：

> 教练在所有学科领域内的共同特点。在 Evered 和 Selman 眼中，“红衣主教”Auerbach 是职业篮球领域的传奇人物，他年仅 24 岁便成为波士顿凯尔特人队主教练，后来曾担任该队总经理和总裁。“红衣主教”退休前共为凯尔特人队创造惊人的 938 场胜利的纪录，职业生涯的最后十个赛季中共有九个赛季夺得 NBA 总冠军。正是他缔造了凯尔特人队和他们伟

大的组织。此外，他还是NBA历史上唯一一位同一赛季同时荣获“年度最佳教练”和“年度最佳管理者”称号的教练。

按照 Evered 和 Selman 的话说：

> Wooden 在大学篮球联赛中也取得了类似的骄人成绩：他的大学篮球教练生涯至今无人能及。他为加州大学洛杉矶分校棕熊队创下的纪录至今无人能破——共带领队伍十次摘得美国大学体育总会（NCAA）冠军（包括蝉联六次冠军）。他带领的灰熊队曾经获得88连胜，此项大学校园体育纪录至今尚未打破。他不断将新球员培养成冠军球队成员。在他29年的大学联赛执教生涯中，获胜率竟高达81%。John 六次荣膺大学年度最佳教练，也是以球员和教练身份进入全美篮球名人堂的史上第一人。

Don Shula 也是一位从体育领域成长起来的教练，根据他与 Ken Blanchard 合著的书籍（参见第四章），“他曾带领迈阿密海豚队五次亮相超级碗，带领巴尔的摩小马队一次亮相超级碗，全美橄榄球联盟（NFL）其他任何主教练都难以望其项背。《体育画报》杂志将 Shula 评为1993年年度最佳体育人物，因为他是全美橄榄球联盟史上获胜场数最多的教练”。Shula 和 Blanchard 于1995年共同撰写的著作第一次将体育教练思想应用于商业实践。书中以字母缩写词“COACH”总结了高效领导者所应具备的素质，即信念坚定（Conviction-driven）、不断学习（Over-learning）、随机应变（Audible-ready）、言行一致（Consistency）、诚实为本（Honesty-based）。在这本书的启发下，Annette Hurley 于1996年发起一次以“Counselors as Coaches：Championing Change for Our Clients”为主题的研讨会。Shula 和 Blanchard 的话相辅相成，他们将教练工作描述为“激励人们努力工作并发挥团队精神”。

“红衣主教”Auerbach、Wooden 和 Shula 杰出的成就证明了“教练”在帮助各类人才在赛场内外以团队合作而非个体简单组合形式实现最高效率时所发挥的作用。毕竟，他们都遵循基本相同的原则，简单来说就是激励个体发挥个人潜能并共同努力实现共同目标——这些原则一经提出便迅速受到企业界追捧。

本章介绍了 Gallwey，因为他在将体育心理学推广至商业领域的过程中发挥了重要作用，特别是提出“个体执行者”的概念；他对教练领域的影响不容小觑。Gallwey、“红衣主教”Auerbach、Wooden 和 Shula 的“组织”教练方式有助于将教练思想推广至范围更广的企业界。

Bruce Peltier 认为：

> 教练之所以被称为“教练”而不是行政咨询或职场心理治疗，是因为工作强度较大的企业员工（特别是男性）几乎都希望拥有一名教练，但都不愿接受治疗。大多数人对体育运动较为认同，且喜欢视自己为运动员，或至少是高绩效职员。……咨询总是关注弱点和不足，而教练则经常以成功的体育人物和获奖队伍为榜样。

最后，在讨论体育教练原则与商业和个人教练原则的对比方式时，还必须考虑年龄因素。体育运动领域几乎不存在体育教练比运动员年轻的情况，而对于现代教练和他们的客户，年龄问题几乎可以忽略。“执业者年龄并非教练活动的考虑要素”这一观点将我们直接引向教练学的最后一个起源学科，即成人教育。

成人教育、发展和学习

由于许多成人教育、发展和学习理论与模式都源自心理学及商业模式，这些领域对教练学的部分贡献已在前文中做过描述。尽管如此，Grant 仍然认为，“成人教育和职场学习与发展的知识领域对教练学作用重大且互为相关，因为教练活动大部分客户都是成年人。因此，教练们必须能够借鉴现有知识来指导教练实践”。

如今，教练活动大部分客户都是成年人，几乎所有教练从业者也都是成年人。因此，我选取成人学习和发展影响教练学的特定方面，而不是在更广泛的范畴内对教育进行论述。

成人学习模式与需求明显不同于年轻人。Malcolm Knowles 提出的成人学习原则适应现代教练的需求，要求成人教育具有自主性，联系生活经历，并以目标为导向；换言之，成人认为需要学习的时候就学习。许多成人发展理论都源自发展心理学，影响教练学的理论包括寿命周期模式、整个生命周期固定程式和成人心理发展。成人发展还为教练提供一种环境框架，供其了解客户生命过程中出现的各种阶段和需求。

成人教育

成人教育在商业领域通常被称为培训和专业发展。这种说法也适用于生活教练，但前提是生活教练的工作并不包括检查现代教育课程的基础知识，而是确定每个人生活中可由生活教练施加影响的特定领域。

成人学习方式比未成年人更加丰富。因此，以教育为主题的经典研究不与此种论题直接相关。例如，Piaget 划定的发展阶段（即感觉运动期、前运思期、具体运思期和形式运思期）完全不适用于多数成年人——他们现在视其为理所当然，方式与“步行、跑步、理论化，以及将个体实例联系至一般原则”基本相同。

因此，早期的教练实践由成人教育理论的各种进步提供支持，特别是 Knowles 的成人学习理论。简言之，Knowles 是最早指出成人学习方式和受教方式之间区别的人之一，强调“经验和联系”，也许最重要的是热情——一种二次教育和继续教育中不常见的情绪。教练不需要拥有教育博士学位，毕竟学习意愿是通往强制教育的大门（学校强迫多数年轻学生接受核心课程学习），而这座大门一般是紧闭的。意识到这一点之后，Knowles 首次提出成人教育往往具有自主性，需要联系年轻学生显然不具备的生活经历，而最重要的是要以目标为导向：

> Malcolm Knowles 认为，从最广泛的意义层面上讲，“自主学习”是一种过程……在这种过程中，个体主动判断自己的学习需求（无论是否有他人帮助），设定学习目标，确定学习所需的人力和物力资源，选

择并实施适当的学习策略，评估学习成果。

Knowles 提出了自主学习的三个直接理由：首先，他认为有确凿证据表明主动学习的人（主动学习者）学习的知识和质量都优于被动接受教育的人（被动学习者）。“他们学习目的性更强，且动力更足，往往能够比被动学习者更好、更持久地利用所学知识”。其次，自主学习更加适合人类心理发展的自然过程。“培养为自己的生活承担越来越多的责任的能力（变得更加自主）是人类成长的一个基本方面”。最后，教育领域的许多新发展要求学习者积极主动地参与学习。“未学习自主探究技能的情况下贸然闯入这些课程的学生将会经历各种忧虑、挫折和失败，他们的老师也是如此”。

简言之，现代教育强迫孩子学习，而成人则是在需要时投入学习。

纵观近代史，成人教育的实用性远高于儿童教育。后者通常被看作是“白板”，按照我们所处的时代情况，也可称之为“空白操作系统”：在这里，每个现代社会都试图下载其有关阅读、写作和运算的基本应用程序；如果硬盘上还有任何多余空间，则还会涉及一些文化认知。总之，年龄越小，教育涉及面越广；年龄越大，教育涉及面越窄。

此项论述所暗含的内容是：儿童必须学习，至少是在公共教育具有强制性的情况下——但成人必须有充分的学习理由。如果说需要是发明之母，那么自利就是成人教育之母。儿童可以被教会打字，但成人要主动学会打字；若是需要靠它养家糊口，就必须达到很熟练的程度。

上述原理也是英语第二语言（ESL）学校快速增长背后的重要推动力。境外出生的美国公民（主要是操西班牙语人群）知道，如果想要找到报酬更高的工作（无论是个人还是经济角度），学会英语就可改善就业待遇。因此，整个美国境内的 ESL 学校都充满了前来学习的成年学生，即使已经经过一天的艰苦工作。

尽管如此，成人教育并不局限于成年人渴求上进的心理，还包含雇主而非员工的积极推动作用。（这一论题已在第五章“培训”中进行了一定程度上的论述。）电脑操作技能就是企业自利主义的最好例证：随着个人电脑开始日益普及，早期使用者通常是无师自通；鉴于公司计算机网络优点的日益明显，企业所有者很快意识到接受过电脑培训的员工所创造的价值远高于培训成本。

无论自利主义的推动力有多大，总有一些情况下成年人对个人教育持抵触态度。首先是相关性：如果所提供的学习材料并不实用，成年人会将其忽略，学习材料对工作的影响越大，其被接受的概率越高；因此，相关知识往往是多多益善。成年人还希望与经验丰富的从业者合作，从而获取实用的日常应用材料并牢记。

最后，继续教育（尽管20世纪后半期几乎在职场范围内获得爆发式发展）在某种程度上代表着成年工作者的一种新理念。多年的磨炼使成功的几代人认识到，教育的黄金时间是5 ~ 22岁，剩下的时间都被工作占据。过去五十年最具革命性的变革（至少就成人教育而言）是，即使久经沙场的成熟成年人也能继续扩展自己的思想。

成人教育在商业领域一般是指培训和专业发展，但“Saskatchewan于20世纪60年代末70年代初推广的Saskatchewan New Start生活技能模式（加拿大联邦移民局推出的一项计划）”是一种值得注意的例外情况，其宗旨是为弱势群体提供成人基础教育。该计划一直发展到今天，并始终采用生活技能教练模式。此种教练是“一种经培训的专业照护人员，他们能够指导各种小组，示范和评估各种技能，并支持个性化学习。教练们证明参与者能够有效利用他们所学到的各种技能。教练们完全投入，建立个人与个人之间的关系”。

成人发展

成人发展理论和概念与学习教练学基础知识同等重要。寿命期限模式、生活事件和整个寿命周期范围内出现的共同程序，以及成人心理发展是学术研究的结果（特别是发展心理学方面），而其他理论则源自简单常识和经验。不管其来源如何，对成人发展各阶段的基本了解都为现代教练活动提供了一种环境框架。它还引入了未成年人中很少见的理念和实践方法，即对熟练掌握、自我保护和利他主义的追求，包括社会理论模式、心理发展、Kegan 提出的心理复杂性，以及 Basseches 的辩证思维。教练领域还得益于有关“固定程序在整个寿命周期内的重要性”的成人发展理论。

Both Flaherty 和 Hudson 都认为成人发展理论和概念是教练活动有效性的重要保证。Flaherty 对此描述如下：

> 成年人的学习方式远多于未成年人……从事成人教育的教练必须了解成人发展的基本脉络，从而了解客户生活情况相关环境框架。这些基于研究的理论使教练关注焦点的话题和卓有成效的方法。

Hudson 指出：

> ……教练通常被要求指导群体过程、团队发展、组织规划和企业培训。许多教练还行使顾问的职能，使其能够同时与个人和系统合作。因此，教练往往通过了解成人发展的主要社会理论来深刻理解其教练任务。

Axelrod 认为，“同时包含事业和个人生活的成人发展模式有助于提升教练活动效果”。另外，他还指出，“教练活动还需了解成年心理发展的必要性目前如何发挥作用”。他进一步指出，“了解更广泛的成人发展因素对管理职能的影响是高级管理者用于指导和领导他人的有效工具”。

Hudson 认为人类学家 van Gennep 强调了“整个生命周期中的生活事件和仪式的重要性”，并同时指出，van Gennep 还验证了“通过仪式的重要性；许多教练与客户一起经历通过仪式，从生命的一个阶段到下一个阶段”。同此处涵盖的许多分支学科一样，第三章的“发展心理学”部分也提及了成人发展的相关内容。

正如 Hudson 所述，Fiske 注意到，“由于我们的社会变得日益复杂，且越来越容易受到变化影响，自主、自力更生的人日益减少；因此，她提出四种模式引导成人发展，即注重人际关系，奉行利他主义，技能熟练精通，以及自我保护”。

成人学习

“成人学习源自心理学，并非一门独立的学科，而是一种应用领域”。

Lovin 和 Casstevens 以此种方式将成人学习描述为一种“基于经验的行为修正”。可以肯定的是，大量早期教育均涉及不断上升的社会化，而正规教学本身（即阅读、写作和算术）基本上还是以个体为单位。成年人更加倾向于寻求有关其与他人互动的继续教育，而非特定形式知识的持续积累。

学习理论包括 David Kolb、Chris Argyris 和 Malcolm Knowles 等人的研究成果，这个平台教会我们学习（从深层转化性学习到较小的行为变化）如何产生，并系统阐述实现最优学习所必需的基本要素。作为教练，我们需要知道的是：学习是领导者和人类发展、成长和改变中最重要的要素之一。

Knowles 进一步指出，关于自主和目标导向特性，成人学习的本质还指导着教练活动的学习型关系，它“为自定义学习提供了条件”。Megginson 和 Boydell 在其撰写的《主管即教练》中所描述的方法也引用了 Knowles 对成人学习基础的观点。Cox 识别出八种与教练专业特别相关的学习理论。每种理论在成人学习中都发挥着特定作用，它们在教练过程中的实际应用使其得以确定。简单地说，这八种理论包括 Knowles 的成人教育理论、Mezirow 的转化学习理论、Boud 和 Walker 的反思性实践、Kolb 的体验式学习、Kolb 的学习风格、Levinson 的生命历程发展理论、Maslow 的价值观和动机，以及 Bandura 的自我效能理论。Owen 和 Mink 认为 Merton 的皮格马利翁效应和 Brookfield 的成人促学关系品质也与教练专业相关，因为它们在实践中也应用于教练活动。

Sieler 发现教练与成人学习之间存在明显的联系，并指出“持续学习现被公认为是组织成功运作的重要组成部分，教练专业为培训课程无法提供的自定义学习提供了条件”。Lovin 和 Casstevens 发现教练从业者有机会填补这一空白：“作为一名学习指导者，教练为受教者的相关、实用和潜在的、强大的学习创造环境”。

直到 2003 年，Skiffington 和 Zeus 仍然可以说，“与儿童和青少年相比，成年学习者有不同的需求和要求，这种说法已得到广泛认可。尽管如此，该领域的研究关注度并不高”。

其他分支学科

现代教练受到从表演艺术、传播和创新到自然科学（例如，源自生物学的身体统合）的各种领域的影响。健康理论和系统理论也对教练有着深远的影响。值得注意的是，后者引入了创造性协同概念。语言理论的某些方面同样对教练专业产生了一定影响，特别是正式沟通所用有声和无声语言的处理。与前文所讨论的个体心理疗法完全相反的家庭疗法也对现代教练做出了贡献。

社会学

社会学是对人类社会行为的科学研究，主要关注与其他人相伴的个体的本质，是对个体心理学的自然补充。在现代教练发展史方面，社会学使我们认识到社会经济因素对社会和个体的影响、文化对社会互动的影响，以及人类系统理论对这种互动的解释方式。

Kurt Lewin 是该领域的先驱者之一，他的研究对现代教练的出现产生了深远影响，特别是社会动力和领导力方面。他在研究中提出“再教育”概念（即成年人需要不断学习），认为思维和存在的本质分为三种独立的形态，即认知变化（感知、信息、期望和信念）、价值修正（信念、感觉，以及赞同和反对意识）和运动行为（行为技能和人际交往技能）。Hudson 认为，如果 Lewin 在世，他“将为教练领域大量采用他的思想而拍手喝彩；此外，研究 Lewin 的思想还有助于教练了解如何将知识用于教练领域，使其能够像实践理论家那样思考问题”。

Lewin 还是人类系统理论的主要贡献者，特别是在组织理论相关方面。这些原则对商业领域的教练从业者尤为重要，因为他们必须同时应对个体和他们所服务的组织。Hudson 注意到个体改变对组织变革的依赖性，这是当今教练从业者的主要判断基准点。

系统变革触发个体改变，迫使人们适应生活的新条件和意义。若两个或更多系统（生物学系统、心理学系统、人际关系系统、家庭系统、

> 群落系统、政治实体、经济因素和自然力量等）导致个人生活失去平衡，进而基于生活管理和平衡之目的产生新的个人和社会策略，则会促进成人发展。人类系统理论中的“事件时间设置”会导致成长和发展或退化和机能障碍。……这是一种社会学领域，就像发展理论一样不具备应用基础。

教练专业还从社会学中吸收了其他概念与方法，包括“撇开偏见和假设”，以及深度访谈技术。Hudson 指出，“很多关于人类系统的文章具有较强的抽象性和理论性，但这些概念是教练了解客户的必要条件”。

除帮助教练专业了解个体与组织之间的复杂关系之外，社会学还贡献了教练的跨文化多样性意识，以及对此种差异的处理，以帮助个体和组织。

人类学

人类学对教练专业的贡献不及社会学，但它对教练专业做出了数项重要贡献，最主要的可能是多样性的价值。Kott 将人类学描述为：

> 人类生物多样性与文化多样性的系统性探索。人类学通过研究人类生物学与文化的起源和变迁为相似性或差异性提供解释。对生物学、社会、文化和语言的关注将人类学关联至其他许多科学和人文领域上。社会学家一般研究城市和工业人群，而人类学家则关注农村和非工业人群。

Skiffington 和 Zeus 将 Robert Rosen 视作教练从业者，他的工作就沿着这些主线展开。Rosen 及其同事对跨文化多元化相关文献做出了重大贡献，特别是在“对全球通识的构建”方面。教练与领导者和个人合作进行跨文化问题评估，并在“全球通识”框架内培养能力。这包括个人素养、社会素养、商业素养和文化素养。

对文化发展的认识特别有助于教练帮助客户寻求改变。例如，Stagoll 指出，Bateson 的文化与个性人类学关注反馈，最终利用英语这种工具“实现更深层次的改变和认同”。教练专业还通过反馈、语言，以及接受与改变思想支持深刻而持久的改变。

语言学

语言学就是语言研究，其沟通属性分为“任意”“动态”“富有意义的条理化”和“生产性”。Flaherty 用下列方式将语言学融入教练实践：

> 人类像鱼儿一样在语言中畅游。语言应用的广度取决于我们说话，以及聆听自己和他人的方式。我们的语言学分支直接来源于 John Austin、John Searle 和 Fernando Flores 的研究工作。这些思想家研究语言协调行动的方式，为社交领域奠定了基础。语言基础层面研究使客户了解名称、含义和关系的深刻变化……所有人类变化均以某种方式涉及新语言的积极使用者和倾听者。整体教练通过自身经验了解语言的力量，并邀请他们的客户分享其神秘性和奇妙性。

语义教练（又称语言教练学或语言本体论）是由 Flores 创立的一种会话分析和沟通设计体系，认为“语言并非用于描述一个预先存在的世界，而是创造其所描述的世界”。但 Linda Page 认为，Fernando Flores 提供了一种“讲话者对倾听者做出承诺”的沟通模式。Caccia 认为这种方法“为帮助人们避免误解并实现更高效的合作开辟新的道路”。教练效果取决于沟通的成功，明显是上述研究内容的体现。

沟通

沟通与语言学密切相关，强调言语和非言语语言的输送和处理，包括用于教授更有效的沟通方法、提高倾听技能、通过说话吸引人们的注意，以及所传递信息的处理方式。

沟通不与任何特定职业相关联，只关注言语和非言语语言的输送和处理方式。Irene Stein 认为：

> ……该领域涵盖了人际沟通、组织与团队沟通、基于语言的现实社会构建，以及话语研究（研究语言如何用于沟通）。基于沟通研究机

制，教练专业可以看作是不同于我们日常活动中常见的各种交谈和互动方式。

教练专业的发展受到了企业领域内沟通技能发展的影响。Stein 进一步指出：

……关于如何以更有效的方式（特别是在团队合作环境下）传递消息，人们已进行大量研究，这在某种程度上推动了 NLP 的发展。研究者在倾听技巧、“如何在说话过程中吸引人们的注意力”，以及“我们处理信息的方式”方面做了大量工作，所有这一切都归功于教练领域的发展。

表演艺术

表演艺术为现代教练提供了“演员引导”方法。以演员为例，无论经验水平如何，他们往往受益于其在支持性环境中与所信任的指导者之间的关系，过程十分类似于现代教练从业者所用的过程。就像经验能够明显地影响成人发展那样，表演者通常依靠个人经验、情感和记忆来描绘一个人物。

创立于 20 世纪初期的俄罗斯的斯坦尼斯拉夫斯基体系，最早提出由经验丰富的演员以小组形式指导学生。首先，经验丰富的演员是一位权威人物，学习者要做的就是接受传授给他们的方法。20 世纪 40 年代，加入美国国籍的 Lee Strasberg 根据斯坦尼斯拉夫斯基表演理论构建起一种方法，要求演员借助其自身的情感、记忆和经验影响人物的塑造。

接受我访问的部分人非常认同表演艺术对教练的贡献。Henry Kimsey-House 指出，表演艺术提供了一定的贡献与联系，支持自然反应和“存在当下”，主张利用情感和想象力创造视角。H. Kimsey-House 还补充道，存在和承诺水平、三级倾听技能、个人基础概念和身体的使用也归功于表演艺术。Rhonda Britten 和 Kimsey-House 都认为 Sanford Meisner 是这些原理和实践做法的主要贡献者。表演艺术的目标与教练专业十分相似，都是努力唤起一种引起变化的情感体验。

声音、动作、对话和其他类型的教练已在表演艺术领域流行多年。Lampropoulos 认为导演的作用类似于教练技术精湛且值得信赖的引导者和德高望重的知名男演员 / 女演员之间的关系；他们在一种支持性环境中工作，这里很早便告知要求，且在建立合作关系之前便签订合同。教练活动反映了所有这些要素，但并不十分强调对教练从业者的要求，但强调对客户责任的更高要求。

健康与休闲

基于健康心理学理论基础的健康和休闲行业也对教练行业有一定影响。此种教练活动强调工作 / 生活平衡和减压，涉及人生规划、实施和连续重新评估，以及“提高认识和帮助探索的工具与模式”。

当然，这两个术语不可互换。健康用于描述一个人的存在状态，而休闲（无论是主动还是被动）则是工业革命的结果：当时每周只休星期日。当然，农业经济并不存在这种休闲，毕竟所有奶牛每天都要挤奶。

健康是一个整体概念，被定义为身体、心理、情感和精神健康。作为教练，我们观察的是人的整体。Jung 对精神性的强调实现了与 20 世纪后期健康与人本主义运动的联系。Maslow 于 20 世纪 60 年代提出“自我实现的人”的概念。1963 年，John Gardner 推出 *Self-Renewal* 一书，将自我更新个体的特点描述为灵活、独立、自知和自我发展能力。

Patrick Williams 在他一篇新文章的草稿中指出：

> 其他文化中也能寻得健康实践做法。美洲原住民将“医药轮”应用于日常生活，为保持较高整全健康水平而做出选择，并利用其治疗各种可能出现的疾病。“医药轮”并非治疗手段，而是用于创造精神状态的一种精神与心理实践方法……它对大地的赐予表示感激，并表现出开放的姿态。印度的阿育吠陀、夏威夷的 Huna、非洲的部落活动、澳大利亚本土文化、东方实践与传统及全球各地其他古老文化也采用类似的做法。

“全面提升整全健康”的思想已有数十年历史（见图 18），但在商业领域的发展历史相对较短。20 世纪 50 年代末，“健康运动之父”Halbert Dunn 博士在弗吉尼亚州阿灵顿县“一神论”教会的一系列演讲中引入这种思想。这些演讲为他 1961 年出版的著作 *High Level Wellness* 提供了理论依据。然而，Dunn 博士的思想直到 20 世纪 70 年代中期才牢固树立起来。别人根据他提出的思想创立了 National Wellness Institute Inc. 和 *Health Values：Achieving High Level Wellness* 期刊（20 世纪 80 年代中期），后者后来更名为《美国健康促进期刊》。

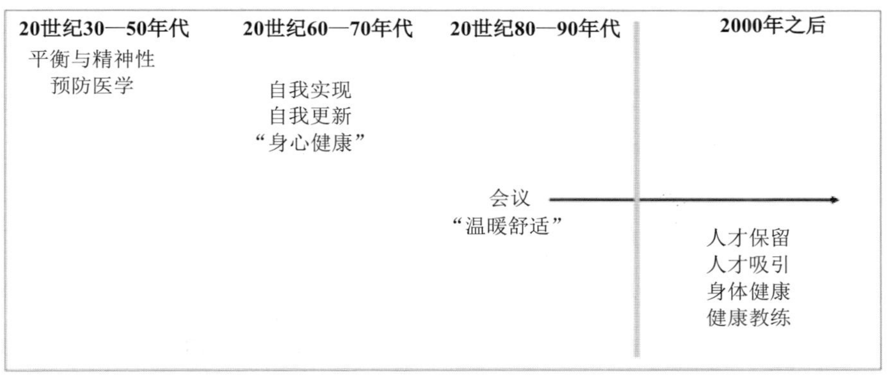

资料来源：摘自 Borck 的著作

图 18 历史健康视角

现代养生观的早期倡导者当中有一位医师，他从 1966 年开始担任澳大利亚国立大学高校卫生服务中心主任。该大学位于澳大利亚首都堪培拉市。Bryan Furnass 博士是 *The Magic Bullet：The Social Implications and Limitations of Modern Medicine* 一书的主要作者之一，他和其他作者明确意识到医学实践过于依赖“魔法子弹”而忽视了“帮助人们提高生活质量”这一更艰巨的任务。

来自约翰·霍普金斯大学的 John Travis 博士决定一生都致力于“教会人们保持健康”，而不是治疗患者。他于 1975 年开办美国第一家健康中心，并利用第一次健康评估（整全健康清单）作为中心的输入数据。该健康中心的工作完全基于教练模式的早期表现形式。在这里，客户十分了解自己的生活，还与中心健康引导师建立起合作创造关系。Travis 博士撰写了堪称经典的《整全健康工作手册》，超过 25 年来一直被大学康复和健康促进教育工作者奉为经典。

“整全健康”于 20 世纪 80 年代成为一种主流术语，但管理者感觉商业领域的整全健康方案太过“温暖舒适”。21 世纪初期，整全健康方案成为企业保留和吸引人才的一种手段，但它们实际上就是关注身体健康的“健康和生产力方案”。

尽管如此，研究表明幸福感和满足感来源于对个人长处的认识和日常锻炼。Boyatzis、Smith 和 Blaize 都曾指出，即使是同情（密切关注他人需求的行为）也能逆转压力造成的破坏性影响。

如今，健康心理学的理论基础同样还支撑着健康和休闲行业。Hudson 指出：“McDaniels 在他有关人生规划的重要著作中提出终生的工作与休闲调节方法”，将成年期（24 ~ 40 岁）作为实施阶段，中年期（40 ~ 60 岁）作为参与和评估阶段，退休期（60 岁以上）作为重新认识和重新探索阶段。

关注生活平衡和安乐实际上是每项教练互动活动的组成部分。即使客户不明确要求在这方面获得支持，经验丰富的教练从业者仍会认为人始终是一个身心配合的整体。简言之，生活平衡和安乐需要关注以下方面：

- **精神**：商业领域中是指认同一种定义；价值观；遵循我们的核心价值观；确立生活目标；愿景；一种高于人类本身的认识；任何宗教的支持基础——根源与信条，普遍规律。
- **情感**：智力、理解、正确使用、注重积极的情感。
- **认知行为**：视角转换、思想发生的任何变化，无论过程、期望、形象、梦想和信念如何。
- **身体**：健康、营养、健身、睡眠、饮酒、吸烟。

人生教练培训研究所（Institute for Life Coach Training，简称 ILCT）的 Patrick Williams 将健康教练视为一种生境。用他自己的话说，Williams 将“求变意愿的 Prochaska 模式融入（他）的培训活动中，这种培训实际上来源于戒瘾领域，而且（基于客户的）意愿程度”。ILCT 所使用的其他两种工具是 John Travis 的整全健康清单和 Michael Arloski 于 2007 年发表的文章《健康教练引导生活方式的持续改变》。

创造性

将创造性和创新性与教练专业联系起来的文献提供了各种沟通、质疑、集体研讨和倾听模式。从创造性角度讲，教练活动采用的模式适用于独特的想法或可能性。它们以看似非常规的方式探讨重构并转变视角，关注如何展现出我们最美好的一面，使我们打破界限并勇敢冒险。此外，它还包含协同思想、想象与观念的平衡、将想法变为现实的步骤，以及催生新思维模式的横向观念形成方式。

Lewis 和 Porter 对创造性做了如下描述：

> 使我们能够深入挖掘头脑中已经存在的独特的想法和可能性……创造性不限于针对某种情况提出新想法或新方法，还可以是对当前情况进行改造，从另一个不同的角度或以一种看似非常规的方式进行观察，了解帮助我们达到自我最高境界的人或情况，暂时搁置所谓的界限，并放手一搏——如果存在无限可能性且能够实现超凡想法，则可突破这些界限。创造性还具有协同作用，需要意识到：所有想法都是发散性的思想，除非有针对性地加以集中，寻找行动的力量，放手一搏，然后寻找将想法或思想转化为现实的能量。

他们还指出：

> 近年来已创建了用于了解创新过程的模式，并涉及多种主题：创新过程是想象和想法的平衡，需要通过一定的步骤将想法转化为具体的现实。现代模式都是有目的、有意识地产生新想法，而传统旧模式则认为创新想法源自潜意识过程。

De Bono 认为创造性是横向思维过程的结果，后者是“变革和进步的基本要素”。他还指出，“横向思维研究的是重构上述模式（理解）并激发新模式（创造性）”。将创造性和创新联系至教练专业的文献用于质量改进范式、寻解教育，以及培训和发展。在这些方面，教练活动被视作一种个体化的转变过程，通过沟通、提问、集体研讨和倾听提升创造性和创新。

自然科学

生物和系统理论的自然科学也对现代教练领域产生了一定影响。生物学文献表明，持续变化是融入身体的一种反应模式。从这个角度来看，持久成功的关键在于将身体融入任何变革方案。在第四章的“组织发展”部分论述过的系统理论为教练专业提供了多种概念，包括反馈和前馈循环，以及“对基于激发创造力和创新之目的的整体性相互依赖，开放和动态平衡的需求”。“关注当前”“过程高于内容”和“变化层级”等系统理论原则可直接应用于教练活动。

生物学

Rafael Echeverria 指出：“理论生物学认为，区分人类与其他物种的基本特征就是人类语言，而 Maturana 发现，需要有一个能够说出特定生物学条件的人”。但 Echeverria 认为：“语言并非由我们的生物学能力而产生，而是源于人类的社会互动”。

Flaherty 从整体视角上指出：

> 我们所指导的每个人都有一个身体，我们的工作依据的是最知名的躯体思想家、生物学家和认知科学家所了解的知识。只有当一种响应模式融入身体后，真正持久的变化才能“生根发芽”，然后才能真正地给予人指导。

系统理论

作为自然科学和社会科学的分支，系统理论对现代教练专业影响重大。按照 Cavanagh 和 Grant 的说法，一般系统理论的提出者是生物学家

von Betalanffy，“时间为 20 世纪 20 年代—60 年代，目的是为科学领域提供一种统一的方法，以克服还原论主流思想在世界认知方面的诸多局限性”。

这种统一理论认为世界的系统性既存在于“生物学、物理学和化学等自然科学，也体现于心理学和社会学等社会科学”。这种方法认为，系统具有整体性、相互依赖性和开放性特征，系统内部的动态平衡催生了创造和创新。反馈和前馈循环本能地放大和平衡了复杂性理论的特点。Peltier 认为：

> 一般系统理论和随后演化而来的家庭治疗法能够很好地实现高管教练。它们提供特定的方法和一种极其实用且包罗万象的综合观点……企业组织严格遵循其他群体所遵循的一般准则，而家庭动态通常与工作小组紧密相关。

精神治疗师 Virginia Satir 以其基于家庭系统的疗法而闻名，这种方法正是源自一般系统理论。她对教练专业的诸多贡献包括“提出问题”思想。该种思想认为，表面问题往往都不是真正的问题——产生问题的根源是人们处理问题的方式。Thomas Leonard 在创立“症状—根源—解决方案”模式时对这种思想稍作修改。该模式认为，教练需要透过症状（提出问题）看到根源（实际问题），以便制定并实施解决方案。

Satir 将爱和关怀视为治疗方法最重要的方面，在治疗关系中融入感觉和同情。她曾经说过：“单从生存角度上讲，我们需要每天拥抱 4 次；从维系角度上讲，我们每天要拥抱 8 次；从成长角度上讲，我们每天要拥抱 12 次”。遗憾的是，这种说法有悖于当时普遍公认的更加科学的家庭疗法。

Satir 在认知领域的研究影响着大量教练从业者，她曾经指出，“我们决不能让其他人的有限认知将我们束缚住”，这引起了广大教练从业者的共鸣。这种思想与 12 步程序不谋而合，后者认为，“人们对我的看法与我无关”。“由于家庭疗法与组织发展所用方法十分相似，从治疗方法转换为商业教练方法难度相对较小。家庭疗法的部分开拓者甚至自视为家庭教练而非治疗师”。

系统思维的某些运行原则适用于教练专业，包括“关注当前；过程高于内容；问题根源；一阶和二阶变革”。教练专业还吸收了系统理论的反馈和前馈循环思想，以及“基于激发创造力和创新之目的的整体性，相互依赖性，开放性和动态平衡”思想。

简言之，按照Meryl Moritz的说法，系统理论是一种多学科交叉领域，它将各种关系系统作为整体进行研究。Marshall Goldsmith甚至认为系统理论具有更广阔的潜能挖掘空间，因此他指出，“你实际上是在改善整片森林的品质，而不是简单的‘移树’‘调整’和‘放回’”。

总结

哲学、心理学和商业对现代教练专业影响最大，而体育运动和成人学习与发展的贡献也非常重要。除为教练专业提供基本模式外，体育运动领域还涌现出许多大名鼎鼎的教练从业者，同时贡献了一个有关动机的知识体系和一段专业化实践指导的历程。另外，体育运动领域还提出了个体和团队教练之间的差别，相关的许多观点都适用于其他领域。作为社会科学中的起源学科，成人学习为教练专业提供了丰富的教育研究体系，以及源自培训和事业发展领域的各种实践方法。

社会学、人类学、生物学、语言学、创造性、健康与休闲，以及表演艺术的贡献同样也不容小觑。教练专业在寻求获得独立认可的同时必将不断吸收其他不同背景的新从业人员，从而融合更多的其他理论和方法。

我在此详细列出了教练专业各起源学科的影响和贡献，方便教练专业学生总结教练发展和其他学科发展之间的相似性。Edgar Schein于1969年就该主题进行论述时指出，“一种新领域的发展通常伴随着一系列新思想，以及用于研究新思想的一些方法的产生”。Dianne Stober在谈到新学科研究或基础知识发展时指出，第一项任务就是整合从相关领域获取的各种信息。就现代教练而言，这个过程仍在发展中，主要是因为教练专业起源学科相关文献推出速度极慢。为此，Frederic Hudson提供了一些历史资料，

Patrick Williams 近期在《选择》杂志上发表了多篇有关教练专业演化发展的文章，并受到较高关注。

与大多数新兴学科一样，教练专业是一个混合领域，成为一种独立学科后便开始受到来自各方面的影响。换言之，作为各种现有学科的理论和方法的综合产物，教练专业自身也至少对教练心理学这个新领域的诞生做出了一定贡献，而这个新领域就源自曾经滋养过教练专业的起源学科之一。另一方面，作为神经科学的分支学科，基于大脑的教练专业同教练专业任何起源学科几乎都无关联。作为任何新兴学科发展周期必须经历的一个过程，此种分化使教练从业者和客户都难以在该领域周围划定公认的界限。

我在本章中对教练专业起源学科的探讨研究就先讲到这里。我再次希望，更深入地了解教练专业起源学科能够帮助学生们成为更出色的教练，并根据他们日常实践所用理论和方法的来源重新认识何为经验丰富的教练。我将在随后几章介绍第一批教练从业者、教练领域的出现及其全球扩张。

Coaching Technology

第二部分

教练学的演变

教练模式和实践做法并非千篇一律。教练方式取决于教练、受教者、环境条件和触发教练活动的具体条件。如今的教练从业者完全按照客户要求行事，关注的是如何以最佳方式帮助他们实现愿望。教练环境的易变性要求每位教练依靠自己的直觉、创造性和灵活性，以及扎实的基础知识。对于同一客户，每位教练所采用的做法肯定不尽相同；如果同一名客户处于不同的境况，则处理时应设定不同环境。

导　言

教练专业的出现是人、学科和社会经济因素交叉作用的结果。它的出现绝非偶然，而是各种联系共同作用的结果。我发现，教练专业的许多重要的影响者（即对教练专业产生直接或间接影响的人）和早期从业者都彼此认识，即使他们生活在不同的国家，来自许多不同的领域。各种群体都声称"自己是教练专业的开拓者"，但事实并非如此。教练专业在文化中的诞生就如同对六度分隔理论和"第一百只猴子的故事"的共识。

在探讨教练专业如何诞生之前，必须先了解一些基本要素。我们先从教练的定义说起。我现在终于领会到"每个人心中都有一个莎士比亚"的含义了。我将给出一个包容性的定义，其涵盖范围之外的各种定义均可搁置不谈。（对于教练专业，我在寻找一种针对家庭、朋友和客户的描述方式时发现，大多数明确的描述都会给同我交谈的人造成困扰。我在 1998 年前后对教练专业所下的简短定义很好地满足了我的需要，而且成为我的口头禅。作为一名教练，我"提升意识，使每个人都能自觉选择"。）

"教练"一词从何时开始投入使用？ 1989 年，Robert Evered 和 Jim Selman 在其名为《教练与管理艺术》的文章中指出，"教练"一词最初用于描述生活在 19 世纪 40 年代的一类人。牛津大学习惯用"教练"一词指代与牛津大学无关联的私人教师，这种教师的职责是帮助学生备考。那么，这个词到底源自哪里呢？英语中"教练"一词最早出现于 1500—1509 年期间，最初是指一种特定的马车。（这一含义沿用至今）因此，"教练"作为动词的最初含义是将一位重要人物从他 / 她所处的地点送往他 / 她想要前往的地点。

英国人 David Megginson 和 Tom Boydell 在其 1979 年出版的管理者指导书籍中指出，他们当时对教练的定义是“管理者所使用的技能……我们认为，教练是一种过程。该过程中，管理者通过直接讨论和指导活动帮助同事学会解决问题或提升工作质量”。1989 年，Evered 和 Selman 将教练描述为“教练和运动员 / 表演者之间的一种以行动为导向、以结果为目标、以人为本的关系”（Evered 和 Selman，1989）。1998 年，ICF 给出了修改版的教练定义：

> 职业教练是一种持续的合作关系，旨在帮助客户实现其个人和职业生活的设定目标。客户通过教练过程深化学习，提高绩效，并改善生活质量。客户在每次会面时选定谈话的主题，教练则倾听、观察并提问。这种互动脉路清晰，使客户能够真正参与进来。教练使客户更好地关注并认识选择，从而加速客户的进步。教练活动集中关注客户当前的状态，以及他们希望以何种方式实现未来目标。

但仅仅 10 年之后，ICF 便将教练的定义改为“在一个启发性和创造性的过程中与客户合作，激励他们最大程度地挖掘他们的个人和职业潜能”。

教练的其他定义包括：

> • Peltier 对教练的定义如下：“组织外的人利用心理学技能将组织成员培养成更加高效的领导者。这些技能应用于特定的现在的工作问题，确保受教者将其融入自身的日常管理工作或领导能力。”
>
> • Hudson 认为：“教练是通过引导体验式学习培养面向未来能力的人。……（教练）应该是一位值得信任的楷模、指导者、智者、朋友、高洁之人、服务者或引导者——他们与经验尚浅的人员或组织团队合作挖掘新的潜能和目标，塑造新的愿景和计划，最终实现预期目标。教练是指经培训后致力于引导他人提升能力、执行力和信心的人。”
>
> • Greene 和 Grant 认为：“以解决问题为中心任务的教练活动使人们能够评估并利用宝贵的经验、技能、专业知识和我们都具备的直觉力。

教练活动允许人们针对工作或个人生活所处境况寻求个性化的相关解决方案。”

• Belf 将教练描述为：“当教练主动为无条件地接受或爱创造空间时……则客户至少应在四个月内（只要教练合作关系仍在持续）将真我展露无遗。”

• Gallwey 认为：“教练活动的目标是释放个人潜能并实现个人潜能最优化。教练是帮助他们主动学习，而非被动受教。”

• Thomas Leonard 认为：“教练既是顾问，又是激励者，既是治疗师，又是朋友……他们帮助管理者、企业家和普通人设定并实现事业或个人目标（多数情况下两者兼具）。”

• Thomas Leonard 致函告诉他的研发团队他对教练的新定义，即“人人皆教练”：“我经常说，我们人人都是教练，因为教练学实际上就是一系列高级的沟通、关联和才智技能。我现在有一个更大胆的想法。试想如果所有人（无论从事何种专业/职业）都视自己为教练，他们将变得更加自信；他们会希望学习如何增强沟通技巧；他们会将自己的角色提升到更高层次；他们将会以完全不同的/更好的眼光看待自己和整个世界”。

• Kinlaw 将出色的教练活动定义为：

——一种旨在持续改善绩效的活动；

——领导者与个体或团队之间旨在持续提升绩效的谈话；

——领导者与个体或团队之间旨在利用具体的绩效信息持续提升绩效、条理清晰的谈话。

尽管在共同定义的强调方面存在差异，且应用范围较广，专业教练活动的核心架构包括：

教练与客户之间的一种帮助性的协作和平等关系，而非威权关系；寻找解决方案优先于问题分析；假设客户来自不存在严重精神疾病或情绪困扰的群体；强调协作目标设置；认识到即使教练需要通过教练活动获取引导学习所需的专业知识，但教练本身无须在客户所选学习领域拥有较丰富的个人经验。

无论教练如何定义，许多教练从业者都从折中立场出发，选择不同定义的相容方面解释和引导实践。

那么，教练到底应该怎样定义？教练模式和实践做法并非千篇一律。教练方式取决于教练、受教者、环境条件和触发教练活动的具体条件。如今的教练从业者完全按照客户要求行事，关注的是如何以最佳方式帮助他们实现愿望。教练环境的易变性要求每位教练依靠自己的直觉、创造性和灵活性，以及扎实的基础知识。对于同一客户，每位教练所采用的做法肯定不尽相同；如果同一名客户处于不同的境况，则处理时应设定另一种环境。图 19 中间的黑圈位于最有效点，能够同时兼容所有要素。我开展教练活动时采用的方法取决于其情绪或生活境况。因此，这就要看具体情况——没人敢说哪种教练方式是绝对正确的，我也从来不相信有这样的教练方式。然而，现在仍有不少人试图为教练创立一种统一的定义，以及万金油般的标准教练方式。我坚信，我与所有受访者的对话，以及阅读过的所有材料都表明教练方式不可能只有一种——各种情况下可组合使用多种不同的模式。

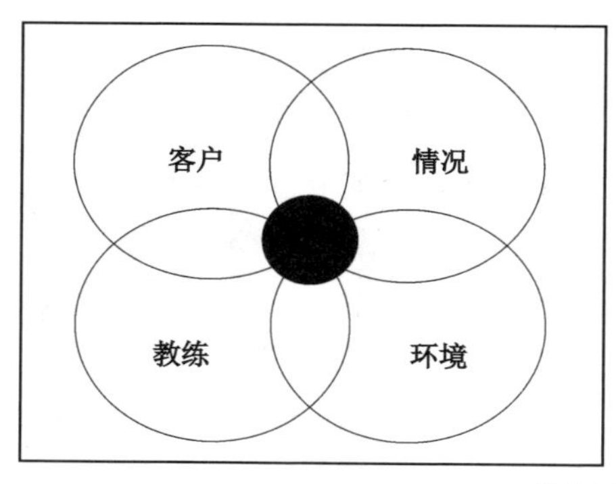

资料来源：摘自 Brock 的著作

图 19　观察：现代教练模式和实践具有动态性且前后关联

并非所有人都认同我的观点。我是将教练的定义视为一系列连续的活动。例如，有些人说教练活动必须具有促进性，但有时也需要具备指导性。教练的背景经验、文化和个性（以及客户、情况和环境）都会对教练活动造成影响。

我为教练专业提供了一个比较全面的定义：教练是一种前后关联的动态、相互学习过程，通过培养自我意识、行为注意力、个人成长和自觉选择达到至善（见图 20）。我认为该定义能够涵盖大多数教练定义，就像心理学和其他领域一样。关于人类本质是非问题的区分可能并不重要——有些人认为我们不应放弃此类争论。我在接待客户时要求他们说出自己想要什么，而不是不想要什么。因此，我也希望教练从业者们明确自己的工作性质，而不是自己工作范围以外的情形。然而，这确实是一项“艰巨的任务”。还有一个后续问题是“我们为谁而定义”——教练、客户、其他学科还是公众？还有，我们对教练的定义是否因客户而异？

> “教练是一种前后关联的动态、相互学习过程，通过培养自我意识、行为注意力、个人成长和自觉选择达到至善。”

属性范围

指导性	促进性（非指导性）
整体	具体
短期	长期
	他人决定日程安排
个人内容多	个人内容少
企业内容多	企业内容少
发展性	补救性

资料来源：摘自 Brock 的著作和 CIPD 文件

图 20 教练定义

为了理解本书的剩余材料，必须了解有关教练的四个要点，其中有的要点在教练界尚存争议。

第一点，Mike Jay 编写的 *Coach to Win* 一书中写道，任何人都可以使用教练相关知识、技能和能力。例如，我们通常教管理者如何指导其员工，教父母如何利用教练方法与孩子沟通。

教练要点

1. 教练活动所用知识、技能和能力可由任何人和任何专业使用；

2. 专业教练对受教者的教练活动结果不承担任何责任或义务，也不得施加任何威权；

3. 教练活动连续范围受教练、客户、环境和具体情况影响；

4. 个人的特定行为或人本主义世界观将影响教练的定义方式。

第二点还是来自 Mike Jay 的著作，即专业教练对受教者的教练活动结果不承担任何责任或义务，也不得施加任何威权。按照该定义，以管理者或父母身份使用教练方法或教练活动的个体并非专业教练。专业教练的划分看似简单，但实际上非常复杂。

第三点，教练活动在一定的属性范围内实施。这个概念源自人事发展特许学会的 *Coaching and Buying Coaching Services Guide*。我在我给出的定义中使用这个概念保证互动或沟通方式的动态范围。例如，作为一名教练，我所体现的促进性甚于指导性，但我偶尔也会要求客户采取措施或停止谈论他们所追求的一个目标。

第四点也是最后一点讨论的是，每个个体的世界观如何影响教练专业针对它们的定义。可供选择的还有其他很多观点，包括认知、发展、道德和智力等。我选择的是当今社会科学和助人专业最重要的两大基础观点，即行为主义（绩效）和人本主义（潜能）。行为主义世界观与现代社会经济时代关系最为密切，而人本主义世界观与后现代时期关系最密切。人本哲学和行为心理学相同的假设条件如下所述：

- 人之初，性本善。
- 人类是自由自主的生灵，决定自身行为时需做出选择。
- 人本主义还强调“自我”的概念——具备成长和发展，以及自我实现潜能的“自我”。
- 对“自我”的关注并不是指以自我为中心；每个人都有责任谋求

充分发展，从而整体上促进人性的发展。

我提供了教练的上述定义和解释，本书第二部分将向读者介绍最早的一批教练从业者（第六章），然后是教练学的出现（第七章）和全球发展（第八章），最后将描述教练学与其起源学科的不同之处（第九章）。

第六章
最初的教练

经过起源学科、理论和方法的论述之后，现在开始论述教练专业中人的因素。教练专业与客户有关，而其发展历史必然与其从业者有关——更确切地说，是最初的教练从业者。为此，我们必须得面对教练专业的一个核心难题：什么人能称为教练?

正如 Bill Cosby、Oprah Winfrey、Colin Powell、Will Smith 和 Tiger Woods 为贝拉克·奥巴马当选美国第一任非裔总统铺路那样，有一批并不是教练的人士为教练专业的出现铺平了道路。例如，Oprah Winfrey 于 1986 年亮相电视节目，她使深度私人谈话变得安全且为人所接受。其他变革推动者（他们不仅仅是指导者，还为自我改善提供体系、方法和产品）包括:

个人健康领域：30 年代的 Jack LaLanne、70 年代的 Richard Simmons 和 80 年代的 Denise Austin ;

金融领域：80 年代的 Suze Orman 和 90 年代的 Dave Ramsey ;

领导力与激励领域：50 年代的 Norman Vincent Peale、80 年代的 Jim Loehr 和 90 年代的 Anthony Robbins。

上述大多数人都未出现在教练文献或我的研究之中；但如果将教练的定义稍作扩展，他们和其他许多人至少可以视为影响者。实际上，确定哪些人是教练从业者是一个语义学问题——许多先前被称作激励者、指导者或顾问的人如今都被冠以“教练”的称号。

要真正了解当今的教练，你必须能够回答下列问题：最初的一批教练有哪些人？他们进入该领域之前从事什么工作？是否某些学科出身的人相比其他学科的人，从事教练工作的更多？如果是这样，这种情况是否随时间发生变化？某些个体是否对教练专业的出现产生了极大影响？如果是这样，他们的影响在教练作为一种学科出现时是否仍然存在？是否有从未说过“教练”一词且从未从事教练工作的人却对该领域产生了持久性的影响？

最早的一批教练之间存在何种联系（若有）？他们是否得出相同结论且都采用相同的方法？或者说，该领域的诞生是否是长期协同努力的结果？如果是后者，最早的一批教练是否依据相同的资料来源和知识体系？或者说，该领域早期是否存在各种学派纷争的情况？

另一个同样重要的问题是，他们为什么转向教练专业，而不是继续从事原来的工作？他们想要做什么？他们为什么认为自己无法像心理学家、管理顾问、体育教练、教育工作者或组织发展专家那样工作？最后，20 世纪后半叶的社会经济巨变对教练领域诞生有何种程度的影响？对于最初的教练而言，这种影响是否基本相同？

我将在本章一一解答上述问题。本章首先论述早期教练影响者的作用：他们为教练专业提供了思想和方法，并最先付诸行动。为找出这些答案，我查阅了各种教练相关文献，通过互联网收集了 1000 多名教练的信息，与教练领域主要从业者和研究者，以及教练领域外的主要影响者进行了 170 多次谈话。重点是，他们之间存在诸多联系，教练专业正是通过这些联系在全球范围内迅速传播。

发起者、传播者和后来的教练

教练专业的先驱者有些成为教练，有些后来从事其他领域的工作。我按照他们在教练专业诞生过程中的作用将其分为三个类别：第一类（即发起者）包括现代教练目前所用主要理论和工具的创立者和推广者（即使这些理论和工具最初并非专门用于教练专业）。他们当中没有任何人成为教练。第二类（即传播者或第一代教练）包括将发起者的各种理论和模式融合后缔造新兴教练领域的人。第三类（即后来的教练）包括教练从业者和研究者，他们都在教练专业确立后才加入这一领域（详见图 21）。最后一类人通常与发起者或传播者有一定联系，借助他们在某一起源学科方面的经验或通过教练文献的不断发展进入教练领域。

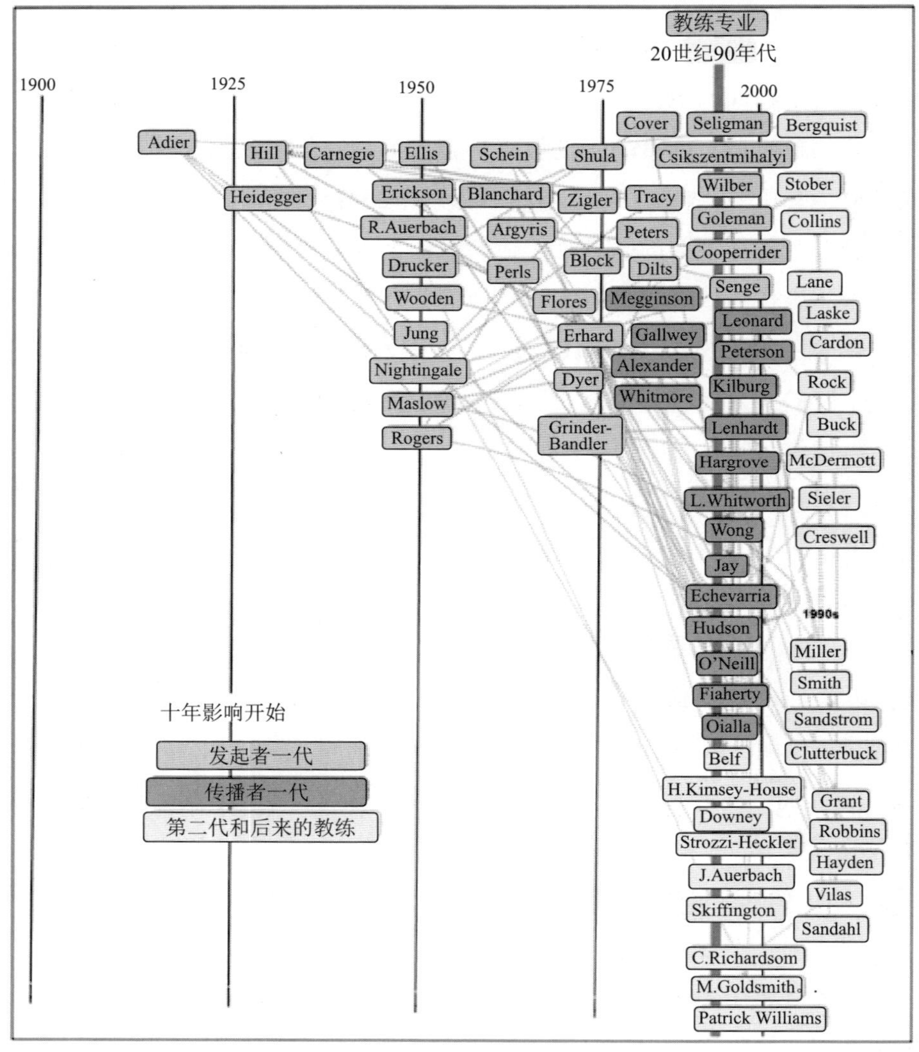

资料来源：摘自 Brock 的著作

图 21　按代划分的教练专业影响时间轴

教练领域每一代人侧重点都不同，因此，所做贡献的数量和性质也都不尽相同。这种关注点的差异对这一发展中的领域造成一定的“动态张力”，在反哺起源学科的同时为新兴学科提供给养；为实现自身独立性和发展诉求并摆脱其起源专业和学科的束缚，教练专业必须正确处理这种“张力”。

发起者

20 世纪 90 年代初，教练活动开始兴起，教练领域的活跃者背景各异，专业各不相同。这些早期的教练和后来未成为教练的学科推动者利用自身专业知识领域作为引导。如第一部分所述，上述领域包括哲学、心理学、商业、体育、教育、人力资源、大群体意识培养、个人成长、激励和表演艺术。

当然，发起者们所专精的起源学科在教练专业产生过程中的贡献远大于后来几代。贡献最大的是心理学，特别是适用于非临床人群的各种理论和方法。现在看来，这也非常合理，因为心理学家已建立起一对一互动模式。然而，临床心理学与新兴教练领域不同的是，前者需要接受广泛的教育、培训和认证，而后者几乎不存在任何特别要求，应用限制也极少。因此，从心理学转到教练领域的人能够突破原来领域的传统界限，将其学科的工具和理论推广至先前无法或禁止涉及的领域。倘若此类发起者的主要目标是帮助需要帮助的人，这种打破原先禁区的行为确实值得称赞。这些发起者基本上不参加任何专业教练协会或接受教练培训，因此很难对其进行充分了解。他们当中许多人认为心理学家这一称谓要比“教练”更高级、更体面，因此很难对其进行确认和跟踪。尽管如此，他们当中很明显有许多人在早期参与了某种形式的教练活动（通常称为“咨询”）。

来自商业领域的教练专业贡献者也创立了各种工具和理论，基本上可分为关注个体的和强调组织的教练从业者。前者提供某种形式的职场咨询，关注影响企业整体的个人问题。整个 20 世纪 80 年代，他们的工作就是在办公室中向高级管理人员提供服务。他们后来成为中层管理人员，为教练的早期发展提供了最重要的契机。后者大部分从事组织发展和管理咨询工作，同样对新兴的教练学科做出了不少贡献。但同心理学相比，商业领域中向个体和组织提供的帮助有一个不同的侧重点，即改善基本要素。

来自体育领域的发起者也带来了各种久经考验的成熟的教练模式，特别是个人运动方面。他们的专业可能与商业领域所采用的心理学方法并不搭边，但哲学确实是运动教练理论体系中不可或缺的组成部分。无论他们是有意识地使用还是明确地使用心理学方法，商业的基本原则很久之前便开始应用于专业体育组织。毕竟大多数职业体育团队的所有者都是以商业盈利为目的的。

来自教育、人力资源、大群体意识培养、个人成长、激励与表演艺术领域的发起者为教练专业带来了各种类似的理论和方法，从心理学、商业和体育运动领域吸收了部分理论，最终奠定了教练新学科的基础。

传播者

所有传播者最终都成为第一代教练，将发起者提供的工具和模式推广开来，创立了教练专业最早的一般性方法，然后将其用于各种商业和个人情况。他们还第一次尝试为希望进入教练领域的人士制定一个课程体系。

同样值得注意的是，传播者一代通过媒体曝光来推广教练专业。此外，传播者一代还为教练领域创建了商业模式，以正规途径将教练从业者融入各类组织环境。

传播者就企业看待其员工的方式还发生了一次深刻的思想转变。20 世纪 70 年代以前，员工通常被视为“组织商品”或管理体系中的“可互换部件”。若他们“损坏”或“磨损”，可进行“维修”或“更换”。最初的教练们在组织发展和领导力培养过程中将员工视为企业最具价值的资产，员工在生产效率和个人满意度方面都能得到发展和提高；实际上对于教练而言，两者密不可分。

这种革命性的基本思维转变意味着教练已不再局限于“幕后”的顾问或心理学家工作。发展咨询并不需要保密，它代表着对组织的承诺和对个人潜能的肯定，而不代表存在任何个人问题或组织运行紊乱。此外，模式的扩展（至少在商业领域）表明任何拥有商业背景并充分接受培训的人士都能成为教练，无须像心理学家那样接受严格的教育和旷日持久的训练。因此，传播者不仅扩大了教练活动的范围，还增加了具备教练执业资格的人数，从而为该领域在 20 世纪 90 年代的飞速发展创造了条件。如前文所述，学科的快速发展也带来一些问题。尤其值得注意的是，“门户开放”政策使执业者无法就教练专业定义或实践体系达成一致意见，导致该领域内部的分歧无法消除。尽管如此，随着教练专业根据机能紊乱和矫正思想将咨询与心理学分离开来，并进入人类潜能开发领域，教练领域迎来了飞跃式发展。

20 世纪 90 年代的企业精简进一步助推了这一运动，为发展学科提供了大量受过良好教育、拥有丰富知识的商业人才。基于上述要素，教练专业经证明可以成为传统雇佣关系的一种可行之选，它不仅为同行专业人员提供帮助，也是一种良好的谋生手段。教练专业众多的借鉴领域、缺乏公认的统一定义，以及必要的认证，导致其内部存在一定分歧，而上述趋势同样带来一些问题。教练领域不少从业者缺乏起源学科方面的经验，这往往导致基础理论和模式与其现代实践做法之间的联系缺失。

后来者

后来几代教练既非发起者又非传播者，他们进一步扩大了教练专业的范围和影响，形成各种明确的专精职业，将该领域进一步发扬光大。这种趋势最具代表性的事件是，后续几代教练在人类潜能运动基础上开拓了生活和个人教练领域，Thomas Leonard 和 Laura Whitworth 是其中最具影响力的人物。教练领域一旦向非心理学家和商人开放，整全健康和精神性等专业化分支的出现只是时间问题。

影响者

对最初的教练从业者进行分类后，我将会具体介绍能够称为发起者、传播者和后来者的人，其依据是文献综述和研究，以及我在博士研究过程中收集的各种访谈数据。对于部分读者而言，信息量可能过大。若确实如此，请直接跳到后续章节。若要了解我如何确定上述影响者，请继续读下去。本章大量使用调查数据和访谈记录，具体方法参见 Brock 的著作。

首先，我通过文献回顾找到了 366 名影响者，1970 年—2007 年，其中 192 人出版过一本有关教练专业的著作，136 人供职于研究机构，38 人同时具备前两项特征。加入调查和访谈数据之后，经确定的主要影响者人数激增至 621 人。

然而，我的调查研究结果表明存在大量仅凭“感知”确定的影响者，数百个名字仅出现一次。表 3 列出的 82 人在各种文献资料中经常可见，本章余下部分将在该名单基础上展开。在这 82 人中，目前有两人被提及次数最多，他们是 Thomas Leonard 和 Werner Erhard，他们分别被提及 575 次和 427 次。

表3　基于所有资料来源的主要影响者

Abraham Maslow	Frederic Hudson	Napoleon Hill
Alain Cardon	Fritz Perls	Otto Laske
Alan Sieler	Gary Collins	Patrick Williams
Albert Ellis	Graham Alexander	Peter Drucker
Alfred Adler	Henry Kimsey-House	Peter Block
Anthony Grant	Ian McDermott	Peter Senge
Anthony Robbins	James Flaherty	Phil Sandahl
Brian Tracy	Jane Creswell	Rafael Echeverria
C.J. Hayden	Jeannine Sandstrom	Red Auerbach
Carl Jung	Jeffrey Auerbach	Richard Bandler
Carl Rogers	John Grinder	Richard Kilburg
Cheryl Richardson	John Whitmore	Richard Strozzi-Heckler
Chris Argyris	John Wooden	Robert Dilts
Dale Carnegie	Julio Olalla	Robert Hargrove
Daniel Goleman	Ken Blanchard	Sandy Vilas
Dave Buck	Ken Wilber	Stephen Covey
David B. Peterson	Laura Berman-Fortgang	Suzanne Skiffington
David Clutterbuck	Laura Whitworth	Teri-E Belf
David Cooperrider	Lee Smith	Thomas Leonard
David Lane	Linda Miller	Timothy Gallwey
David Megginson	Marshall Goldsmith	Tom Peters
David Rock	Martin Heidegger	Vincent Lenhardt
Dianne Stober	Martin Seligman	Wayne Dyer
Don Shula	Mary Beth O’Neill	Werner Erhard

（续表）

Abraham Maslow	Frederic Hudson	Napoleon Hill
Earl Nightingale	Mihaly Csikszentmihalyi	William Bergquist
Edgar Schein	Mike Jay	Zig Ziglar
Eva Wong	Milton Erickson	
Fernando Flores	Myles Downey	

资料来源：摘自 Brock 的著作

我对上述 82 名主要影响者按背景分类时发现，他们当中有 32 人来自商业领域，29 人来自心理学领域，7 人来自体育领域，7 人来自激励领域，4 人来自哲学领域，2 人来自表演艺术领域，1 人来自人文领域。另外，共有 18 人归类为“后起影响者”，他们目前都是该专业的前沿开拓者（参见表 4）。18 名“后起影响者”中，11 人来自心理学领域，7 人具有商业背景，其中 6 人还是各自相关学科的后起影响者。我根据三个要素对每个人进行分类：他们如何看待自己？他们在文献中的地位如何？我访问过的人如何看待他们？

其中有两人介于发起者和传播者之间，他们是 Fernando Flores 和 Timothy Gallwey。我将 Flores 归为发起者，因为接受过我访问的人称他是内容和研讨会领导者，而非教练。同时，我将 Gallwey 归为传播者，因为接受过我访问的大多数人都将其视为教练。

表4　调查数据显示的主要后起影响者

Alain Cardon	Dianne Stober	Mike Jay
Anthony Grant	Eva Wong	Otto Laske
Dave Buck	Gary Collins	Patrick Williams
David Megginson	Jane Creswell	Richard Kilburg
David Peterson	Jeffrey Auerbach	Richard Strozzi-Heckler
David Rock	Linda Miller	Vincent Lenhardt

资料来源：摘自 Brock 的著作

关于对传播者和后来各代教练之间分界线的影响，我以随机方式将自20世纪90年代末开始影响教练专业的任何人视为后来的教练。这个时期，教练专业可以说是“延伸到了”全球商业领域；因此，我将后来进入教练领域的人视为后来的教练和研究者。这些影响者有4名来自心理学领域，4名来自商业领域，都是通过初级学科直接跨越到教练专业，均未参加过教练培训课程。来自心理学领域的影响者包括David Lane、Suzanne Skiffington、Anthony Grant和Richard Strozzi-Heckler。来自商业领域的影响者包括David Clutterbuck、Ian McDermott、Marshall Goldsmith和Anthony Robbins。

发起者

表5列出了35位发起者的姓名、所属学科，以及他们对其起源学科开始产生影响的年代。

表5　教练专业主要发起者

姓名	学科	开始产生影响的年代
Alfred Adler	心理学	20世纪20年代
Martin Heidegger	哲学	20世纪30年代
Napoleon Hill	动机	20世纪30年代末
Dale Carnegie	动机	20世纪40年代
Abraham Maslow	心理学	20世纪50年代
Albert Ellis	心理学	20世纪50年代
Carl Jung	心理学	20世纪50年代
Carl Rogers	心理学	20世纪50年代
John Wooden	体育	20世纪50年代
Milton Erickson	心理学	20世纪50年代
Peter Drucker	商业	20世纪50年代
Red Auerbach	体育	20世纪50年代
Earl Nightingale	动机	20世纪50年代末

（续表）

姓名	学科	开始产生影响的年代
Chris Argyris	心理学	20世纪60年代
Edgar Schein	商业	20世纪60年代
Fritz Perls	心理学	20世纪60年代
Ken Blanchard	商业	20世纪60年代
Don Shula	体育	20世纪70年代
Fernando Flores	哲学	20世纪70年代
John Grinder	人文科学	20世纪70年代
Peter Block	商业	20世纪70年代
Richard Bandler	心理学	20世纪70年代
Werner Erhard	商业	20世纪70年代
Zig Ziglar	激励	20世纪70年代
Wayne Dyer	激励	20世纪70年代末
Brian Tracy	激励	20世纪80年代
Robert Dilts	心理学	20世纪90年代
Stephen Covey	心理学	20世纪90年代
Tom Peters	心理学	20世纪90年代
Daniel Goleman	商业	20世纪90年代
David Cooperrider	心理学	20世纪80年代
Ken Wilber	商业	20世纪80年代
Martin Seligman	商业	20世纪80年代
Mihaly Csikszentmihalyi	心理学	20世纪90年代
Peter Senge	商业	20世纪90年代

资料来源：摘自 Brock 的著作

35 名发起者中共有 14 名来自心理学领域，9 名来自商业领域，6 名来自激励领域，3 名来自体育领域，2 名来自哲学领域，1 名来自人文科学领域。这些发起者及其对教练领域的影响已在第一部分详细描述。我在获得博士学位后进行的深入研究中确定了另外 7 名发起者，他们在第一部分都有详细描述，包括心理学领域的 Virginia Satir 和 Kurt Lewin、教育领域的

Malcolm Knowles，以及早期哲学先贤释伽牟尼、孔子、老子和苏格拉底。随着研究的深入，以及教练专业循证基础的扩大，发起者人数将会继续增加。

传播者

传播者是指对发起者提出的理论和模式进行修正以适应新兴教练学科的影响者。文献中有记载的最早引证发生于 20 世纪 70 年代末 80 年代初（参见表 6）。表 6 所列 17 名传播者中，8 名来自商业领域，4 名来自心理学领域，3 名来自体育领域，2 名来自哲学领域。

具有商业背景的传播者来自全球各地。他们是：来自美国的 Whitworth、O'Neill、Jay、Hargrove 和 Leonard；来自智利的 Olalla；来自英国的 Megginson；来自中国的黄荣华。具有心理学背景的传播者主要来自美国，他们是 Peterson、Hudson 和 Kilburg；也有来自法国的 Lenhardt。体育领域的三名传播者中有两名来自英国，他们是 Whitmore 和 Alexander；Gallwey 来自美国。

最后，来自哲学领域的传播者包括智利的 Echeverria 和美国的 Flaherty。同发起者一样，传播者的背景与他们对教练专业所做的贡献密切相关。我将从具有心理学背景的传播者开始介绍。

表6　由调查数据确定的主要传播者

姓名	学科	开始产生影响的年代
David Megginson	商业	20世纪80年代
Robert Hargrove	商业	20世纪80年代
Eva Wong	商业	20世纪90年代
Julio Olalla	商业	20世纪90年代
Laura Whitworth	商业	20世纪90年代
Mary Beth O'Neill	商业	20世纪90年代

（续表）

姓名	学科	开始产生影响的年代
Mike Jay	商业	20世纪90年代
Thomas Leonard	商业	20世纪90年代
James Flaherty	哲学	20世纪80年代
Rafael Echeverria	哲学	20世纪90年代
David Peterson	心理学	20世纪80年代
Frederic Hudson	心理学	20世纪80年代末
Richard Kilburg	心理学	20世纪90年代
Vincent Lenhardt	心理学	20世纪90年代
Graham Alexander	体育	20世纪80年代
John Whitmore	体育	20世纪80年代
Timothy Gallwey	体育	20世纪80年代

资料来源：摘自 Brock 的著作

心理学

如前文所述，来自心理学领域的传播者包括美国的 Hudson、Kilburg 和 Peterson，以及法国的 Lenhardt。鉴于美国的 Fred Kiel 早期在高管教练方面的经验，我将他也纳入这一行列。

Frederic Hudson 将指导视为教练领域的主要模式之一，并认为理解成人发展理论也是实现高效教练的关键。1973 年，他成为圣巴巴拉菲尔丁研究生院创院主席；该研究院是一家学习型组织，旨在帮助中年人通过基于学习范例变化和发展交叉的创新自主学习模式获得研究生学位。他因在成人管理、组织和教育培训方面的贡献而广受赞誉，1986 年离开菲尔丁后与 Pamela McLean（心理学博士兼高管教练）共同创立赫德森研究所，该研究所是一家专业人才培训中心。

赫德森研究所通过开展人生规划图战略研讨会和指导活动关注工作与家庭的各个方面。当时，指导活动是帮助人们适应变化的主要模式。1990 年，指导课程开始有组织、深层次地使用“教练”一词描述核心价值观处理和使用方法。Hudson 的《教练手册》一书以发展心理学为依据，从组织行为、行动习得和系统思维中引入了各种模式和理论。尽管存在各种影响，Hudson 还是确定了传统心理学和教练专业之间的明确关联。

Richard Kilburg 将心理动力理论应用于高管教练，认为“高级管理人员自觉意识之外的事件、感受、思想和行为模式会明显影响他们的决策与行为方式”，且“主要用于心理治疗的许多方法同样适用于教练专业的各种情形”。将该理论与实际联系时，Kilburg 创建了一个表格，使该领域内的人士了解“教练可有效使用心理动力学概念和方法的各类情形”。

Kilburg 是美国心理学协会 13 分部顾问心理学会的一名活跃会员，曾担任管理心理学家学会主席，以及三家顾问心理学杂志（将高管教练视为咨询实践的新型能力）的客座编辑。上述三种杂志认为高管教练是这样一种实践形式：“传统组织发展方法、成人教育、管理培训、产业组织心理学和一般咨询技能相互融合定义一种分支学科”。

简言之，Kilburg 认为：

> 现代组织发展方法和教练实践做法主要以一般系统理论的概念基础为依据，就像其应用于人类组织和行为一样；基于该方法的干预通常包括组织诊断、过程咨询、社会技术和结构变化、团队建设、教练活动和其他培训技术。

David Peterson 于 1987 年撰写了有关教练专业的论文，1994 年 3 月在旧金山参加了专业及私人教练协会（Professional and Personal Coaches Association，简称 PPCA）前身组织举办的教练专业核心小组会议。同 Erhard 于 1987 年 10 月参与的会议一样，此次核心会议的许多与会者都是教练专业的重要影响者，他们当时代表着各种不同的组织，具体如图 22 所示。Peterson 与 Mary Dee Hicks 合作创立了一种教练模式，并针对该模式共同制定了一种详细的方法。对此，Peterson 认为，“我们从任何能想到的领域中汲取经验，包括培训、治疗、行为修正、发展心理学、社会心理学和体育心理学。我们制定了一份有关个人行为、改变和学习的规划图，并基于该范式撰写了 *Leader as Coach and Development First* 一书”。但他指出，在他和 Hicks 之前便有其他人开始推动教练专业发展。

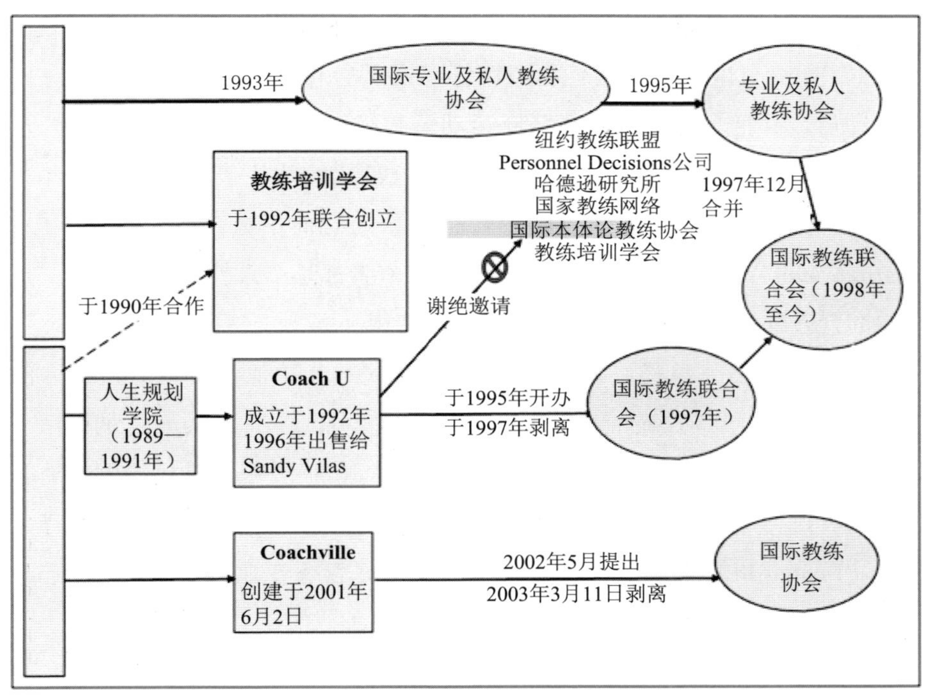

资料来源：摘自 Brock 的著作

图 22 参加教练专业核心小组会议的不同组织

1981 年，Personnel Decisions International（PDI）成为首家提供层次分明、量身定做、旨在加快个人改变和发展的教练课程的管理咨询公司。

Peterson 还与 Kilburg 合作参与了美国心理学协会 13 分会（顾问心理学会），以及 14 分会（工业与组织心理学会，SIOP）。学会强调建立信任和理解，使人们自愿而非被迫进行彼此合作。为此，Peterson 提供了多种适用于教练专业的经典行为方法，包括建立典范、反馈、自我管理、奖励、强化和逐次渐近。

20 世纪 70 年代，来自圣保罗明尼阿波利斯的临床心理学家 Fred Kiel 创办了行为修正中心（The Center for Behavior Modification），当时尚没有针对心理健康服务的第三方支付，婚姻和家庭疗法也尚未出现。20 世纪 80 年代开始与高级主管人员和世界 500 强企业合作进行管理方式培训和领导力培养工作，突破了医疗模式的范畴。到 20 世纪 80 年代中期，Kiel

将其临床心理学治疗中心售出，同时创立了 KRW International，主要是以“教练”身份与世界 500 强企业高级管理人员合作。他把客户比作奥林匹克运动员，并把自己比作奥林匹克运动员教练，其任务就是“帮助客户从银牌获得者提升到金牌获得者”，客户对这种比喻往往很买账。1993 年，《财富》杂志刊出一期题为“高管新教练”的封面报道，而 Kiel 的 KRW International 公司名列其中，其他三个被报道者都是个人教练而非公司。这是“高管教练”在主要商业刊物中的首次亮相。

最后介绍的一位是心理学家 Vincent Lenhardt：他将交流分析引入欧洲，并于 1989 年将教练专业引入法国。按照 Maryvonne Lorenzen 的说法，他的影响最开始因语言差异而未能充分显现；他在 1992 年推出一本针对管理者的教练专业著作 *Coaching for Meaning*，但该书直到 2004 年才翻译成英文。Lenhardt 的研究表明，毫无疑问，全球教练专业诞生于 20 世纪 80 年代末，其涵盖范围并不仅限于美国和英国等英语国家。

商业

拥有商业背景的传播者包括来自金融领域的 Thomas Leonard 和 Laura Whitworth、来自管理领域的 Hargrove、来自咨询领域的 Jay、来自组织发展领域的 O’Neill、来自法务领域的 Olalla，以及来自通用商业领域的 Megginson 和黄荣华。

作为一名传播者，Thomas Leonard 的贡献包括教练学科的整理、推广和全球化，这些贡献不可小觑。我访问过的人中，50% 以上专门提到了 Thomas Leonard 的影响，包括他的个人特质与偏好理论对他所创立和推广的教练模式的影响。事实上，他似乎就是为这项工作而生。他在 20 世纪 80 年代为 Erhard 效力，因此工作具有商业性质，且侧重于金融方面；与此同时，他也兼职从事人生规划工作。不久之后，Leonard 开始与 Laura Whitworth 和 Whitmore 等人一起将其商业背景融入教练专业；此举为现代教练行业的诞生奠定了基础。

Sandy Vilas 指出，这个过程是自然而然出现的；Thomas Leonard 意识到他的私人金融客户希望获得有关生活各方面的建议和看法，并将教练活动视为金融服务的一种自然补充。Laura Whitworth 曾经讲道，“我的朋友 Thomas Leonard 在 1988 年创立了他所谓的‘人生规划研讨班’试验项目”，它所使用的模板类似于财务计划模板。模板顶端放置一条时间轴（1~20 年），下方设置一系列个人目标，包括“关系”和“事业”等。教练行业刚刚兴起时，Leonard 利用这些工具编制出教练课程计划，以便通过电话形式进行教授（换言之，教授范围可遍及全球）。Anthony Grant 认为正是 Leonard 明确、简化了一对一教练原则，并实质上实现了“商业化”，使其适用于任何地方，任何人。

Erhard 被认为是个人成长的推广者，而 Thomas Leonard 则将教练活动发扬光大。Dave Buck 认为 Leonard 就像一名“合成者”，他与成百上千人合作，将令人眼花缭乱的各种工具、方法和技术融合成一个系统。但 Buck 还指出，他在多年的合作中从未忘记对自己和教练领域的愿景；他希望产生影响，成为教练领域的领导者，并在与同类公司的竞争中胜出。按照 Buck 的话说，“既具有强烈的竞争意识，又非常希望与他人合作”。除对教练专业进行整合之外，他还创办了早期的教练学校之一——教练大学（Coach U，简称 CU），并协助创建了教练领域最重要的管理机构之一——国际教练联合会。

Grant 也谈到，“Thomas Leonard 无疑是将教练活动商业化和市场化的第一人”。Erhard 也认为，Leonard“为教练专业的全球推广做出了巨大贡献”，并指出，“我对他所做的一切表示由衷的敬意”。

David Peterson 认为，“Thomas（Leonard）将教练专业推广开来，并推动了高管教练的市场化。若不是因为他，高管教练将永远达不到今天的高度。”

Thomas Leonard 在公共关系领域的天分，以及对媒体的运用自如即是他成功的原因之一，又可见他对教练领域的了解之深。他在 2006 年对宣传机器进行了如下描述：

> 1996 年年初，媒体报道了 CU，而我的名字也出现在主要电视网络和大型日报（Donahue）上，在其他一些国家也都产生了一定的影

响。……从 1996 年 2 月到 1999 年 12 月，全球范围内共发布超过 250 则故事。

David Goldsmith 表达了 Leonard 对《新闻周刊》发表文章的期待，“组织团队成员回应所有来电。这种做法也吸引了其他媒体的注意，它们都希望发表有关教练方面的报道，但无论是报纸、电台还是电视，全都是援引《新闻周刊》的文章。”

Leonard 于 1998 年撰写了 *The Portable Coach* 一书，销量名列 Amazon.com. 畅销书榜单第九位。在 David Goldsmith 看来，“Leonard 不仅有畅销书，当你谈到教练的推广时，你会自然而然想到《伦敦时报》的‘Ask The Coach’专栏和《新闻周刊》的文章，更不要说专业组织的创建了”。

不认识他的人会惊讶于其竟然如此内向。然而，这并未阻止他前进的脚步，反而促成了教练领域基于电话系统的快速扩张，展示了这位杰出的传播者的个人特质如何给教练学科带来深刻影响。Linda Miller 认为，“如果没有他，世界上就不会出现电话教练模式”。

1988 年，当 Laura Whitworth 接受好友 Thomas Leonard 的邀请参与“Life Creates Your Life”人生规划研讨班试验项目时，她便开始投入到教练事业中。1988 年年底，她开始与 Leonard 共用一间办公室。

Laura Whitworth 为教练学科提出了人本原则、专业化和包容性等概念。同 Leonard 一样，她的职业背景也是金融行业，但还涉及个人成长的折中背景。她曾经说，“我认为是我发现了（教练专业），而 Thomas（Leonard）则认为是他发现了它，但我们两人都曾受 Werner Erhard 的影响”。

用 Laura Whitworth 自己的话说：

> 当我想找一名教练时，Timothy Gallwey 成为了我的教练……当我开始自己的教练生涯时，Landmark 确实在使用“教练”这一术语，他们采用一种极端强势的方法，以至于我都想从中退出……我尽全力确保我所做的任何事情没有 Werner Erhard 和 Associates 的影子。

1992年3月，她和Henry Kimsey-House举办了CTI第一次研讨会。当然，CTI的共创式教练模式具有人本主义特征，并创建以下列原则为依据：人本质上具有佛性；教练活动就是要与完整的人合作；教练活动应该根据客户时间而非教练的时间来安排。她所提出的方法包括讨论、强有力的发问、形象化和引导性想象、强调平衡、过程和教练与客户之间每个联盟的自定义设计。

Laura Whitworth从一开始便钟情于专业化教练，并认为教练专业的成长取决于包容和协作。尽管当时国际专业与私人教练协会已经存在，她仍于1994年发起一次教练核心会议，探讨是否需要建立专业协会。最终，PPCA于1995年宣告成立，并于1997年并入ICF（见图22）。她在1998年意识到ICF教练和高管教练之间的差别。为解决分歧，她在1999年发起高管教练峰会活动。

Laura Whitworth参与撰写的《共创式教练》一书成为专业教练的“圣经”。2000年，科罗拉多州联邦监狱向一组正与危险青少年合作的服刑人员推出共创式教练培训计划，该项目被称为“Whitworth的大手笔计划”。Laura Whitworth于2007年2月28日去世，教练专业失去了一位先驱。

Robert Hargrove具有管理和个人成长领域的背景，他与Werner Erhard相识于1975年。据Erhard所说，Robert Hargrove参加了他开办的许多课程。事实上，1972年—1974年，Hargrove曾担任《东西期刊》编辑，并于1976年根据其在培训中的经历撰写了*EST: Making Life Work*一书。Jim Selman认为，“《辅导大师》的作者Robert Hargrove也是最早基于Werner的思想从事自身研究的人之一”。Hargrove认为人类可能性和动机是教练活动的基础，他曾经写道，“成功的辅导就是鼓励人们根据自己热爱的事物创造他们真正希望出现的未来”。Hargrove在其著作中根据Erhard变革技术的商业分支提出了“转型教练”这一新型管理模式，因为它教会人们如何转变其愿景、价值观和能力。

Jay拥有商业咨询背景，他将自己在20世纪80年代末进入教练领域的情况做了如下描述：

当时我正从事独立顾问工作，但在1988年，我感觉自己不知不觉进入了教练领域……（当时有一个人）希望有人能给他提供自己需要的实 信息，他听说我可以给他提供此种信息，于是就来问我是否能够帮助他。这就是当时我第一次真正从事教练活动的情景——总体而言，大部分情况下我还是发挥了顾问的作用。

进入教练领域十多年后，Jay 在 1999 年写道：

现在有一种更加准确的说法能够描述教练领域当前的各种现象：每个人都应参与教练活动，利用知识、技能和能力（KSA）提升个 人效能……任何类型的教练活动通常至少有一个（一般是四个）重要结果……健康的改善、目标导向的行为、更高的胜任力（和）意识的增强。

按照 Margaret Krigbaum 和 Karlin Sloan 的说法，Jay 对教练专业的贡献主要体现在激发讨论、找出不足之处并支持教练领域的持续创新。

来自组织发展领域的 Mary Beth O’Neill 将该领域的基本原理应用于高管教练，包括对组织行为的了解、对家庭和组织系统的认识，以及教练从业者对自我管理的需求。她所提出的方法基于注重成果的管理和高级管理者参与特定领导力培养的需要。她认为这些目标的实现方式包括：强调合作关系；确定团队行为和基本目标之间的关系；要求高级管理人员为其团队设置特定目标。按照 O’Neill 自己的说法，“人类潜能运动对过程咨询领域的影响最大……过程咨询模式之所以有其价值，是因为相信组织工作人员知道哪些做法最可取”。当然，这与教练专业的各项原则完全契合。

作为 Flores 的同事，Julio Olalla 于 1990 年与 Rafael Echeverria 共同创立了纽菲尔德网络（Newfield Network），旨在利用教练帮助人们寻求个人成长。Olalla 指出，他们的“哲学方法所依从的原理是：情绪迫使人类行动；因此，若要理解语言，则必须考虑其情感维度”。

我访问过的许多人都认为是 Olalla 将教练活动引入南美洲。例如，D.J. Mitsch 认为，Olalla 采用“CarolynMyss 的一些哲学观点（特别是有关典型行为的观点）和 Wilber 的意识层次理论将教练领域推向全球”。Meryl Moritz 还指出了 Olalla 与“Margaret Wheatley（将系统理论应用于组织）”之间的联系。

在进入教练领域之前具有通用商业背景的 David Megginson 于 1979 年出版了教练专业最早的著作之一。他将教练定义为“通过直接讨论和引导活动帮助同事学会如何解决问题或开展工作以达到最佳效果的过程”。Megginson 于 1992 年同 Clutterbuck 一起创立了欧洲指导委员会，自 2002 年开始将工作范围扩大到了教练领域。Philippe Rosinski 认为，Megginson 最重要的成就是将教练专业引入学术界。

黄荣华自 20 世纪 90 年代中期开始在中国开展教练活动。按照 Catherine Ng 的说法，教练在当时“被视为一种西方管理工具”。黄荣华认为她所创公司（汇才）的使命是“通过增强人们在各种文化条件下进行有效沟通的能力以帮助中国……”。在加拿大注册汇才人力技术有限公司之后，她开始关注互联网，发现北美洲有多家公司正从事教练活动，其中包括 CU。

汇才立足于中国香港，1997 年开始开展教练培训。为黄荣华出版《人的力量》一书的约翰·威立国际出版公司认为，“在中国这个世界上经济发展最快、人口最多、历史文化最悠久的国家，汇才人力技术有限公司董事长兼总裁黄荣华用了 10 年时间创立、实践并不断改进她的人本教练模式”。

体育

曾于 20 世纪 70 年代中期发表过开创性著作的 Gallwey 不仅是他所在领域最重要的传播者，也是对教练专业做出决定性贡献的少数影响者之一。实际上，他的影响可追溯到教练领域诞生前许多年，且对教练专业的出现意义重大，因此我们往往将他视为一名发起者。然而，他突出的贡献在于将当时盛行的心理学理论和运动教练已使用了数十年（甚至上千年）的各种技术结合起来，并在远离温布尔登和森林山球场的其他场所发挥作用。

用 Whitmore 的话说，“Gallwey 有史以来第一次展示了一种几乎可适用于任何情况的简单全面的教练方法”。Leni Wildflower 认为，Gallwey 运动模式的主要原则体现为"平静内心、观察自我和学习自我"。在这里，教练的职能（帮助客户将注意力集中于当下，并从中发现自我）明显是一种个人过程，但其作用不可小觑。Whitmore 继续指出，Gallwey 于 1974 年撰写的《内心竞技》（*Inner Game*）"契合于一种更为乐观的人类模式的心理学解释，而非老旧的传统行为主义观点（我们只不过是一具可以容纳任何东西的空容器）"。该书标志着教练思考教练活动和学习方式方面的重大变革，证实了公正观察，以及在学习和指导所有活动技能中信任自我的至关重要性。自 1974 年以来，Gallwey 将《内心竞技》所提供的原则和工具由体育领域推广至商业、健康和教育领域。Gallwey 被视为将学习和指导原则应用于变革人性面的先锋。

实际上，Gallwey 的著作很大程度上借鉴了 Rogers 和 Maslow 的思想，并将他们的理论推广至网球运动。人本主义和超个人主义的这种融合连同强大的精神性，以及内在变化的潜力共同创造了一种先后应用于体育运动和商业领域的强大方法。Gallwey 首次提出心理学和体育运动的结合几乎适用于所有工作场所，从而成为教练专业传播者的教科书式范例。尽管 Gallwey 并没有心理学和商业（均为教练专业主要起源学科）背景，但接受我访问的 170 多人中共有 20 人认为他对教练专业做出了根本性的贡献。

Whitmore 爵士在 1970 年通过 Esalen 加入人类潜能运动之前曾是一名成功的职业赛车手和商人。五年之后，他与 Gallwey 通过一部 BBC 纪录片描述了参与体育运动如何改变意识。在 Gallwey 的影响下，Whitmore 和 Alexander 于 1981 年将"内心竞技"思想引入英国，随后很快便将其称为教练学。Whitmore 本身就是一名重要的传播者，他指出，"包括 Alexander、Downey 和本人在内的英国当今所有主要商业教练倡导者均毕业于 Gallwey 的教练学校或深受其影响"。Whitmore 于 1992 年出版的著作认为教练专业"主要涉及教练和受教者之间的关系类型，以及所用沟通手段和方式，而事实则没那么重要……改善绩效是终极目标，但需要考虑实现目标的最佳方式"。这本著作首次将教练作为一门独立学科。Whitmore 的著作倾向于实用性而非理论性，从非干预性和非指导性角度，基于意识和责任，为教练活动提供了工具和方法。他在书中写道，"内部或自我激励是唯一一种真正有效的激励，也是教练应首先考虑采用的方式……无论将它称作教练、建议、咨询还是指导，如果成功实现目标，则其基本原则和方法保持不变”。

前温布尔登青少年网球运动员、Whitmore 的密友 Graham Alexander 于 20 世纪 60 年代末供职于 IBM，这家公司当时非常注重挖掘员工的最大潜力。他在这种环境中开始接触 Erhard 的学说和 Gallwey 的“内心竞技”思想，以及有志于改善个人绩效的其他个体。1981 年，他加入 Jinny Ditzler 创办的 Results Unlimited，开始从事个体教练工作。与此同时，他与 John Whitmore 将 Gallwey 的“内心竞技”技术引入到英国的体育教练领域。在接下来几年中，Alexander 开始更多地接触商业人士。1985 年，他与一名客户共同创立了 GROW（目标，现实，选择，意志）模式，三年后创办 Alexander Corporation，将其以绩效为导向的方法应用于教练活动中。

哲学

同 Whitmore 和其他许多传播者一样，Olalla 乍一看似乎来自商业领域。他与 Echeverria 和 Flaherty 都是 Flores 的学生，他们借鉴 Flores 的研究，并与自身研究相结合，分别于 1990 年和 1986 年创立纽菲尔德网络（Olalla 和 Echeverria）和西部新企业（New Ventures West）（Flaherty）（Staggs，2006，pers.com.）。两家公司都对本体论教练的发展起到了重要作用，为此，我将他们二人归入哲学领域。

James Flaherty 和 Olalla 所用哲学方法基本相同，两者均采用注重语言、身体和情感的综合与整体的方法。Jeff Staggs 指出，“Flaherty 对其他哲学家（Maturana、Heidegger 和 Wittgenstein）的哲学立场有很深刻的理解，其作品也引用了这些哲学家的不少哲学观点”。Bell 在其为 Flaherty 2005 年出版的著作所做的序中指出，Flaherty 的思想以下列原则为基础：

1. 人类将自身融入语言之中，不断塑造和重塑他们借以了解世界的叙事因素；

2. 人类永远都是一种生物学范畴内的生物；

3. 人类是矛盾的：按习惯行事之人比多数人更爱思考，同时更具可塑性。

事实上，Flaherty 发现语言可以在教练领域发挥更重要的作用，特别是教练专业的本体论和整体论方法。除 Flores 的哲学研究体系之外，Flaherty 还利用 Wilber 提出的框架构建思想、原则，以及了解现实的方式，用他自己的话说，就是“将（Strozzi-）Heckler 的经验与我在 Rolfer 方面的背景结合起来……融入完全基于实践的禅宗思想……（以及）对我们生活方式的敏锐洞察力”。Jim Selman 认为，Flaherty 对过程和教练方法的重视程度远高于从事教练活动所需具备的品质。Flaherty 在 1986 年与 Stacy Flaherty 合作创办西部新企业，为客户提供时长 6 个月的教练课程。

Flores 的另一名门徒 Rafael Echeverria 指出：“我是一名接受过训练的社会学家，我的博士论文主题也是关于辩证思维……我在 1988 年—1990 年期间与 Fernando Flores 共事，是他引导我走上教练的道路。”他继续说道：

> 因此，本体论教练是一种源自人类的全新理论论述的实践活动……对人类生存意义的相当具体的认识……我们将相互尊重且积极的平台作为教练干预的基础，将对受教者的关怀贯穿到教练过程的每个环节。

1990 年联合创建纽菲尔德网络之后，Echeverria 于 20 世纪 90 年代中期离职，在全球各地设立机构以推动他的研究工作。到 2004 年，他的商业教练培训课程已扩展到西班牙、南美洲和北美洲。

我自开展博士研究之后便开始不断寻找“利用发起者提出的各种理论和模式开展教练实践活动”的传播者，最终又确定了两名传播者：一位是赫德森研究所 Frederic Hudson 的合作伙伴 Pamela McLean，另一位是同侪资源网络的 Rey Carr。表 7 后面的部分描述了他们产生的影响。

表7　其他对教练专业有重要影响的传播者

姓名	学科	开始产生影响的年代
Pamela McLean	心理学	20世纪80年代
Rey Carr	心理学	20世纪80年代

赫德森研究所联合创始人 Pamela McLean 博士是一名有着 35 年经验的临床和组织心理学家，也是一位高管教练和教练领域的领导人物。她研究的重点是成年人在其工作和生活中的发展与变化。McLean 与其同事兼合作伙伴 Frederic Hudson 合著的 *LifeLaunch*：*A Passionate Guide to the Rest of Your Life* 是一本关于过渡和改变的著作。作为赫德森研究所的 CEO，她强调从教练理论、当前研究和最佳做法方面培养教练从业者，还与各种组织合作培育教练文化并建立组织内部的最佳实践做法。

同侪资源网络首席执行官 Rey Carr 持有形而上学博士学位和临床－学校心理学硕士学位。他在 20 世纪 70 年代研究了高中生利用校内咨询服务的广泛程度，结果发现他们并未充分利用校内咨询服务。这使他意识到同龄群体相互帮助解决各种问题的重要性。最初是将学生培训成朋辈导师或教练，最后演变成与群落和群落组织合作提供类似的课程。这种实践最终触及商业领域，成为员工辅助课程和员工之间的桥梁。所使用的主要技能包括倾听、提出关键问题和共享经验，被称为“自然辅助技能”。Carr 于 1981 年同他人合创同侪资源网络，通过 5~8 天的课程安排外加亲身体验活动，为学生提供遍及加拿大的朋辈导师资源和训练。

后来的影响者

后来的影响者共有 30 人，都于 20 世纪 90 年代进入教练领域（见表 8），其中 15 人来自商业领域，11 人来自心理学领域，2 人来自表演艺术领域，1 人来自体育领域，1 人来自激励领域。

后来的影响者仅有 50% 多是在发起者或传播者影响下进入教练领域的。T. Leonard 直接或间接介绍 C. Richardson、Vilas，Berman-Fortgang、J. Auerbach、L. Smith、Sandstrom、Patrick Williams、Miller、Buck 和 Creswell 进入教练领域；Laura Whitworth 将 Hayden、Sandahl 和 H. Kimsey-House 带入教练领域；Whitmore 将 Downey 带入教练领域；Belf 在 Erhard 的间接影响下进入教练领域；Flores 将 Strozzi-Heckler 带入教练领域。

表8　教练领域主要的后来的影响者

姓名	学科	开始产生影响的年代
C.J. Hayden	商业	20世纪90年代
Cheryl Richardson	商业	20世纪90年代
Henry Kimsey-House	表演艺术	20世纪90年代
Jeannine Sandstrom	商业	20世纪90年代
Laura Berman-Fortgang	表演艺术	20世纪90年代
Lee Smith	商业	20世纪90年代
Myles Downey	体育	20世纪90年代
Sandy Vilas	商业	20世纪90年代
Teri-E Belf	商业	20世纪90年代
Anthony Grant	心理学	20世纪90年代末
Anthony Robbins	激励	20世纪90年代末
David Clutterbuck	商业	20世纪90年代末
Jeffrey Auerbach	心理学	20世纪90年代末
Linda Miller	心理学	20世纪90年代末
Marshall Goldsmith	商业	20世纪90年代末
Patrick Williams	心理学	20世纪90年代末
Phil Sandahl	商业	20世纪90年代末
Richard Strozzi-Heckler	心理学	20世纪90年代末
Suzanne Skiffington	心理学	20世纪90年代末
Alain Cardon	商业	2000年后
Alan Sieler	商业	2000年后
Dave Buck	商业	2000年后
David Lane	心理学	2000年后
David Rock	商业	2000年后
Dianne Stober	心理学	2000年后
Gary Collins	心理学	2000年后
Ian McDermott	商业	2000年后
Jane Creswell	商业	2000年后

（续表）

姓名	学科	开始产生影响的年代
Otto Laske	心理学	2000年后
William Bergquist	心理学	2000年后

资料来源：摘自 Brock 的著作

其他 14 名后来的影响者均未接受过前代发起者或传播者提供的培训，也不与其存在任何关联，完全是按照自身意愿进入教练领域。在这最后 14 名后来的影响者当中，Cardon、Sieler、Clutterbuck、Rock、McDermott 和 M. Goldsmith 来自商业领域；Grant、Lane、Stober、G. Collins、Laske、Skiffington 和 Bergquist 来自心理学领域；Robbins 来自激励领域。

心理学

后来的影响者中有 11 名具有心理学背景，其出生地表明教练领域的全球影响力正日益提升。这 11 人当中共有 8 人（Stober、G. Collins、J. Auerbach、Miller、Laske、Patrick Williams、Strozzi-Heckler 和 Bergquist）来自美国；Lane 来自英国；Grant 和 Skiffington 均来自澳大利亚。

Anthony Grant 广泛涉猎个人成长和发展领域，是一位受过正规培训的认知心理学家。他最早提出"教练心理学"这一术语，并于 1999 年获得教练心理学博士学位，论文题为"Towards A Psychology of Coaching"。2000 年，Grant 在悉尼大学开设教练心理学课程，继续从事教练领域相关研究工作和写作，共推出三本著作、大量文章和十多本教练合集。他在 2006 年与 Cavanagh 合著的作品中对他的教练心理学思想做了如下描述：

> 教练心理学采用的是整个心理学领域提出的各种理论和方法……因此，知识的广度（而非独特性）是教练心理学区别于其他心理学实践形式的特征之一。

Suzanne Skiffington 是一名临床心理学博士，她的工作是帮助高端客户应对生活中各种艰难；Perry Zeus 是 20 世纪八九十年代一位成功的创业者。90 年代初期，Zeus 任用 Skiffington 担任顾问，帮助他开发一些评估工具，Suzanne Skiffington 和 Perry Zeus 从那时起开始合作。1994 年，Zeus 通过研究发现他所从事的工作就是所谓的“教练活动”。此后，他开始用这一术语向潜在客户推销，并在心理学期刊上刊登有关教练专业的文章。同年，Skiffington 开始投到 Zeus 门下，并积极将教练服务延伸到整个澳大利亚境内的高级高管人员。

善于研究、综合的 Zeus 将体育运动的各种教练模式用于自己的客户。Skiffington 擅长与客户面对面沟通。最后，她成为 Zenus 公司（Behavioral Coaching Institute）的“门面”。这家公司为高级管理人员提供“亲身实践”服务，并为组织和领导力培养人员提供专业教练服务和教练培训。Zeus 在心理学期刊上发表了大量文章，心理学家们起初对他的观点持一定反对态度，但这些高管后来的确成了教练从业者。

为帮助客户实施外部验证，Skiffington 和 Zeus 于 1998 年通过麦格劳・希尔公司出版了 *The Complete Guide to Coaching at Work* 一书。作为行为教练的支持者，Skiffington 和 Zeus 将教练定义为这样一种学科：“它融合了多种学科的研究……（并）关注与工作相关的知识、技能、经验和行为（价值观、情绪、态度、感觉等）”。他们公司首先借助互联网扩展至北美，随后进入英国。

临床心理学博士 David Lane 对其如何涉足教练领域做了如下描述。“我最初以间接方式进入教练领域……20 世纪 70 年代，我还供职于教育系统……希望帮助高级教师彻底了解能够提升其绩效的组织内部变革”。Lane 对教练领域最重要的贡献可能是他通过 EMCC 编写的《行为守则与标准》，以及制定世界企业教练协会（Worldwide Association of Business Coaches，简称 WABC）认证程序。

Dianne Stober 也持有临床心理学博士学位，她认为自己“对教练专业的发展做出了一定贡献……曾在美国心理学协会、ICF、专业教练和导师协会（Professional Coaches and Mentors Association，简称 PCMA）和澳大利亚循证教练会议等各种学术与专业机构中提交并发表各类文章”。作为一名公认的后起影响者（当今教练领域前沿领导者），

Stober 连同 Lane、Cavanagh 和 Bennett 共同执掌 2008 年全球教练学大会执行委员会。

心理学博士 Jeffrey Auerbach 创立了 College of Executive Coaching。他说："我从 1988 年前后开始通过电话做一些类似于教练的工作，但当时我并不称其为教练，而只是一心为人们提供帮助（通常是职业过渡方面的问题）。" 2001 年，他为有志进入教练领域的治疗师写了一本书，书中将教练描述为"一种基于治疗师沟通技巧和人类行为知识的辅助手段……为指导高端客户提供一个框架"。

心理学博士 Otto Laske 这样描述他进入教练领域时的情形："我最初秉承法兰克福学派哲学思想……虽然现正谋求心理学和哲学的融合，但我的工作正坚定地朝着评估方向发展。" 他于 20 世纪 90 年代末创办 Interdevelopmental Institute（IDM），旨在培养发展教练。他于 2005 年出版的著作中"将评估视为一种实施或引导自我转化的工具"。

William Bergquist 博士将他的背景描述如下："我是一名心理学家……早期与 NTL Institute 合作从事（组织发展）工作。" 1986 年，他成为加利福尼亚州萨克拉门托市威廉詹姆斯研究院专业心理学系的所有者兼总裁。1997 年—1998 年期间参加 Bergquist 学校课程的 Karlin Sloan 将其描述为一种面向心理学家的一年期高管教练课程。1999 年，Bergquist 与其他几位同事撰写了一本关于高管教练的著作，重点介绍了一种评鉴方法。2003 年，Bergquist 和 John Lazar 推出《国际组织教练期刊》（*International Journal of Coaching in Organizations*，简称 *IJCO*），并于 2004 年参与创建国际教练组织联盟（International Consortium of Coaching in Organizations，简称 ICCO），成员均来自高管教练峰会的参与者。

同许多后来的影响者一样，Linda Miller 进入教练领域纯属偶然。"我于 1995 年春向当时供职的国家心理健康委员会辞职时，一位女性委员告诉我有关教练专业的知识……我回到家后第二天就雇了一位教练"。一年以后，Miller 和我在西雅图地区创建 Puget Sound Coaching Association（PSCA）。此外，她还在 1997 年协助创办了 Corporate Coach U 公司——全球第一个企业教练项目；2000 年，她协助创建了肯 · 布兰佳公司的

Coaching.com。随着教练领域的持续发展，Miller 开始从基督教视角审视教练专业。正如 Lee Smith 所述，Miller“在教会中参与了针对有信仰之人的教练活动”。Miller 本人认为，“教练活动在宗教领域有了实质性的进展……西方神学院于 2004 年推出了一项教练计划……”。

拥有临床心理学教育背景的 Gary Collins 是一名顾问，同时还是基督教咨询领域的一位多产作家。按照 Linda Miller 的说法，“他于 2001 年撰写了首部关于教练专业的基督教著作 *Christian Coaching*……因为他完全被教练专业吸引”。Collins 在这本书中写道，他希望“通过以上帝为中心的教练方法帮助他人挖掘最大潜能”。

Richard Strozzi-Heckler 持有心理学博士学位，还是合气道六级黑带持有者。作为格式塔运动的支持者，他所提出的方法以身体为导向。Olalla 将 Strozzi-Heckler 的工作描述为“躯体学习——他专门研究生物学方面……在身体研究方面堪称专家”。用 Strozzi-Heckler 自己的话说，“躯体是语言、行动和意义的统一体”。他还指出：

> 我多年来从事以身体为导向的心理治疗……20 世纪 80 年代中期前后……我发现人们基本上都有较高机能……他们对意义、目的和其工作场所或个人生活中形成的各种分类充满疑惑……这大概就是教练完整概念的开端。

Strozzi-Heckler 在 20 世纪 90 年代初开始将其从事的工作称为“教练”。当时，Flores 将其带往 Business Design Associates。用 Strozzi-Heckler 的话说，Flores“发现人们并不仅仅是通过语言进行转换，还通过身体进行转换”。

Patrick Williams 来自人本和超个人心理学领域。他将 Thomas Leonard 在《新闻周刊》上发表的文章视为引导自己进入教练领域的“钥匙”。“1990 年，作为我治疗工作的一部分……我每周做 10 小时的高管教练……1996 年，我在《新闻周刊》上拜读了 Thomas Leonard 的文章”。不久后，Williams 参加并开始执教 CU，后来又开办了自己的教练培训学校 Therapist U。按照 Dan McNeill 的说法，Williams 创立 Therapist U 的宗旨是“将心理学家培训成教练，因为他们需要抛弃作为心理学家的一切思想才能成为教练”。Williams 随后将他的学校更名为 ILCT，开始涉足整全健康和基督教教练领域，并发表了不少有影响力的著作和文章。

商业

共有15名后来的影响者来自商业领域。就像来自心理学领域的影响者一样，他们也推动了教练专业的全球扩张。这些影响者包括英国的 McDermott 和 Clutterbuck，澳大利亚的 Sieler 和 Rock，法国的 Cardon，美国的 C. Richardson、Vilas、Buck、M. Goldsmith、Creswell、Smith、Sandstrom、Sandahl 和 Belf。

Cheryl Richardson 曾说过，她“在 20 世纪 80 年代末从事税务顾问工作，专门从事小企业发展工作；但我随后发现，这种工作会带来许多人生规划相关的疑问和问题”。她在 1992 年加入 CU，不久后换了工作。她于 1996 年担任 ICF 首位总裁，并出现在《新时代月刊》于 1996 年 12 月推出的教练专业特刊中。两年后的 1998 年 12 月，她以人生教练为题材撰写的一本著作登上《纽约时报》畅销书榜。她说：“我希望将教练活动带到个人成长领域，因为这是人们对教练的态度最为开放的领域。”

Sandy Vilas 是一名企业家兼商人，曾参加过 Erhard 举办的研讨会，1989 年在一次会议上结识了 Thomas Leonard，其在会上作了有关人生规划的介绍。Vilas 认为，“在 Thomas（Leonard）的教导下，我于 1994 年 3 月 1 日成为一名全职教练……Thomas 和我在 1996 年 7 月 4 日达成一项交易，他将 CU 出售给我。”按照 D. J. Mitsch 的说法，Vilas 迅速将 CU 打造成一个真正意义上取得成功的教练培训公司。Dave Buck 对此表示赞同，他说，“如果没有 Sandy（Vilas），CU 就不会有今天的影响力”。

崇尚“少说多做”的佛教徒 Marshall Goldsmith 通过管理咨询工作进入教练领域。作为 1978 年 360 度定制反馈领域的先锋，他参与管理德鲁克基金会长达 10 年之久。按照 Jordan Goldrich 和 Meryl Moritz 的说法，Marshall Goldsmith 称自己为行为教练，但他真正从事的是组织内部的家庭系统干预，主要关注行为问题和冲突解决。他认为自己的工作是通过改变成功的领导者的行为“指导他们收获更多”。

Dave Buck 是一名拥有体育教练背景的企业家，他于 20 世纪 80 年代中后期参加了 Erhard 的培训班，1992 年—1993 年期间在 Landmark Education 接受培训。参加完“论坛领袖入门课程”（此时他被分配了一名教练）之后，他在 1996 年转入教练领域。1997 年 1 月，他进入 CU 学习，1997 年配合 Thomas Leonard 开展吸引力课程，之后参加了个人成长和完美人生课程。作为 Leonard 的忠实拥趸，他于 2001 年协助 Leonard 创办 CoachVille，并在 2003 年 2 月 Leonard 去世后执掌 CoachVille。2004 年，ICF 高级认证教练 Buck 因 CoachVille 和 ICF 的合并而荣获 ICF 首个年度调解人奖。Buck 认为，“CoachVille 令人着迷，但我所面临的最大问题就是如何将 Thomas Leonard 的创造性见解整理出来……我花了三年时间整理他耗费一年半时间写出的作品。”

Alain Cardon 说：“从 1976 年开始涉足教练领域……（到 1990 年）开创今天所谓的团队教练模式，当时甚至对它一无所知。”2003 年 3 月，Cardon 推出一本关于教练领域的法语著作，涵盖了组织团队教练的所有基础知识。如今，除实时团队教练之外，Cardon 还“为系统教练、团队教练和组织教练提供大量指导……法国是一个有着指导专业传统的国度……经常设置群组环境，大量同侪工作都在同时进行”。就像美国和英国境外的其他许多教练一样，他的工作为每种文化中的教练提供了独一无二的发展机会。

Alan Sieler，一名澳大利亚的本体论影响者，于 2000 年进入公众的视野，据 Jim Selman 说，他出版了“一本很好的关于本体论教练哲学基础的书”。Lyn Christian 指出 Sieler 的《关注人的精神》（*Caring for the Human Soul*）这本书存在的性别与和平主义的问题，说“他谈到一开始我们是母系社会，然后变成了父系社会……现在我们正在经历各种主张平权的运动，谈到了和谐与促进世界和平”。这套三本的系列图书第一卷于 2003 年出版，第二卷出版于 2007 年。

C.J. Hayden 是另一位有着商业背景的后来的影响者。她记得自己曾在 1992 年“担任生产力咨询师……那时我开始自称教练 / 咨询师……专门和女性打交道……她们想要换职业”。到 1993 年时，Hayden 已经进入国际专业及私人教练协会（International Association of Professional and Personal Coaches，简称 IAPPC）的指导委员会，并担任新闻编辑。据 David Matthew Prior 说，Hayden 也是与 ICF 合并前的 PPCA 的指导委员会成员。Hayden 继续说道，“我受 CTI 的影响很深……并且我的确担任过导师……因为我了解市场营销”。在 1999 年 2 月，Hayden 出版了一本有关市场营销的书，里面提供了一个教你如何巩固客户的为期 28 天的课程。

David Clutterbuck 是 David Megginson 的同事兼写作伙伴，他是英国谢菲尔德哈勒姆大学的一名客座教授。他是 EMCC 创办人之一。主要从事研究和写作的他还在 1984 年成立了 Clutterbuck 协会（Clutterbuck Associates），这是一家专注于人才发展的商业研究和咨询组织。Philippe Rosinski 说“Clutterbuck 和 Megginson……是 EMCC 真正意义上的两名领导，当时这一组织很有学术氛围，但我认为，他们以自己的方式为促进教练行业的发展做出了贡献”。Clutterbuck 在两个领域之间画了一条界线，强调“教练注重的是帮助别人改善自己的表现，而导师则更注重帮助别人提高自己，以达成更为长远的目标”。和 David Megginson 一起共事，他通过创造性的写作和思维，依靠商业教练、导师和咨询的支持对教练行业产生了一定的影响。2005 年 1 月，他们出版了一本关于教练和指导方法的书，并于 2008 年 7 月出版了另一本关于如何创建教练文化的书。

David Rock 从 1996 年开始从事教练工作。他说：“1997 年的时候，很多人开始问我，让我教他们做我正在做的事，于是我花了一整年的时间，只是为了搞清楚究竟是怎么一回事，然后就开始把他们作为试验对象，也让他们把我作为试验对象。”到 2000 年时，Rock 的公司 Results Coaching 已经在新西兰开设了分公司，并在 2001 年进入美国市场，2002 年进入英国和新加坡，2004 年进入南非。今天，Results Coaching 已经是一家全球企业，在 24 个国家的 39 个城市提供个人培训。

2003 年，Rock 在纽约大学（NYU）创办了认证课程。Meryl Moritz 说：“我非常信任 David Rock 和 Elizabeth Guilday，是他们在纽约大学创办了教练认证课程，并把这五个学科（正向心理学、成人教育、系统论、变革理论和神经科学）结合到一起，为我们的模型提供了信息，这是一个关于教练、头脑学习的思维模型。”从那时起，Rock 在多个国际会议上介绍了头脑教练的概念。Dorothy Siminovitch 提到了 Rock 对 Varela 的思想的借鉴，“Varela 曾说过，如果我们能了解意识的生物学活动，我们就能了解怎样才能在意识上约束我们自己，那样我们就能影响世界”。Siminovitch 说：“这才是 Richard Boyatzis、David Rock 与 Maturana 跟 Varela 在思想上的共同点”。David Rock 和 Linda Page 共同著有《注重头脑的教练：实践基础》（*Coaching with the Brain in Mind*：*Foundations for Practice*），这本书于 2009 年 8 月出版。

Ian McDermott 有 NLP 背景。和他一起创办国际教育论坛（ITS）教练课程的Jan Elfine提到了McDermott的著作《NLP教练》（*The NLP Coach*），“这本书会真正告诉你怎样利用 NLP 的背景、理论和策略来进行自我教练”。Pamela Richarde 肯定了 McDermott 对教练行业的贡献，特别是在运动和绩效方面，指出他在英国创立并一直在管理着 ITS。

“（Jane）Creswell,” Lee Smith 说，“开始在 IBM 工作，所以她有这种组织背景……（现在）正在和有信念的人一起从事教练工作。”Linda Miller 也指出了 Creswell 在组织教练方面的背景，并且认为是她“（在 1998 年）把教练引入了 IBM，并在 IBM 创建了内部流程网络（Internal Process Network）”，也就是 IBM 的内部教练社区。据 Creswell 自己说，到 2002 年时，她“正在组织系统内进行教练的培训，并对组织系统的各个派别产生了影响……我真的非常渴望再读一遍《圣经》，在经文中找到支持教练的文字”。

Lee Smith 拥有组织行为学的博士学位，并辅修了心理学。Smith 说：“我于 1994 年开始了解教练……那时我意识到，当我从事咨询师工作时，我经常会说‘我是你的教练’。”她接着说，“对我影响最大的是，我知道了系统行为，因为我们不是生活在真空中。”Sandstrom 经常会回忆起她和 Lee Smith 在 CU 相遇时的情形，“1994 年—1997 年这段时间里，我们正在写《临床教练》（*Coaching Clinic*）这本书……（并且）希望能找到教练业的独特之处（并）从心理学、社会学、教育、人才发展的文献中找到方法学”。

Jeannine Sandstrom 说：“我在 20 世纪 80 年代后期开始意识到自己在使用‘教练’这个词……当时我在达拉斯的一家职业过渡公司工作……他们已经开始在人力资源开发（HRD）这个领域中使用这个词，以便跟教育、培训和咨询区别开来。”除了为 Coach Inc. 公司创作了《临床教练》这本书外，她还推动了 1998 年高管教练峰会的召开。1996 年就和 Lee Smith 一起进入商界的 Standstrom 说：“我们创作《传承领导学》（*Legacy Leadership*）这本书是基于我们的关系构建概念……除了要取得理想的商业成果以外，你还必须构建良好的关系。”《传承领导学：成就不朽伟业的领导指南》（*Legacy Leadership*：*The Leader's Guide to Lasting Greatness*）这本书于 2008 年 9 月出版。

用 Phil Sandahl 自己的话说，他“是一名有着十六七年经验的自由撰稿人，专注于商业沟通领域……并且在高管演讲写作方面（做了）相当多的工作”。在参加 CTI 期间，Sandahl 和 LauraWhitworth，以及 HenryKimsey-House 一起创作出《共创式教练》（*Co-Active Coaching*）这本书，并于 1998 年 11 月出版。在教练行业持续推广的另一个例子中，当 Hide Enomoto 在 2000 年到日本参加 CTI 培训课程时，Sandahl 和 Enomoto 一起用了 18 个月的时间进行教练的培训和认证工作。

根据 Sandahl 的描述，当他和 Enomoto 将共创式教练的模式引入日本时，他们止住步伐并愿意做一些文化方面的必要调整。他们发现，人毕竟是人，语言和文化差异是客观存在的，然而隐藏在背后的是“一颗和别人一样跳动的心……这颗心渴望关系来滋养，渴望获得有意义的工作，这才是教练行为应该解决的问题”。

1987 年，Teri-E Belf，人力资源及培训与发展领域的一名中层管理人员，成为 Sally Hedges（现在改名为 McGhee）的一名教练客户，后者当时在英国的 Results Unlimited 公司工作。1988 年，Belf 成为一名认证教练。McGhee 回忆道：“我当时在从事教练工作……最后把公司卖给了 Teri-E Belf……那是一个长期的教练课程……通过一种综合方法来提高你对结果的预见能力，成为成功人士。”Belf 很快就把公司更名为成功无限网络

（Success Unlimited Network，简称 SUN）。Sherry Lowry 认为，Belf 对这个行业最大的贡献是开放 ICF 的第一个证书课程。

> 我们能创办这个证书课程要感谢 Teri-E（Belf）……如果没有她，我们根本不可能拥有这一切，包括这一套评级制度、一套原则……她获得了一号证书……我们作为一项荣誉颁发给她，这是她应得的。但我们对此也感到荣幸，因为我们之所以想让她获得有史以来颁发的第一本证书，是因为她是这一切的教母。

其他后来的教练影响者

并非所有后来的教练都来自心理学和商业领域。这份名单中还包括来自表演艺术届的 Laura Berman-Fortgang 和 Henry Kimsey-House、励志大师 Robbins 和来自体育界的 Downey。

Laura Berman-Fortgang 是一名演员，并且是奇迹课程（Course of Miracles）的学生，在当过客户后，她于 1990 年成了一名教练。Vilas 记得她是在"1992 年 9 月在 CU 上了第一堂课"。Berman-Fortgang 写的一本关于职业教练的书在 1998 年 6 月出版，并在 1999 年 1 月成为第一位在奥普拉的脱口秀中亮相的教练。正如 Berman-Fortgang 自己所说，"事后看来，表演完全就是我整体计划的一部分，因为它让我在担任教练行业的演讲人时得心应手"。

Henry Kimsey-House 是一名企业家兼演员。作为演员，他曾接受过梅斯纳（Meisner）方法的培训，这种表演方法利用感情和想象来创造必要的视角，从而引发角色的转变。他指出格式塔疗法和表演之间有着密切的联系："格式塔疗法主要就是告诉你要坐在别人的椅子上。你要进行大量的角色转换，把你自己的感受转移到其他角色身上。"他在 1988 年遇到了 Laura Whitworth，当时他还在演员信息项目（Actors Information Project，简称 AIP）做职业教练。然后，他与 Whitworth 及 Karen Kimsey-House 一起成为 1992 年下半年成立的教练培训学院（Coaches Training Institute，简称 CTI）的创始人之一。1998 年，他与 Whitworth 和 Sandahl 一起创作了

《共创式教练》(*Co-Active Coaching*),这本书是为那些想要学习教练学和了解教练流程的人所著,现在已经成为教练界最有影响力的书之一。

来自励志界的安东尼·罗宾(Anthony Robbins)也受到了 NLP 创办人 Bandler 和 Grinder 的影响。他还研究了一些个人成长课程,包括 Erhard 论坛等,然后开发出了自己的励志课程,通过大量的研讨会、磁带和产品提供这些课程,核心内容是发现自己内心的巨人和充满激情的生活。虽然他从 90 年代初期就开始自称教练,但直到 1999 年才开发出自己的教练课程。Zoran Todorovic 认为,"安东尼·罗宾在(能力激发和能力)方面是教练界的先驱。他走上演讲台,说'你足够强大,你能突破限制你自身的那些信条,你能得到你想要的'。它的中心就是鼓励人们成为更强大的自己"。可以认为安东尼·罗宾是世界教练行业的奠基人之一,虽然他直到这一学科建立以后才被公认是一名教练。

据当时还是一名建筑师的 Myles Downey 所说,他从 1984 年开始进入教练行业。"在我遇到 Graham Alexander 后的一年内,我就辞去工作并参加了 Inner Game 的教练培训……我从网球运动员成为网球教练,然后做运动教练,之后做商业教练"。John Leary Joyce 把 Downey 称为"教练界最有影响力的三个人之一……(在英国)他在一种更注重绩效改善的方法方面(做出了贡献)"。Leary Joyce 进一步指出,Downey"是教练学校(School of Coaching)的校长……这或许是英国最早的教练学校"。

影响者背景的变化

如表 9 所示,影响者的背景在逐代转变。创始人那一代以心理学背景为主,其次是商业和励志行业。而到了传播者这一代,商业背景占主导地位,其次是心理学和体育运动。到后来的教练进入本领域后,商业背景的占了整整一半,另有超过 1/3 的人来自心理学背景,来自其他背景的人下降到不足总数的 15%。

从另一种方式来看,随着教练行业的演变,业内来自商业背景的人才的数量正在稳步上升。而心理学无论对创始人那一代还是后来的教练都很重要，因为在创始人那一代，它的理论对于本领域的发展是至关重要的，而在后来的教练时，由于学科的发展，为那些有着心理学背景的人提供了改变职业的途径。而在传播者那一代，心理学就没有那么重要。

如果对表 9 进行仔细研究，你会发现来自“其他”背景学科，包括励志、体育运动、哲学在内的这一大类的影响者的百分比在创始人和传播者这两代中相对维持不变，但在后来的教练中的比例则大大降低。表演艺术是一个例外，后来的教练中来自这一背景的人数不断上升。

表9　按代际和背景对影响者的总结（占总数的%）

背景	创始人一代	传播者一代	第二代和后来的教练
心理学	40.0	23.5	36.7
商业	25.7	41.2	50.0
其他：	34.3	35.3	13.3
• 励志	17.1	-	3.3
• 体育运动	8.6	17.6	3.3
• 哲学	5.7	11.8	-
• 其他	2.9	0	6.7
总计	100.0	100.0	100.0

资料来源：摘自 Brock 的著作

随着教练业已创建其知识体系，并且从业者的人数已经增长，本领域的交叉学科联系也极大地扩展了。虽然这种增长对本学科一定有益，但在很多情况下，创始人及其模式的影响之间的关系在后来的教练中并未得到很好的理解。由于教练行业新从业者背景的日益多样化，并且随着这些后来的教练从业者向其他后来的教练从业者学习教练工具，他们往往忽视了最初的理论与模型之间的联系。此外，在越来越多的人自称教练时，他们从事这项工作的途径并不相同，有些人根本没有受过任何培训。由于这些起源学科本身和教练之间的界限已不再清晰，这一趋势已呈加速之势。简言之，随着后来的教练影响者的加入，创始人的影响力已经越来越小了。

影响者的世系和关系

鉴于这些理由，我认为现在应当回顾过去，理清最初的教练从业者之间的关系。为了这一目的，在这一部分中我将指出早期教练的世系，即谁是由谁培训的，最早的从业者是从哪里获得的信息，以及他们是如何开始从事教练工作的。图 23 是对某些教练业影响者之间关系的图解。

描述不同代的关键影响者之间关系的另一种方法见图 24。

主要影响者之间有四个主要群体，然而他们之间的区别并不像我原来预计的那样明显。除了在教练业出现之前就已经在其起源学科接受过训练的心理学家和商业专业人士以外，传播者一代和后来的教练中几乎所有人都在某个时候接受过最早的教练圈子的培训或受到他们的影响。简单来说，我把这些从业者分为个人世系，即 Erhard/Flores 群体和 Gallwey/Whitmore 群体，以及基础世系，即心理学群体和商业群体。

这四个群体或世系明显的交叉学科，也就是说来自不同背景的人不断地彼此影响。我认为考察世系和代际之间的这些联系，以师生关系、伙伴关系和职业协会为主。

Linda Miller 认为，“教练就是要建立有意义、深刻、强烈、正向的关系，而且……教练的益处和价值并不在于正在发生什么，而在于关系如何发展壮大”。不仅对于教练和客户之间的关系是这样，对于本学科来说也是如此。对本领域早期呈现的这些关系进行探讨之后，我把来自创始人、传播者和后来的教练的信息综合在一起，制成一张世系图，用以跟踪在教练行业每一代所呈现的世系关系。在图 23 的世系图中，呈现出代际和关系的相互交织。然而，这些关系并不体现任何个人的影响跨度。例如，采访资料将 82 个主要影响者中至少 24 个影响者与 Erhard 联系起来，但却没有考虑到影响的深远程度。

如上所述，主要的个人世系，有些来自 Erhard/Flores LGAT 群体，他们受人本主义心理学衍生出的个人成长理论的影响很深，也有一些来自 Gallwey/Whitmore 群体，他们主要受到体育运动行业的影响。每个群体都列入在图 25 ~ 27 的图例中。

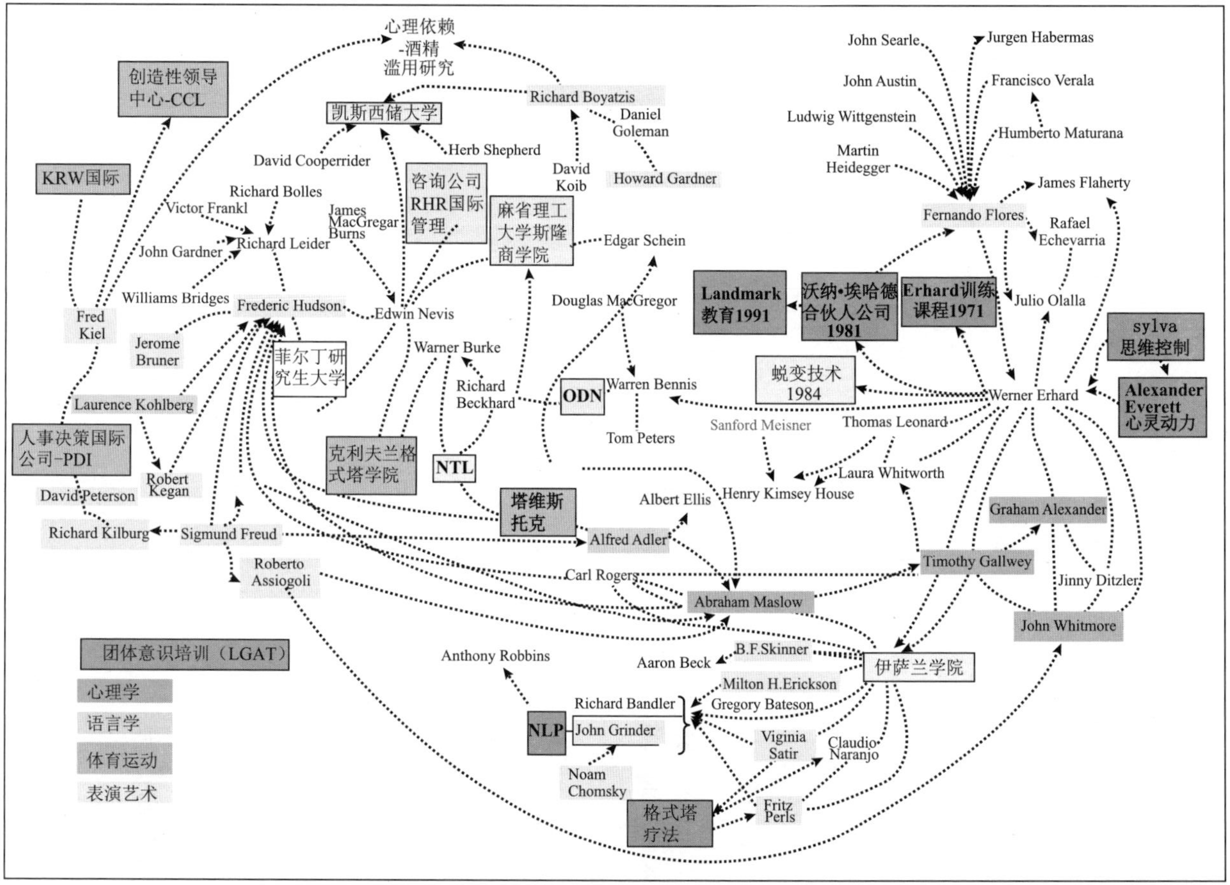

资料来源：摘自 Brock 的著作

图 23　教练业主要影响者之间的关系

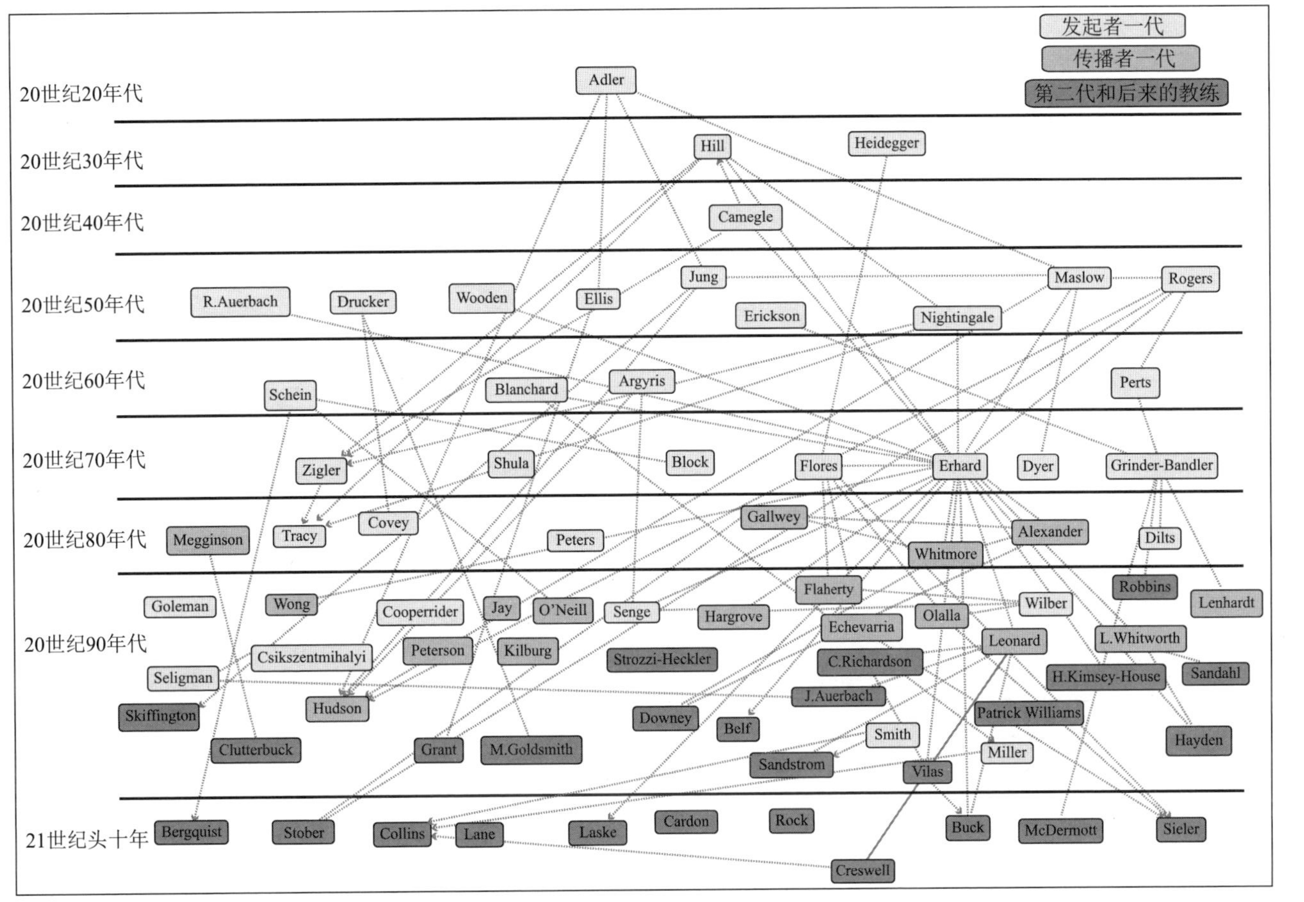

资料来源：摘自 Brock 的著作

图 24 影响者之间的关系和代际联系

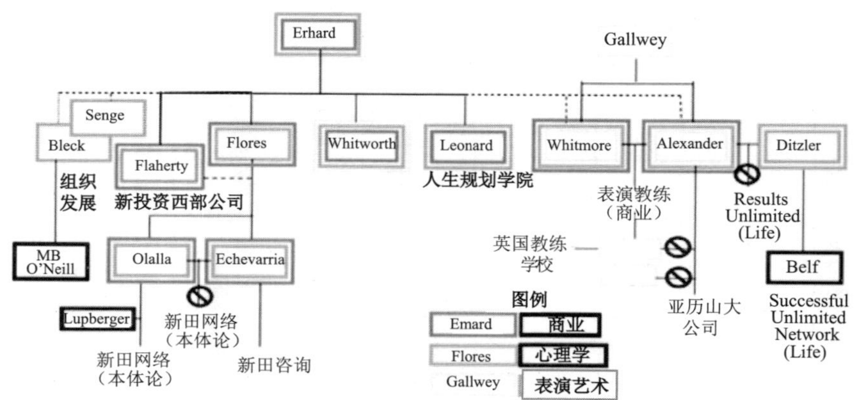

图 25　Werner Erhard 和 Timothy Gallwey 的关系

LGAT 群体以 Erhard 的输送机制（delivery mechanisms）和 Flores 的内容为特征。正如 Sally McGhee 所说，这一世系建立在存在许多互联渠道的“一个人群部落或网络”基础上，它既是商业世系，也是个人世系，主要特点是构想的自由交流，并与教练组织激增有关。例如，在 20 世纪 70 年代后期，Erhard/Flores 世系，包括 Jim Selman 在内，在商业和组织背景下引入了这一概念。这在 1984 年蜕变技术（transformational technologies）诞生时达到了巅峰，并在商界引入了“教练”这一术语。Erhard/Flores 世系的另一个后继者 Thomas Leonard 于 1995 年成立了 ICF 并于 2002 年成立了国际教练协会，它们很快成为两个会员最多、规模最大的全球教练职业组织。在四个最大、历史最悠久的教练培训课程：西部新企业、纽菲尔德网络、CoachU 和 CTI 中，有两个来自于 Erhard/Flores 世系。

虽然 Gallwey/Whitmore 群体将人本主义心理学的原理引入了运动场合，之后又于 20 世纪 80 年代引入了商界，但这一世系中的成员和第一个世系中的成员之间绝对不是没有联系的。其中许多成员都和 Erhard 有联系，无论是通过 Esalen 还是通过个人与商业关系。Erhard 认为，“Timothy（Gallwey）是我研究过的教练之一……我在和他共事（担任网球教练）期间真的学到了很多……John（Whitmore）也来找过我，并且在（赛车驾驶）教练方面给予我一些帮助”。1974 年，Whitmore 还把 Erhard 带到英国参加

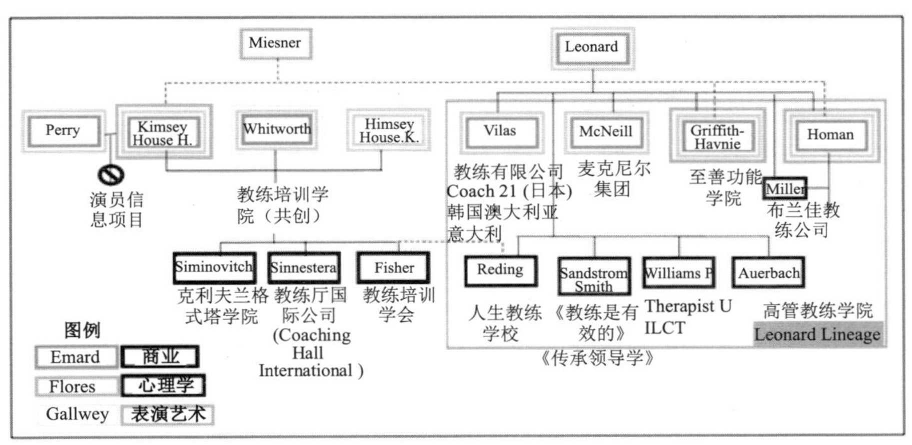

图 26 Thomas Leonard 和其他关系

了在欧洲举办的第一届 EST 训练。后来，通过他们与 Gallwey 和 Whitmore 的关系，Inner Game 为 Alexander 提供了教练服务，并且 Downey 也认识了 Erhard。

图 27 中所描述的心理学世系，包括实践心理学家与那些通过大量借鉴心理学理论和模型而建立教练培训机构的人。图 26 中的 4 名心理学家（Linda Miller、Patrick Williams、Lee Smith 和 Jeannine Sandstrom）也可以出现在图 27 中，因为他们既是通过心理学，也是通过 Erhard/Flores 的途径进入教练行业的。总体上说，图 27 中的心理学世系仍较为独立，这或许是由其学术结构决定的。Peterson 对心理学世系的描述如下：

> 非常独立，并且通常彼此间存在竞争。他们（互相联系）的动机远没有那么强烈，并且他们对培训和认证的需求也没有那么大。一般来说，只要他们愿意，就已经是经过认证的心理学家了。

心理学家世系也推出了一些教练服务，通常是在已有的公司里。这些公司包括 KRW 国际公司（KRW International）、RHR 国际公司（RHR International）和创造性领导中心（Center for Creative Leadership）。但大部分来自这些公司的人并未被看作主要影响者，理由如 Peterson 上面所说。

许多主要影响者成立了教练公司，或者成为教练公司的高管。除了

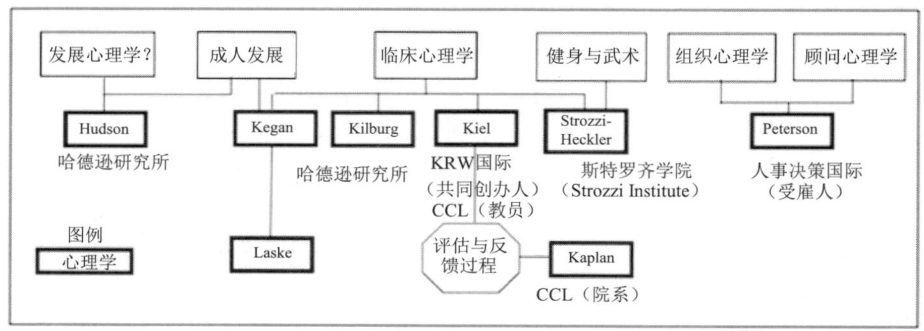

图 27　心理学组织的背景领域

CU 和 CTI 以外，这些公司还包括提供教练培训的赫德森研究所（Hudson Institute）和培训教练的斯特罗齐学院（Strozzi Institute），以及在组织中提供高管教练和教练培训的人事决策国际公司（Personnel Decisions International，简称 PDI）。这些学院早期的毕业生又相继成立了自己的公司。以 Patrick Williams 和 Jeffrey Auerbach 为例，他们既是心理学家，而且又在 CU 培训过。二人分别成立了 ILCT 和高管教练学院（College of Executive Coaching），而在 CTI 培训过的 Peter Redding 则成立了人生教练学校（Coaching for Life）。

第四个世系，即商业世系，也包含一些从咨询业转行进入教练行业的人，当然还有纯商业背景的人。像 Drucker、Blanchard、Schein、Argyris、Block、Peters、Covey、Goleman、Cooperrider 和 Senge 都属于这个群体。他们之间的关系和其他三个世系都在图 24 中做了描述。

跨学科模型

跨学科模型由教练行业许多主要影响者共同打造而成。很多这类模型包含了人类发展运动（human development movement）的元素。Erhard 对这一过程的描述如下：

你得知了这些想法后，从另一个角度添加一些东西，然后就得出一些新的思想，这些新思想对人们的价值是那些想法本身所不具备的。并不是说那些想法不能塑造并影响人们的思想，但它们的应用方式或开发方式并没有让人们改变自己原来的面貌。

例如，Whitmore 等人把从 Esalen 那里学到的治疗方法应用到个人成长。据 Whitmore 说，“是 Timothy Gallwey 首先将这些原则拿来用于绩效，从而使（教练）脱离了治疗，并应用于潜能”。

Thomas Leonard 和 Laura Whitworth 则受到其在金融业的背景、Erhard 和 Flores 的理论，以及各种成长培训班和书面材料的影响，并因此而开发出了教练行业新的跨学科模型。然而，这些影响的性质和程度尚不清楚，至少对于 Leonard 的情况是这样，因为我采访的许多人给出了互相矛盾的观点。

Thomas Leonard 在其作品和多次采访中都声称他从来不读书，也不看其他人的材料，因为这会影响他自己的思维，从而阻碍他的创造力。Michael Cooper 也持有同样观点。然而，Steve Straus 和其他一些采访者则指出，从 20 世纪 90 年代开始，Leonard 任用了一些人来做宣传和当导师，并且参考了各种材料来帮助他处理和形成自己的想法。这些材料不一定来自本领域或其起源学科。例如，Buck 就曾指出，“Thomas（Leonard）并不读自立类的书……我只看到他好像读过一本小说，（而且）他喜欢读杂志……他确实是从自己的个人经验中创造出这玩意的”。实际上，Leonard 的网站上这样说：“如果没有 CU 那么多的教练，没有我的个人研发团队，以及我的各种电子广播的大量订阅者慷慨分享各种奇妙的想法，那么我所参与的工作和项目根本不可能实现”。

Erhard 则称，“从我所能找到的所有学科中都有所借鉴。我从每个学科都学到了一些东西，但到了最终的分析阶段，你得有自己的蜕变经历，以便能从跨越时代的这些伟大的对话中得到一些新东西”。如前面所述，Erhard 是一个终生学习者。他从 Gallwey 那里得到了网球的指导，在 1977 年和 Flores 是同学，并于 1978 年在赛车行业取得了突破，被评为年度新人。所有这些学习是从他在 EST 训练上获得成功后开始的。Flores 也以几乎相同的方式在其领域内受到哲学家 Heidegger、Searle 和 Wittgenstein 的影响，在其领域外则受到生物学家 Humberto Maturana 的影响。

Whitmore 的教练模型同样体现了他的多学科影响，包括赛车驾驶、商业、Esalen，以及最重要的 Gallwey 的 Inner Game 原则。作为对他坚持不懈的再教育的证明，Whitmore 还把超个人心理学和精神分析作为教练的主要基础，加入了他所著的《绩效教练》（*Coaching for Performance*）这本书 2005 年的修订版中。

总结

正如我前面所指出的，大多数来自心理学领域的创始人都受到人类发展运动的影响。然而，传播者这一代则从交叉学科理论和创始人的方法中创造了实用的模型。

大多数主要创始人同时也是各自学科内的先驱和创新者，正是他们所倡导的许多理论和模型才形成了教练业的基础。从来自哲学领域的创始人那里，教练行业获得了内省模型、意识的高级状态（higher states of consciousness）、集体潜意识（collective unconscious）理论和共时性（synchronicity）。来自心理学领域的创始人则为教练行业带来了各种模型。人本主义心理学家提供了个人成长模型、人的潜力和以客户为中心的关注。认知心理学贡献了记忆模型、问题解决与决策，并强调了思想对自我概念、我们的情感和行为的影响。心理动力学提供了至善功能（optimal functioning）模型、潜意识和集体潜意识行为心理学贡献了目标指定（goal specification）、集体策略（collaborative strategies）和行为定向（action orientation）。

从社会学中，教练行业获得了终生学习（lifelong learning）、认知改变（cognitive change）和价值观改变（value modification）。从管理学中，教练行业借鉴了情境领导（situational leadership），并从组织发展中借鉴了过程咨询（process consultation）。体育运动为教练贡献了成绩（performance）、动机（motivation）和目标（goals）的概念及内心竞技（Inner Game）的方法，该方法把运动教练和人本主义及超个人心理学模型结合了起来。

传播者一代对来自起源学科的模型和概念进行了定制，以适应那些有兴趣通过个人成长、发展和学习实现成功的非临床人群的需要。这种定制来自创始人的学科，并增加了来自各行业分学科的模型和概念。传播者一代通过这样做，为教练成为一个独立的领域做出了贡献。

后来的教练则通过专业化和不同模型的混合，再加上其个人经验的概念，对传播者的理论和模型进行了改进。后来的教练们从表演艺术、咨询业、教育和普通商业领域中引入了一些模型和概念，其中许多模型和概念在教练心理学这个分支学科中得到了应用。我将在第八章中对后来的教练在教练行业的出现中所起的作用进行详细探讨。

简言之，在从先驱者的学科继承的理论依据的基础上，教练行业现在已经渗入生活与商业分支的各个方面。从本体论教练（Flores，Olalla，Echeverria）到表演教练（Gallwey，Whitmore，Alexander），从高管教练（Kilburg，Kiel，Peterson）到人生教练（L. Whitworth，T. Leonard）。平均而言，教练们能举出他们实践中的六个以上的专业。我的大多数采访对象将这种差异化归结为市场的力量，特别是以招揽新业务为目的的品牌因素。其他专业的出现是后来的教练们所接受的种类繁多的培训和他们的经历所导致的。他们当中许多人相信要想在专业领域的教练中获得成功，就必须有相应专业的背景。

这一论断是从其他人所收集的调查数据中得出的。在 2004 年进行的一次对 2529 名职业教练的研究中，Grant 和 Zackon 发现，传播者和后来的教练们的早期职业背景范围非常广。按照出现的频率，排在前几位的职业是咨询师（40.8%）、经理（30.8%）、高管（30.2%）、教师（15.7%）和销售人员（13.8%）。作为当今的从业者和主要影响者之间的差别程度的进一步证明，根据 Grant 和 Zackon 的抽样，只有 4.8% 的回复者拥有心理学背景。（注：由于回复者可以将自己归入一个以上的类别，所以此次调查的百分比总和不等于 100%）由于此次调查仅限于 ICF 成员，回复者中心理学背景比例低可能说明了 ICF 成员中具有心理学背景的成员所占的比例低，而并不体现所有教练从业者中心理学背景的实际百分比。

这种多样化既是长处，也是缺陷。一方面，这表明教练行业现在所能借鉴的方法论途径的范围很广，并且新的从业者不再只是来自其起源学科。另一方面，由于从事教练行业的人数现在已非常庞大，并且背景各异，关于教练工作的实际概念，以及成为一名有用、声誉卓著的教练需要哪些必要的素质，现在比以前更难达成一致意见。这种多样化还在规范的职业道德和职业实践，以及教练工作，特别是不同专业的教练工作的重点方面引起了困惑。这些及类似的课题将在第九章讨论。

Grant 的看法是，“如今，在这些职业团体及其基础知识体系之间似乎很少有沟通，现在的趋势是，每个团体都声称拥有教练行业”。这或许就是教练行业世代更替的最终原因，如今没有一个学科，也没有一个特定的影响者群体能够主导教练行业的理论基础或者实践应用。

第七章
20 世纪教练的兴起

教练的兴起缘于各种不同的社会经济学因素，其中就包括第二次世界大战以后对开发个人能力的兴趣在不断提高。这一因素不仅仅局限于商界——在商界，员工们把开发个人能力作为个人进步的一种途径，而管理层则将其视为提升企业短板的一种方法——其影响也波及工商业相关领域，在这些领域里，教练被视为一种自我完善的形式。另一个促进教练兴起的因素，如 Patrick Williams 所说："我们在现代社会中缺乏倾听，并且人与人之间缺少必要而有效的沟通"。图28中简单描述了教练兴起的过程。

20 世纪 40 年代末、50 年代初，政治和经济上的注意力被转移至重建饱经战争摧残的国家及重组战胜国与战败国的战时经济体制。这些实践很快演变为冷战，或者说对那些"铁幕"后的国家的遏制，这种聚焦继而引发了对社会整合的关注。

相反，20 世纪六七十年代的潮流转向了人文主义角度，以及为人们所熟知的反主流文化。这一思潮包含了民权思想、女权主义、人类潜能运动和人本主义心理学。教练活动从几个独立的源头和发源地同时兴起，然后通过一系列复杂且有点出人意料的联系传播开来。最初出现于20 世纪 60 年代，一个前所未有的个人和职业探索、成长的时代。

人类潜能运动就是那个时代的产物之一，为我们带来了伊莎兰研究所、国家训练实验室、塔维斯托克研究所、芬霍恩社区等等。教练活动的快速传播正是由上述途径举行的一系列跨学科集会上的意外发现所促成的。那时候离科技进步让此类互动变得更为便捷的今天还很遥远，而这些

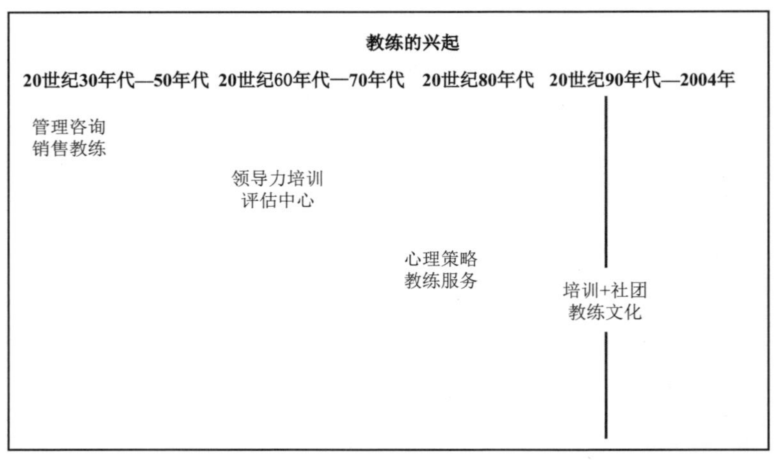

资料来源：摘自 Brock 的著作

图 28　教练的兴起

会议上的重要人物就是通过面对面的会议、研讨和论坛互相联系。教练兴起的第二个推手就是 20 世纪七八十年代的大群体意识培训项目（LGAT），这些培训项目使参与者转而关注意识和责任。LGAT 的参与者会带着宣言、承诺和热情结束个人或商业培训项目，但他们维持变革的支撑结构往往缺乏力度。此时教练的需求应运而生，正如 Breeze Carlile 指出："教练活动就是为你能积极行动提供支持。"

教练首次在商业界登台亮相是在 20 世纪 70 年代末期，显然是为了应对领导模式和企业文化中无法满足的需求与变化而产生的。十年之后，教练作为商业领域、自我提升和人类潜能运动衍生的一部分，在商业以外的领域兴起（20 世纪 80 年代末）。20 世纪 80 年代，对社会问题的关注力度有所减小，领导力培养的培训项目应运而生，革命性科技开始进入商业领域。20 世纪 90 年代，伴随着一些人类历史上举世震惊的科技进步，教练最终作为一门与众不同的学科登上了舞台。而在 1995 年左右，信息时代的曙光破晓之际，教练随着各种面对面或是虚拟环境中的会议、研讨和论坛而实现了超越光速的传播。（附录 B 所列表格包含了社会经济学、心理学、商业和教练行业过去所发生的重大事件。）

从事教练领域工作的人们，注重人类在商业和个人背景下学习与进步的潜能，将各个领域的理论和模式与普通人群相匹配。早期实践者们的一贯做法是从他们的教育与经验中提取关键概念、原则和哲学理念，用于教练活动。教练模式借鉴学术性学科，同时还从非学术性学科中引入价值标准、原则和哲学理念。

Patrick Williams 是今天教练领域备受尊崇的一个人物，他指出，塑造教练行业的理论和工具实际上已存在了大半个世纪。因此，这门学科的出现不是新思潮的结果，而是 20 世纪最后数十年里形势变化的结果。2004 年 1 月 30 日在伦敦对英国皇家医学会所做的演讲中，Williams 表示：

> 教练虽然是目前工作场所内最新最热门的流行趋势，但它却不是一个全新的产物。教练是自 20 世纪之交以来关于自我完善最优秀理论的衍生产物。20 世纪 90 年代，教练业在企业环境中蓬勃发展，在历史中占有一席之地，而最近它又在商业界展现了自己的价值。今天，工作场所教练囊括了应对企业方方面面问题的几十个专业领域（就像医学），其中有个人职业生涯教练、企业转型和合并教练、创业教练、高管领导教练、团队教练，以及多数人所说的人生教练。从个体经营者到财富 500 强精英企业内部的大型教练项目，教练适用于各种类型、各种规模的企业……在其短暂却辉煌的历史中，教练已被证明是物有所值的投资。

本章将按照年代顺序一一讲述 20 世纪教练行业的大事件，并将 1960 年之前作为起点。

1960 年之前

教练业的前身出现于 20 世纪 30 年代，延续并贯穿了 20 世纪 50 年代——在个人成功励志文学、人本主义心理学、商务实践和商业文献领域都有所体现。

20 世纪 30 年代末至 50 年代

- 咨询顾问、治疗师和组织心理学家作为“咨询”从业人员。
- 以心理学家为基础的咨询公司提供的发展性咨询业务类似于教练。
- 销售教练注重如何成为一名更好的销售人员。
- 不定期发表的关于教练、绩效提升和改善管理的文章。

从 20 世纪 30 年代末期到 20 世纪 50 年代，大量成功励志的文字作品发表，包括 1937 年的经典作品——卡耐基的《人性的弱点》和拿破仑·希尔的《思考与致富》。Cindy Reinhardt 指出：“《心灵科学》成书于 20 世纪 30 年代，由欧内斯特·赫尔姆斯执笔……它就像对本体论教练的一次神秘、灵性的描述……其中实践是一个至关重要的组成部分……”

20 世纪 50 年代，影响深远的成功励志书籍包括厄尔·南丁格尔的《最奇妙的秘密》，诺曼·文森特·皮尔的《积极思考的力量》，约瑟夫·坎贝尔的《千面英雄》和 L·罗恩·哈伯德的《山达基》。其中的一些书刊直到今天仍然存在争议。此外，厄尔·南丁格尔记录了他关于认识机遇、制定有价值的目标、自我认识和自我管理的信息。1950 年，L·罗恩·哈伯德的《戴尼提》出版。之后在 1960 年，麦克斯韦尔·马尔茨的《心理控制术》出版。在此期间，哈伯德的“戴尼提”和“山达基”的方法技巧蓬勃发展。

Mike Jay 认为：“还有一整个类型的文献……没有被纳入教练文献的主要部分进行探讨……始于 20 世纪 20 年代和 30 年代斯普朗格撰写《人生之形式》时。”

这一时期其他值得注意的活动包括匿名戒酒会，其成立于 1935 年，以自我负责的哲学观念为基础，这一哲学观念也是能够“接受教练”的基础。在人本主义心理学方面，波尔斯在 20 世纪 40 年代发明了“格式塔疗法”。而在 20 世纪 50 年代，罗杰斯提出了当事人中心疗法，马斯洛阐述了他的需要层次理论。超觉静思也在这一时期出现。

对教练或者其前身的提及甚至在第二次世界大战以前就开始出现了。

商业文献最早提到教练，这与访谈资料将商业作为教练应用的第一个领域是相一致的。

1937 年和 1959 年之间有九次对教练或者类似教练的活动的提及，出现在人力资源管理的学术期刊上，这些期刊在当时专注于完善管理和培训。在同一时期，管理类期刊上有三次提到了教练，而心理学类期刊有一次提到了教练。在发现教练兴起的最理想环境之前，这些对类似教练活动的早期尝试，往往要深入研究一个或多个学科。组织心理学家使用的许多策略，比如受影响的组织发展，这些策略的早期实践可以看作与我们所谓的教练相类似。

Grant 发现文献涉及的教练活动的最早趋势：

> ……关于企业内部教练活动的报道，由经理或主管担当他们的下属和员工的指导。这一趋势在 1937 年至 20 世纪 60 年代末期之间的文献中最为明显，尽管此种趋势一直延续至今。

Grant 继续提到，第一例研究报告出现于 1951 年，报告着重于建立一种“教练”关系，或者说教学文化。到 1955 年，有四篇关于教练，以及绩效改进和提升管理的文章发表。1957 年和 1958 年，又有两篇文章发表，着重讨论了通过管理进行教练，其中一篇是关于向管理人员进行心理咨询，另一篇讨论了评估咨询。

商业文献中，第一篇关于教练的同行评审论文在 1955 年发表于《哈佛商业评论》，文章题为“The Engineer Goes Into Management”。当时，教练被视为监管的一种形式，而早期的一些文章强调了训练管理人员对员工进行教练指导从而提高工作绩效的好处。

再来看企业环境。哈佛商学院教授埃尔顿·梅奥是人际关系运动和工业社会学的奠基人，1927 年—1932 年，在西部电气公司的芝加哥霍桑工厂研究了车间积极性与生产效率。这项研究被称为“霍桑实验”，它检验了车间照明、经济福利、工间休息和食物对生产效率的影响。出乎梅奥的意料，他发现工人们形成了应对传统的激励手段的社会体系，而不是作为单独的个体来做出反应。他还发现生产效率与薪酬并不是相互关联的，而且生产效率的增长——由于条件的改变——并不能持久。虽然梅奥因其机械论的研究方法而受到批评，但他的一些研究成果在几十年后仍然被组织心理学的研究者运用。

20世纪40年代出现了第一个经理担当教练的训练项目，其专注于建立一种教练文化并增强经理的人际沟通技能。管理咨询的书籍当时也出现了，而且 RHR International 运用工业心理学为管理人员提供咨询服务。Jeff Durosher 是这样描述当时的发展状况的：

> 1930年一家工程公司雇佣一组心理学家来研究在美国大型企业中规划办公室的最佳方式，以此来提高人们的工作效率。这一小组中的一个子团体，于1944年脱离了小组并成立了RHR，他们发现很多的管理人员和企业领导需要企业以外的某个人作为参谋来交流。1944年9月他们成立RHR的时候，他们与企业合作，评估新雇佣的企业领导和提供咨询服务——当时他们用的就是（这个）术语——给首席执行官，也可能是一名或者两名直接汇报对象。RHR作为他们的参谋，同他们探讨想法，为他们提供新的思考角度。当时我们称之为开发，但教练活动首个（此类）趋势持续至20世纪70年代，它涉及经理或监管作为雇员和员工的教练指导。很多这样的活动都不像我们今天这样将其描述为教练。实际上，“咨询”这个词，被用于描述外部顾问和工业心理学家工作的同时，也被用于描述这种活动。20世纪50年代，一些专业人员开始在与管理人员共事的时候结合使用组织发展与心理学技巧，并且在当时，有10篇发表的文章是关于通过管理进行高效率的教练活动从而提升绩效。

20世纪50年代期间，阿吉里斯开始践行他称之为行动科学的理论——也被称为行动探究、行动研究或组织学习——作为一项提升任何类型的组织内个人的技能和信心，并培养长期的群体效用的策略。在当时，顾问、治疗师和组织心理学家已经在为管理人员提供咨询服务了。发展性咨询，最早由 RHR International 在20世纪40年代提出，类似于教练；实际上，Tobias 在1996年指出，由心理学家提供的教练服务不过是把曾经以咨询顾问的面目进行的活动重新包装而已。

David Lane 指出企业在 20 世纪 50 年代也开始界定管理能力：

> 这直接导致了教练的产生，因为界定了管理能力，发现他们的有用之处，然后（弃之不理）没有任何意义……并且最终引入了某种方法帮助人们进步。教练直接兴起于评估中心，（当时）它的规模非常大，而且真正继承了其源头的理念……很多的（此类活动）来自奇怪的地方，比如美国中央情报局和英国特勤部队。因为你需要高效地训练你的特工，所以在这些地方进行了大量的教练活动。

差不多同一时期，Glaser 注意到了越来越多的临床工业心理学家为重要管理人员提供发展性咨询。其原理是“一个企业的长期运营业绩中出现的问题多数是源于管理人员的态度和行为”。

简言之，这就是不断变化的社会经济学因素的教科书式的范例——在这个案例中，即二战结束后，越来越多的临床心理学家被要求提供治疗——致使现存学科的新应用不断涌现。Glaser 继续说道：“……管理心理学顾问的定位，就是同我们社会中（男性）经理和监管人员分享他们对推动人类健康发展和发展建设性的人际关系的试验性见解。”。在短短几年后，这一定义必定会将“社会中的女性”包含在内，女性管理人员的传统角色可以说早已涉及了“推动人类健康发展”和发展“建设性的人际关系”。

Edwin Nevis 证实了企业态度与行为的这一转变，并将它放在“1950 年往前或往后三年的时间里”。为了达到我们的目的，我们需要注意到，这一活动与心理学中的行为或机械运动是前后一致的，在 20 世纪 60 年代之前都还很热门。不过，新的时代很快就要到来了。

20 世纪 60 年代

20 世纪 60 年代迎来了人文主义运动，其基础理念是每个人都有其内在的个人价值。这一运动很快席卷了美国大众文化界，并进入了商界，同时企业管理者们纷纷开始验证这样一种观点，即认识每个人的价值并为他们提供相应的待遇，这样就会提升他们的业绩。这种方式显然与几十年前的“管理－命令－规定”模式大相径庭，需要企业管理做出根本性的变革。因此，20 世纪六七十年代对教练一词的提及频率在人力资源管理类期刊中变得更低了，而在培训和管理类期刊中出现的频率更高了。

20 世纪 60 年代

◇个人成功励志文学：

——麦克斯韦尔·马尔茨《心理控制术》；

——荷西·西瓦《西瓦心灵控制术》；

——托马斯·哈里斯《我好，你也好》；

——约翰·加德纳《自我更新》。

◇由亚历山大·埃弗雷特开设的“心灵动力”课程是首个大群体意识培训项目。

◇伊莎兰研究所在加利福尼亚州北部成立，其目的是探索人类潜能。

◇为了探索灵性，芬霍恩社区在英国成立。

◇反主流文化和披头士盛行。

◇新纪元运动综合灵性传统和东西方的另类医学。

◇琳达·古德曼出版星相学书籍。

◇成立减肥者协会。

◇商业文献：

—— Douglas McGregor 的“Theory X，Theory Y”；

—— Edgar Schein 的 *Process Consultation*；

—— Peter Drucker 的 *The Effective Executive*；

—— Richard Beckhard 的“Organizational Development”；

—— Warren Bennis 的“Revisionist Theory of Leadership”；

—— Blake 和 Mouton 的“The Managerial Grid”；

—— Hersey 和 Blanchard 的“Situational Leadership”。

◇美国的 NTL 与英国的塔维斯托克研究所启动了敏感性训练。

20 世纪 60 年代教练活动的起源包括为了探索人类潜能而在加利福尼亚州成立的伊莎兰研究所和为了探索灵性而在英国成立的芬霍恩社区。这是一个反主流文化和披头士盛行的时代，披头士的音乐把东方哲学传播给大众。新纪元运动将灵性传统与东西方的另类医学相结合。琳达・古德曼出版了她的星相学书籍，减肥者协会成立。这十年迎来了人类意识的膨胀和社区的扩张。这一时期出版的成功励志作品有麦克斯韦尔・马尔茨（1960）的《心理控制术》，荷西・西瓦（1978）的《西瓦心灵控制术》，托马斯・哈里斯（1973）的《我好，你也好》和约翰・加德纳（1964）的《自我更新》。名为"心灵动力"的首个大群体意识培训项目由亚历山大・埃弗雷特启动。

20 世纪 60 年代以商业为焦点的教练活动的根源包括美国的 NTL 和英国的塔维斯托克研究所，二者专注于敏感性训练和组织发展。大量的管理理论文献包括 Douglas McGregor 的"Theory X，Theory Y"，Edgar Schein 的 *Process Consultation*，Richard Beckhard 的"Organization Development"，Peter Drucker 的 *The Effective Executive*，Warren Bennis 的"Revisionist Theory of Leadership"，Blake 和 Mouton 合作撰稿的"The Managerial Grid"，以及 Hersey 与 Blanchard 共同撰写的"Situational Leadership"。Schein 对过程咨询的描述与当今教练的定义相对应。事实上，组织发展理论将教练视为一种组织发展（咨询的一种形式）的干涉。

根据 Grant 所述，20 世纪 60 年代有 4 篇涉及教练和管理的文章发表，而且"在首次专门针对教练进行的博士研究中，Gershman 评价了充当高效的教练的管理人员如何提升下属的态度和工作业绩"。

20 世纪 70 年代

20 世纪 70 年代教练的根源包括大群体意识训练课程的兴盛，比如 Werner Erhard 的 EST 训练、Lifespring，以及其他课程。参加了 EST 训练的 Terry Cole-Whittaker 开始了电视训练节目。Richard Bandler 和 John Grinder 在此期间开发了 NLP。个人与集体成功励志作品包括 Richard

Bolles（1969）的 *What Color is Your Parachute*？Barbara Sher（1979）的 *Wishcraft*，Julia Cameron（1972）的 *The Artist's Way*，Gail Sheehy（1976）的 *Passages*，Tony Buzan（1974）的 *The Mind Map*，Richard Leider（1978）的 *Inventurers* 和 Helen Schucman（1976）的 *A Course in Miracles*。

20 世纪 70 年代

◇ 教练在商业界登台亮相，此时人们从心理学和组织发展的交叉点看待变革中管理者的角色。

◇ 管理和商业教练从领导力培训课程和评估中心产生；17 篇关于教练的文章发表，4 本关于管理人员进行教练的书籍发布，这 4 本书分别为：

—— *Coaching for Improved Work Performance*（Fournies，1978）；

—— *Coaching：Beyond Management*（Selman，1979）；

—— *A Manager's Guide to Coaching*（Megginson and Boydell，1979）；

—— *Coaching：A Management Skill for Improving Individual Performance*（Deegan，1979）。

◇ 职业顾问、治疗师和组织心理学家继续为管理人员提供"咨询"服务。

20 世纪 70 年代以商业为焦点的训练活动的根源包括 KRW International、创新领导力中心和马歇尔·戈德史密斯采用的 360 度反馈评价法的兴起。20 世纪 40 年代的格式塔理论被应用于组织咨询中。

20 世纪六七十年代，我们见证了领导力培训的繁荣，包括蕴含着教练活动兴盛的评价中心的兴起。20 世纪 70 年代，教练相关的出版书籍包括 Lovin 和 Casstevens（1971）的 *Coaching，Learning，and Action* 和 Fournies（1978）的 *Coaching for Improved Performance*。两本书都将教练活动描述为管理层的任务，并且与绩效提升息息相关。此外，Megginson 和 Boydell（1979）为了利用 20 世纪 70 年代末期英国企业管理者们对教练活动的兴趣而撰写了 *A Manager's Guide to Coaching*。这一兴趣来自企业、高层管理和人力资源专业人士，他们希望管理人员采取教练的方式而不是传统的命令和控制的方法。正如 David Megginson 所说："我们觉得要做到那一点，他们需要应对来自控制员工表现和同时促进员工个人成长这两种责任的压力。我对那时教练的定义与一名管理人员需要用到一系列技能密切相关”。

Grant 记录了在 20 世纪 70 年代间，有 17 篇关于教练的文章发表，其中 7 篇关于管理，3 篇关于自我发展，3 篇关于训练，4 篇分别关于变革、咨询、销售和争议。此外，4 本管理类书籍的主题中含有教练——专注于管理人员通过教练提升他们下属的业绩——在 20 世纪 70 年代期间发表。

经历了整个 20 世纪 70 年代的 Edwin Nevis 表示，在整个 70 年代里，他与同事们“只是从事工商业咨询的心理学家”。虽然这一时期的商业文献并没有专门地谈论教练，不过根据 Rey Carr 所说，组织心理学是教练的铺垫，特别是在咨询、评估和反馈领域。从那时起，商科专业在心理学文献中越来越频繁地被提及。

20 世纪 70 年代之前，商界使用“咨询”这一术语而不是管理教练，而且这一活动可以是图像、演说和一对一咨询的不同组合。20 世纪 70 年代的咨询服务通常涉及雇佣心理学家与管理人员一对一合作，帮助他们适应不断变化的工作内容，减少人际摩擦，或是处理今天需用到教练的事情，即协调生活与工作，实现自我价值。早在 20 世纪 70 年代，这种教练方式也被职业咨询师运用。

工作场所咨询，20 世纪 70 年代晚期在管理类文献中早于教练出现，同时也一直伴随着教练出现，它通常包括上司与下属的对话。Kirkpatrick 这样描述教练，以区分教练和咨询：“由管理人员发起；定期进行；以工作为导向；通过管理人员的讲述、训练和教学变得积极或矫正错误；以提升工作业绩为目标。”他进一步提出：

> 有效的教练功能更易于为下属制定前瞻性的计划和目标，让他们不停地朝新体验、个人技能发展的新需求，以及创新和解决问题的能力方向前进。

这一定义显然包含了成人学习，虽然教练活动是由教练发起，但是学习是员工自己的责任。虽然企业是主要的受益方，但是员工满意度也会受到影响。这一时期，针对教练的培训项目、学术项目和职业协会当然还没有出现。因此，人们尝试了很多方法，有些有效，有些没有效果，甚至还有一些相互排斥。

管理咨询缓慢地改变商界趋势的同时，首个 EST 训练项目于 1971 年 10 月在加利福尼亚州的旧金山进行。差不多同一时间，加拿大政府开发了 Life Skills 教练培训项目，以帮助大量长期失业的人们通过培训获得并保住一份工作。虽然用了“教练培训”一词，不过这个项目完全是为了传授失业人群生活技能而开展的。20 世纪 70 年代末，赫德森在加利福尼亚州圣巴巴拉市创立了菲尔丁研究生学院，使用基于人类系统思维的强效学习技术。

1974 年 5 月在伦敦开展了一个重大的跨界培训项目，被称作“五月演说”，由 Whitmore 和 Nick Hart Williams 主持。这一长达一周的个人培训项目的出席人数达到了 5000 人。根据 Whitmore 所述，这次聚会的目的是为了集合“加利福尼亚的左倾心理团体‘伊莎兰’和英国的右倾灵性团体‘芬霍恩’，他们实际上说的是同一种语言”。用更通俗的话说，这次集会将加利福尼亚伊莎兰的嬉皮士与英国芬霍恩的贵族聚集在一起。Whitmore 是这样描述的：

> 尝试将这两个团体集合在一起是一件十分有趣的事情，而且我已经注意到——他们现在已经完全融合在一起了，他们是同一个事物的一部分，不过在那时他们之间相隔甚远；他们曾彼此不信任；他们曾各自从完全不同的角度出发，做着同样的事情。不过，仅仅是看着他们最终融为一体就是一件美妙的事情了。

1979 年发生的另外两件事情影响了教练的兴起。第一，Fernando Flores 完成了他的论文“Communication and Management in the Office of the Future”，这篇论文就教练本身的原则做出陈述。Flores 和 Erhard 成为商业伙伴，而且 Flores 的很多理念都被汇总到论坛中。Erhard 与 Flores 共同创立了 Hermenet，其子公司为 Action Tehcnologies。 Erhard 促成了 Action Technologies 获得开设 WE&A“行动研讨会”的权利，该研讨会使用言语行为的哲学区别作为有效沟通的依据，研讨会的名称为“Communication

for Action"。Erhard 和 Flores 通过该研讨会共同开发了追踪承诺与保证的实现情况的软件。

第二，Jay Perry、David Rosen 和 Susan Perry 在纽约市创立了会员制机构 AIP。AIP 作为资源、信息、培训和社区活动中心，着重于人类行为的商业和职业领域。AIP 还提供一种商业咨询，依据 Erhard 的概念与研究成果，实际上算是教练的雏形。Perry 回忆道：

> 我们后来意识到我们当时在做的事情就是教练的原始形态，它变得如此流行，我们不得不开发了一个培训项目来训练将要从事这件事的人。这样做确实解决了我们用人的压力。这其中当然存在一些来自 Werner Erhard 的研究成果、EST 训练和后来论坛的灵感与根源。

最初的 AIP 会员包括 CU 和 Ken Blanchard 公司的 Madeleine Homan，CTI 和 ICF 的 David Matthew Prior，以及 CTI 的 Henry Kimsey-House。

1974 年 Gallwey 的 *Inner Game of Tennis* 的出版在体育界引起轰动。将人本主义心理学和超个体心理学的原则应用于体育活动中，这本书宣传了"内心的对手比外在的对手要强大"这一概念。虽然教练需要引导运动员理解这一概念，不过个人显然要为他 / 她自己的表现负责。其中存在的可能性几乎在人类所有领域都是显而易见的。虽然那时候距离以教练为主题的书籍的出现还有几年，但毋庸置疑，Gallwey 的突破性主题为这一领域早期的作者们面向更广泛的听众清楚地阐述教练的模式与理论打下了基础。

20 世纪 80 年代

20 世纪 80 年代见证了教练真正意义上的诞生——生活、管理和商业。人生教练开始由 EST 训练和其他个人成长训练的毕业生提供服务。管理和商业教练源于领导与管理培训、体育教练和个人成长训练。

20 世纪 80 年代出版的书籍往往强调教练们能够用来激励管理层面更高效的领导力的工具和过程。换句话说，就如 Fournies 所说的那样，他们是基于业绩的："在 20 世纪 70 年代末到 80 年代，美国教练的重点就是将教练流程作为一种技巧来使用，这种技巧帮助管理人员更顺利地提升企业业绩，而业绩的提升与企业的生存直接相关。"。

20 世纪 80 年代

◇体育中的内心竞技途径被用于商业，而且被称为"教练"。

◇英国和美国分别成立了第一家提供个人和商业教练服务的公司。

◇心理咨询公司开始提供名为教练的服务。

◇体育教练和商业人士跨学科认定教练的通用原则。

◇美国和欧洲分别成立了第一所为个人和企业提供教练培训的学校。

◇德语国家引入了教练这一概念。

◇博士研究，以及 29 篇论文拓展了教练业文献。

◇五本谈论管理人员通过教练提升业绩的书出版。

1980 年　内心竞技体育教练（Gallwey, Whitmore）在美国和英国展开。

1981 年　Personnel Decisions International(PDI)提供管理教练(Peterson)。

1981 年　Results Unlimited（Ditzler/Hedges）成立了。

1984 年　Transformational Technologies（Erhard/Selman）成立了。

1986 年　Alexander Corporation（Alexander）成立了。

1987 年　*The Coach*：*Creating Partnerships for a Competitive Edge* 一书出版（Stowell/Starcevich）。

1989 年　Performance Consultants（Whitmoreet al.）成立了。

1986 年　由西部新企业、赫德森研究所和纽菲尔德网络共同创建了 Coach Training Programs。

1987 年　SUN（Hedges，Belf）脱离 Results Unlimited。

1989 年　College for Life Planning（T. Leonard）成立了。

在英国总体的办法是一样的，根据 Megginson 和 Boydell 所述，教练被认为是一个"流程，在这个流程中管理人员通过直接的交谈和引导性的活动帮助同事比平时更好地学习、解决一个问题或者完成一项任务"。Kinlaw 同意这种说法，描述所有形式的教练拥有两项共性：“（1）他们都是一对一的谈话；（2）他们关注绩效或者与绩效相关的主题”。

然而，在该领域发展的这一早期阶段，Evered 和 Selman 指出实践中仍然存在过去的影响：“无论在何种情况下，大部分将教练转化为管理应用的尝试都摆脱不了控制－命令－规定的框架。”Kirkpatrick 表示赞同：“教练和咨询这两个术语常常被用于描述工作中上司与下属间发生的对话。”

然而，1980 年—1989 年，人们倾向于采用更为人本主义的途径。因此，虽然教练仍然主要出现于商业文献中，但是在心理学文献中首次开始出现少量的论文试图为管理教练提供一些理论模型或背景。20 世纪 80 年代末，教练在文献中出现的频率越来越高，而且波及的学科范围最为宽泛。例如，培训与管理类文章占了总体的近四分之一，其余的出现于人力资源、心理学和组织发展期刊。6 本标题含有教练的书籍着重论述了管理人员如何通过教练提升公司业绩，于 20 世纪 80 年代出版。

同时，在领导力培训项目和管理实践中也开始提到教练，以个人学习技能和整个管理流程为目标。继 Schein 之后，Block 将三种模式的咨询描述为：协作的、精通的和双手般的。协作模式的咨询已经很像教练了，特别是它采用对话的方式而非简单的指令。高品质运动，或者说专业运动，注重于“计划－做－检测－行动”的模式，在 20 世纪 80 年代有所增加，就像 Pauline Willis 所说：“日本正在抢我们的饭碗。”从这个角度上来说，“检测”指的是个人的反馈，而整个流程完全可以被称为教练——或者一对一式的发展——不过它在当时的正式称谓是“质量提升助推器”。

1981 年，PDI 一个员工由心理学家组成的管理咨询公司开始把管理咨询作为一项独立的服务提供。PDI 的 Peterson 说，早期的大部分工作就是“帮助人们减少人际摩擦，以及解决今天我们提供的教练所处理的问题”。不过当时所提供的服务和我们今天对教练的定义不一定完全相同。有些人说“管理教练”这一术语在 20 世纪 80 年代末期开始运用，是因为教练听起来比其他类型的干涉的威胁性更小。

还是在 1981 年，Erhard 与 Flores 等人将 EST 训练重新打造为研讨培训，它包括 Flores 语言学和哲学方面的学说。同最初的 EST 训练一样，这一 LGAT 是为了个人成长的哲学能在相对较短的时间内传播给广大的听众。虽然一直备受争议，但就训练能力带来持久的个人改变而说，Erhard 的努力仍然是教练创始之初的重要一部分。

Erhard 的 EST 训练、John-Roger 的 MSIA 和 Hanley 的 Lifespring，这三大组织主导了 20 世纪 70 年代人类潜能运动，之后在 20 世纪 80 年代进一步深入商界。根据 Main 和 Riley 所述，“他们的目标和方法模糊，通过联合、承诺、突破、破除和教练之类的词语来表达”。到 1984 年，Erhard 成立了一个企业业务部——Transformational Technologies，将个人成长的方法论引入商业，本质上从咨询的角度促进了教练的发展。Jim Selman，Werner Erhard 的 Transformational Technologies 的第一任经理，在 1988 年组织开展了名为“Coaching ：Beyond Management”的视频研讨会。

根据 Jay Perry 所述，Erhard 通过 Transformational Technologies，“对商界产生了巨大的影响，因为他们设立了一个完整的咨询部门……被授权使用‘企业内’具有里程碑意义的材料。它的规模巨大，为世界上一些特大型企业的 CEO 提供教练服务，使用这些交流技巧和突破性的思维来训练他们。Tracy Goss 的著作 *The Last Word on Power:Executive Reinvention for Leaders Who Must Make the Impossible Happen*，就是一本早期反映制胜法则的教练书。”

教练业的快速扩张不仅仅局限于美国。20 世纪 80 年代初，Timothy Gallwey 内心竞技方法论的书籍在英国牢牢占据了一席之地——这主要是由于 Whitmore、Alexander 和 Downey 的不懈努力。虽然内心竞技最初开始于体育竞技，但是一些客户想要把它引入他们的企业——而到了 80 年代中期，它在商业领域已发展得十分完善。Whitmore 回忆起他们使用更通用的术语“教练”来描述自己正在从事的工作，因为当时“向欧洲推销美国的理念是非常困难的”。Alexander 是这样描述他们的方法的：

> 一种完全基于自我认知的教练指导方式。其主张是，如果你帮助一个人认识他自身和他的生活的方方面面，他就能提升自我……（并）向前迈进。正如其名称“内心竞技”所包含的意思，我也关注人的精神

（或）内在层面，关于成功……像态度和内心障碍这样的事物就是内心竞技的一个重要部分。

Jinny Ditzler 在美国和欧洲为 Werner Erhard 工作。她于 1981 年在英国启动了 Results Unlimited，提供人生教练服务并培训提供教练服务的人员。她回忆道："我以前从未听说过教练（coach）这个词，因为在英国人们并不使用这个词。" Ditzler 让 Alexander 作为她的业务伙伴，然后又邀请了有 EST 训练和内心竞技相关背景的 Ian Prosser。之后不久，Erhard 的饥饿项目负责人 McGhee 加入其中，以及后来负责高盛公司职业培训的 Ben Cannon。

根据 Ditzler 所述，Results Unlimited 项目采用了促进性的方式："你点燃了这支蜡烛，然后让它一直燃烧，然后期待着他们接过它。" McGhee 认为这个项目是一个"综合性途径，你通过它提升自己能力，然后收获成果，成为这个世界上的成功人士"；而 Prosser 则说，"我认为早期我们所做的就是如今被称为人生教练的事情。" 到 20 世纪 80 年代中期 Results Unlimited 开始为商界服务，Alexander 描述他们的方法"在把希望和梦想化为实际行动上非常有用……帮助人们磨炼他们的意志，增强他们的决心，提升他们的自信。"

在查看 20 世纪 80 年代初 Results Unlimited 使用过的一些材料后，我注意到其中有与 20 世纪 80 年代后期美国的 Thomas Leonard 和 Laura Whitworth 所使用的教练工具与技巧的相似之处。这种相似可能部分程度上是因为三者都有着共同的 EST 训练背景。

在加拿大，一场类似的运动已经展开。1975 年，Rey Carr、Greg Saunders 和 David de Rosenroll 在不列颠哥伦比亚省的维多利亚市创立了同侪资源网络，从事教育方面的同侪辅导。根据他们自己的文献记载，在"1985 年同侪资源网络建立起了一个覆盖加拿大的同侪教练和训练师网络。我们想要依托自然的方式，让每个人都有可能接触到同侪教练"。

20 世纪 80 年代，教练也开始进入德语国家的企业。Peter Szabo 认为："Wolfgang Looss 对于德语国家来说，是让商界高管们接受教练的重要先驱之一。”根据 Szabo 所述，Looss 所做的事情就像“建造一个特洛伊木马，将很多心理学家塞进去，但却用美国和英国的东西来包装它”。Werner Vogelauer，德语国家的另一个先驱，回忆起：

> （使用）教练这个术语大约是在 1987 年或 1988 年，（而且我们）之后于 1992 年在奥地利开设了第一个教练培训班……大概进行了 24 天……这是一个很好的开始，然后我们开发了自己的工作流程、我们自己的一套完整的教练方法，并整合了我们在组织发展上的成果，以及格式塔理论和神经语言程序学的心理学研究成果。

Peter Szabo 还回忆道，20 世纪 80 年代末上过一堂课，“讲课人名叫 Werner Herren，他在瑞士开设了首个教练培训项目”。

1986 年对美国蓬勃发展中的教练行业来说是忙碌的一年，这一年几家提供教练服务兼培训教练的公司成立了。Flaherty 在旧金山创立了西部新企业，向企业提供他的 Coaching to Excellence 培训项目，Hudson 成立了赫德森研究所以运行 Life Map 策略培训项目。1987 年，PDI 启动了一个重要的教练研究项目，这一项目跟踪记录了 370 个教练参与者的进度，目的是建立起完整的教练流程图。KRW 国际于 1987 年在明尼苏达州的明尼阿波利斯市，由 Fred Kiel 和其他 16 名心理学家共同创立，提供管理教练服务，这项教练服务旨在帮助管理人员改变他们的行为，提升他们的意识。同年，Center for Creative Leadership 的 Kaplan 联系了 Kiel，后者注意到二者“在关于通过为管理人员创造机会，给他们信息从而帮助他们发生改变这一问题上，彼此的观点是一致的……只不过我们采取的途径不同”。Kiel 继续说道，“我采用的是实践性的途径，也就是说，你不能超过他们（管理人员）太远，而且你必须把教练活动作为一次共同探索发现的过程，而不是一个人居高临下地传授他们这些东西。”。

随着讲习式训练的出现，可以说教练行业最重大的突破发生在 1987 年 10 月，当时，Erhard 同 Selman 共同主持了一次研讨会，通过卫星播送，与 Auerbach、George Allen、John Wooden，以及 Timothy Gallwey 一起探索各种教练活动的共同特征。Evered 和 Selman 的会议概要上罗列了 12 条教练的重要法则：

1. 教练是企业中人际一种综合全面、特色鲜明的构建关系的方式；

2. 教练活动让参与者/执行者或者团队有可能处理那些在主流框架下看不到甚至是看不了的事情；

3. 教练作为工作中与工作相关的一种方法，可以提供给管理人员提升自身和他人实力的途径，而这通常被冠以管理的“艺术”的名义敷衍搪塞；

4. 教练作为存在和关联的一种方式，在很多企业中“缺失”；

5. 教练“缺失”的原因是由于我们文化的盲点或者我们僵化的管理－命令的思维模式；

6. 教练是一个双向的过程，这意味着做一名优秀的教练也包括做一个好的被教练者；

7. 教练要达到效果，只能通过交流来实现；

8. 教练的动力就是信念，需要进行教练活动的双方的信念；

9. 教练活动是一种双边关系，就像领导/属下或者导演/演员；

10. 不像其他类型的支援型人际关系（顾问、朋友、指导者、训练师、导师，等等），教练要求进行教练活动双方承担更高程度的人际风险，彼此给予更多的信任；

11. 教练为行动带来更多可能，促进业绩的突破；

12. 教练要求我们反思和变革传统的管理、组织、工作和社会模式。

截止到1987年，教练行业的先驱们，比如Homan，Belf，Stephen Cluney和Steve Straus都称自己为职业教练。同一时间，Laura Whitworth和Thomas Leonard正在对Werner Erhard和Associates的同事们进行研究。到1988年，Leonard创立了College for Life Planning以训练人生规划师，而Echeverria则离开智利前往加利福尼亚州为Flores工作。

1989年，西部新企业开始发行教练通讯季刊*Distinctions*并在旧金山召开了第一届教练圆桌会议。同一年，Laura Whitworth和Karen Kimsey-House开设了他们第一个讲习班，名为Design Your Life。Belf从1987年开始作为SUN的所有人，他回忆道：

> 在1988年年底，或者是1989年年初，我儿子的工作与处理互联网事务有关……他把“教练”这个词输入当时一个类似于Google的搜索引擎，然后得到了22条搜索结果，当然不包括体育教练，而是职业和人生教练……而几乎所有这些搜索结果都是关于Thomas Leonard或者他的学生的。这就是我怎样联系到Thomas（Leonard）的。我说，“哦，哇！看起来你正在做的事情就是我正在做的”。

教练文献在20世纪80年代也得到了丰富。根据Grant所述，“20世纪80年代出现了对教练效益的循证评价，来自Duffy（1984）、Wissbrun（1984）和Grant（1985）早期的博士研究”。在这十年里发表的29篇相关文章中，有15篇讨论了管理和发展；6篇谈论了绩效的提升；3篇讨论了培训；还有6篇研究了商业教练的不同角度，比如职业生涯规划和团队。有5本关于教练的书籍在这一时期出版——作者分别是Kirkpatrick（1982），Parson（1986），Stowell 和 Starcevich（1987），Hunter 和 Russell（1989），以及Kinlaw（1989）。1989年，Jim Selman，Werner Erhard名下Transformational Technologies的第一任经理，发布了一部题为“Coaching：Beyond Management”的培训视频。

这种活跃并不只局限于美国。1986年的夏天，Franz Biehal在德国发表了一篇文章，题为：“Coaching：Personal Counseling of Leaders”。根据Werner Vogelauer所述，Biehal在开篇谈论了教练培训的目标，文章讨论了以下四个目标：

> 1. 清晰地了解问题，以及问题的各个部分；
> 2. 建立起进一步的步骤流程与解决方案；
> 3. 营造更广阔的视野和进行更大规模的组合，即职业规划；
> 4. 讨论发表文献、专题研讨会等活动。

20世纪80年代期间，专业的商业教练服务机构建立起来了，教练行业文献增多，提高绩效的培训项目也开发出来了。然而，专门针对教练这一学科的正式的教练培训项目、学术研究课题，以及行业协会仍然没有出现。在这一时期，顾问、治疗师和组织心理学家继续提供管理咨询服务。

或许对自我完善的公开讨论与这一过程本身同样重要，20 世纪 80 年代中期，咨询心理学家仍然在“紧闭的门”后与一些管理人员共同解决问题，这些管理人员有的给企业制造了麻烦，有的被认为受到了损失，甚至是这个整体中已经受损的部分。然而到了 20 世纪 80 年代中期，由心理治疗师转型的教练 Strozzi-Heckler 开始接待“一些有很典型问题的人。他们来寻求治疗，而且围绕意义、目的和他们在生活或工作中遇到的困境提出他们的问题”。这些问题一直都存在，但是时代的变革与心理学的发展的共同作用使得新的解决途径变得切实可行。

20 世纪 80 年代末还见证了教练与咨询融入业绩管理流程中。这一努力是为了缩小期望与绩效之间的差距，还涉及在日常工作中提升业绩。Cavanagh 注意到以解决方案为焦点的组织心理学也开始于 80 年代末，而且是“作为一种变革的方法论引入到企业中，其内容涉及将工作场所转化为一种教练模式”。根据 Alan Collins 所述，这一时期“教练”一词首次开始用于与今天相同的含义——“你想就你职位描述的这一部分，或者那一部分接受教练吗？”

尽管这样，教练还是没有被当作一种独立的职业；它仍然算作一种活动。Thomas Leonard，通过他在 20 世纪 80 年代末的生涯规划课程，成为首批提出教练应当由一项活动转变为一项正式程序的人士。

20 世纪 90 年代

有了 20 世纪 80 年代的事件所搭建的舞台，教练行业的发展明显加快，其中作为行业发展的标志，文献数量的激增令人瞠目结舌。1990 年—1999 年之间，有 129 篇关于教练的文章发表——几乎是上个十年的三倍。其中，有 35 篇发表于管理学期刊；27 篇发表于培训行业期刊；24 篇发表于心理学期刊（心理学领域的增长大部分是因为1996年的特刊*Consulting Psychology Journal：Practice and Research*，完全专注于管理教练的特刊）；还有10篇发表于商业期刊；剩下的33篇文章分布于各个学科，包括科学、组织发展、金融和绩效学。

Kilburg肯定了这些趋势，他对管理教练进行了文献综述，管理教练"展现了丰富的历史积累和广泛的经验基础，把教练作为管理的一个概念和一套方法，在20世纪80年代和90年代发展迅速"。

其他杂志和报纸上发表的关于教练的普及性文章也在20世纪90年代显著增多，包括从商业类到其他类的出版物。1993年，《财富》杂志刊登了一篇文章，题为"The Executive's New Coach"，对KRW International和Kiel做了专题报道。Thomas Leonard于1996年2月发表在《新闻周刊》上的文章，做了初期的探讨，大大提升了人们对教练行业的认知。《新时代月刊》的文章，专门介绍了Cheryl Richardson，进一步加深了公众对教练的了解。

2002年，ICF发布了一份名单，确认了报纸、电台和电视从1993年起对其会员的报道情况。这份名单还确认了11份教练协会和训练学校的期刊，36份会员撰写的电子通讯，20个会员主持的专题栏目和截至2002年会员出版的24本书。ICF自1993年—2002年，在报纸、电台和电视的宣传情况分析如下：2002年1月至10月，41次；2001年，60次；1999年，176次；1998年，129次；1997年，61次；1996年，101次；1995年，7次；1994年，4次；1993年，20次。（这份媒体报道名单不包括非ICF会员的教练的文章。）

1992年，Whitmore更进一步，他的书为绩效教练提供了实际的工具和技巧。1993年—1995年，又有9本教练书籍发行，其中6本着重讨论了管理方面的教练，1本是关于体育教练，1本是关于心理学临床指导的教练，以及Hargrove在1995年出版了关于教练的一般原则和模式的书。

20 世纪 90 年代

◇ 教练专业培训学校 / 项目的数目从 1995 年的 2 ～ 8 增长至 2004 年的 164。

◇ 教练行业协会由 0 所增长至 2004 年的 12 所；年度教练会议由 0 场增加至 2003 年的 16 场。

◇ 教练行业出版物数量由 2000 年的 0 本增长至 2004 年的 4 本。

◇ 2001 年及之后，六种支持循证教练的同行审阅出版物开始发行。

◇ 教练心理学（于 2000 年提出）特别兴趣团体在英国与澳大利亚的心理学组织中成立。

◇ 美国咨询心理学家出版了三期管理教练专题特刊。

◇ 教练培训远程虚拟课堂为教练在全球的传播提供了支持；首次出现企业内教练；20 世纪 90 年代，79 本教练书籍出版，其中 62% 出版于 1998 年—1999 年；132 篇教练文章发表于商业和心理期刊；“教练文化”成为了商业中常用的术语。

1992　书籍：《绩效教练》（*Whitmore*）。

1992　CTI 和 CU 成立了。

1998　书籍：《共创式教练学》（*Whitworth, Kimsey-House, Sandahl*）。

1998　书籍：《能力诱导》（*Flaherty*）。

1996 年和 1997 年，有 5 本书籍问世，其中前 4 本以管理教练为主题，最后一本谈论了培训中的教练。1998 年到 2000 年之间，有 29 本教练相关的书籍出版，作者分别是 L. Whitworth、H. Kimsey-House 和 Sandahl（1998）；Berman-Fortgang（1998）；T. Leonard 和 Larson（1998）；C. Richardson（1999）；Hudson（1999）；Flaherty（1999）；Jay（1999）；Kilburg（2000）；M. Goldsmith 和 Lyons；M. Goldsmith、Lyons 和 Freas（2000）。

然而，我们应当注意到，这些文献的增长体现了教练途径的多样化。列举几例，Peltier 发现了心理动力学理论可以作为一种有效的管理教练途径，而 Hudson 相信导师辅导对于这门新兴学科来说是一个更为有用的模式，Schein 将教练视为咨询的子集，而 C. Richardson 认为教练是自我完善的一种方法。

同样，这些方法也不是纯学术的。它们既是观念转变的结果，也代表了教练行业的发展。比如，Zoran Todorovic 注意到随着教练从个人成长运动中兴起，它开始让商界人士从拥有一个梦想——我想要一种理想的生活、事业或者关系——进而发展为真实地感受这一梦想。或者像 Marcia Bench 所说，教练为人们指出了一条路，让他们“在这个有时疯狂的世界中找到几分理智——寻找办法来开辟属于我们的个人空间，划出我们的个人边界，即使处在各种影响的包围之中，也能真实地对待自己”。

Whitmore1992 年出版的书推广了 GROW 模式，这一模式开始于 1985 年，是早期内心竞技理论者们，即 Alexander Corporation 和麦肯锡咨询公司互动的结果。1994 年 McNeill Group 成立了，它向财富 1000 强企业提供 CU 技术，作为企业管理开发项目不可缺少的一部分。我所采访的对象们肯定企业内部教练首次出现于 20 世纪 90 年代。比如，Ann Durand 于 1990 年接受了她第一次内部教练任务。

> 我们聘用了一名思维超前的顾问……然后他说公司的 CEO 需要一名教练。这名 CEO 不想……同人力资源部门（共事）……因此决定请我做他的教练。于是我开始教练他，同时我也在接受顾问的教练，因为我对我们正在做的事情没有任何头绪。当时的问题是：我们该如何改变他的行为，从而使得这种变化能自上而下地发生？

1996 年 Ernst & Young 委派 Cynder Niemela 接受 Coaches Training Institute（简称 CTI）的培训，然后在 1997 年 Cynder Niemela 成为他们的第一任内部教练和客户预约部首席教练。1998 年，Jane Creswell 接受了她第一份正式的工作，在说服管理层相信“同样的薪水，我担任教练对你们的用处要远远大于我现在担任高管所能发挥的用处”之后，成为了 IBM 的内部教练。48 小时之内，她改写了自己的职位描述，并注册为 CU 的首位国际级别企业教练。

这一时期的特色不仅包括教练文学、专业活动和公众认知度的迅速发展，也包含了训练项目、行业协会和专业相关出版物的兴起——简言之，是教练文化的兴起。

截至1995年，教练培训机构的数量已经由1990年的3家增加至8家。1986年由Flaherty创立的西部新企业，Teri-E Belf 1987年收购的SUN和20世纪80年代创立的赫德森研究所，于1991年将业务核心由指导转为教练。1990年，Olalla和Echeverria创立了纽菲尔德网络，而Erhard向公众提供自己项目的公司不再营业，他之前的员工们则成立了Landmark Education。1992年2月，Laura Whitworth与Henry和Karen Kimsey-House在加利福尼亚州圣拉斐尔市共同创立了非营利性机构CTI。大约同一时期，Thomas Leonard创立了虚拟教练培训项目Coach University（即现在的CU）。（1996年Vilas从Leonard手中买下了Coach University。）Madelyn Griffith-Haynie于1994年创立了至善功能学会（Optimal Functioning Institute，简称OFI），训练教练帮助患有注意力缺乏症（ADD）的人们。1995年，黄荣华和梁立邦亦在中国成立了汇才提供教练的培训。

1996年，Peter Reding创立了人生教练学校（Coach for Life），由Dorothy Siminovitch领导的Gestalt Institute of Cleveland，开设了其第一堂教练培训课程。1997年新增了9个教练培训项目，包括伦敦的教练学校，和日本的CU授权项目Coach 21。1998年—1999年，每年至少新增8个教练培训项目。

1998年，Selman开设了由阿根廷政府认可的南美洲首个教练与领导力学术型大学学位课程，CU授权了其材料可在新加坡和澳大利亚使用。

教练的首个行业协会也出现于20世纪90年代，首个出现的是昙花一现的全国专业教练协会（National Association of Professional Coaches，简称NAPC），由Thomas Leonard于1992年创立，招收参加其课程的人员。1993年11月，首个国际协会IAPPC在旧金山成立——这是Laura Whitworth与他人努力的结果。根据IAPPC的业务通讯*The Coaches Agenda*，教练被定义为“一种职业关系，能够增强客户的能力，使其能有效地专注于学习、改变、达到期望目标并有充实之感”。

20世纪90年代，在美国成立的其他教练协会包括PPCA，ICF和New York Coaches Alliance，都成立于1995年。1996年，PCMA成立于加利福尼亚州南部，提供商业教练和辅导。1997 年，面向商业教练的营利性机构全国企业教练协会（National Association of Business Coaches，简称 NABC）成立了。1999 年 5 月，8 所教练培训学校创立了教练培训机构协会（Association of Coach Training Organization，简称 ACTO）。

1999 年，随着英国的 Coaching and Mentoring Network 的启动，与某个教练培训项目相关的认证机构欧洲教练研究所（European Coaching Institute，简称 ECI）的成立和北欧教练联合会（Nordic Coach Federation，简称 NCF）的成立，欧洲的教练业也随之发展。同年，ICF 澳大拉西亚分会成立了，在日本也成立了一个教练协会。（关于教练协会的更多信息，详见第十一、十二章。）

除了教练职业协会以外，1994 年的 Organization Development Network 会议举行了为期两天的会前会议，由 L. Whitworth 和 K. Kimsey-House 主持。Linkage Incorporated，一个特别活动团体，于 1998 年开始举办年度教练和辅导会议。

为 20 世纪的教练事业画上句号的是美国的 Jerri Udelson，他于 1999 年 2 月 1 日—7 日设立了"全国私人和商业教练周"，并将它收录至 Chase 的 *Calendar of Events* 之中，以推广教练这一职业。在这一周里，教练们在他们的社区提供各种公益性服务，包括免费的教练会议、讲座和培训班，以及为非营利性机构进行长期的教练。截至 2000 年，其名称已经被扩展为"国际私人和商业教练周"，而到了 2004 年，它被称为"国际教练周"。据 Jerri 回忆，"我创立'全国教练周'的时候没有想到它会这么快就发展起来。我真的很高兴这个教练周正在成为向世界宣传教练，以及让大众明白教练所能创造的可能的一个焦点"。今天，"国际教练周"有两个目的：第一是让教练和他们的客户能够宣传教练的流程和效果；第二是帮助个人和机构了解与教练共事的益处与价值。

2000年—2010年

20世纪的第一个十年里，教练事业继续拓展，从研究教练文献范围不断拓宽，教练心理学的引入，以及教练培训机构和行业协会的持续发展都能充分证明这一事实。

在新千年的首个九年里，425篇关于教练的论文发表，超过了1937年—1999年共62年发表论文总量的4倍。这些论文除了学位论文和研究报告，分别发表于心理学、管理、培训和组织发展期刊。

Grant和Cavanagh分别于2003年和2005年发表了两份关于现有的教练学术研究的文献综述，记录了类似的增长情况。第一份综述截至2003年，此时教练行业已然成熟，研究也获得立足之地。在第二份综述中，Grant等人指出，“在工作场所和企业内使用教练来增强工作绩效和管理人员培训的普及度正与日俱增”。

教练行业的研究随着专门的教练研究期刊、机构和活动而发展。一些机构开始对教练和教练客户进行调查。The Foundation of Coaching由Ruth Ann Harnisch和David Goldsmith于2005年11月建立，每年资助教练研究经费10万美元。自2003年起，各种循证性教练研究相关的研讨会分别在澳大利亚、英国和美国举行。2003年—2008年，有10种英语期刊/杂志发行。2000年—2009年，共计350本教练书籍出版，其中22本是循证性书籍。2008年，一场循证性教练研讨会在哈佛举行，之后在同一地点举办了一次国际教练研究论坛。

2000年—2009年见证了教练行业协会，以及个人教练认证和教练培训项目鉴定的发展。Thomas Leonard从他与CU的“不竞争”协议中解放出来，于2001年创立了CoachVille，并在2002年创立了国际教练协会（International Association of Coaches，简称IAC）。在新千年的前四年里，全球教练行业协会继续发展：2002年，英国的教练协会（Association for Coaching，简称AC）作为职业教练的独立机构成立了，而且教练被纳入了总部位于英国的European Mentoring Council（由此成立了EMCC）。同一年，英国心理学协会和澳大利亚心理学协会分别成立了教练心理学兴趣团体。

2002 年 5 月 31 日，Wendy Johnson 全权拥有了指定的 NABC 资产。这些资产被整合进加拿大一家新的联邦政府注册有限责任公司，以 WABC 的身份处理业务，在美国、加拿大及海外商业教练市场中培训教练和提供教练服务。

2003 年，黄荣华创立了中国教练协会（China Coaches Association），这一机构于 2007 年解散。2004 年管理教练峰会的与会者创立了以北美洲为总部的 ICCO。2004 年，英国特许人事发展协会开始主持教练研讨会，展开教练研究和培训，以及发表教练研究文献。虽然 EMCC 最初只在英国活跃，但在 2005 年，它将其活动范围覆盖到整个欧洲。2005 年，英国的专业高管教练和督导协会（Association for Professional Executive Coaching and Supervision，简称 APECS）和美国的高管教练研究生学院联盟（Graduate School Alliance for Executive Coaching，简称 GSAEC）成立了。这些团体为教练特别兴趣团体，其成员只限于管理教练和开设了教练课程的官方认可的研究生院。

随着教练行业协会的数目增多，教练研讨会和特别活动的次数也增加了。截至这一时期末，每年至少有 20 场由教练行业协会举办的大型教练研讨会。2008 年 7 月，经过 12 个月的合作性对话，全球教练会议（Global Convention on Coaching，简称 GCC）在爱尔兰的都柏林举行，将全球各地的教练和教练型领导聚集在一个“不断发展、自我丰富的平台上，让所有教练行业的利益相关者都能够分享、探索、研究和合作，以享受我们这个职业带来的好处”。这次会议的目标是确定教练行业可能的前景，以及提出教练行业发展的关键区域。

在这十年里，教练培训项目的数量在全球范围内显著增多，颁发教练研究生学位和证书的官方认可的学术机构数量也呈指数型增长。在 Anthony Grant 的指导下，悉尼大学于 2000 年开设了首个教练心理学学位课程。现存的教练培训公司向国际发展，一些公司将它们的训练材料授权给其他国家的机构使用，而其他公司则在世界各地提供它们的培训服务，其中包括 Thomas Leonard 于 2001 年创立的大型网络社区和训练机构。

在这十年里，国内和跨国企业开始聘用雇员作为教练。这些内部教练中很多人发挥着领导力和组织发展的功能。一些企业聘用有经验的教练，另一些企业聘用外部教练培训公司来训练他们的人力资源部门员工成为教练。就是在这一时期，管理者担当教练的培训模式普及起来。

从 2000 年到 2004 年，新出版了 123 本教练书籍（见图 29）。其中，以教练这一职业为主题的书籍占总数的近 40%，商业教练书籍占了 36%，而同时关注工作和生活的书籍占 18%。尽管出现了从实践方法到职业构建的转变，但首次在多本书籍中出现了来自心理学的理论基础。2005 年—2007 年，又新出版了 190 本教练书籍。

最早见于 AD/HD 教练行业协会和培训机构出现的 20 世纪 90 年代的一种模式，在这十年里继续被沿用。有了行业协会、认证机构和教练培训，管理、商业、心理学、基督教和健康的专业教练增加了。

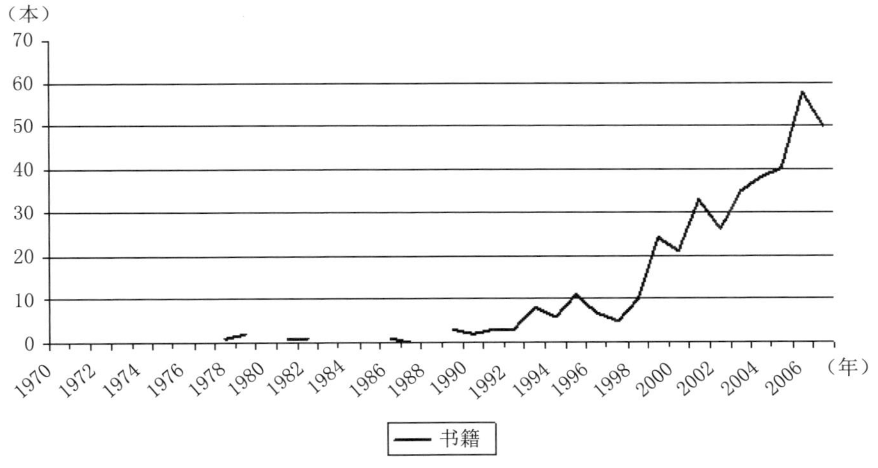

资料来源：摘自 Brock 的著作

图 29　1970 年—2007 年每年出版的以教练为主题的英语书籍数量

在这十年里，教练行业失去了三位先驱。Thomas Leonard 于 2003 年 2 月 11 日因为心脏病发作而突然去世。Laura Whitworth 在与肺癌斗争了两年后，最终于 2007 年 2 月 28 日被病魔带走了。2007 年年底，澳大利亚的 Suzanne Skiffington 在与癌症做了短暂的抵抗后去世了。

总结

虽然教练行业成形的工具和理论自 20 世纪 30 年代起就一直存在了，但是由于社会经济条件的制约和人本主义心理学的亚学科个人成长的影响，在 20 世纪最后十年里，教练才作为一个独立的行业出现。我将教练行业到 2010 年的进化历程中的关键事件，用以年代划分的事件年表形式展现出来，是为了向读者精确地描述塑造教练行业的影响、有影响力的人和事件。这一分析的基础在于，没有一个单独的人、地域或者基础学科能够将教练行业打造成我们今天所熟知的样子，而离开了人们、地域和基础学科之间的互动，我们今天所熟知的教练行业将不复存在。

第八章
教练行业的全球扩张

教练在几个不同的国家同时兴起，并且在这些国家的不同群体中产生。它们各自的文化必定影响着本国教练采用的方式与途径，这就类似于社会经济因素影响着教练专业在全球的兴起和应用。鉴于前面几章集中讨论了美国和英国，本章将做出调整，讨论美国以外的国家和地区的发展情况（见图 30）。

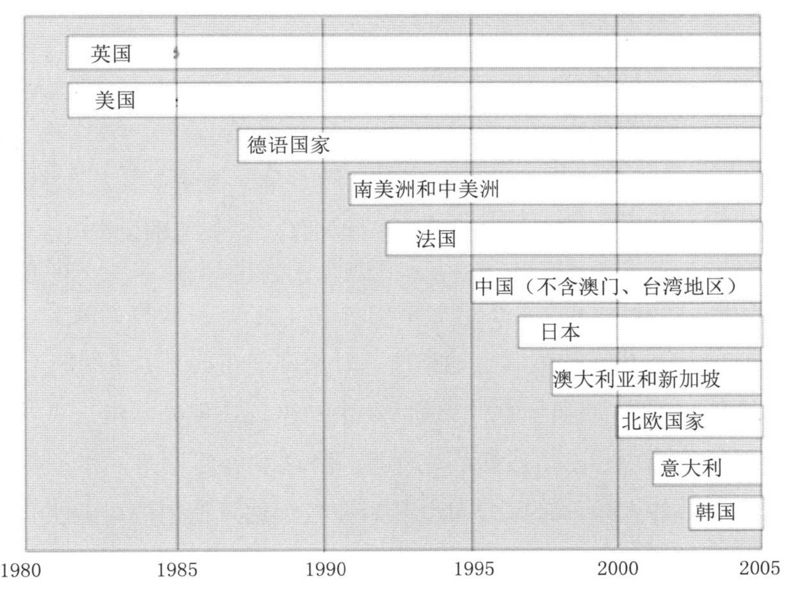

资料来源：摘自 Brock 的著作

图 30　早期教练项目或公司进行的区域性行业扩张

虽然世界上首批教练大部分是在美国接受训练的，并且本行业的首批行业协会也是在这里成立的，但是教练行业在世界其他地方的兴起却是在美国之后——而且在某些情况下甚至要早于美国。讨论谁是这一行业的先驱，多少是有点不得要领；而讨论一种文化对教练活动在世界各地产生不同表现形式所施加的影响远比前者重要得多。Melinda Sinclair 指出，虽然"每种教练方法都受到了文化的影响，但是（教练们）所处的文化氛围和他们在教练活动中所做的事情之间的（这种）联系"却并非一直很明显。然而，差异的存在似乎是毋庸置疑的。Werner Vogelauer 在谈论欧洲的时候，这样说道：

> 我认为教练行业在欧洲的发展也存在很多的差异。新欧洲国家（与）中东欧国家之间没有相似之处。这些国家之间存在差异，德语国家间也是如此，还有北欧国家和欧洲其他部分也不例外。

举个例子，Hannes Entz 不愿意将美国放在最前列，他说，"教练在各地的发展和在美国（是同步进行的）"。而我采访过的很多人虽然同意 Entz 的说法，但他们通常在谁的国家排第一位这个问题上持有异议。在某种程度上，他们的意见取决于所谈论的教练活动的类型。例如 Whitmore 将 1980 年定为商业教练在英国的开端。另一方面，Peterson 认为他所效力的企业"是（美国）首个正式提供管理教练服务的企业……（虽然）1981 年（伦敦的）一家公司将自己当作教练向市场推广"。（这家伦敦的公司就是 Results Unlimited，我在第七章中谈到了它）再举两个例子，Entz 和 Vogelauer 分别提供了德国和奥地利这一时期都存在教练实践的例子。

虽然我们不能准确地说出教练活动最初出现在何处，但这一行业在全球的扩张始于 20 世纪末是毫无疑问的。信息发展当然是一个原因，随着全球各地市场的开放，跨国公司也开始把教练纳入他们的企业文化之中。1997 年 CU 的奖学金项目和这一培训项目的本质——就像电话连接线——是另外一个主要原因。还有各种训练项目，比如由 CTI 和 Erickson College 提供的课程，也引起教练在全球的传播。CU 在 1997 年授权日本使用他们的材料，1998 年授权澳大利亚、新西兰和新加坡，2002 年授权意大利，2003

228

年授权韩国。1999 年 CTI 在英国训练教练，2000 年在日本，2001 年在挪威。澳大利亚的 Results Coaching 于 2001 年在美国训练教练，2002 年在英国和新加坡，2004 年在南非。而纽菲尔德网络在 20 世纪 90 年代初就开始在美国、加拿大和墨西哥展开教练培训。今天，其他的培训公司比如西部新企业，B-Coach，Adler International 和 ILCT 在众多国际市场提供教练培训服务。

美国 / 英国：基于 Timothy Gallwey 的书的内心竞技教练技术(1980 年)。

英国：Jinny Ditzler（1980 年）成立了 Results Unlimited（受 Werner Erhard 影响）。

瑞士：Werner Herren（神经语言程序学和治疗法）向 Peter Szabo 传授教练知识（1989 年）。

墨西哥 / 智利 / 阿根廷 / 委内瑞拉 / 澳大利亚 / 加拿大：通过纽菲尔德网络和 “Mastery of Professional Coaching”（20 世纪 90 年代）。

奥地利 / 德国：Werner Vogelauer 教练训练学校（1992 年）。

法国：Jane Turner 创立了 Le Dojo（受 Frederic Hudson 的研究影响）（1993 年）。

中国：黄荣华和梁立邦创立的汇才（1996 年）。

日本：Coach 21 和 Coach A 由 Mamoru Itoh（1997）创立，是 CU 的授权品牌。

新加坡：CU 授权（1998 年）。

澳大利亚：CU 授权和 David Rock Results Coaching（1998 年）。

北欧国家：NCF 分会议自 1999 年开始—— Johan Tandberg。

意大利：CU 授权（2003 年）。

韩国：CU 授权（2003 年）。

根据 Margaret Krigbaum 所述，虽然教练在传播，但它时常“受到（现有的）职业的排挤，或者完全被忽视”。我采访的人中有许多认同这一点，包括 Cardon，他注意到一种普遍的批评就是很多早期的从业者没有“做任何的变化，而仅仅是将‘教练’二字放到他们的商务名片上”。这一阶段当然在很多教练的基础学科中常见，而且可以肯定地说，精神病学对心理学的兴起也是这么评价的。

本章依据教练的程度和地理区域划分为几个主要组群：英国；欧洲；澳大利亚和新西兰；加拿大；拉丁美洲；亚洲（日本、中国和东南亚，中东，西亚和中南亚）；非洲。

英国

20 世纪 70 年代晚期在英国掀起了一股管理者担任教练的热潮。根据 David Megginson 所述，这是由于企业“希望它们的管理人员采用教练的方式而不是使用命令和管制”。1977 年 Megginson 和 Tom Boydell 为管理人员编写了一本教练手册，于 1979 年出版，题为《管理者教练指南》，1990 年以前，这本书卖出了 10000 本。本手册中有一句话这样说道，“一个优秀教练的一项技能就是他的想法与他正在教练的对象的想法融合到一起。”换句话说，一个教练在与客户一起工作后就不再是从前的自己了。

英国早期有影响力的人物

◇ David Megginson.

◇ David Clutterbuck.

◇ John Whitmore.

◇ Jinny Ditzler.

◇ Graham Alexander.

◇ Myles Downey.

1980 年，John Whitmore 把技术从美国带到了英国，并传授给了各个从业者“使教练学传播得更广”。同一年，曾为 Erhard 效力的 Jinny Ditzler，成立了 Results Unlimited。她的公司通过个人效率规划提供个人咨询，或者按照现在的叫法——人生教练。我所采访的有些英国人说，当时英国人认为“coach”要么是指公交车，要么是跟体育有关，所以他们使用“consultant”或者“counselor”来代替。到 1984 年，内心竞技和 Results Unlimited 的顾问们也已开始直接向企业提供教练服务。像欧洲大部分地区一样，神经语言程序学对英国的教练也有着重大影响。Myles Downey 在 20 世纪 80 年代的时候也在从事管理培训，“使用英国本土的培训公司，讨论工作环境中的教练活动”。

根据 Whitmore 所述，在英国的教练活动：

> 在人本主义心理疗法上比欧洲大陆要早，因为我们和美国使用同样的语言。我认为它只是首先传播到英国，我并不认为英国处于领先地位。

Richard Bentley（2006，pers.com.）注意到了经济趋势的影响：

> 英国教练活动的兴起是多种影响共同作用的结果……其中一条是，很多大企业进行缩减规模，（这种缩减就要）裁员，特别是那些年纪较大的员工。

1992 年，Megginson 和 Clutterbuck 成立了 European Mentoring Council（简称 EMC）作为学术机构、企业、公共服务机构和顾问之间的联盟。最初以英国为基地，在 2002 年更名为 EMCC，将教练纳入其中，并于 2005 年扩张，为英国以外的欧洲大陆服务。

到 1997 年，同为内心竞技教练的 Downey 在伦敦创立了教练学校。根据 Downey 所述，这是以英国为总部的首家教练学校，“全身心地致力于针对管理人员的教练技能的培养，同时也为有追求的职业教练服务”。John Leary Joyce 在研究了英国的管理教练后，对这种说法表示赞同。1998 年 Eric Parsloe 创立了 Oxford School of Coaching and Mentoring，截至 2008 年从这个学校资格课程中毕业的学员超过 1000 名。

同样在 1998 年，Elizabeth Ferguson，Aboodi Shabi，Philippa Fitzpatrick 和 Carolyn Matheson 创立了 ICF 英国分会。21 世纪初，该团体开展了为期一天或者一天半的活动，支持和发展英国的教练活动。

21 世纪的头五年里，在英国还有其他教练行业协会成立。其中包括由 Katherine Tulpa 和 Alex Szabo 在 2002 年 7 月共同成立的 AC，以及 Patti Stevens 和 John O’Brien 在 2005 年 1 月共同创立的 APECS。

在英国和澳大利亚，从事教练活动的心理学家和顾问相互共存。因此，英国和澳大利亚，通过2002年在英国建立心理学学会内部的特别团体引领了教练心理学的发展，也就不足为奇了。这使英国伦敦城市大学在2004年和东伦敦大学在2007年开设了教练心理学课程。截至2009年，英国至少有9门教练学位课程，开设这些学位课程的包括牛津布鲁克斯大学、谢菲尔德哈勒姆大学、密德萨斯大学等。2006年，教练心理学鉴定和认证机构——教练协力学学会（Society for Coaching Psychology，简称SCP）成立了。

通过教练期刊和杂志的出版，英国的教练们增强了教练的职业性质——2003年8月的《国际循证教练与导师期刊》（*International Journal of Evidence-Based Coaching and Mentoring*）；2005年的杂志《职场教练》（*Coaching at Work*）；2005年7月的《教练心理学家》（*The Coaching Psychologist*）；2006年4月与澳大利亚心理学学会共同发行的《国际教练心理学评论》（*International Coaching Psychology Review*）。

在英国同样出版了大量的教练书籍，这些书籍以1992年John Whitmore影响极大的《绩效教练》作为开端。

英国教练行业内的合作是一个重点，2007年ICF英国分会和EMCC委员会共同主办了一次与ICF总部进行的圆桌会议，探讨了今后合作的可能性。

欧洲

欧洲大陆发展的教练活动与美国的起源相同，即来自评估中心和培训中心的特殊要求，以及对评估中心创立者们的反馈。在欧洲的环境下，人们从咨询、心理学治疗和心理学领域转到教练行业。这一现象在欧洲比美国更常见，而英国处于二者之间，其受到美国的影响肯定比德国和法国要多。从这点来看，英国和美国之间存在特殊的关系，不过身为当时欧盟成员国（英国已于2016年6月23日进行公投“脱欧”），英国受到其在欧洲大陆的关键业务合作伙伴的思想和理念的影响也与日俱增。

欧洲早期有影响力的人物

德国—— Wolfgang Looss.

奥地利—— Werner Vogelauer.

瑞士—— Werner Herren.

法国 —— Vincent Lenhardt，Danielle Darmouni.

斯堪的纳维亚 —— Johan Tandberg.

最近由 Frank Bresser Consulting 进行的一项商业教练调查发现，欧洲有大约 18000 名商业教练，成为教练数量最多的大洲。

然而，这一数目不是均匀分布的；英国和德国的商业教练人数（占欧洲总人口的近 20%）约占欧洲商业教练总数的 70%。欧洲教练的密度为每 45000 个居民中有 1 个教练（除去德国和英国，这一数据将变为 1∶120000）。当时欧盟国家的密度为 1∶29000（这与美国加上加拿大的密度相同）。

欧洲教练活动的性质通常被描述为教练方式、实践活动和发展程度多样化，可能是由于欧洲存在着多种文化和多个国家。欧洲教练活动的另一个显著的特点就是行业高度的国际化和持续一体化。

一般而言，教练发展状况存在一条自西向东的水平分界线和一条不是很明显的自北向南的纵向分界线。讲英语的地区、欧洲共同体的创始国和斯堪的纳维亚的教练行业发展完善，而地中海地区的情况则较差一点。而在这些地区内，教练活动和发展情况也会存在巨大差异。欧洲的教练行业可以说是领先很多，但要做的也还有很多。这一点可以通过以下的发现来进一步阐释：

- 有 14 个国家（全部为西欧或北欧国家），教练被广泛地接受，并作为一种商业工具使用。然而，在另外 22 个国家却不然。还有 5 个国家情况不明确。

• 有 15 个国家中（主要为西欧和北欧国家），一对一的职业教练在职业化的道路上走得更远。然而，在另外 21 个国家中却不然。其他 5 个国家情况不明确。

• 有 16 个国家中，商业教练已经处于成长阶段，其他 15 个国家中还处于引入阶段。在两个国家中，教练已经进入了成熟期。然而，其他 8 个国家，教练仍然处在介绍前阶段。

• 欧洲存在很多国内的和国际的教练协会，有些国家内甚至存在好几个（比如德国拥有大约 20 个大型协会）。因此就教练机构而言，欧洲的基础设施已经很先进了。不过，东欧和南欧的情况就要差一点。

• 欧洲对非指导性教练存在轻微的偏见。虽然有 4 个国家指导性教练占主导（希腊、爱尔兰、拉脱维亚、葡萄牙），但有 12 个国家非指导性教练是主导。不过，大多数国家的情况没有明确。

• 四分之一的欧洲国家（10 个）中，使用监管是十分普遍的，而有另外 17 个国家却不然。还有 14 个国家情况不确定。

• 教练文化的概念在 10 个国家中被熟知并广泛使用；另外 10 个国家里，人们只知道有教练文化这个概念。然而，在 21 个国家中，教练文化的概念却鲜有人知，或者根本无人知晓。

John Whitmore 先生就教练在欧洲的传播发表了以下看法：

如果我们来看教练在欧洲的传播，我认为教练确实在英国比其他地方要开始得早。这是因为我们有内心竞技教练的同事们去往英国其他地区传播教练活动，于是它呈现辐射式增长。所有的内心竞技教练活动都以英国为基地，虽然我们在法国和瑞士开设了滑雪学校，但是客户都是来自英国的。而且英国在人本主义疗法上比欧洲大陆要略微超前。这部分是因为我们与美国人使用同样的语言，于是教练首先在英国传播。

虽然同美国的文化联系和共同的语言毫无疑问地使教练在英国更快速地传播，但是 20 世纪 80 年代末和 90 年代初，欧洲其他地区的传播状况却更为零碎。我采访的人中，很多看到了北欧、中欧、东欧和南欧的不同状况。Hannes Entz 认为，“德国、法国和奥地利是同步发展的，不过分开来说，瑞士讲德语的地区和奥地利又是同步发展的”。Entz 还发现欧洲教练的发展时间与美国基本相同，并且“起源于组织发展和企业心理学”。Vogelauer 在提到教练的发展离不开组织发展所做的贡献时，这样说道：

> 英国塔维斯托克研究所的工作（更倾向于群体动力研究和机构/逻辑发展）和荷兰的 Netherlands Pedagogic Institute 的研究（一个更倾向于人智唯灵论的研究机构，成立于 20 世纪 50 年代中期），我认为我们工作的基础介于二者之间，是一套系统的方法。

Maryvonne Lorenzen 认为，欧洲大陆早期的教练活动大部分是基于神经语言程序学或者沟通分析。对此，Jeannine Sandstrom 是这样阐述的：

> 欧洲人在心理学角度上的研究确实比我们（美国）要领先很多，欧洲人适应了他们心理学专业知识里的“这就是你的身份”，然后转换到教练方法上的“这就是你存在的方式和目前关于这些知识你能做什么的选择”。

另一方面，Zoran Todorovic 指出了 Landmark 和 Anthony Robbins 的影响，而 Margaret Krigbaum 觉得，“欧洲教练行业的演变明显更像是企业商务的演变……（而非）人生教练的演变”。根据 Whitmore 所述，人本主义和以绩效为基础的教练从英国传播到斯堪的纳维亚，特别是瑞典和丹麦，然后传入意大利和西班牙。Lorenzen 认为，中欧很多早期的教练前往英国或其他国家接受训练，于是“不同的国家处于不同的发展阶段”。Vogelauer 认为中欧地区教练的差异是由于一种“更侧重心理学的（途径）……（涉及）与人直接交流，以及……更注重格式塔理论”引起的。

斯堪的纳维亚教练的一个流派起源于 1997 年，当时 Johan Tandberg 获得了一份奖学金，参加了 CU 的培训，出席了 1998 年 ICF 研讨会，并于 1999 年成为了 ICF 理事会成员。1999 年，Tandberg 组建了一个来自斯堪的纳维亚的八人团队，他们构成了 2000 年成立的 NCF 的核心。作为第一任主席，Tandberg 将北欧会议的地点在斯堪的纳维亚不同的国家中轮换，以推动教练在整个北欧地区的发展。根据 Lori Shook 所述，2001 年 CTI 将它的培训带到了挪威，采用受过训练的斯堪的纳维亚教练作为训练项目的骨干力量。

20 世纪 90 年代初，Philippe Rosinski 在比利时为个人和团队开发了一个为期一年的培训项目，旨在“帮助人们找到他们自己的解决方案”。不过直到 1995 年，当 Rosinski 在为 Center for Creative Leadership 工作并在研讨会上发言的时候，他才开始把自己当作一名教练。

根据 Hannes Entz 所述，20 世纪 80 年、90 年代初，法国与德语国家的教练发展情况与英语国家的英国和美国并驾齐驱，虽然他们可能有不同的称谓。根据 Jane Turner 和 Alain Cardon 所述，法国的教练活动发源于心理治疗师和心理学，具有深厚的弗洛伊德底蕴。1971 年的一项劳动法规定，如果大型企业没有花费薪水总量的 1.2% 用于员工的培训，那么这笔钱将会作为税金上缴。根据 Cardon 所述：

> 到了大概 1995 年，教练行业进入法国，此时“1971 年法案”已经为其打造了一个非常高效、相当成熟的训练市场。当教练作为一种新途径出现在法国的时候，资金与基础设施已经准备就绪，只待这一行业飞速发展。教练们需要做的就是依托现有的条件快速发展，就像之前的沟通分析师、神经语言程序学专家、团队建设和其他的“培训时尚”所经历过的发展历程那样。

Cardon 认为法国的传统非常注重分析，“分析问题所在的心理手段……多次提出问题以了解事态的发展……从而找到分析性的解决方法”，他观察了法国教练行业的发展，并确定了其中三个关键要素：

> 1. 教练活动被包含于人本主义心理学的综合领域，而且很多教练深信，教练是心理分析或者神经语言程序学的分支，或者其他类似的人本主义心理学途径的混合；
>
> 2. 注重培养职业教练的市场是商业培训市场，因而人生教练市场相

对来说发展程度较低；

3. 个人教练注重人的培养，比团队和组织教练要更为先进，且能够满足未来对全系统化途径的需求。

从 2004 年起，大量的教练学校、学院和大学课程提供全面的长期教练培训项目，使教练培训在法国快速发展。高级、公认或者认证的教练们也提供独立的训练和指导项目帮助提升教练的职业化。Le-Dojo 就是早期引入教练培训的学校之一，它由 Jane Turner 于 1990 年创立，进行人际关系、神经语言程序学、沟通分析和普通语义学的培训。教练培训于 1993 年引入，并在 1995 年成为一门成熟的教练认证课程。

为了组织教练行业，Jane Turner 1995 年创立了 French Society for Coaching（SF Coach），这一机构将教练看作是“一门为了让人感觉良好并保持这种感觉的行为课”，以期减少人们对教练是一种邪教活动的担心。自此，另一个主要的专业组织，ICF 法国分会成立了。2007 年，这两个组织代表了超过 500 名活跃的法国教练。

Lorenzen 把 Vincent Lenhardt 作为另一位法国教练行业的先驱，他“将沟通分析引入了欧洲，（并且）比 Thomas Leonard 更早地谈到教练。Lenhardt 的第一本教练书籍出版于 1992 年”。自从 20 世纪 90 年代 Thomas Leonard 开始在美国从事教练培训，各地区的教练兴起都强化了这一差异，这一时期有影响力的人物之间的联系，即使有也是微乎其微；不过这一状况在 20 世纪 90 年代中期终结，因为此时出现了媒体报道、行业协会和大型的教练培训机构。

我所采访的人中，有很多人认同，德语国家的教练活动发展历程多少有点不同，其基础也不同。根据 Entz 所述，教练在德国兴起“同美国的时间基本一致……大约在 20 世纪 80 年代末和 90 年代初……起源于组织发展和工作场合心理学”。1986 年在德国，Werner Vogelauer 的同事 Franz Biehal 写了一篇短文，题为“Coaching：Personal Counseling of Leaders”，将教练描述为“个人咨询，以及在中立的倾诉伙伴帮助下解决问题，这位倾诉伙伴不仅熟悉这一行业，也在专业谈话上富有经验”。

Vogelauer 是这样描述这个五段式的过程：

教练活动的目的是什么？

- 为了弄清问题及其各个部分的具体情况。
- 为了建立起进一步的步骤和方案流程。
- 营造更广阔的视野和进行更大规模的组合，即职业规划。
- 讨论发表文章、专题讲座等相应的活动。

您可以通过电话交流，预约教练谈话，然后我们进行第一阶段，将您带入情境中。第一阶段是免费的。

这一方法类似于今天从业者们所使用的方法，包括通过电话进行教练和第一阶段免费。Entz 还指出了英语国家教练和德语国家教练的基础不同，“很多十分有名的人物来自心理学领域，而不是个人成长……来自神经语言程序学领域”。即使如此，他注意到了“德国一个矛盾的地方就是它拥有世界上最大的 NLP 协会，但是……却对 NLP 存在很深的担忧，因为很多人说 NLP 善于摆布他人”。德国教练行业在组织发展、培训和工作场合心理学方面有着坚实的基础。

2006 年 Entz 统计了“德国、瑞士和奥地利大约 180 个教练培训项目”，其中很多只在德国进行。他还说，在同一时间，“ICF 的分会领导层同德国的其他 11 家协会进行了对话，让彼此的关系更加和谐”。另一个要素，根据 Vogelauer 和 Peter Szabo 所述，是德语国家中监督这一活跃的角色。Vogelauer 说，这引发了从业者们询问“教练是否是监督的一部分，（以及如何）鉴定监督和教练”。

根据 Peter Szabo 所述，在德语地区，德国的 Wolfgang Looss 博士是商业教练的元老级人物。身为一名心理学家，他发现了给予管理人员反思空间的效力。20 世纪 80 年代末期，他将心理学家在商业领域的工作与来自美国和英国的理念相结合，称之为效果教练。他是在商界高层管理人员间推广教练的重要先驱人物之一。

Vogelauer 解释了奥地利教练协会所遇到的困难，特别是在获得授权和取得合法地位上，“虽然有两个群体，一个……是生活和社会顾问，另一个……

是商业顾问。它们都获得了法律认可，但教练还没有。”基于这一系列原因，以及当时教练这一行业还鲜为人知，1995 年建立 Swiss Coaching Association 的尝试失败了。Peter Szabo 说道：

> 瑞士现在的总体趋势就是在不同的行业增加更多的法规和秩序……让事情处于井然有序的掌控之中是德语地区思维方式和文化的一个重要方面。为教练取一个学术名称在当前是十分必要的，成立正式的机构，认可教练为一门职业且从安全性和职业法规层面是非常符合德语文化思维模式的。而瑞士就属于这种思维模式。

Lorenzen 指出在西班牙和意大利教练的地位要低一些，培训学校和教练数量更少。然而，随着 CU 在 2003 年进入意大利，以及 CTI 在 2004 年 9 月进入西班牙，这种情况或许会改变。

澳大利亚和新西兰

Frank Bresser Consulting 在其全球商业教练调查中，发现澳大拉西亚地区约有 4300 名商业教练从业者，其中约有 4000 名在澳大利亚，300 名在新西兰（巴布亚新几内亚差不多有 10 名）。他们进一步发现：

> 澳大拉西亚是教练密度最高的大陆（每 7500 名居民就配 1 名教练）。虽然这一地区人口仅占世界人口的 0.5%，但是全球 10% 的教练都在此。一方面，澳大利亚和新西兰的教练行业处于发展阶段，被人们广泛接受并作为商业工具使用，在职业化的道路上有明显进步；另一方面，在巴布亚新几内亚，教练行业仍然处于引入前的阶段，二者之间存在明显的界线。澳大利亚的教练密度是世界上最高的（1∶5300）；新西兰排第五（1∶14300）。教练的鉴定、道德规范和行业协会在澳大利亚高度发达。两个国家都普遍倾向于指导性和直截了当的教练模式。监督目前在澳大拉西亚并不流行；不过其在澳大利亚和新西兰的发展势头与

日俱增。在新西兰，教练文化的概念被人们所熟知并得到广泛的运用；在澳大利亚也是如此，但是没有那么强烈。

澳大利亚的教练业似乎同时从几个不同的传统中发源而来：一个是 1998 年 CU 授权于 Tony Fitzgerald；另一个是 David Rock 在 1998 年成立了 Results Coaching。Christine McDougall，1997 年在 CU 接受了培训，于 1998 年成为 ICF 会员，而后于 1999 年在澳大利亚和新西兰创立了 ICFA。她是澳大利亚的另一个重要人物。截至 2009 年，ICFA 已有超过 1100 名会员。

20 世纪 90 年代末，澳大利亚心理学家和各种其他人类发展从业者主要在体育、教育、商业和生活领域从事教练活动。1999 年 Ray Elliott 在 Australian Psychological Society（APS）内部主持了“从各种心理学角度对教练行业的讨论”，然后到了 2000 年，他在 APS 内将注意力转向了教练心理学。

另一位先驱是 Anthony Grant 博士，他 1998 年毕业于悉尼大学心理学系并获得了博士学位。他的博士毕业论文 *Towards a Psychology of Coaching：The Impact of Coaching on Meta-Cognition，Mental Health and Goal Attainment*，首次清楚地分析了教练心理学。他既是一个实践者，也是一位理论家。在 2000 年 1 月，Grant 在悉尼大学的心理学学院开设并主管世界上首个教练心理学单元。Grant 是循证教练的带头支持者和研究发布者（循证教练的兴起见第十三章）。

Grant 指出，Cynthia Thoreau 虽然在澳大利亚以外不是很有名气，但是她是澳大利亚商业教练运动的先驱和奠基人之一，并将商业教练运动从教练心理学中独立出来。拥有两个哲学博士学位，一个是成人教育，另一个是临床心理学。Thoreau 于 20 世纪 80 年代中期开始为管理人员开设交流技巧培训课程，并结合后续的教练活动。这一模式类似于 Marshall Goldsmith 使用过的——具有很强烈的行为直观性且很强势。John Matthews 是另外一位为 Cynthia Thoreau 效力的美国人，他于 1996 年开始为 Cynthia Thoreau 工作，直到后来他为创建另一种更加适合他东西方灵性背景的教练模式而选择离开。

Christine McDougall 把 John Matthews 放在了其他所有先驱们之前，她说当她于 1997 年开始从事教练事业的时候，“澳大利亚只有其他五个人在做教练，而其中一名就是 John Matthews”。Grant 对此表示赞同，并补充道，Matthews 就是这种安静、谦和的领导方式的非常典型的代表，这种领导方式就是 Matthews 的 Institute of Executive Coaching（IEC）的主题文化。1999 年，Matthews 创立了 IEC，作为澳大利亚和亚太地区的管理教练精英中心。他与纽约人 Chip McFarlane 搭档，后者于 1995 年年末来到澳大利亚，来澳之前曾在纽约市一家名为 ExecuChange 的教练机构工作。从那时起，IEC 已训练了超过 2000 名教练，并成为这一地区最受推崇的教练服务与教练培训机构之一。

澳大利亚的另一位重要人物，Peter Stephenson，是自 1990 年以来专注于教练管理、职业生涯咨询和指导的 Stephenson Partnership 的总经理。Stephenson 历任多个企业职务，曾是 Deloitte Consulting Group 的创始人兼总经理。他还与多个澳大利亚 100 强企业合作，帮助它们进行规划和实施改革，以及为经理和行政主管们提供职业生涯咨询和教练服务。

Perry Zeus 和 Suzanne Skiffington 是澳大利亚教练行业另外两名参与者。20 世纪 90 年代早期，在与电信行业的客户合作时，他们开发了一些评估工具，用来挑选合适的候选人作为内部教练接受 Zeus 的训练——不过当时他们并没有称之为教练，因为企业内仍然聘用了临床心理学家。Zeus 在做了一些研究并找到几篇关于 20 世纪 70 年代纽约的生活技能教练（这些生活技能教练就是加拿大 New Start Life Skills 集体训练项目所参照的范例）文章后，于 1993 年—1994 年在向潜在客户营销的时候开始使用“教练”这一术语。到 1994 年，他们将业务拓展到澳大利亚的整个金融和保险行业。

1995 年，Zeus 开始在新南威尔士州当地的心理学期刊上发表文章，阐述他们正在做的教练工作。大约就在这个时候，他发现了 Thomas Leonard，根据 Zeus 所述，Leonard“专注于人生教练，相信任何人都能成为一名教练”。这造成了一种进退两难的局面，因为 Zeus 和 Skiffington 当时着重于使用循证心理学研究作为他们教练活动的基础——主要是体育和发展心理学的研究，这使他们可以谈论运动员们是如何成功地在教练的帮助下提升至下一个等级的。很快，他们听说了 Tony Grant 在悉尼大学开设了教练心理学课程，于是他们将其视为赋予教练行业学术可信度的一个方法。随后，Skiffington 成为这一大学课程的首位客座讲师。20 世纪 90 年代末，他们将自己的一对一教练项目带到了北美洲，之后又推广至英国，随后在 21 世纪初市场成熟的时候，推广了他们的集体训练项目。

加拿大

加拿大拥有至少 1600 名商业教练，教练行业高度发达且不断发展，在商界获得广泛的认可和应用。加拿大的教练行业高度重视个人的（自我引导）作用，并且主要通过电话教练的方式进行服务。

很多教练行业的首次进展始于加拿大。早在 1971 年，New Start Life Coaching Skills 集体训练项目就开始为无业及失业的求职人员提供咨询服务。1981 年，加拿大人 Rey Carr、Greg Saunders 和 David de Rosenroll 创立了同侪资源网络，为学员提供同行指导对策和训练，训练模式是为期 5 ~ 8 天的时间加上情景体验。1997 年加入了教练对策和训练内容。1988 年，Dan Sullivan 创立了 Startegic Coach，对企业家们实行终身关注。Julio Olalla，另一个早期有影响力的人物，于 1990 年开始在加拿大培训教练。从 1998 年 7 月开始，总部在美国的 CTI 在不列颠哥伦比亚省的温哥华开设了首个完整的个人培训项目。

虽然加拿大有如此多的先例，但是根据 Melinda Sinclair 所述，加拿大“在教练的整体知识……或者说教练意识上还远远落后”。虽然教练在加拿大的传播，像英国一样，与美国教练的兴起密切相关，不过 Margaret Krigbaum 解释道，加拿大的教练行业“有着自身的文化，独立的身份……（而且它）已较为单纯的形式进行演变”。根据 Krigbaum 所述，在 20 世纪头十年，加拿大的五六所教练培训学校“在将学术与个人工作相结合上做得越来越好”，彼此之间也不存在竞争。

2000 年在不列颠哥伦比亚省的温哥华市，ICF 举行了美国境外的首场全球研讨会，ICF 的大多伦多地区分会向教练行业的精英企业颁发了 Prism Award 奖项，以资表彰。另一个先例是 2005 年 Steve Mitten 被选为 ICF 的首位非美籍主席。而首个加拿大教练行业协会——WABC 于 2002 年由当时获得 NABC 所有权和指定资产的 Wendy Johnson 创立。

21 世纪初，提供教练培训项目的加拿大机构开始引人注目。位于安大略省多伦多市的 Adler International Learning 于 2002 年 1 月 31 日成为首个由 ICF 认证的加拿大教练培训项目。他们的项目在加拿大、美国和欧洲展开。2003 年 6 月 2 日，经过 Lori-Anne Demers 的努力，Royal Roads University Center for Advanced Management 教练资格课程获得了 ICF 的认可。在 Demers 的帮助下，Erickson College，一个成立于 1980 年的全球教育机构，其教练培训项目在 2003 年 9 月 15 日获得了 ICF 的认证。到 2009 年，Erickson 项目已在 20 多个国家开展。位于不列颠哥伦比亚省维多利亚市的 Coaching and Leadership International 由 Betska-K 和 John Burr 在 1991 年共同创立。他们的教练培训项目在 2004 年 10 月 1 日获得了 ICF 的认证。

最早的教练行业出版物之一，*Choice：The Magazine of Professional Coaching* 于 2003 年开始，由加拿大人 Garry Schleifer 和 Maureen Lambert，以及加利福尼亚的 Brad Stouffer 在安大略省多伦多市发行。截至 2009 年，这份 52 页的期刊已经按季度邮寄了 2500 份给 28 个国家的订阅用户，其中 80% 的订阅用户来自北美洲。还有另外 1100 份通过市场分销。

拉丁美洲

南美洲约有 2200 ~ 2300 名商业教练从业者，另外在墨西哥还有 600 名，在中美洲和加勒比地区还有约 100 ~ 150 名。教练在中美洲还处在引入前阶段——在加勒比地区只有很少的教练从业者，主要是在多米尼加共和国，部分在牙买加——而墨西哥和波多黎各的教练行业作为一种商业工具，已被广泛接受并不断发展。南美洲的教练行业发展普遍很超前，商业教练密度达到每17万位居民配1名教练。

中美洲的商业教练有以下特征：

- 波多黎各的教练行业在职业化的道路上取得了长足的进步，而在其他国家，甚至是墨西哥，显然没有如此发达。
- 教练行业机构在中美洲和加勒比地区缺乏。墨西哥有一个国际教练协会的地方分会，不过他们还没有成功地在市场建立起行业标准。
- 在波多黎各，教练文化的概念得到了一定程度的普及，而在墨西哥这一概念只被很少人使用。在剩下的11个国家，这个概念无人知晓。
- 一对一的教练模式仍处在起步阶段，不过在洪都拉斯和哥斯达黎加，教练作为在跨国机构里进行团队促进（团队教练）的工具开始兴起。

根据Frank Bresser Consulting的调查，南美洲的商业教练相当先进：

- 虽然巴西拥有的商业教练数量最多（1000），但是由于它庞大的人口基数，巴西的教练密度（1:195000）要低于本大洲的平均值。教练密度最高的地区是哥伦比亚，每88000位居民中有1名教练。
- 在阿根廷、哥伦比亚和秘鲁，教练已经被广泛接受并作为商业工具使用；在其他6个国家，该情况不明确；在3个（相对较小的）国家，教练没有得到广泛地应用。
- 在南美洲12个国家的其中5个国家，阿根廷、巴西、哥伦比亚、秘鲁和智利，教练处于成长阶段；在另外5个国家，教练处于引入阶段；在2个国家，商业教练还未看到进展。
- 在阿根廷、智利和秘鲁，教练职业化程度很高。在7个国家中，没有达到这个程度；在2个国家中，情况不明确。
- 南美洲教练行业的一个特点就是，有很多国家拥有全国性的教练协会（例如阿根廷、巴西、智利、秘鲁）。这表明教练机构在促进教练的发展和以更加本地化的方式为人们所理解方面发挥着积极的作用。

• 南美洲不存在典型的教练方法。基于各个国家的具体情况，在对教练的理解和实施方式上有着许多不同的地域特色和倾向。教练活动在该大陆上并不是以指导性方式为主，相反，甚至存在轻微的非指导性教练倾向。

• 虽然教练业在很多国家非常发达，不过跟其他大陆发达的教练市场相比，其商业教练的数量还是显得单薄。

• 关于教练存在一些文化残留（比如保守的方式、强势的态度、抵抗、对指导性教练的期望）需要被克服（比如在乌拉圭、厄瓜多尔、巴西和智利）。

• 委内瑞拉是南美洲唯一的教练监管广泛传播的国家。这主要是由于在该国，教练培训的主要供应商大力推行这一模式。除了该国，监管在南美洲不占主导地位。

• 在阿根廷，教练文化的概念普及度高并得到了广泛的应用；在巴西、乌拉圭、委内瑞拉、哥伦比亚和智利，有一定的普及度；而在其余6个国家，这一概念鲜有人知。

拉丁美洲的教练活动在20世纪80年代起步，发起人是Olalla，Fernando Flores的一名学生。Olalla回忆道，在1990年逃离智利后，便开始在加拿大、美国和墨西哥从事三天一期的本体论教练训练，而且很快人们就希望得到更多的培训。Jim Selman觉得，由于Olalla的努力，Flores和Olalla本体论流派在南美洲比在美国有着更正式的基础，至少从近期来看是的。事实上，在2009年，拉丁美洲的教练行业有着最坚实的基础。Margaret Krigbaum也提到了Olalla，表示“OLalla的确是南美洲的动力，而且因为语言的原因，很多情况我们仍然不了解……但是现在他不像曾经那样，是南美洲唯一的动力”。哥伦比亚的Sonia Sinesterra表示赞同，他说道，教练的第一场运动发生“在智利，（并且是）Julio Olalla发起的本体论教练”。Sinesterra，另一位南美洲的先驱，接受了CTI的训练，然后于2003年在哥伦比亚的波哥大创立了Coaching Hall International。根据Karen Kimsey-House所述，“Sinesterra（最初）从事教练是基于共创式教练模式，不过她已经由此创造了自己的东西”。Sinesterra，主要在南美洲北部和中美洲工作，她是这样阐述的：

在中美洲和南美洲发生的（来自）组织发展的趋势……（企业）有着强烈的等级制度管理的传统……（它是）关于发现作为管理者的你如何真正地去帮助他人取得进步……这种模式的转变就是教练们带给南美和中美地区的。很多学员为了获得职业教练认证来到了Coaching Hall，不过我们也看到企业领导们开始对学习如何成为一名教练型领导产生兴趣。我发现在中美洲和南美洲，各国对教练本质的理解处于不同阶段，同时我们确实注意到，企业更加成熟，这体现在它们愿意花时间去了解不同的培训方式，要求教练证书，以及要求教学和教练应用的更高标准；而在其他很多国家，我们同样看到许多顾问、心理学家或者训练师所提供的教练服务与ICF对这一职业的定义实际上没有任何联系。ICF所做的努力正帮助我们确立清晰的标准，不过我们要走的路仍然很长。

Terrie Lupberger是Olalla在纽菲尔德网络的商业伙伴，他阐述了这一地区的文化影响，以及有影响力的人物：

我们在南美洲有姐妹公司，而教练行业是如此的不同……在智利，人们去纽菲尔德上课，不是因为他们想要挂写着“教练”两个字的招牌。这在过去三年里已经发生了改变。有些人开始去纽菲尔德，因为他们最终要寻求的是那份证书。不过，多数人去那里仍然是因为教练赋予人们的可能、有力的沟通方式、协调的行动、与他人共处，而不是……证书。

Sunny Stout-Rostron赞同道：

基于NLP的教练活动是智利最主流的教练模式，因为NLP教练被认为是为领导力和管理发展提供了更为科学的途径。Chilean Association for Coaching中的大多数教练都有很深的NLP背景，而《神经语言程序学导论》的合著者Joseph O’Connor为该协会的荣誉主席这一事实，很好地证明了这一点。

阿根廷的教练事业在引进后立刻快速地传播开来。20世纪90年代中期，教练行业在阿根廷起步：

> ……在布宜诺斯艾利斯技术学院（ITBA）的组织学习中心（OLC）；OLC是根据与麻省理工学院的OLC的协议创建的。各类企业最初赞助这个项目是为了获得管理教练干预……这本来可以给参与这个项目的企业带来巨大的系统性影响，然而在当时，教练在管理层并没有得到足够的重视。因为预算被认为过于昂贵，OLC最终被解散了。阿根廷的OLC由Fred Kofman管理，他是一名阿根廷人，最初在麻省理工学院与Peter Senge有过密切合作。Kofman在智利的纽菲尔德接受了训练，这一机构今天在拉丁美洲的教练行业有着最坚实的基础。

正如Stout-Rostron所说，布宜诺斯艾利斯市SwilcanInstitute for Integral Leadership的院长，Thomas Kottner教授"认为OLC之所以不能发展下去是因为它没有注重跨文化因素。"他解释道，"（阿根廷的）企业还没有准备好接受长期的系统性学习和发展程序。这主要是因为，在过去的60年里，阿根廷每隔五年就经历一次重大的经济危机"。

1998年，Jim Selman在布宜诺斯艾利斯创立Institute for Professional Coaching，这所学院在2009年仍然是阿根廷唯一经国家批准的教练学院。Selman的课程，经阿根廷政府认可，是南美洲首个教练和领导力大学学位课程。2001年，Rosa Krausz在巴西主持了一次国际会议，会议讨论了管理教练。截至2003年，她一直在通过课时为120小时的课程训练他人。

根据Kottner所述：

> 过去几年里，在阿根廷出现了短期培训班扩散性传播，主要是因为这是一项有意义的业务。然而，很多教练课程缺乏适度的教育水平或者对行业要求的准确理解。管理和商业教练业务扩张的一个重大问题就是，具有深厚或者学术性商业和高层管理背景的教练仍然只占少数。几年前，Argentinean Association of Professional Coaches成立了。它目前

拥有约 280 名活跃会员，Jim Selman 是该机构的荣誉会员。该机构已经促成了一次年度会议的召开，上一次的会议邀请了其他拉丁美洲国家的与会者分享了他们的教练经验。虽然培训项目很多，但是只有 12 家机构或教育计划达到了协会的标准，获得认可。这里仍然没有来自国际教练机构的认证，这是一个令人瞩目的市场机遇。

阿根廷的教练活动主要是跟本体论相关的，同时关注个人变化过程。最近几年，有两种形式的教练干预受到企业的青睐：

1. 管理教练：注重高层管理的认知方面，以及中层管理的执行方面。强调了领导与管理之间的区别；领导力事务采用本体论教练处理。

2. 针对运营团队的团队构建和绩效教练：对团队教练缺乏可检验成果存在担忧，不过它为个人管理教练提供了替代途径，个人管理教练存在一些阻力。

阿根廷已经演变为一个个人主义的社会，因此鲜有为了行业共同利益而怀抱发展教练业理想的从业人员的积极参与。而且，对于各种全球性的跨国公司来说，语言也是一个障碍。不过，随着越来越多的企业管理者了解了教练的益处，这一行业正在不断发展。企业内部提供的教育课程和教练辅导将随着市场需求的增长变得更加专业。缺乏行业相关的实践，比如教练监管和教练研究几乎不存在；不过如果市场持续发展，出于对基准性证明的需求，二者都会得到发展。

2007 年 5 月，ICCO 在墨西哥城举办了一次座谈会，来自 Bayer Crop Science、Exxon Mobil 和 Banco Santander（主办方）的 35 名管理人员探讨了他们如何能够利用教练活动来提升领导力。这一旨在帮助企业理解教练活动作为企业变更管理的一项工具的会议，分别于 2008 年在危地马拉、2009 年在哥斯达黎加再次举行。ICCO 主席 Agnes Mura 承认需要调整教练方法以适应特定文化并且拒绝施加西方价值观——比如等级制度的概念、领导力的期望、身份的意识和人生的目标。

亚洲

Frank Bresser Consulting 在 2009 年对商业教练的调查显示，亚洲有大约 4300 ~ 4700 名商业教练。

关于亚洲商业教练的调查报告，具体结论如下：

- 日本和韩国占亚洲人口的 4%，拥有大约 2500 名商业教练，占亚洲教练总数的 55%。另外的 10% 在新加坡、马来西亚和菲律宾地区。
- 亚洲的教练密度为 1 : 900000（去掉日本，这一数据将变成 1 : 1400000 至 1 : 1600000）。
- 总的来说，东亚和东南亚可以看作是两个最大和最活跃的教练地区。只有少数其他国家有大型的教练活动（比如阿拉伯联合酋长国、以色列、印度）。
- 在日本、马来西亚、新加坡和韩国，教练被广泛接受并作为商业工具应用；在 32 个国家（约 75%），情况不是如此；在另外 6 个国家情况不明确（印度、阿拉伯联合酋长国、以色列、菲律宾、黎巴嫩、巴林）。
- 在日本和韩国，一对一的商业教练职业化程度高；在 37 个国家中情况不是如此；只有 3 个国家情况不明确。亚洲存在把教练看作是一项服务而不是一种职业的趋势。
- 在 5 个国家（日本、新加坡、韩国、阿拉伯联合酋长国和菲律宾），教练处于发展阶段；在另外 17 个国家，教练处于引进阶段；而在剩下的 40 个国家，商业教练还没发展到可见的程度——没有可确认的教练产业。
- 亚洲没有占主导地位的教练方式，不过，存在指导性教练的轻微倾向：13 个国家确定指导性教练为主流方式（在孟加拉国和巴基斯坦教练活动具有高度的指导性）；而 6 个国家确立非指导性教练为主流方式。23 个国家的情况不确定。因此不存在一种典型的亚洲教练模式。根据各个国家的情况，教练理解和展开活动的方式存在不同的地域特色和倾向。

• 3 个国家（日本、菲律宾、马来西亚）中教练文化的概念被人们熟知并得到运用；在另外 5 个国家（中国、印度、以色列、沙特阿拉伯、阿拉伯联合酋长国）这一概念得到一定程度的普及。

• 亚洲的国际教练协会非常活跃，并对这里教练行业的发展做出了贡献。同时，亚洲出现了很多当地的教练推广组织，开始确立和发展各自国家或地区的教练事业。部分地区存在全国性或地区性机构或是正在兴起和正规化。而且这一地区首个国际（即亚太地区）教练协会成立了。因此亚洲的教练行业就质量和基础设施建设而言，明显处于上升阶段，走在通往成熟的道路上。

• 然而，教练行业的驱动力和决定性力量仍然来自跨国企业客户或者国际教练。因此，你很少看到亚洲特色的教练形式和方法。虽然亚洲的地方推广组织不断涌现，但这些方面却乏善可陈。

Hu-Chan 在《混合世界：教练以及时代、价值观和亚洲商业的复杂性》一书中表示，想要了解如何对亚洲企业领导者进行教练，首先必须意识到席卷全球的世代的变化。为了支持这一观点，她引用了《快公司》杂志的一篇封面文章，这篇文章主张中国的 Y 世代已经向商界展示了年轻创新力与传统中国文化相结合的全新创意阶层。

Hu-Chan 说道："今天进入国际市场的商业教练所面临的挑战是处理好新出现的商业和文化二元性。特别是在亚洲，彻底的商业化正在融合，而不是消除传统价值观。教练必须在一个新的虚拟空间中面对他们的客户。"她提倡加深对"对年长者作为智慧象征的传统的尊崇……与一批新兴企业家相平衡"这一新兴组合的理解。Hu-Chan 明确地表示，向亚洲的企业领导者提供教练服务时，教练们不应当被他们自己对亚洲文化的臆断所影响："不要只因为这位企业领导是个亚洲人，就认定他或她会采用间接迂回的交流方式。"她还警告教练们注意"亚洲人并不全是相同的种族背景。比如，中国有 56 种民族文化"。其核心信息就是要"了解新兴的亚洲企业，并调整你的策略"。Hu-Chan 讨论了亚洲飞速变化的企业文化，以及从她的研究中所学到的最关键的一点就是，教练需要充分了解文化背景，并时刻警惕自己的主观臆断，紧随“由中国掌舵的亚洲，崛起成为世界经济的一份主导力量的步伐”。

在综述了亚洲商业教练目前的状况，以及所面临的挑战之后，让我们来看看这一地区教练行业的变革与历史：

日本、中国和东南亚

日本与韩国的教练业非常类似于英国，发源自北美洲的传统。根据 Margaret Krigbaum 所述，这一文化遗产由“基于美国的项目授权所驱动……人们接受这些项目培训，然后将这一人因技术带回他们的国家”。

日本教练兴起的重要参与者有 Mamoru Itoh、Masato Homma 和 Hide Enomoto。根据 1985 年参加了 Itoh 的培训课程的 Homma 所说，Itoh 运营了一家基于 Lifespring 模式的个人觉醒培训公司，名为 It’s a Beautiful Day（IBD）。Itoh 还出版了一本同名畅销书，截至 1998 年已销售了 30 万本，并且通过 IBD 会话训练了几乎同样数目的个体，这一训练是关于从更清醒的层次或者全球的视野来进行创造。1997 年，Itoh 在日本开设了第一家教练培训公司，名为 Coach 21，在日本提供 CU 的培训项目。Keiko Hirano 翻译了这个项目的很多材料，根据他的说法，1997 年 6 月，这两个人邀请了 David Goldsmith 来日本为他们举办了一次研讨会。Hirano 在对东西方文化差异的评价中说道，“以前来听这堂训练课的人大多数为家庭主妇……不过现在多为管理人员，尤其是男性”。截至 1999 年，教练在日本已成为一种趋势，而且 David Goldsmith 为 Coach 21 所做的年度讲座已经持续了几年。

1999 年，Enomoto 出版了一本教练书籍，名为《让教练发挥你员工的潜能》；截至 2006 年，这本书已经销售了超过 10 万本。市场反响如此之强烈，使得 2000 年 5 月 Enomoto 能够将 CTI 引入日本，当时 H. Kimsey-House 和 Enomoto 本人出席了第一次研讨会。根据 Enomoto 所述，“我认为我们或许需要改变一下我们上课的方式，不过事实证明我是错的。日本人喜欢它本来的方式”。

在那个时候，教练已经在 日本传播开来。PHP 研究所，其名称意义为

“成功带来安宁与幸福”，于 1999 年由日本松下电器的创始人松下幸之助创立。PHP 研究所的负责人 Tajika 先生，之前在曾是 Landmark 日本项目的 Breakthrough Technologies 工作。在 Breakthrough Technologies 的培训中，辅导者被称为教练。Masato Homma——Learnology（学习的科学）的创始人，曾在 PHP 研究所工作，提供企业管理培训，他表示，PHP 的教练培训项目是基于 NLP 理论的。2001 年 Homma 出版了两本书——《商业教练入门》和《教练方案》——而且他和 Enomoto 都曾为 PHP 研究所进行过教练培训。

根据 Enomoto 所述，日本有三种教练公司：一种是训练人们成为职业教练；另一种是向企业管理者传授教练技能；而最后一种为企业经理和管理人员提供个人教练服务。日本教练协会（Japan Coach Association，简称 JCA）成立于 1999 年，由 Coach 21 的毕业学员创立，并且根据 David Goldsmith 所述，它“隶属于 ICF，并且获得了日本教育部许可对教练进行认证”。

教练行业在中国的发展又是另一种局面。其最早的先驱为黄荣华和梁立邦，二者于 1996 年在香港地区成立了汇才人力技术有限公司，“将西方管理学原则和东方古老哲学相结合以适应中国环境”。TOP 代表“人的才能（Talent of People）”，而根据他们的营销材料，该公司“致力于重组每个个人的才能……（而且）汇才正是通过这种基本哲学认识人类的潜能，以及认识到通过转换性训练帮助人们以更高效、更有用的方式提升自我的重要性”。1997 年，他们把基于老庄的道家思想原则的汇才教练技术带到了中国。黄荣华的观点：

> 一些方法、观点和理论来自西方……一些土生土长的中国人对这种类型的教练存在障碍。教练非常注重文化基础。你要教练他们，就需要先欣赏他们的文化，了解这里的人们是如何处事的……一些行为来自五千年前。

Catherine Ng 对此观点表示赞同，指出汇才“注重技能……和（关心）个人以提升他们的管理方式，提升企业素质，并提醒他们各自的社会责任”。黄荣华在2003年成立了中国教练协会（China Coach Association，简称CCA）。在被取缔以前，它是中国唯一官方的教练协会。同日本一样，中国的所有机构都必须经过政府审批。

中国教练们在2004年3月引起了人们的关注，据ICF的通讯《教练世界》报道：

> ……当时有800多人参加了在深圳举行的颁奖仪式，对教练的杰出贡献进行表彰，提升教练行业在全国的形象。这次活动在中国是首例，吸引了中国各大媒体的关注。此次活动由汇才人力技术有限公司举办，该公司是中国最大的教练培训公司，并且是中国首个ICF认证的教练培训项目。汇才的董事长兼总裁黄荣华是ICF的会员，并且担任ICF中国地区分会的领导人。

2007年，汇才和CCA都倒闭了——不过在2010年，黄荣华出席了新墨西哥州的活动Conversation Among Masters（CAM）。根据Mark Joyella所述：

> 据估计，这家公司每年的销售额超过500万美元。黄荣华被许多的教练和教练机构认为是“将要开辟中国教练市场”的人，International Coach Academy（ICA）的CEO，Bronwyn如是说，ICA目前在中国训练教练……黄本打算在2008年让汇才上市，不过该公司的首次公募从未发生过——相反，事实是汇才完全人间蒸发了……而汇才——在中国大陆拥有10个办事处和500名员工——不复存在。

Joyella的文章继续引用Bronwyn Bowery-Ireland的话，后者说，尽管汇才在2007年大肆宣扬他们是中国商界精英们的高价教练，但这家公司真正的客户群是中层管理人员。“都是些当地人，而且多数人只是被推销了一个概念”。

Bronwyn Bowery-Ireland说在2008年年初汇才倒闭后，他公司的一次招聘面试中，黄荣华的一名前首席代理描述了汇才的课程。“这位男士给我的描述是……你来到这次的周末讲习班，在这个讲习班，门是锁着的，任何人都不允许离开，课程的目的就是压垮你们的精神，然后使用附加值原理完全地改变这个人。”Bowery-Ireland 说，“它以教练的形式进行销售”……Bowery-Ireland，一名大师级教练，运营着中国唯一 ICF 认证的中文教练项目。这一中文课程拥有 50 名学员，并且每周都会增加新的申请者……Bowery-Ireland 预计教练将席卷整个中国，因为目前横扫中国的变革对教练所带来的学习模式产生了强烈的需求。Bowery-Ireland 说，“这里将会有很多的教练”，他预期不久后，中国即使没有超过北美洲，也将与之并驾齐驱，成为最大的教练市场。

2001 年的春天，CU 首个基于香港的培训课程的毕业班学员们创立了 Hong Kong International Coaching Community（HKICC）。Hong Kong Coaching Community（HKCC）于 2002 年 12 月正式注册，并在 2002 年—2005 年由 Angela Spaxman 担任创始人兼总裁。自创立以来，该机构每月举行会议以加强学习、发展机构并齐心协力向香港公众宣传教练的优势。首份 HKCC 通讯于 2002 年发布，而且同年还建立了官方网站 www.coachinghk.org。从 2003 年起，HKCC 一直服务于社区人民，HKICC 于 2006 年 3 月并入，并将名称由 HKCC 改为 HKICC。截至 2009 年，HKICC 拥有会员约 150 名，这一机构向从事教练活动者、有志成为教练者或想了解教练行业的人开放。历任总裁包括 Bonnie Chan、SK Shum 及 Charlie Lang。

CU 是韩国和新加坡教练行业的起步动因。根据 CoachInc 的总裁 Jennifer Corbin 所述，Terry Phillips 于 1998 年获得了使用 CU 资料的授权，并在新加坡训练了很多教练。而在 2002 年，Ken Gimm 将 CU 课程带到了韩国，同时还介绍了 Stephen Covey 的研究成果。

ICF 在新加坡非常活跃。See Luan Foo 在 2009 年成立了 Asia Pacific Association of Coaches（APAC）。APAC 是一个亚太地区教练联盟，在亚太地区为教练们构建了一个平台，让他们能够接触新的教练方法，以及开展彼此间的合作。这一联盟的目标是在未来几年里，将教练的作用带到亚太地区每个工作场所和家庭。

韩国教练行业的两个领军人物是 Ken Gimm 和 Paul Jeong。1994 年，哲学博士 Ken Gimm 创立了 The Korea Leadership Center（TKLC），目的是把 Stephen Covey 的研究和其他交流培训项目引入韩国。Ken 和 Susan 夫妇于 2001 年在美国接受了教练培训，同年 TKLC 开始为韩国企业界提供管理培训业务。第二年，Ken 的生意伙伴，Edward Choi 获得 Steven Stowell 的授权建立了 Center for Management and Organizational Effectiveness（CMOE）韩国分会，Steven Stowell 是 1987 年出版的《教练：建立伙伴关系以获取竞争优势》一书的合著者。很快，Ken 和 Susan Gimm 于 2002 年建立了 Korea Coaching Center（KCC），Ken 于 2003 年建立了 ICF 韩国分会和韩国教练协会，并在 2004 年出版了第一本韩语教练书《如何成为一名职业教练》。

为了推广韩国的教练事业，韩国教练协会于 2004 年举办了首届年度会议。Sandy Vilas——首任 ICF 的联席主席是此次会议的主讲嘉宾，此次会议共有超过 350 名教练和媒体记者参加。在 Ken 和 Susan 夫妇、Edward Choi、Dooyun Kim 和 Euisook Hong 的带领下，这次会议的圆满召开让韩国民众更多地了解了教练行业。2005 年，Susan Gimm 与 CTI 签订了授权协议并创立了 CTI 韩国分所。到 2008 年，国际教练联合批准了首个韩语认证教练培训项目（Accredited Coach Training Programs，简称 ACTP）。

Paul Jeong 于 2002 年创立了 NCD（Natural Christian Development）韩国分会，并在 2002 年获得了瑞金大学 Joseph Umidi 博士对 TLC 基督教教练的授权。身为 ICF 认证的大师级教练和 IAC 认证教练，Jeong 的教练培训课程于 2001 年 2 月 25 日获得 ICF 的认证。当汇才终止了在中国的业务时，Jeong 的 Global Coaching Company 进入了中国市场，提供教练培训业务，以东西方结合为基础。到 2009 年，他的公司在中国、韩国、迪拜、印度、美国、黎巴嫩和欧洲提供教练培训。2006 年，Jeong 创立了 ICF 韩国首尔分会，这一机构在 2008 年获得了 ICF 分会奖小型分会分类电话营销 / 公共关系奖。该分会目前已有 100 名会员，通过将教练活动与韩国文化高度重视的教育相结合，产生了一定的影响。通过 Jeong 的公司的一个个人项目，教练行业被介绍给当时的首尔市市长（韩国下任总统候选人）、总统内阁成员，以及世界宣明会和救助儿童会之类的非政府组织（NGO）领导人。Jeong 还是 2005 年—2009 年的 IAC 理事会成员。

到 2009 年 11 月，韩国在短短 8 年的时间里就成功地推广了教练行业，成为典范。韩国教练协会拥有 500 多名会员，拥有 1000 多名职业教练，12 所教练培训学校，每月举办 130 多场讲习班。管理教练行业蓬勃发展，人生教练正在变得流行起来。

香港的 Angela Spaxman 称，泰国、越南、马来西亚、菲律宾、印度尼西亚和柬埔寨的教练业发展是十分有限的，这受到了企业为员工提供教练或者个体教练从海外获得培训的制约。

俄罗斯

俄罗斯的教练业起步于 20 世纪 80 年代末 EST 训练和 Lifespring 提供的大型群体意识培训项目。Svetlana Chumakova 是俄罗斯教练事业的先驱，她参加了 Werner Erhard 的 EST 训练课程，曾在 1993 年—1996 年担任了 Lifespring 俄罗斯分公司的总经理。1996 年她与另外 5 名训练师成立了他们自己的公司，将个人成长带到了商业领域。

1997 年 Chumakova 聘用了一名来自美国加利福尼亚的教练，并录用了 Erickson College 的 NLP 项目的 14 名工作人员。Marilyn Atkinson——加拿大 Erickson College 的创始人，于 1991 年开始在俄罗斯工作。起初，她向 200 ~ 300 人的团体教授 NLP，后来帮助发展了教练原则。在完成了“教练的艺术与科学”这一课程后，Svetlana Chumakova 于 1998 年在莫斯科与他人共同创办了 Coaching Academy International，并在 1998 年获得了 Erickson College 的认证。

为了拓宽自己的视野、会见同行，以及了解新的模式，Chumakova 出席了 2001 年在瑞士举行的首届 ICF 欧洲会议。2002 年她在西班牙的 ICF 会议上见到了 John Whitmore，并邀请他在俄罗斯教授绩效教练。随后她于 2002 年在莫斯科创立了 ICF 俄罗斯分会。早期，分会的会员很少，然而到了 2010 年，从 Coaching Academy International 毕业的学员们作为

Chumakova 的继任者接管了分会。从此，波罗的海国家的学员们创立了他们自己的分会。

2002 年 11 月，俄罗斯举行了 4 场 ICF 会议中的首场会议，圣彼得堡有 120 名与会者，莫斯科有 250 名与会者。会议主讲人为 Zoran Todorovic 和 Marcia Reynolds（当时的 ICF 主席）。2003 年 Chumakova 获得了 ICF 专业级教练的认证，之后在 2006 年又获得了 ICF 大师级教练的认证。

通过启动对话、引进教育培训和创立社团机构，Chumakova 打开了俄罗斯的教练市场。她还将教练书籍翻译成俄语，包括《共创式教练学》（Whitworth，et.al.）、《绩效教练》（Whitmore）、《成为专业的人生教练》（Williams& Menendez）和《带着勇气和决心教练》（O'Neill）。

当被问及为何要在俄罗斯发起教练运动，Chumakova（2011，pers. com.）说："我见到过潜力巨大的人在当局的统治之下没有成长和成功的机会。教练对于俄罗斯人民深入了解自我非常有用。俄罗斯人民的心灵与智慧要比石油和天然气更重要。"

中东地区

如 Margaret Krigbaum 所指出的那样，"中东地区的教练传统非常薄弱，因为他们一直焦虑于战争之类的事务"。Sara Arbel，2001 年毕业于 CU，被认为是以色列的第一名教练，Arbel 对此表示赞同，她说"我们带着一种紧迫感过着现有的生活，因为我们可能明天就死了"。这在她的教练风格中也有所体现，即坚持真相，直击事物本质。Arbel 描述她初次接触教练是在 20 世纪 90 年代通过伦敦的一个朋友，这位朋友当时刚收到 Thomas Leonard 寄来的一个棕色的大信封：

> 读完那些材料后，她把那只棕色的胀鼓鼓的信封递给了我，说："亲爱的，这是关于你的。"我不知道它是关于什么的，直到我看完了它，从那一刻起我陷入了"热恋"，我的心脏跳动着"哈利路亚"的节奏，我的心灵唱着圣歌，我的灵魂飞上了天花板，飞出了那个宽大的英

式起居室。我知道我的人生将从此不同；我知道我的召唤终于降临。

Arbel给Thomas Leonard打电话时，后者十分高兴能与来自以色列的人交流，“一个满是嘈杂的小国家”，他是这样形容以色列的。Arbel是Leonard的首位“外国”语学生，多年以来，她与Leonard交流她的学习、汇报跨文化差异和多样性问题。在这段时间里，Arbel停止了几项利润丰厚的生意，将她所有的精力、时间和资源都投入到教练研究，建立和发展以色列及中东的教练机构。她这样描述这段时间的经历：

以色列的生活夹在两次海湾战争之间，充斥着恐怖袭击和政治动荡，你不知道明天你是否还能活下去。公交车、商场、汽车被炸上了天，每天沉浸在悲伤失落之中，提心吊胆又彷徨不安，这就是我真实的日常生活。我不停地加入各种学习班，聆听其他学员的困难，并情不自禁地羡慕他们有一个正常平静的生活，他们的困难不过是“地下室的杂乱不堪”“人际普通的磕绊”“需要照看的宠物”。我坐在地球的这边哭泣，因为我比不上地球另一边的世界。

Arbel费了很大的气力让以色列民众了解和接触教练，包括接受媒体的采访。像她所描述的那样，“教练的理念开始流行于以色列。经过多年的酝酿，教练业的热潮也席卷了以色列，人们意识到了这一机遇，教练学校和教练如雨后的春笋，开始出现在各个角落”。

为了感受以色列这个国家和2009年年底教练行业的状况，Arbel提供了以下信息：

以色列作为一个很小的国家，在人口和面积上差不多相当于（美国的）新泽西州，不接受电话教练活动这一概念，教练和学员在咖啡店或者餐馆里一对一地会面。以色列作为一个非常年轻的国家，其特色就像一幅不同文化和民族背景汇聚而成的丰富多样、多姿多彩的镶嵌画。丰富多样指的是以色列的美和力量，还有它所面临的挑战。希伯来语和阿拉伯语是主要语言，英语也被广泛地使用。总人口为650万，国土面积为8500平方英里（22000平方公里）——差不多相当于一个新泽西州。

以色列的教练业已经站稳了脚跟，拥有 60 ~ 80 所教练学校，以及 6000 ~ 10000 名教练，此数据取决于你的判定标准。因为在世界其他地方，有些人仅仅是印了张名片就决定投身教练事业的浪潮。像 Arbel 描述的那样，以色列客户的基本形象如下：

> 通过我在以色列经历的整个教练生涯，我对以色列客户们有了一个基本的印象：一方面他们由于持续的战争和威胁还处于求生状态，而另一方面又在不停地欢庆生活。以色列的客户多数雄心勃勃，充满希望，相信自己，乐观积极地享受生活的美好时光。困难不断的现实让多数客户对安逸进行反思。这种高度的警觉激发了创造力，以及对优秀的独创和创新无止境的追求，像一个孩子那样竭尽全力地重复这一事情。他们既能跑得快，也能跑得远，同时还应注意到他们时刻调整自己以适应不断变化的现实。如果我要描述以色列客户的普遍形象，我会说——实业家。

作为以色列教练事业的先驱，2000 年以来的 ICF 以色列分会的创始人兼主席，而且在早期只有她这一位主席，现在的 Arbel 拥有一群活跃的职业教练。像她概述的那样：

> 以色列有很多教练学校，不同的教练方法和两大组织声称代表以色列教练界。政府努力地采取调控措施，保护教练行业的客户们免受伪劣教练服务的侵害，同时也避免他们把教练同其他存在的行业混为一谈。

看看其他中东国家教练行业的发展情况，很多国家才刚开始建立教练团体。根据 Maryvonne Lorenzen 所述，位于阿拉伯联合酋长国的迪拜，是另一个教练行业枢纽，其大多数的从业人员为正式的英国公民，并在英国接受了训练。Dania Darwish 发现在黎巴嫩至少还有 23 名教练，于是在 2009 年，一群教练在 Dania Darwish 的带领下建立了黎巴嫩教练协会。另一名教练正在联络其他教练在科威特建立社团。

中东的战事频繁，而 Sara Arbel 就讲述了以下这个关于教练的力量的故事：

2006 年的时候，我开始组织一次中东地区教练研讨会，这是我最初就怀揣的梦想。我联系了所有中东地区分会的领导人，发电子邮件，发信函，并且非常注意政治立场的谨慎，确保没有跨过任何敏感的政治界限。这次会议的主题是："倾听和平"——想法是邀请这一地区的不同领导人参加一次教练研讨会，他们在这里能够得到我们谈论和平时最重要的工具，那就是"倾听"。我联系了各大使馆和外事代表，他们都赞成我的计划。但是，黎巴嫩爆发了战争，一切工作停止了，人们对和平失去了希望，出现了危机。在这种情况下我遇到了一名黎巴嫩教练 Samir Elias Zehil，一个非常聪明、善解人意和热情的人。我们两人的国家都遭到了轰炸，我们都在寻找避难所，而在此期间，我们秘密地互通电子邮件，相互鼓励并担心对方家人的安危。我感觉他是上天赐予我的礼物，就像我曾丢失了一个他这般大的孩子，而他就在这个时候进入了我的生活。从那以后，我们保持着一种温暖、友爱和相互鼓励的关系，虽然我们不能公开这份友谊，因为我们的国家之间没有也不允许互通电话或者任何联系方式。于是，当我们在国外并且想要约个时间在各自国家以外的国家见面时，我们会交谈。我确信我们会像老朋友一样拥抱对方，而不是像彼此的国家一样成为敌人。

这个故事表明教练活动不会受到政治信仰和意识形态的限制——实际上，教练跨越了所有的界限。

西亚和南亚中部

印度处于教练业发展的初期阶段。Shrikanth 指出，"如同在古希腊一样，印度也有其历史上的'皇家教练'，比如克利须那和阇那迦，他们的智慧被载入了《薄伽梵歌》和《政事论》。这些古老的'案例'仍然被商业学校和研究所的工商管理学硕士和企业领导人们分析研究"。他补充道，跨国企业目前依靠他们的国际教练伙伴为印度提供管理教练。

教练与高层管理的关联在印度于 21 世纪初期开始，由于企业结构的日益复杂开始被人们接受。Deepak Chandra，印度商学院（ISB）的工商管理教育中心（CEE）副院长解释道："管理教练在印度仍然是一个新的概念。过去，Gurukul 系统是针对个体学员的一对一教练模式的典范。它是建立于更深层次的人际关系之上。"他认为在当今全球化的世界，高级管理已经上升为"向某人咨询、寻求意见或者是跟参谋、评论家、观众、朋友等各种身份的人士交谈"。

Benz 和 Maurya 解释道，印度的企业大体上由两个群体构成：

1. 第一个群体包括跨国公司，注册离岸公司的企业家，当地公众持股的上市公司。这一群体认为企业需要教练服务，但只是有限意义上的；公司内部的指导更为常见。只要这些企业持续地投入以培养高潜力的员工，这一群体对商业教练的需求就会增加。
2. 第二个群体为"没有挂牌上市的私人持股公司、合伙企业 / 贸易公司和独立企业经营者"。这一群体不太注重对于在员工培养方面的投资，并倾向于把教练视为"一种花销"。

在对商业教练活动适应上，印度与众不同的是，其教练 / 客户协会不仅是行业的联合，也是精神上的联盟。根据 Beyond Horizons 的首席执行官 Commander Girish Konkar 所述，"教练被视为一种精神上的联合，与'业务 / 商业'的联合相反。印度历史将这种强烈的关联描述为由一位导师带领的任何学习的过程"。

D.Satya Murty，被认为是印度新教练运动创始人，他将美国和澳大利亚的训练项目带到了印度，在印度各大城市建立了 ICF 分会，并于 2009 年年中开设了首个认证的印度本土教练培训项目。Murty 与全球各地的大师级教练举行了电话会议，并且在 2009 年 4 月 Karen Tweedie 成为了首个访问印度的 ICF 主席。她在印度首届教练研讨会上发言，这次会议有 170 多人参加，由 Murty 和 ICF 班加罗尔分会举办。

非洲

根据 Frank Bresser Consulting 在 2009 年的教练调查报告，非洲有 2000 ~ 2500 名商业教练从业者，这里的教练事业仍然处于萌芽阶段：

- 只有在摩洛哥，教练被广泛地接受并被用作商业工具；在其他 3 个国家（南非、埃及、利比亚）情况不确定。
- 在两个国家（摩洛哥和南非），教练行业已处于发展阶段；在另外 9 个国家，教练行业处于引入阶段；然而，在剩下的 36 个国家里，商业教练尚未看见踪影。
- 在摩洛哥和南非，一对一的商业教练职业化程度已经相当高；在其他所有的 46 个国家中，情况并非如此；没有国家情况不确定。
- 全国性的教练协会在摩洛哥和南非发展顺利；乌干达和尼日利亚也可以看到教练社团的雏形。不过，就非洲的教练行业机构（全国性或国际性）而言，其总体情况极为贫乏。
- 教练文化的概念在非洲几乎无人知晓。只有在南非，并且只在南非的跨国公司而非当地企业中，才会提到这一概念。
- 不过，在非洲只有很少的本土教练推广项目（只在摩洛哥、南非，部分在乌干达、尼日利亚和埃及）为各自的国家和地区规范与发展教练行业。如果确实存在这种项目，教练更多的是由跨国公司客户和国际教练推动和决定的。早期阶段，在非洲，你很难发现专门的教练方式。问题一般是客户对接受更好教育的需求和克服现存文化障碍的困难。
- 从地理上来看，存在巨大的差异：教练在北非、南非和博茨瓦纳、东部的肯尼亚和乌干达，以及西部的尼日利亚和加蓬都产生了极大的影响，但是在该大陆的其他地方，教练业依旧没有出现。
- 教练监管在 4 个国家中得到了广泛的应用。值得注意的是，这些国家的教练行业规模较“小”（10 ~ 60 名商业教练）。相比之下，南非有大概 1600 名教练，监管却没有得到广泛的应用。

• 非洲的教练活动具有指导性倾向。6个国家中指导性教练占主导地位，而非指导性教练没有在任何一个国家占主导。同时，情况不确定的地区，主要是由于这些地区还没有教练业。在几乎所有国家中，客户期望从（潜在的）教练那里获得建议和指示是一大问题。

Sunny Stout-Rostron是在南非工作的一名管理教练，他提供了以下这段记录：

自1994年起，南非一直在经历一个由种族隔离暴政向民主转变的过程。针对管理人员个人的管理和领导力教练，仅在21世纪初作为一种主流趋势出现在南非。这与人才培养的大爆发有关，而这次大爆发是由于国家将管理人员快速地推上工业、政府和教育各个领域的行政岗位而引起的。类似南非的其他行业，教练业的发展与主流脱节，这是由于种族隔离时期的国际制裁导致。仅在过去五到十年内，教练就成为南非管理领导力发展的重心。

21世纪之初，随着新的教练培训学校涌现，以及商业研究院开设了“教练型领导”课程，教练在南非变得更加常见和普及。自2005年起，大型企业的组织发展和人力资源部门就一直在训练“内部”教练，以及设计评估项目吸收外部教练顾问作为企业高管所需要的企业“配套”教练。

根据Cardon所述，教练行业在南非的传播是由在欧洲和美国接受过训练的教练推动的。全球性教练训练企业，比如以美国为基地的西部新企业和澳大利亚的Results Coaching，以及其他培训机构在南非市场训练教练。2003年，Marc Steinberg将Creative Consciousness International（CCI）教练学院带到了南非。南非的Pat Grove教练机构成立于20世纪70年代，是Erhard/Flores传承的另一个衍生，专门研究使用本体论基础进行管理教练。

南非的商业教练在21世纪之初变得更加常见，并且由于种族歧视的历史，很多次有关肤色的讨论成为教练对话中的重要问题。在开诚布公的讨论中，教练活动可以并正在发挥作用，这种讨论正在消除过去的偏见并在变革中引导人们。根据 Stout-Rostron，Coaches and Mentors of South Africa（COMENSA）的创始人兼总裁所述，“教练被视为一种特权，只有少数精英能够拥有”，以及“很多企业仍然受到男权文化和主观臆断的影响”。

2006 年的一个重大进展就是 Coaches and Mentors of South Africa（COMENSA）的成立，这一职业机构让教练们有所归属。COMENSA 的最高信念就是为南非的教练指导活动提供规范，以提升教练这一新兴行业的信誉度，并将国内的行业水平标准与国际标准接轨。COMENSA 的一个重要且永久的职能就是为教练服务的企业采购者们和个体，以及小型企业供应商们牵线搭桥，并与其他职业机构建立联系，比如 WABC、EMCC，以及 ICF。

简言之，COMENSA，一个覆盖南非的协会，其目的是为本地教练行业提供规范，提升教练行业的信誉度和知名度，并促进对个体和企业客户的有效授权。南非的教练学术研究开始于 2006 年之前，已有大量的硕士和博士论文发表。“监管对于南非的教练从业者促进反思性实践和实践者研究的发展，将是一个全新的、创新的环境。这或许将成为‘职业化’的一个促进因素”。

总结

教练业在英国、美国和德国同时兴起，部分原因包括人本主义心理学及超个人心理学的整体理论和模型、有影响力的人物之间的联系，以及社会经济环境的跨学科解决方案的兴起。教练业在全球传播的动力包括：科学技术的快速发展、个人之间的关系，以及全球意识和精神典范演变的影响。

到 2000 年，教练已经在拉丁美洲国家的智利和阿根廷、亚洲国家的日本和中国、欧洲大陆、英语国家的澳大利亚和新西兰普及。在 21 世纪的前五年内，从南非到俄罗斯，教练行业开始兴起。

本章完成了对早期教练、教练的兴起及其在全球的扩张的回顾。在第二部分的最后章节里，我将探讨使教练业区别于其起源学科的一些独特之处。

第九章
使教练业区别于其起源学科的因素

在本书的第一部分，我谈论了促使教练业兴起的社会经济趋势，确定了教练的学科来源，并追溯了他们在20世纪的演变历程。在第二部分我着重讨论了早期的教练，根据他们的作用将他们划分为三代，然后概述了美国和世界各地教练的兴起。现在，在第二部分的最后一章，我将讨论现代教练行业的实践，尝试着为该领域画下界线。

最初，教练业与其起源学科的理论和工具是紧密联系的，并且在商界的实践几乎全部由心理学家进行。就像所有新兴学科一样，当时不存在公认的定义、方案和界线。一些教练行业的来源专业在努力获得人们认可时都有过以下经历：社会学为创立核心理论而奋斗；教育界非常依赖来自心理学研究的外推和推论；咨询业模仿一个行业而不与其融为一体；组织发展的从业人员仍然来自不同的背景，行业缺少一个统一的定义，界限模糊。

教练缺少统一的定义、方案和界线，某种程度上是因为教练行业早期从业者所采用的模型、理论和工具数量繁多。这些影响因素的多样性使教练能以多种途径应用，但同时其多样性也阻碍了教练获得一个独立的身份。既然这种身份还没有确立起来——而且直到今天也不是所有人都同意它已经确立了——任何人，不经过训练或认证，都可以声称自己是一名教练。此外，毋庸置疑，教练行业的早期先驱们——发起人、传播者和后来世代的相关人士——他们自己都没有经过任何训练和认证，因为教练培训直到20世纪90年代初才出现，而教练认证直到20世纪90年代末才出现。

因此本章开头将讨论教练的实践——即教练的目的、教练各种特性中教练人员的角色、教练客户的本质、教练业当前的道德标准，以及教练从其起源学科继承下来的知识体系。之后，我将就有效的教练活动的一般要求进行回顾，包括特定的训练选项和认证流程。

从业者界线

随着教练行业寻求成为一个独立的行业，可以说，它的一些方法已经变成其起源学科不可或缺的一部分。比如，顾问们将教练活动看作是过程咨询；组织发展从业者将教练看作是组织发展干预；工业和组织心理学家将教练看作是心理学的演化形态，并且把教练看作是工业心理学实践的一种工具。虽然我采访的人们对于今天教练是不是一个完全独立的学科这一问题未能达成共识，但是多数同意今天教练的知识、技巧和技能正被其起源学科稳定地吸收。换句话说，区别教练行业和相关学科的界线仍然是一条虚线，而不是一条实线。尽管如此，对于进入教练行业的从业人员来说，想要完全从他们之前的学科中独立出来确实很困难。为此，许多人试图整合教练实践的知识体系，建立行业培训课程，以及确立认证办法。这不需要抵制来源学科，只需要承认教练通常是将它们的理论和方法用于另外的用途。

比如心理学主要涉及治疗人而不是赚钱。而商业的目的是获取利润，并且直到现在都很少有人关注他们员工的个人成长。教练处于二者之间，为了像企业家和员工们一样获得成功，教练人员必须宣传他们服务的益处，并履行他们的承诺以获得报酬。

最初，教练行业的界线当然是不存在的。然而到了 20 世纪 90 年代中期，第一个行业组织成立了，训练项目也发展起来。大约在同一时间，这一行业产生了对道德标准的需求，最初是从心理治疗和商业中采用，因为教练活动的基础是由这两个领域的理论和方法构成的。由于教练与其起源学科之间的联系逐渐消失，教练的理论基础在新千年里被更加细致地审视，并建立了来源于循证式教练、研究生教育项目和研究的知识体系。（第十三章探讨了循证教练的发展。）

教练人员仍然不需要加入行业机构，出示任何证书证明，或者遵循任何行业道德规章。因而他们不需要承认自己的专业知识范围，或是根据他们的知识与技能限定所能提供的服务范围。这一部分是由于教练活动依赖环境的本质，取决于客户的目标和特性，这使得限定行业范围和获得该行业公认的定义同样困难。于是这条区分教练和其相关学科的虚线——所有的相关学科都可以包含教练，而所有的这些学科也能被现代教练运用（除了需要持有许可的心理学治疗）—— 继续给客户和从业人员带来困难。尽管如此，对行业标准和从业资格的一种共识正逐渐在一些教练中形成，即使它们的表达方式往往各不相同。在写管理教练的时候，Levinson 认为，“……除非一个人对组织有着全面的理解，否则他不可能就角色行为对他人进行教练。” Diedrich 和 Kilburg 的阐述方式略有不同，他们是这样写的，“教练管理人员的心理学家不一定非得本人是管理人员，但是他们必须对这些人的生活有深入的了解”。简言之，在缺失认证体系的情况下，谁能定义从业资格？如果你有心理学背景，你是否能够成为一名教练？如果答案是肯定的，这是不是意味着你能够担当一名商业教练，一名人生教练，或者二者都能胜任？

Peterson 从另一个方面看待这个问题，批评了试图将教练的范围扩大到所有事情并针对所有人的做法：

> 有各种已存在的用于学习、行为改善和提升效率的方法与技巧。而我们将它们混淆到这个（教练）种类中，我们是在帮倒忙。人们现在谈论的教练，其中有很多我会称之为咨询、团队促进、训练（和）团体培训。

另一方面，Bergquist 认为这一领域内亚文化的发展是“教练真正成为一个行业的标志之一”，并补充道，这种“极端几乎在所有我所看过的行业中都出现过”。这些极端倾向可以并且会引起行业的领域之争，比如 Pauline Willis 所看到的发生在心理学和教练业之间的一场争辩：

> 这已经尘埃落定了，我的看法是，许多（关于这一话题的讨论）对二者的区分和（对教练认证一事）的困惑，是由于这种恐惧——如果教练行业得到了认可，那么对教练业有如此巨大影响的心理学就跟它没什么关系了。而在教练领域没有获得资格认证的人就不能从事教练活动，（而这造成了）巨大的恐慌。

有些人尝试着解决这场学术界的冲突。比如，Grant 和 Cavanagh，于 2000 年在澳大利亚悉尼大学的一个学位课程中正式确立了“教练心理学”这个术语。尽管付出了很多努力，Jordan Goldrich 指出，这场“争论发生在这一行业的学术范畴。它没有发生在商业领域”。David Matthew Prior 表示赞同，指出“教练正在成为一项正规的行业……公众正开始认可它……而且理论依据正在被一一列举”。

同样，这可以看作是一个新的行业或学科兴起所需经历的正常过程，而这一过程的一部分涉及解决困扰从业者和公众的身份危机。作为回应，有 9 家职业机构现在提供道德规范、业务能力和资格认证的指导。并且有超过 230 所英语教练培训学校，外加 180 所学术研究机构，也在尝试规范这一行业的界线，确定其核心能力要求，通过认证为行业项目增加价值。这其中的一个例子是 Coaching Research and Curriculum Project，由 Harnisch 基金会的研究部门负责，项目内容是通过确立行业内公认的知识体系来创立组织和管理教练的学术学科。

心理学、商业和教练的目标

另一种定义教练的方式涉及使用各领域的特色作为范例，将其目标和用途与心理学及商业相比较。

教练是一种非病理性的模式，它帮助人们开发新的能力、新的视野，以及给予他们自己和周围的人新的机遇。用 Cavanagh 和 Grant 的话说，教练是“一种面向目标、以结果为导向、系统化的过程，在这个过程中，一个人通过培养教练对象的自主学习和个人成长，促进另一个体或群体的持久性变化”。Grant 将这一定义简化为“为非临床人群提升绩效和幸福感的应用行为科学”。Terrence Maltbia 也有同样看法，她说，“教练是一项互动的过程，它帮助个体和组织进步得更快并取得更令人满意的成果”。

表格 10 是摘自 *Coaching and Buying Coaching Services Guide of the Chartered Institute of Personnel and Development* 的一个连续统表，我将它用作之后教练定义的框架。

表10 教练定义限定词连续统表

指示性	辅助性（非指示性）的
整体的	特定的
短期	长期
个人主导日程	他人主导日程
个人内容多	个人内容少
业务内容多	业务内容少
发展的	补救的

资料来源：摘自 CIPD 文件

这一框架可以用治疗、教练和咨询三者重叠的钟形曲线图展示，每个曲线的末端相互重叠——以教练为依据。根据 Sylva Leduc 所述，“对于有心理治疗或者心理学背景的人，他们可以辨认出这些曲线是什么……并且知道他们能否从那个治疗学背景中获取更多，以及何时终止它”。Cavanagh 和 Grant 使用了一个钟形曲线图来区分临床和非临床问题，不过他们承认“在实践中区分临床和非临床问题通常很困难”。Grant 用以下的比喻来描述二者之间的区别：心理治疗师帮助一个断腿人士痊愈；而教练与一名跑步运动员共同努力，帮助运动员提高成绩。

根据 Pam Richardson 所述：

> 我将一系列的指示性 / 非指示性活动放在一起，在非指示性一栏里是倾听、询问、弄清问题、创造性思维（以及）或许还有解决思路。如

果你越过整个非指示性系列，那么它就代表了指示性或者教练辅导的模式。你越过对解决方案的寻求，转向建议、训练、教学和指示的方式。

根据 Chris Morgan 所述，Whitmore 将现在或许称作非指导性或者辅助性教练模式的概念带到了英国，他从 Timothy Gallwey 和“内心竞技”获得使用这一模式的授权。Jordan Goldrich 描述了一种更具有指示性的教练模式，表示这种模式更加类似于 Marshall Goldsmith 的教练活动，具有高度的行为性和系统导向性。

心理学

教练和心理学有很多联系，也有一些共同点和不少区别。比如，Neenan 和 Palmer 相信，“认知行为途径强调我们如何做出对事件的反应，在很大程度上取决于我们对它们的看法，而不是事件本身……（在对临床人群使用时）我们称之为 CBT（认知行为疗法）”。我所采访的很多人也指出认知行为疗法和教练之间的相似之处。例如，Ben Dean，MentorCoach 的创始人，说“通过教练完成的几乎所有事情，有些人可能表现得像是完全离开了认知行为时代”。Sylva Leduc 指出其他的重合之处，并总结说，“短期疗法……更为注重合作对象或客户，同时也注重对将来的影响”。John Leary Joyce 关注关系的开端，以此确定之后发生的事情的本质，他说“格式塔疗法的内容是建立一个良好的关系，而其他所有事情都从这个关系出发”。Skiffington 和 Zeus 写道：“行为教练采用了一种科学的教练途径，带来了重大的、持久的学习效果和变化。” Jim Selman 认为“心理学（是）一种解释人类行为的范例，（而）教练是一种产生人类行为的范例”。

Michael Cavanagh 描述了这种对比，他说：“在心理治疗过程中，你经常做的就是安慰感觉不安的人，（而）在教练活动中，你更经常做的是打扰感觉舒适的人。” Jeffrey Auerbach 表示赞同，并指出“心理治疗通常关注消除疾病和创伤，而教练关注的则是提升人的成绩和成就”。Jeannine Sandstrom 也看到了教练和治疗师在看待客户的区别：

从心理学的立场来看，“这里损坏了，你需要修复它”，而不是像从（教练的角度）“这些是已经确认的，这些是存在的差距，让我们用发现的方法来揭示关于你现在和未来能做出什么样的选择”。

Jeffrey Auerbach 相信“这个诀窍就在于把分析思维和动态思维融入教练活动，而不对客户或者关系进行病理学分析”。David Peterson 注意到，虽然行为心理学非常类似于教练活动，但它是以目标为导向并附带进度检查和调整，“行为（心理学）途径将复杂的人类行为简化为机械的刺激–反应的链条，这是不会成功的”。

心理学最近的方向与教练之间存在的相似之处要多于不同之处。人本心理学就是其中之一，根据 Edwin Nevis 所述，它是“一个关注健康而非疾病的模式……真正地重新引发了对意识和当前生活的兴趣”。超个人心理学，根据 Whitmore 所述，“是一门将人作为主体的学科，因此它具有方向性和目的性”。

几项应用心理学专题研究将心理学中四大流派的工具和方法混合。临床心理学，根据 Marcia Bench 所述：

> 关注探索当前情感或心理问题的根源，通常追溯过去并尝试更好地理解过去，以解决当前的问题。相反，教练活动开始于现在，并且关注推动客户向前，在未来满足更多客户的期望。教练是以行动为导向并且注重结果。另一个不同之处在于，治疗通常寻求治愈疾病，而教练关注发展可能，提升客户能力，并帮助客户实现他们的目标。教练不是治疗的替代品，事实上，如果客户的情况允许，教练可以和治疗同时使用——例如，当一个客户被诊断出患有抑郁症，或者患有其他形式的心理疾病。

某些教练就像发展和教育心理学家一样，关注人一生中与年龄相关的行为变化，并且根据 Axelrod 所述，“依据对成人期心理发展的必要性是怎样在当前消失减弱这一问题的理解。”体育心理学、应用心理学专题研究的另一个例子，关注活动怎样“在人的一生中促进人的发展和幸福”。健康心理学，类似于某些教练活动，探讨思想、情感、行为和身体健康的联系方式。根据 Feltham 所述，咨询心理学和心理疗法都关注正常发展问题，以及生理、情感和心理障碍等相关问题。

教练还可以被看作是咨询和心理治疗的对应面，虽然 Marilyn Atkinson 指出，它通常是自愿的，不一定带有补救性，而且就业不依赖于成果。根据 Rey Carr 所述，这些区别导致“许多接受了咨询行业培训的人（发现）这一行业并不像教练那样令人满意，然后……因此很多曾是顾问的人都转行做了教练”。

应用心理学专业本身就是教练对其起源学科产生影响的最好例证。或许是因为其特殊的起源，这种相对较新的亚学科似乎并不适合其他心理学实践的其他领域。根据 Cavanagh 和 Grant 所述，“这其中的一个原因可能是每一个已确立的应用心理学领域（临床、咨询、组织、健康和体育）都准确地显示了这一领域所从事的工作与教练之间的明显相似之处”。澳大利亚心理学学会（APS）将教练心理学定义为“对行为科学的系统应用，以促进个人、群体和企业的生活体验、工作绩效并提升幸福感，这些人没有临床上明显的心理健康问题或者会被认为是反常的焦虑症状”。Cavanagh 和 Grant 表示赞同，认为教练心理学“处理非临床和非焦虑症人群的问题”，并且“可能会使用临床条件下研究出的理论和方法”。不过他们补充道，教练心理学的内容、方式和速度通常跟教练活动有很大的差异。

商业

教练活动主要还是在商业环境中进行，因此教练和商业领域的专业之间存在许多的联系和共同点，同时也存在一些明显的不同。从 20 世纪 70 年代起，一些管理模式就把教练当作一种旨在提高绩效的监管形式或能力。Mike Jay 指出，虽然今天教练行业的知识、技能和方法经常被用于管理，但是管理人员不同于教练，它对于管理对象负有责任、权威和义务。

比如，教练和咨询经常会重合，但是他们不是同义词；教练注重提出正确的问题，而在多数情况下，咨询关注提供正确的答案。

Schein 提出了以下的不同：

> 教练应当具备在流程顾问、内容专家和诊断专家 / 开处方者这些角

色中轻松转换的能力。然后，教练的终极技能是评估当时当地的实际情况，从而找到适合自己的角色。

Grodski 和 Allen 表示赞同，并指出，通过将这些角色看作是互为补充，我们可以从面向服务的定位看待教练业，它支持着咨询顾问对问题的解决方案的实施。

根据 David Jamieson 所述，组织发展的目的是提升组织的绩效、组织对未来变化的兼容度（特别是与知识的传播有关）和个人成长（即技能、知识和个人潜力）。在这一专业的框架内，教练可以视为一种组织发展干预，对特定情况中的客户十分有用。虽然教练和 OD 二者都与变化有关，不过，总体看来，组织发展首先关注较大的系统，而教练首先关注个人。并且由于组织变化要求个人变化，顾问通常与企业领导合作，发挥领导在这一变化过程的作用。

当把教练看作一种组织发展干预，组织发展专家们可以使用咨询教练的方法来获取可预见的商业成果。组织发展顾问可以在教育和建议管理人员为改变做出更大的努力的同时，使用调查和发现来提升管理人的意识和责任感。最后，尽管组织发展和商业教练都关注商业环境下的成果，教练也可以关注与特定商业成功有关或者无关的个人成长。

客户

教练的客户主要为非临床人群，通常是关注发展和成果的个人或小群体。无论客户或环境怎样，教练只解决非临床问题。不过这并不妨碍教练与属于临床人群的人员合作，虽然这种干预可能通常是关于找到实现生活平衡的更好办法，提升关系，或者让工作更有效率。比如，一名教练可以与一名患有焦虑、抑郁或者注意力缺失紊乱症的客户合作。然而，如果一名教练没有经过合适的训练和认证就与他人合作来减轻上述症状，那么他们明显是超出了自己的职能范围。

心理学

客户群体或许是区别心理学跟教练与教练心理学的最重要的因素了。Cavanagh 和 Grant 指出，教练和教练心理学“通常与非临床或非焦虑症人群打交道。这使教练的环境与其他临床和咨询干预的环境差异很大”。

心理学通常致力于临床人群，虽然人本心理学、临床心理学和咨询心理学的方法也被用于非临床人群。Marilyn Atkinson 认为教练和这些心理学分支的主要区别在于客户的设想和期望。一个例外就是恢复性教练，其客户被 Leonard 和 Larsen 定义为“处于情感治疗过程中，接受 12 步程序的患者，或者因为某种原因而学习基本生活技能的人”。Kiel 指出“教练”这个词对于非临床人群非常有用，“因为这一比喻说法作为一种避讳的方式，很受商界和非商界的欢迎”。

商业

这一领域通常假定客户为非临床人群，采用的方法取决于客户和服务申请方——个人或组织。教练活动多关注个人，而管理和组织发展顾问通常为整个企业服务。根据 Ginny Storjohann 所述，“组织发展的主要客户是组织，虽然在组织干预的环境中会有对个人的干预”，不过，很多教练，其中非常有名的要算 Marshall Goldsmith，也采用了一种系统方法，关注客户周围的人。

道德标准

一般来说，教练的职业道德和标准以价值为导向，涉及教练的能力、诚信和专业精神，以及对客户的权利和尊严的尊重。Sork 和 Welock 认为，制定教练行业中的道德准则不仅是必需的，而且还能带来多种好处。它能够避免从业者的擦边球行为，有助于督察机构制定政策，在一定程度上保护客户免受违背职业道德的行为的侵害，以及用于从业者的职业准备。这样一种准则还能够使教练实践中的道德维度更加清晰，而当监督机构执行这种准则时，可区分持有执照的教练和不遵守准则的教练。

Law 表示，“道德思想和原则在很多专业机构通常以自律的形式体现……（且）其主要目标是保护客户和公众免受危险行为的损害，从而为客户创造效益、确保安全、保护客户、管理行为界限和冲突”。Law 以教练心理学家为例，将教练心理学家的道德准则总结如下：

> 不损害客户及其组织的利益，并为其最大利益行事，履行保密义务，尊重文化差异，在所有工作中有效运用最佳实践，帮助客户做出知情选择，负责提升其绩效和幸福感，以及认识到我们作为教练心理学家的职责。

自 1994 年起，IAPPC 便认识到了教练的职业道德和标准的重要性，并且成立了一个常务委员会来监管此领域。自 1995 年起，PPCA 开始要求其成员同意遵守一项道德准则，具体包括以下方面：客户保护、利益冲突、个人利益、保密义务、表达的准确性、（在我们无法服务客户时）让客户获得训练的机会、尊重所有教练，以及违背职业道德的行为界定。正如 Breeze Carlile 所说：“我们并不是在白费力气做重复的工作……我们亲身去了那些地方（美国人力资源管理协会和其他成功的人力资源组织）并审查了那里的道德情况和道德标准”。1997 年，制定了《国际教练联合会专业道德宣言》，具体包括以下方面：遵守教练与客户之间的协议、坚守自己的底线、利益冲突、保密义务、尊重他人并提供富有建设性的服务、善于纳谏、专业精神、保持职业距离和发挥模范作用。20 世纪 90 年代后期，ICF 开始使用 PPCA 在与 ICF（于 1998 年）合并之前所制定的资料。Raim 说道，“PPCA 在其他方面做得远远比我们（ICF）好……整个道德准则和认证过程”。

Hayden 对此表示同意，“ICF 的大部分道德准则和标准资料都来自 PPCA”。1998 年 8 月，ICF 道德指南获得批准，涵盖了教练关系和合同、客户保护、保密义务、利益冲突、推荐和终止，以及违背职业道德的行为等各个方面。之后，2000 年年初，ICF 道德准则修订版发布，包括了有关教练学的理念和定义、道德宣誓和 18 条行为准则等方面的内容。此外，它还规定了一套核心能力，其中包括遵守道德标准。

根据 Patrick Williams 所述，科罗拉多州在 2001 年—2003 年期间尝试以立法的形式将教练学纳入该州的“广义心理治疗学”定义之中。Williams 继续透露，在科罗拉多州教练联盟基层人员的努力和北美洲几个主要的专业教练协会的支持下，他们成功地在 18 个月后（2005 年）修改了法案，使教练行业被免于立法监督。2009 年，为保护客户，以色列政府官员设法规范教练行业。

2002 年—2003 年，很多专业教练协会或发布了它们的首套道德准则，或修改了其现有的准则。例如，2002 年 7 月，ICF 修订了其道德准则，以“进一步阐明我们的教练学理念和定义、我们作为 ICF 成员的宣誓……以及我们作为教练所同意秉持的道德标准”。2003 年 3 月，ICF 再次修改了其道德准则，制定了一般职业行为、与客户相处时的职业行为、保密 / 隐私和利益冲突等四个方面的道德行为准则。2003 年 10 月，经咨询工作小组修订后，WABC 重新发布了其前身 NABC 曾于 1999 年 11 月发布的“会员自愿遵守的道德和行为准则”。2003 年 2 月，IAC 发布了其道德原则和准则。根据 Barbara Mark 所述，“该道德准则本身……实际上大部分以 APA（美国心理学协会）的准则为基础”。2006 年 6 月，IAC 准则进行了修订，与其他教练协会的道德标准更加一致。2003 年 4 月，AC 首次发布了其道德和行为准则，并且其格式至今依然基本保持不变。2003 年 9 月，EMCC 通过了其道德准则，该准则：

> ……通过广泛咨询各教练和指导组织而制定，并大量采用了美国国家就业培训机构（ENTO）、ICF 和英国教练协会的道德准则的内容。

最后，ECI、APECS 分别在 2005 年 3 月和 2006 年 1 月发布了各自的道德准则。

这 7 个发布了道德准则的专业教练协会，各自都具有详细的投诉程序来处理道德问题投诉和违背职业道德的行为。这些准则虽然结构不同，但却存在很多相似之处，包括原则和理念、资质、客户利益意识、遵守客户协议、保密义务和不歧视原则等。此外，其中有 6 个协会的准则中涉及了尊重客户的权利和尊严、积极进行职业反思和保留记录等内容。

另外，所有准则都着重强调了尊重多样性和不歧视原则。例如，APECS 准则提倡“差异意识和敏感性”；ECI 准则支持“文化、区域和语言差异”意识，并且指示其成员“不得在知情的情况下参与或纵容不公平的歧视性行为”；EMCC 准则采取了略为不同的表述方式，“尊重多样性和提倡机会平等”；而 AC 准则提醒其成员“要注意文化、区域、性别和种族问题”；IAC 准则也要求其成员保持“文化、个体和角色差异意识”；WABC 准则建议其成员避免“所有导致性别歧视、种族歧视或任何其他形式的歧视的行为，以及骚扰客户、其同事、其上级或与他们发生不正当关系的行为”；最后，ICF 准则认为教练必须“尊重他人，视他人为独立和平等的人”。

WABC、ICF、IAC、ECI 和 EMCC 准则都明确规定了禁止与客户发生性行为；APECS 准则则概括性地规定了禁止利用客户；AC 准则要求教练“考虑他们可能保持的任何双重关系的影响”。

欧洲和北美洲的专业教练协会的道德准则之间存在一些差异。欧洲的专业教练协会均要求对教练行业进行监督：EMCC 和 APECS 要求将监督报告返回给专业组织；AC 要求教练“为他们的工作提供定期的咨询支持”；ECI 准则虽然没有明确提到监督，但规定了“教练需要监控他们的工作质量并寻求客户和其他专业人士的反馈意见”。

北美洲的专业教练协会没有要求，甚至没有建议此类监督。IAC 准则提到了对下属的监督，ICF 准则要求教练在训练或监督学员或助教时其行为要符合 ICF 道德准则，而 WABC 在其准则中没有提到监督或任何相关问题。

继续职业发展是两个大陆的组织之间的又一不同之处。欧洲的三项道德准则均提到了这个主题，而北美洲道德标准却无一直接提及。在欧洲组织中，AC 道德标准特别规定了教练“每年至少投入 30 小时用于教练理论和实践方面的继续职业发展”；APECS 准则建议教练“持续学习和增加其专业知识与技能”；EMCC 准则要求教练“通过参加相关培训和适当的继续职业发展活动来培养和提高其能力水平”；ECI 也提到了“相关培训和适当的继续职业发展”；IAC 则要求教练“持续努力维持其使用的技能”；

WABC 和 ICF 未提及这个主题；但是，它们的证书授予要求中都规定了更新证书所需的最低持续培训要求。

其中一些准则也不同程度地涉及关于教练的自身限制的类似主题。例如，APECS 准则提到教练有“照顾自己”的责任；AC 准则提到教练应“保持自身健康和训练适宜度”；ECI 规定“教练有责任将其训练适宜度监控和维持在能够提供有效服务的程度”；IAC 建议教练“注意其自身的特定能力和限制”，以及“认识到他们自身也可能遭遇个人问题而对教练 – 客户关系造成不良影响”；ICF 准则里有这样一段话，“我将时刻注意可能会损害、干扰我的教练水平或与其发生冲突的个人问题”；WABC 和 EMCC 则均未在其准则中提及这个主题。

APECS 道德准则与众不同的一点是提及了公平和正义、遵守“支撑道德思想和行为的基本原则”，以及要求教练在面对问题时应采取积极主动而非被动反应的解决方式。例如，当出现困难时，教练应“主动向发起人或主管当局披露相关信息……（以及）客户应享有在第一时间知情的机会”。EMCC、ICF 和 IAC 涉及了相同的情况，但仅提到教练应通知主管当局。

至于另一个主题——利益冲突，EMCC、ECI、IAC 和 ICF 均有涉及，而 APECS 没有。但是，如上所述，APECS 提到了“公平和正义”、“坚持建立优质和高度健康的关系”、做“有益于所有人的事情”和避免“任何可能伤害他人的行为”；AC 要求教练“考虑双重关系的影响”；而 WABC 未提及这个主题。

本章节说明了教练学领域的道德演变，体现了随时间而发生的趋同过程。在教练学领域达成统一的道德准则之前，各道德准则之间都将因文化、客户关注点和基本理念的不同而持续存在细微的差异。或许有一天通用准则会被制定，但目前最重要的是每位教练都遵守某种道德行为准则。

心理学

心理学领域和教练学领域的道德与准则有所不同主要是因为客户群的差异。根据 Dorothy Siminovitch 的观点，接受心理治疗的客户不能完全发挥其能力，因此需要额外保护。Ho Law 同意这种观点，并写道：“教练心理学与心理辅导和治疗不同，它需要我们采取不同的态度，具备不同的知识、技能，并将道德思想作为我们专业能力的一部分。”

Law 关于教练心理学中的道德原则的论述，强调了教练学和教练心理学之间，以及和其他心理学之间的差异。他认为教练心理学家的道德行为准则，包括以客户及其所在组织的最大利益行事且不伤害其利益、履行保密义务、尊重文化差异、有效应用最佳实践、帮助客户做出知情的选择、负责提升客户的表现和自我幸福感，以及认识到教练心理学家应有的职责等多个方面。毫无疑问，他在这些方面的观点几乎与所有专业教练协会是相似的。

商业

道德准则存在于人力资源、培训和组织发展行业当中，并在总体上提升了个人的心理健康和责任心。从世界范围来看，组织发展行业在 1981 年开始了一项由 25 个国家的 600 多名人士共同参与的活动，以共同制定《组织和人类系统发展专业人士的价值和道德声明》，以及一份“注释性声明”和一份“CREDO”摘要。“CREDO”和“注释性声明”由 Richard Beckhard 和 Robert Tannenbaum 在内的几位组织发展行业领航人签署为工作声明，并于 1996 年 7 月获得通过，具体涵盖了依据一系列行为指导性核心价值和原则分类的道德指导原则。这些指导原则包括尊重、包容、合作、真诚、自觉和赋权。与教练行业标准相似，组织发展标准不允许或禁止对咨询者技能进行不实陈述、专业 / 技术不合格、滥用资料、串通勾结、强迫、承诺不切实际的产出、欺骗或利益冲突等。

美国的人力资源管理协会（Society of Human Managers，简称 SHRM）也围绕核心原则、目的和指导原则制定了一套道德准则和职业标准。该准则包括了职业责任、职业发展、道德领导、公平和正义、利益冲突和信息使用这 6 个方面的规定。如上文所述，IAPPC 在制定其准则时也参考了 SHRM 准则。

知识体系

当一个新的学科兴起时，通常并不存在构成一种知识体系所需要的理论和方法。这肯定也是早期的教练从业者所面临的情况，所以他们便借鉴了心理学、个人成长学、组织发展学和领导学的工具与模型并加以改变。例如，Richard Kilburg 指出，高管教练学的知识体系据说融合了“传统的组织发展方法、成人教育学、管理培训学、工业与组织心理学和通用的咨询技巧”。

这种借鉴其他学科的理论和方法的倾向并不仅仅存在于教练学当中。据 David Jamieson 所述，组织发展学在很大程度上（但并非完全）依赖于行为学科的知识和技术。Edwin Nevis 和 Fred Kiel 亦指出，心理治疗学中使用的很多方法都是组织发展学中改编而来的。

与其他心理学专业的知识体系相比，教练心理学的知识体系重点强调了教练学本身。例如：

> 教练心理学区别于其他形式的心理学的特点之一是其知识基础的宽广，而非其唯一性……教练心理学家可能会使用临床环境中形成和发展的理论和技术（如认知重构法、焦点解决短期心理治疗法），但这些技术在用于教练学时，其具体内容、形式和节奏往往大为不同。

尽管教练学专有科学文献正在发展，但“由于缺少具体的、经实践检验并易于获取的教练学专有研究文献，导致教练心理学家被迫借鉴范围更广的行为学文献，并加以改编，使之适应教练学应用”。实际上，Cavanagh、Grant 和 Kemp 就写道：“行为科学可能是教练学知识体系的主要来源，因为教练学本质上就是关于实施和维持人类与组织变革的——而这正是行为科学的重心之一。”（第十三章循证教练学论及了通过研究来发展教练学专有知识体系。）

教练学专业文献

专业文献代表了一个学科的正规知识体系。Imel 指出，专业文献非常重要，“不仅因为它包含了使该领域独树一帜从而区别于其他学科的信息，更因为它表明了我们对该实践领域的了解程度”。

正如我在前面所提到的，20 世纪 90 年代之前，无论是对教练行业的实践或教练学这一专业学科，我们都所知甚微。而在 20 世纪的最后十年里，开始出现关注专业教练的学术论文和期刊文章。很快，有关教练学的期刊文章、协会和培训期刊，以及行业出版物便呈几何级数的增长。图 31 显示了教练学相关期刊文章、协会和学院出版物，以及行业出版物总数的年增长量，但其中的分类不一定特别清晰。

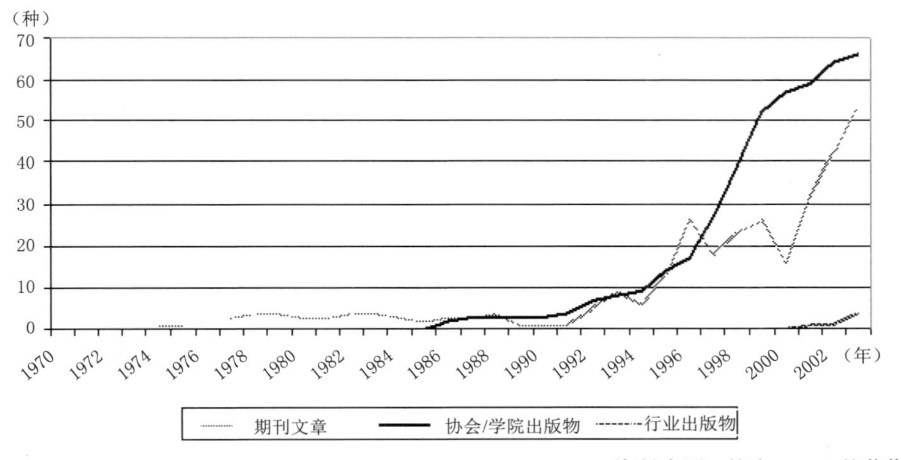

资料来源：摘自 Brock 的著作

图 31　1970 年—2002 年的教练学文献

对于教练学来说，专业文献涉及的是教练的业务及其教练技能的职业发展。教练学专业文献包括专业期刊、学术论文（博士和硕士论文）和教练从业者用书。

1992 年，随着 John Whitmore 爵士的《高绩效教练》（1992）一书的问世，教练学文献逐渐兴起。1996 年，有关高管教练学的循证专刊首次出现在美国心理学协会的《咨询心理学杂志》中。20 世界 90 年代末期，当 Fredric Hudson 的《教练手册》（1999）和高管教练论坛的《高管教练手册》出版之后，专业教练期刊开始纷纷涌现。

《高管教练手册》的发展历史是早期教练领域合作和创新阶段的典型代

表。1999 年春季，由大波士顿地区的众多高管教练、高管发展管理人和人力资源专业人士组成的一群人士开始定期召开一系列会议，讨论如何制定和维持高管教练行业实践的最高标准，并最终制定了用于其自身实践和所在组织中的原则与指南。2000 年 5 月，他们决定自费出版和免费发放《高管教练手册》。以下这段从第一版《高管教练手册》节选的文字仍然能够体现他们所做的努力：

> 我们制定本手册的目的是确立高管教练学——一个由其所服务的群体，以及高管、教练和赞助公司之间的三方合同关系严格定义的实践领域——的定义、指导原则和标准。我们的目标是与更多人分享本手册中提出的标准。我们希望促进能够提高高管教练行业专业化水平的持续对话和进程。

2001 年，最初的合作者当中的部分成员成立了高管教练论坛（TECF），以延续相关讨论，改进《高管教练手册》，并成立一个网站来推广他们的成果。此后，这个松散的教练学专业人士团体开发了一个教练胜任能力模型，并在他们的网站上添加了很多资源。《高管教练手册》在超过 25 个国家中被成千上万的专业人士所使用，并被很多教练培训课程定为标准读物。

根据 Grant 和 Cavanagh 所述，讨论教练学的期刊文章早在 1935 年就已出现，之后每个五年期内出现 0 ～ 8 篇，直至 1985 年—1989 年五年期间达到 12 篇。在接下来的两个五年期内，期刊文章的数量从 1990 年—1994 年的 12 篇增长到 1995 年—1999 年的 29 篇，然后又增长到 2000 年—2003 年 11 月的 49 篇（第十三章提到了同行评议的循证文献的出现）。

教练学出版物

直至 2000 年，专注于教练学的杂志或期刊仍然没有出现。但目前已有 8 种以英语出版的循证教练学杂志或期刊，其中有 7 种与专业协会相关，包括 EMCC 出版的《国际导师和教练期刊》、CIPD 出版的《职场教练指南》，以及《国际组织内部教练期刊》和《国际教练心理学评论》。

此外，还有 9 种非循证教练学杂志期刊，其中 7 种与专业教练协会有关，另外两种为独立杂志；独立杂志如《选择》和《基督徒教练学杂志》，协会杂志如《教练世界》和《全球商业教练》。2007 年 8 月，有一本由 Leonardo Esteban Ravier 主办的西班牙语出版物开始以 *Coaching Magazine*：*Desarrollo Personal Y Organizacional* 为名称出版，现已更名为《国际教练杂志》。

同样，如果没有专业教练协会，那么过去和现在的大部分出版物（参见表 11）都不会存在。在过去存在的 6 种出版物中，有 5 种系由专业教练协会创办，1 种是独立的。在现存的 17 种出版物中，有 13 种（76%）系由专业教练协会创办，4 种（24%）与专业教练协会无关。

表11　教练学出版物（不含循证杂志或期刊）

出版物	编辑	协会	开始	结束	出版周期	可获得性
行动中：专业和私人教练学杂志	C.J. Hayden	PPCA	1995年秋季	1997年冬季		仅会员
教练协会公报		教练协会	2003年2月		季刊（在线）	赠送
全球商业教练		世界企业教练协会	2005年春季		季刊（在线）	赠送
选择：专业教练杂志	Janet Lees		2003年9月		季刊（纸质）	购买
教练术快报		ACA	1995年春季	1997年夏季	季刊	仅会员
行动教练		北欧教练联盟	2000年9月		（纸质）	仅会员
教练业内幕	Susan T. Austin		2005年2月	2006年2月	双周刊（在线）	赠送
基督徒教练杂志	Jerome Daley		2007年秋季		双周刊（在线）	购买
教练世界		ICF	2001年8月		月刊（在线）	仅会员

（续表）

出版物	编辑	协会	开始	结束	出版周期	可获得性
指南：同行协助、教练和指导杂志	Rey Carr	同侪资源网络	2001年		年刊（印刷版和在线版）；经同行评议	仅会员
ECI快报		欧洲教练学研究院	2004年1月		月刊（在线）	赠送
IAC之音		国际教练协会	2004年1月			仅会员
教练日程		IAPPC	1994年7月	1995年11月	月刊（纸质）	仅会员
教练新闻	Judy Feld	ICF	1995年5月	2001年7月	月刊（在线）	仅会员

资料来源：摘自 Brock 的著作

根据文献和采访资料，我调查了教练学出版物自 1995 年以来的数量增长情况。第一本出版物为 IAPPC 在 1994 年 7 月至 1995 年 11 月期间出版的一份月报。该月报后来被 PPCA 的一份纸质期刊取代。这本期刊在 1997 年因 PPCA 与 ICF 的合并而停刊。1996 年 4 月 11 日，ICF 开始出版自办快报《教练新闻》，后来于 2001 年 7 月左右被《教练世界》取代。此外，美国教练协会（American Coaching Association，简称 ACA）的在线快报也于 1995 年开始发行，直至 1997 年停刊。北欧教练联盟于 2000 年 9 月开始出版面向其会员的《行动教练》，同侪资源网络在 2001 年出版了第一期《指南》。但在 2003 年之前，所有教练学出版物都只针对会员发行。

2003 年，《选择》杂志开始出版（详细信息请见第十三章）。3 种同行评议杂志也于同年分别在澳大利亚、英国和美国开始出版。AC 同样选择在 2003 年开始出版其季刊。2004 年 1 月，ECI 和 IAC 的期刊开始出版。2005 年 2 月至 2006 年 2 月期间，Susan Austin 在 Harnisch 基金会的资助下出版了《教练业内幕》（一本促进教练团体发展的电子杂志）。有关这 8 种循证教练学杂志或期刊（包括4种在2005至2008年期间开始发行的杂志）的信息，请参见第十三章。

在23种已知出版物（包括循证杂志期刊）中，有4种为与教练组织无关的独立出版物，8种为同行评议出版物，8种为赠送性出版物，8种仅面向会员发行，3种仅面向会员发行或用于出售，4种用于出售。9种非同行评议出版物仍在发行，其中1种始于2000年，2种始于2001年，2种始于2003年，2种始于2004年，1种始于2005年，1种始于2007年。在8种同行评议杂志或期刊中，3种始于2003年，2种始于2005年，1种始于2006年，2种始于2008年。

书籍和杂志或期刊仍然占据着教练学文献的核心地位。在1992年之前，教练学书籍主要涉及管理者为提升绩效所使用的教练术。第一部专业教练用书由John Whitmore于1992年编写，第二部由Robert Hargrove于1995年编写。20世纪90年代后期，便于公众了解教练学的普及版图书开始出现。Laura Berman-Fortgang和Cheryl Richardson分别于1998年和1999年创作了自我教练用书并非常畅销。

今天，教练行业可利用的信息范围已大为扩大。相对于书本来说，期刊（包括定期发布的期刊、杂志和报纸）提供了更多最新的、经同行评议的资料。之前在一定范围以外可能不易接触到的书面文件（如项目报告、手册、区域性或国家性出版物、调查表和会议记录等）现在也能够获得。互联网中也存在大量资源，包括电子邮件讨论组、电子杂志和网站。

其他可以归类为专业文献和普通文献的教练学相关出版物还包括相关网站、个人从业者提供的快报，以及近年来出现的博客。2002年，ICF报道称其会员发布了36篇电子快报，拥有20个定期的报纸专栏，并在广播、电视或报纸上定期出现了41次。2001年，Thomas Leonard建立了一个门户网站CoachVille.com，并使用“每个人都是教练”作为宣传口号。最后，2008年，一个由Harnisch基金会投资的名为The Coaching Commons的门户博客网站出现。该网站被称为“探索和追求极限可能性的地方”。（有关CoachVille和Harnisch基金会的详细信息，请参见第十三章。）

资质认证

本书撰写之时，教练行业中尚没有一家公认的资质认证组织。咨询、组织发展或管理行业中也没有这样一家组织。我所说的“资质认证组织”是指类似于注册会计师的认证机构，或者心理咨询行业中的美国心理学协会那样的组织。Skiffington 和 Zeus 指出，因为“在培训和学术标准、能力要求、道德准则或持续职业发展上未达成一致”，所以教练行业不存在共同的资质认证标准。例如，ICF 和 IAC 标准都规定了能力、最低实践小时数和教练专项培训等相关要求。ICF 认证则尝试解决对专业化和统一的教练行业规定两方面的需求。专业化也是 PPCA 的期望之一。根据 John Seiffer 所述，1996 年—1997 年，PPCA 和与 ICF 合并之前“就已经在资质认证领域做了大量的工作”。正如 Margie Heiler 指出的，“华盛顿州在 1997 年—1998 年左右打算规范教练和治疗师行业，因此……（ICF）成员共聚在一起提出进行认证审核……否则各州的规定各不统一”。1998 年，ICF 推出了他们的认证课程。ICF 声称推出该课程的目的，除了确保教练和教练培训机构满足最低标准要求并向公众做出保证外，还包括“促使专业教练形成一种独立、自律的职业”。Galbraith 和 Gilley 将专业认证定义为“专业协会或组织衡量从业者个人能力的一个自发性过程”。

认证标准通常包括经验、培训、指导（有时称为监督）和能力要求。例如，ECI 为个人提供教练认证，以“证明他们的培训和经验……（和）吸引更多客户”。IAC 寻求“促进通用教练标准的持续发展和应用”，而 ICF 针对其认证课程设定了三重目标：

1. 建立和管理用以认证专业教练和教练培训机构的最低标准；
2. 向公众保证从业的教练和教练培训机构满足或超过最低标准；
3. 促使专业教练形成一种独立、自律的职业。

WABC 声明其认证课程的目的是“通过参与建立和维护公众信任的自律活动，为成员设定全球最高的道德、诚信和职业责任标准”；EMCC 不提供个人认证，但它是一个提供认证标准的独立机构。表 12 比较了各个专业教练协会的认证标准。

表12 专业协会的认证标准

	ECI	EMCC	IAC	ICF	WABC
个人证书等级	WECI、PECI、CECI、SECI、MECI、FECI		IAC-CC	ACC、PCC MCC	ChBC™ CMBC™ CBC™
笔试	否		是	是	否
口试	是		是	是	否
能力	否		9	11	15
经验	是			是	是
培训	是			是	是
参考书目	是			是	是
课程认证	短期研修课程	基础课程 中级课程 执业级课程 大师级课程	否	计时课程	执业级课程和大师级课程
道德标准	是	是	是	是	是

资料来源：摘自 Brock 的著作

需要注意的是，认证不同于许可。许可是一些职业的强制性法律要求，而认证则是基于对教学指导性课程项目的测评。2006 年，Patrick Williams 写道，“目前我们对教练没有许可要求”，并进一步指出科罗拉多州于 2005 年通过的咨询法特别注明“不适用于接受过教练专项培训并仅以教练身份服务客户的专业教练”。相反，心理学家要从业则需要达到严格的资质要求并取得执业许可证。（第十三章循证教练学论及了建立教练心理学家资质要求的相关行动。）Marcia Bench 指出，即使是职业规划专业人士，要在美国大多数州从业，也是需要具备硕士学位的。

目前人们对教练学的证书授予和认证，以及教练是否是一种职业存在着不同意见。正如 Bergquist 所述：

> 每种职业刚开始兴起时，那些欲使之成为一种专门职业的人都会在后面提供助推力。我们需要认证，我们得要说出来：“这样是对的，这

样是不对的。”这就是典型的职业文化。而与之相对应的，职业文化的力量越强，反主流文化（另类文化）的力量就越强。那就是当教练这种职业兴起时会出现的助推力。

Linda Miller察觉到这样一种危险，即教练行业可能“正处在一个多种不同的证书、认证方案并存的阶段，然后就会全盘散架”。确实，2009年的ICF证书方案问题引起了ICF成员和持证教练的关注。一些人呼吁制定全球性的教练证书方案，而另一些人则呼吁禁止所有的证书方案。

准备工作

当今的教练可选择的准备选项之间差异很大，正如咨询、培训、人力资源、组织发展和领导力培训等相关学科一样，且法律上也未做任何规定。此外，教练服务被纳入了很多咨询和新职介绍公司，而管理者通常被称为教练，无论他们是否接受过此类培训。正如Richard Bentley所认为的，“有些人是天生的教练，或者在组织内部有教练的风范……（以及）我们应当将管理者培训为教练”。

相反，很多人认为所有的教练都必须具备基本的心理学知识。用Frederic Hudson的话来说，就是“你要知道你在辅导时不能越过的界限”。Pam McLean持有相同的观点，并且认为最低要求应当包括“四个基本方面……理论和概念；理解自己作为教练的身份，理解教练过程，以及教练实践”。

我所采访的其他人（包括Ken Abrams和Judy Feld）则认为设置一些准入门槛是必要的。如Feld所述，这个职位：

> ……不存在排斥性。它与质量标准相关……我认为，大学是严谨的专业人士寻求教练教育，而非教练培训的场所……（因此）我们仍然需要优秀的商业学校。

教练专业的知识要求

无论是相关文献还是我采访过的人员，均在熟悉或精通其教练领域的重要性上产生了分歧。有些观点认为教练选择执业环境（如企业、家庭或组织）时应当基于其经验或专门知识，因为这有利于和客户快速建立有效的关系。其他观点则认为教练在其所专注的领域拥有经验是十分重要的。Jordan Goldrich 谈到“大型组织……将他们对教练的期望制定成标准……（以及）希望你在一些相关领域成为大师级的人物”。

对于非教练专业知识的需求或信念可以体现在以下三种不同的方法中：洞察力、内容和过程；注重结果；信念或循证的基础。

应用洞察力、内容和过程方法的教练需要具备有关其教练领域的知识及促动技术。注重结果的教练需要熟悉目标导向型模式和技术。基于信念的方法可能涉及个人经验、实际教练知识和个人成长技能三方面的组合要求，而循证方法要求熟悉来源于研究、理论和实践方面的数据。

通过洞察力来执行工作的教练所共同持有的基本信念是客户自有答案；因此，他们关注于帮助客户弄清楚客户自己想要什么。Marshall Goldsmith 和创新领导力中心（使用 360 度评估和反馈）是这种方法的典型例证。相反，基于内容的教练从教育学、商业和心理学等特定领域获取专门知识。内容教练术也可能关注于特定的商业、陈述或影响技巧。过程教练术关注于帮助人们弄清楚他们所想要的，如何去做，然后坚持到底。过程教练术的例子包括 CTI 的共创式教练模式，该模式是由精通行为变化过程的心理学家和精通于帮助人们认清目标并达到目标的生命教练共同完成的成果。

以结果来衡量教练术的观点得出了一种完全不同的方法。Witherspoon 和 White 将一种著名的目标导向型教练术描述为以结果为基础（即基于与组织的成功相关的技巧、当前工作重心、策略、方法、行为、态度和观点）、以解决方案为焦点（即注重绩效，以及在问题行为损害生产力或导致职业偏离轨道之前将其纠正）、自我指导型（即关心职业发展和准备（通常作为继任计划的一部分）和不断进化（在最广泛的层面上完成工作和学习，从而达到更高的功能层面；通过心腹朋友、宣传媒介和信息反馈来增强个人意义和实现更平衡的生活）。根据 Otto Laske 所述，还有另一种方法关注发展（或成长）和行为变化（或者结果或绩效）。这两种变化可能单独或同时发生，但后者通常更为持久。这种方法被教练培训学院（Academy for Coach Training，简称 ACT）使用，其特点是“深化学习和促进行动”。根据 C.J. Hayden 所述，成长导向型教练术是“一种达到目标的手段”，而结果导向型教练术则是“将目标放在心中”。

Rushall 在论述体育时所提出的对基于信念型教练术和循证教练术进行比较是有关教练术的第三种观点。基于信念型教练术是一种传统的教练形式，其实践由个人经验、当前教练实践所依据的选择性的不全面的知识，以及自我信念或理念共同引导，从而正确进行高管教练活动。基于信念型教练术是除纽菲尔德网络、西部新企业和赫德森研究所之外的最早期的教练开发组织使用的基础方法。相反，根据 Grant 和 Stober 所述，循证教练术则是从医学领域借鉴而来。“循证”是指明智、慎重地使用当前最佳知识来决定如何向客户提供教练服务。这种方法在于使用从相关有效研究、理论和实践中所获得的当前最佳知识或最新信息。循证教练术所依据的知识领域包括行为科学、商业和经济科学、成人教育（学习和发展）和哲学。循证教练术自 2003 年起日益盛行，这主要归功于教练心理学家 Grant、Stober、Cavanagh 和 Kemp 所做的努力。

教练专项培训

教练领域提供大量的教练培训。教练培训课程自 20 世纪 80 年代中期就已开始存在，并在 20 世纪 90 年代末期出现了数量激增。最著名的非学术性培训学校均基于人类潜能运动中的哲学理论（主要由 Leonard、Whitworth 和 Erhard 提出）。这些学校有 CoachInc（包括 CU 和 Corporate Coach U，分别于 1994 年和 1998 年成立）、CTI 和 CoachVille 教练公司，以及由 ICF 认证的其他学校。（有关早期教练培训机构的详细信息，请参见第十章。）

学术界在 21 世纪进入了教练专项培训市场，教授与起源学科中的理论模型和理论相关联的系统课程。研究生学业包括教练从业者的学术准备。（学术型教练课程在第十三章中进行了阐述。）正如 Cervero 所指出，大部分专业的大学式研究和培训模型都是将“知识的生产和从业者的生产”

融入同一个结构内。到 21 世纪初期，出现了同行评议杂志、教练专业研究生学位、私人教练培训机构和学历证书课程，个人从业者创建了教练学知识库的大部分内容。自此，教练学就开始朝着循证教练学的方向不断移动，逐渐建立学术性从业者的专业基础。2003 年以来开始不断增加的研究，以及出现的两部循证教练学书籍、五种同行评议杂志和研究会议便是这一过程的证明。2005 年，由 Harnisch 基金会创建的教练学基金会 (The Foundation of Coaching，简称 TFOC) 致力于以下目标：促进和支持全球范围内的教练学相关研究；成为全球公认的教练学相关研究领域的领导者；提供促进高质量研究和全球教练学相关研究团体发展的资源。

该基金项目每年为教练学相关研究拨款 10 万美元，并在 2008 年实现了这些目标。该项目还与哈佛大学医学院的教练和积极心理学倡议组织麦克莱恩医院共同赞助了哈佛教工俱乐部的世界首个教练学研究论坛，获得巨大成功。在那里，众多国际性教练学研究人员共同提出了 100 个具有开拓意义的教练学研究提案，推动了教练学的专业化进程。（有关该活动的更多信息，请参见第十三章。）

在探索研究生学习作为一种职业发展经验所具有的价值时，Zeph 做出了以下论述：“从一种学历课程毕业，证明该人士已经学习了某个体系的知识、拥有特定的技能并具有从事所选职业的资格；完成研究生学业通常被视为职业化过程中的一大进步。” 2010 年，成立于美国的 GSAEC 正在确立教练的研究生学习中最为相关的知识领域和技能。GSAEC 完成了一个由教练基金会部分资助的项目，调查了 6 个国家并确定了开设教练课程的 214 所研究生院，具体分布如下：

- 澳大利亚：17 所；
- 加拿大：21 所；
- 英国、爱尔兰和苏格兰：52 所；
- 美国：124 所。

教练的自我界定

本章节介绍了教练的自我界定，即教练如何界定他们自己及其教练方法。在研究中，我要求教练通过他们的教练专业或工作，以及是否获得了正式的资质或完成了成为教练之前的正式准备工作这些方面来认识自己。

这种自我界定的负效应之一就是会造成分裂。用 Wendy Johnson 的话来说，就是“目前全世界有太多的专业协会、团体和网络宣称代表或提供针对商业教练、企业教练、高管教练、组织发展教练等各种教练的正式或非正式‘团体’”。这种分裂在这些团体的内部和外部均有发生，尤其体现在有关私人（或生活）教练与商业教练之间的区别所存在的辩论上。

教练工作和专业

很多教练工作和专业都衍生自从业者的传统学科，而且主要用于营销目的。仅仅经过 20 年的发展，教练学就已经扩展出一系列专业、理论框架和方法，但仍然是基于每位开拓者的传统学科的理论基础之上。从本体论教练学（Flores，Olalla，Echeverria）到绩效教练学（Gallwey，Whitmore，Alexander），从高管教练学（Kilburg）到人生教练学（L. Whitworth，T. Leonard），均是如此。在表 13 中，我列举了 43 种工作和专业，并根据领域进行了分类。一般来说，教练通常通过 5 ~ 6 种工作和专业对自己进行界定。

商务专业通过客户、客户职责、教练状态和教练重心进行分类。这一类别中的三个子类别包括：

1. 商业、企业家、组织 / 团队、专业销售、惯例构建、跨文化 / 多样性；
2. 领导、主管、管理；
3. 职业过渡、职业规划和发展。

表13　教练工作和专业

商业	商业和私人	私人
商业 职业规划和发展 职业过渡 跨文化/多样性 企业家 主管 领导 管理 组织/团队 惯例构建 专业销售	学术/教育/学生 注意力缺陷多动障碍 冲突解决 交流 财务 指导 个人生产力 减压 时间管理	成瘾 真诚 基督徒 表达能力 创造力 离婚 家庭 同性恋 诚实 生活目标 生活转变 生活（改变、赋予动力、自我表现） 生活方式设计 激励 抚养子女 人际关系 退休 自我照顾 性欲 心灵 青少年/儿童 幻想 幸福

资料来源：摘自 Brock 的著作

私人或人生教练关心工作场所以外的问题和情况，包括生活质量、人际关系、个人认同和变化。私人相关专业可分为五个主要的子类别：

1. 生活、生活目标、幻想、生活方式设计、激励、创造力、诚实、真诚、表达能力；
2. 人际关系、家庭、抚养子女、青少年/儿童、同性恋、性欲；
3. 生活转变、离婚、退休；
4. 幸福、自我照顾、成瘾；
5. 心灵、基督徒。

余下类别跨越了工作和私人界限，包括：

> 个人生产力、减压、时间管理、冲突解决、财务、指导、交流、学术/教育/学生、注意力缺陷多动障碍。

虽然我根据商业和私人类别对这些工作和专业进行了归类，但关于这种分类的可行性，教练领域内还存在着不同的意见。Margie Heiler 认为，“需要在各种背景下考虑被辅导的个体，而不是只考虑个体而忽略背景”。显然，目前为止被关注最多的背景是私人和商业背景；但在我采访的人中，有 10% 的人觉得私人教练和人生教练并没有多大的差别。例如，Lane 谈到了“商业和私人问题重叠的中间领域。这个（中间领域）是教练学出现的主要领域”。

Richard Boyatzis 更加明确地强调了这一点：

> 作为一个心理学家，如果有人对我说，“我把我的工作和个人生活分开”，我会觉得那是一种不正常的状态。早在弗洛伊德之前我们就知道，划分工作和生活实际是在分裂我们的个性。委婉点说，这是解体。严重点说，这是精神错乱。这是一种不健康的行为，也是我在谈话和讲课中一直说的一个问题。如果有人说，“这与个性无关”，显然他是个傻子，因为生活中的事情无一不与个性相关。

我所采访的其他人则认为商业和私人（生活）教练之间存在明显的区别。例如，William Bergquist 认为“私人教练的辅导对象是那些正在经历重大的生活或职业转变的人群，而组织教练的辅导对象是那些想要继续保持在当前环境中，以及更加有效地执行当前工作的人群”。

职能混合

教练工作和专业经常涉及多个学科的综合，从而导致职能混合。这意味着从业者需要在客户、情况或环境需要时使用其他学科中的技能。其他学科的从业者将教练学技能纳入其实践中时，也可能会出现职能混合。在本章节中，我将分别从工作和专业的角度（即其他学科渗透在教练学中，如高管教练学），以及对立的角度（即教练学渗透在其他学科的实践中，如教练心理学）看待职能混合。表 14 列出了有关教练学产生和受到影响的部分示例。

表14 教练学产生和受到影响的示例

学科教练	教练学
指导教练 高管教练 咨询教练 同侪教练 基督徒教练 职业教练 注意力缺陷多动障碍教练 退休教练	教练心理学 混合培训 管理者当教练 老师当教练 财务顾问当教练 健身顾问当教练

资料来源：摘自 Brock 的著作

高管教练学、同侪教练学、咨询教练学和指导教练学等几种教练学工作和专业混合了其他学科的职能。Richard Kilburg 写道："传统的组织发展方法、成人教育、管理培训、工业组织心理学和一般咨询技巧正混合在一起，共同定义高管教练学的一个分支。"与 Kilburg 持有相同观点的是 David Peterson，他将高管教练学定义为由成熟的顾问以顾问和宣传者的身份向高管提供的一种基于人际关系的咨询服务。

Kilburg 还提出了这样一个疑问，即"高管教练学是否只是从业者对他们在接触高管的工作中所咨询的重点和使用的技巧冠以的一个新名称而已"。5 年之后，Diedrich 和 Kilburg 写道："当咨询心理师被个人或组织所雇用……并为具有管理权限和责任的人士提供服务时，他或她就直接进入了高管教练学领域。"到 2006 年，出现了更多有关高管教练学的定义，这些定义有的很具体，有的很笼统，但无一例外都包含了职能混合这一要素。Agnes Mura 这样说道：

> 1996 年，当 PCMA 在专业高管教练团体中首次出现时，其 90% 的成员都是 ODN 或 ASTD 的成员……如果不是拥有培训、人力资源、建

导或其他学科中的一些其他背景，没有人会在某一天突然醒悟而摇身变成一位教练。

咨询教练学就是其他学科与教练学相混合的一个具体实例。说到这种组合，Cheryl Belles 声称，几乎没有哪种商业环境只要求单纯的咨询学或单纯的教练学，并且主张将教练学和咨询学的最佳组合视为一种增值。Ann Durand 同意这种观点，她说道："高管教练在更多意义上是咨询教练；它涉及更多的是咨询和指导，你需要组织发展知识和很好的商业背景才能跟你将要辅导的那类人群产生共鸣。" Jeannine Sandstrom 指出，很多教练组织在使用类似的模型，比如PDI和创新领导力中心都在使用混合咨询模型。

相应地，教练学也在影响其他学科，其中一些学科结合了教练学的职能和提供的方法，如教练心理学和混合培训学。教练心理学是教练学和心理学的一种正式结合。Grant 写道："教练心理学位于体育、咨询、临床、组织和健康心理学的交叉点。" Terry Bates 则更进一步，他认为所有的教练心理学家"都必须是合格的心理学家"。近年来的混合培训所提供的服务将培训与后续辅导联系在一起，是这种职能混合趋势的一个普遍的例子。

被视为一种专业

1997 年，Merriam 和 Brockett 列出了一个学科被视为一种专业所要满足的三个要求：专业协会、专业文献与信息来源（包括核心理论和模型、公认的定义、方法和边界），以及研究生学习。在文献这一点上，就连教练学的起源学科都不能全部达到标准，更别说教练学本身了。很多学科正在发展，但仍然面对着其内部的挑战。例如，社会学含有很多核心理论，尽管也具备研究生学习课程。另一个例子是培训学，尽管它拥有多个专业组织，但却缺少相关的哲学和理论基础。交流学也是如此，尽管它综合了其他学科并借用了其他社会科学的理论，也的确具备研究生学习课程。成人教育受到个人和社会不断变化的价值观和信念的影响，最终仍然未能定形。

一个学科正在迈向职业化的标志有哪些？就其表现来看，专业是由一个过程所导致的结果。就像企业的生命周期一样，这个过程受到社会经济因素和内部阶段演变的影响。关于教练学的专业化运动，以及这种运动可能带来的优势和面对的困难，我所采访的人员给予了一些提示。

William Bergquist 以医学为例，指出医学领域起初充斥了多种迥然不同的标准，而医学人士为医学标准化所做的努力却产生了非预期的影响。为制定标准而成立的医务委员会后来被迫就当时存在的医疗机构提出相关建议，结果导致服务于美国黑人、女性患者或从事替代医学研究的医学院全部被关闭。换言之，美国医学在其主管机构的努力下得以单一化，从而制定了标准。

Richard Boyatzis 针对专业化过程中的资质许可及其作用提出了问题："在 20 世纪 70 年代，我强烈反对人们在资质许可方面所做的一切尝试，因为……几乎所有资质许可运动都是将平庸之才纳入机构之中，而将团体排除在外。"这种排外情况可能出现在关于教练的执业方法或执业资质的规定中。在谈到这种排除情况时，Bergquist 指出，"有人开始对教练学中的分歧提出担忧，而有人对教练学领域趋于单一性做出指责"。换言之，一个学科在趋于成熟的同时，也变得更加死板。Jeannine Sandstrom 用"商品化趋向"一词来形容这种标准化的局限性。

Jim Selman 积极支持管理咨询学的专业化，但他对行业内部人士试图控制、拥有和获取地位的倾向提出了警告。他进一步说道：

> 我绝对赞成制定能力评估标准、准则和方法。如果这样就能使其成为一个专业，那我觉得我的确希望它成为一个专业。但另一方面，如果我们开始谈命名法、客观测验和很多其他东西，我想我们是在扼杀它的发展空间。例如，你可以试着把领导力相关内容编纂成册。但是最终，你只是在扼杀领导力的本质，这就是条条框框所导致的创造力的缺失。

并非只有 Bergquist、Boyatzis、Sandstrom 和 Selman 指出了专业化所面临的挑战。Elizabeth Crouch 说道："不管（一个专业）已经存在 5 年、15 年还是 50 年了，（它）都仍然需要就其所存在的目的教育自身和大众。”根据 Bergquist 所述：“每种专业兴起时，那些想要使之成为专业的人都会提供一种拉动力：我们需要认证，我们需要说‘这样是对的，这样是不对的’”。

尽管我所采访的很多人都以上述理由反对教练学的专业化，但也有一些人以市场观感、教练质量、技能、模型和理论基础为由，而同样强烈地呼吁教练学的专业化运动。很多受访者指出，虽然 ICF 在强调能力和道德方面做得不错，但这些只是整个蓝图的一部分而已。Judy Feld 表示，“在这些能力之上，我认为还需要更多的因素才能定义一个专业、熟练的教练……可能又回到了学术基础上”。

Ken Abrams 是支持对专业实施许可授予和管理的又一人，并且认为：“当我们把那些冒牌人士踢出之后，我们的专业就要简单多了。我思考了我作为一名保险代理人和金融专业人士所要效仿的模式；我将需要在州政府进行登记并保持我的持续教育和专业学位。”Richard Bentley 说道：“那些致力于成为专业人士的教练与那些仅仅将其工作视为一种挣钱良方的教练之间，人生教练与其他形式的教练之间，以及在教练的执业方法上，都存在着差别。”

很多人提及了行业准入标准的问题，本质上就是容他性和排他性的问题，以及它对于行业所产生的影响。许可、认证、专业会员和教育都可被视为行业准入的标准门槛。Rhonda Britten 提出了这样一个问题：“如果我们所有人都能够根据哪一个组织适合我们来选择所有这些组织，（并且）这些组织都有不同的规定，那么我们怎样才能做到真正的容他性呢？”

Richard Strozzi-Heckler 谈到了这样一种解决方案：

> 在伞状组织中，人们确认他们所看到的事物并使之优质化。它设有一种监督机制，要求教练学校具有一套课程体系并且倾听文化需求，以及社会在我们生活的期间所发生的变化。

根据 Terrence Maltbia 的观点，社会经济力量也影响着专业化运动；当市场需要教练学成为一个公认的专业时，“市场将需要我们对教练学进行整合，并在一定程度上说明什么是教练学，我们怎样进行认证，以及我们怎么判断一位合格的教练等等”。组织也在开始讨论这个话题。Jordan Goldrich 认为教练学被监管得更多即表明它正在获得更多的认可，并且指出“在组织中（特别是大型组织），采购部门决定着教练的选择标准”。

Drake 和 Stober 认为教练学必须构建：

> 一个遵循历史惯例而又以一种一体化观点逐渐发展的新型专业，从而实现创新性、创造性、灵活性、合作性和包容性。……教练必须认识到历史和文化环境与早期相比已经发生了重大的变化，因此目前建立一个专业和研究领域的很多需求与机遇是独一无二的。

Drake 和 Stober 将此视为一种机遇，并这样写道：

> 教练学可能会成为一个成功的后专业化学科，创造一种全新而有效的科学与服务的结合体，构建一个遵循历史惯例而又寻求新的身份象征的新式专业。

总结

教练学与其起源学科之间存在着一些基本的相似性，即它们都设法帮助客户改变和成长，但又因教练学的目的、职业者的职能，以及客户的需求和环境而存在着差异。正如 Chris Barrow 所述，“商业的首要目标是获利”，而教练学的目标是激发客户最大限度发挥他们的个人和专业潜能。

Coaching Technology

第三部分

教练学——一个发展中的专业

从业者、组织和专业领域增加的同时，教练学科也付出了代价。进入21世纪十多年，无论是教练还是代表他们的组织都仍然不能在这个学科的定义或要遵守的道德准则上达成共识。那些为教练提供培训或证书的组织也无法达成共识。因此，随着专业领域的增加，教练学的定义和从业者的方法也在增加。

导　　言

自20世纪90年代初期开始，专门从事教练学的机构、协会和杂志开始增加。这不仅显示了教练学出现的速度之快，还证明了它在从业者人数、专业数量和地域广度上的不断扩张。

然而，在从业者、组织和专业领域增加的同时，这个学科也付出了代价。进入21世纪将近十年，无论是教练还是代表他们的组织都仍然不能在这个学科的定义或要遵守的道德准则上达成共识。那些为教练提供培训或证书的组织也无法达成共识。因此，随着专业领域的增加，教练学的定义和从业者的方法也在增加。

例如，ICF主张“教练不向客户提供建议”和“客户自有答案”（ICF，1999）。其他教练学团体同样坚持认为客户雇佣教练的目的是为其提供专业知识、基于经验的建议和及时的建议。有些商业教练虽然同意教练不提供具体建议的观点，但在我追问时又承认他们为客户提供某种形式的咨询教练服务。最后，在被委托为那些想入行的人士教授学习课程时，很多自称为教练的人只是在他们的名片上增加了教练的头衔，然后在岗学习，经常还是由客户提供费用。

在行业之外，对于教练学的构成，以及一个人需要接受何种培训才具有从事教练的资格，客户和公众甚至感到更加迷惑。有些人期待某种形式的个人管理咨询，另一些人期待他们的教练帮助他们平衡其工作生活和私人生活之间的需求。一些客户将教练学当作他们之前接受过的心理治疗一样，即一系列持续数年的定期咨询服务。其他人则将教练学看作用于满足某种短期需要的具体、有限的干预。

一些寻求合理商务帮助的客户想知道，教练获得正式教练学校的认可是否比其在执教行业所拥有的经验更加重要。另一方面，那些寻求在生活和工作之间达到某种平衡的客户则存在这样一种疑问，即那些已经习惯于经理办公室的教练是否能够帮助他们制定一种课程，好让他们摆平婚姻、子女抚养和家庭经济这些相互冲突的需求。

以此为背景，第三部分探讨了早期教练培训机构、专业协会和循证教练学的学术运动。

第十章
早期教练培训机构

当我们谈到教练培训学校时，我们指的是什么？在当今世界，我们指的是提供课程以培训人们成为专业教练，或者（狭义上）在工作和个人生活中使用教练术的学校。

1990 年以前的教练培训公司

在 20 世纪七八十年代，教练培训具有完全不同的含义，它是指向人们提供观念、工具和技能，使其更加有效和成功，或培训员工，帮助他们变得更加有效和成功。例如，Pat Grove 拥有在 EST 训练和高管教练论坛中的背景，自 20 世纪 70 年代就开始在南非提供生命转变和本体论培训，而他的培训专业教练的 Pat Grove 教练学院直到 2000 年以后才成立。另一个例子是 1971 年开始于加拿大荷兰学院的加拿大生活技能教练培训，目的是为具有身体缺陷的求职人士提供生活技能。尽管使用了“教练培训”一词，其培训的对象是生活技能，而非我们今天所知的教练。

Rey Carr、Greg Saunders 和 David de Rosenroll 于 1981 年成立了同侪资源网络，通过 5 ~ 8 天的基本课程外加实习机会，为加拿大学员提供同行指导资源和培训。1997 年，他们增加了教练资源和培训，用于支持各种教练和教练资源的发展，同时避免出现干扰正常教练学的因素或状况。同侪资源网络是经加拿大政府正式承认的教育机构，同时充当相关文献的交易所，响应从业者的服务需求，以及创造和传播用于加强标准和实践的资源。

其他早期的教练培训机构均规模较小，采取在服务公司内进行培训的方式为客户提供教练术。英国有三家此类公司：Results Unlimited、Performance Resource Consultants 和 Alexander Group。

1980 年 12 月，Jinny Ditzler 成立了 Results Unlimited 公司，开始在英国提供生活蜕变和成功服务（现在称为教练学）。Ditzler 的背景包括在 1972 年参加 EST 训练，1980 年之前就职于 WEA 公司（包括在 1979 年成立了该公司的欧洲办事处）。她提供 8 ~ 10 周被称为 PEP 或个人效能课程，与今天的教练学非常相似。根据 Chris Morgan 所述，该培训过程以一对一的方式进行，“通过对话让学员发现他们的生活目标，最终认识他们的潜能”。客户会和他们的教练制订一个计划，每几周会面一次来评估他们的目标进展情况，并审视所存在的限制因素。教练所使用的关键技巧包括询问、倾听和反思。正如 Ditzle 所说：“我知道我需要和他们签订一个合同，大致意思是‘你承诺为此付出你的所有，承诺参加每次会议，承诺支付费用，承诺尽最大努力放下包袱和学习’，而我会承诺为他们付出我的全部。”后来，Ditzler 将 12 个月的课程集合在一起，创造了一种简单、可靠的目标实现过程。

1981 年 6 月左右，Ditzler 得到了英国顶级商业教练之一 Graham Alexander 的加盟。Alexander 将 Results Unlimited 描述为“应用启发”。1982 年，Ditzler 和 Alexander 开始为培训教练提供课程。1983 年 3 月，*The Standard* 报纸刊登了一篇关于 Ditzler 和 Results Unlimited 从事“个人咨询”（当时的叫法）的文章。

Results Unlimited 公司的很多成员都是通过 Werner Erhard 的课程认识的。首先是 Alexander，他当时是和 John Whitmore 一起工作的心态培训教练，后来是 Ian Prosser，紧随他们之后的是 20 岁的 Sally McGhee（曾经是 Werner Erhard 的饥饿项目主管）和 19 岁的 Ben Cannon（后来他在亚历山大公司和 Graham Alexander 合作，负责高盛集团的职业发展，直至久病之后在 45 岁去世）。Ditzler 通过 Results Unlimited 公司招揽了人才，授权他们去帮助他人，然后又放任他们离开。1990 年，当主要成员都各奔前程之后，Results Unlimited 便停止了存在。凭借这段早期的工作经历，Ditzler 和其丈夫目前在他们的居住地科罗拉多州经营着 Best Year Yet 公司。

John Whitmore 和 Graham Alexander 自 20 世纪 70 年代初就成为朋友，当时他们都对人类潜能运动抱有兴趣。1980 年左右，他们成立了 Performance Consultants 公司，通过使用心态技巧培训人们，称为体育教练。到 1980 年中期，他们已经发展到在商业中使用心态技巧。根据 Ian Prosser 所述，“Results Unlimited 公司和 Performance Consultants 公司一直有密切的联系，我们在业务上合作，并且我们在说话方式和工作方式上都有一种协同性”。1986 年，Alexander 离开了 Results Unlimited 公司和 Performance Consultants 公司，然后成立了亚历山大公司（该公司致力于帮助人们活得更加成功和充实，而反过来又让他们在商业中发挥更大的作用和价值）。当被问及 20 世纪 80 年代他们在英国的合作和联系时，Sally McGhee 将这支英国队伍形容为“每个人都热衷于做出贡献并把事情真正做好的部落或网络”。这个网络还包括心智图法的创立者 Tony Buzan、洞察力研讨培训的创立者 Russell Bishop 和 EST 训练的创立者 Werner Erhard。

很多教练培训方案都于 20 世纪 80 年代初期在美国涌现。Dave Ellis 是其中一种方案的开发者之一。1978 年，他在南达科他州拉皮德城美国国立大学成立了一个学生发展中心，用于帮助学生取得成功。这个方案后来演变成为该大学的一门必修课程，也是他在 1981 年去其他机构时所选的课程。和 Ditzler 一样，他为其他人提供教练培训，让他们能够提供人生教练服务。他为培训课程编写了《成为出色的学生》（*Becoming a Masterful Student*）一书，老师们开始打电话向他请教怎样使用这本书，所以他就雇佣一些人来做高校老师的教练，再由他们培训高校老师怎样做高校学生的教练。Ellis 在 1983 年开始为其员工提供教练培训，帮助他们活出精彩的人生。他对员工进行培训，并让他们相互培训。1986 年，Ellis 正式公开使用“教练学”一词，并将自己提供的培训称为“效能教练学”。Ellis 的背景包括 EST 训练和 Thomas Gordon 的父母效能培训，以及阅读了 20 世纪 70 年代初期的很多有关自助方面的著作。1998 年，Ellis 撰写并自费出版了《人生教练：一种帮助专业人士的全新职业》（*Life Coaching*：*A New Career for Helping Professionals*）一书。Patrick Williams 是他在 1999 年的第一批人生教练智囊团的早期参与者之一。当时，Patrick Williams 刚刚成立 Therapist U（后来发展成了 ILCT），并且一直使用 Ellis 的人生教练学材料，直到 2002 年出版了自己的书。Ellis 的培训发展成了觉醒培训课程，该课程在2004年2月得到了ICF的认证，面向想要成为专业教练的人员开放。

1979 年，Jay Perry、David Rosen 和 Susan Perry 在纽约成立了 AIP，为其演员成员提供一系列职业和生活发展服务（当时的演员行业失业率为 99%）。AIP 的口号是"表演是艺术，求职表演是商务"。

Henry Kimsey-House（CTI 的创始人之一）在 1980 年以演员身份加入了 AIP 并被聘用为销售经理，后来被提升为职业顾问。1983 年，Cynthia Loy Darst 刚刚从加州大学圣地亚哥分校的表演硕士学位毕业并来到了纽约。她进入 AIP 遇到的第一个人就是 Henry Kimsey-House。到 1986 年，她就离开了表演行业而为 AIP 工作。据她回忆，Henry Kimsey-House 教授的为期 12 周的课程叫作 RISK，意思是"彻底的生活清理"，并且前 6 周都是在清除你生活中不必要的东西，从而让你专注最重要的东西。

根据 Darst（PPCA 的前委员会成员和首批 CTI 导师之一）所述，"1986 年左右，我们开始在 AIP 做生活方面的教练工作"，Perry 将它称作一种"原始形式的教练培训"。在鼎盛时期，AIP 在纽约至洛杉矶拥有 800 名成员，在 12 年多的时间里服务了大约 5000 名客户。正如 Perry 所述，"我们需要制定课程来培训教练，也就是我们当时所说的'职业顾问'，而且要随着发展不断弥补不足"。他还表示，除了基本的商业开发技巧以外，这种培训的根源有些来自 Werner Erhard 的工作和培训。另一方面，我们这些身居幕后并相互交流的人构成了一个团体，从而大大提高了我们工作时的效率和乐趣。

除了 Henry Kimsey-House 和 Cynthia Loy Darst 以外，还有一些经 AIP 培训的教练也都是从成员开始做起，包括在布兰佳训练中心效力的 Madeleine Homan，前 ICF 委员会成员 David Matthew Prior，来自 Bigger Game 的 Rick Tamlyn、Isabel Parlett（拓展了 Thomas Leonard 的 Distinctionary 理论，同

时也是 CU 的 *Daily Word* 的作者），以及高级认证教练 Eric Kohner（也是 CTI 的首批培训师之一）。AIP 成员还包括首个登上奥普拉脱口秀节目的教练 Laura Berman-Fortgang。

1987 年，AIP 的教练服务出现了供不应求的现象，部分原因是 AIP 只收取少量费用而提供无限服务的政策。有一天 Henry Kimsey-House 跟 Perry 说："我们应该为组织以外的人提供服务，然后收他们一大笔钱。" Perry 的答案是"不，没有人会愿意为这个付钱的"。不久之后，Henry Kimsey-House 和 Laura Whitworth 就成立了 CTI。而 AIP 在经过 10 年的规模逐年翻倍后，其业务开始下滑。1991 年，心力交瘁的 Perry 关闭了 AIP。但 Perry 和很多从 AIP 走出的人员为教练学领域留下了永恒的财富。

1986 年，赫德森研究所成立，为那些寻找生活动力，以及心目中的生活方式的人士进行为期一周的培训（称为生活地图计划）。James Flaherty 根据本体论和一体化原则在洛杉矶成立了西部新企业，提供他的名为"教练学：激发他人的优点"的课程。1987 年，Teri-E Belf 加入并购买了 Results Unlimited 公司的一个分支机构，将其更名为 SUN 并重新运营，开设旨在为个人提供人生教练服务的心灵培训课程。这三项课程逐渐发展成了培训人们成为专业教练的最早期课程。

1990 年之后的教练培训公司

直到 20 世纪 90 年代，这些早期培训公司中的一些公司才开始培训专业教练。它们包括赫德森研究所、西部新企业和纽菲尔德网络、CTI、CU 和其他在 20 世纪 90 年代成立的专门培训专业教练的培训公司。

1992 年，CTI 和 CU 率先开始培训专业教练。到 2006 年，以英语教学的教练学校就超过了 275 家，其中包括菲尔丁研究生院、得克萨斯大学达拉斯分校和乔治城大学等学术机构；阿德勒专业教练学校、ILCT 和 SUN 等私人培训学校；英国的高管教练学院、日本的 Coach 21、澳大利亚的 Results Coaching 和瑞士的 Institut de Coaching 等国际学校。

这些教育和培训机构也可以根据世界观进行分类。例如，Jordan Goldrich 根据世界观和改变方法提出了以下四种教练模式：

1. 人类潜能模式（世界是一个整体，吸引法则，人的内在很强大）；

2. 本体论模式（我们通过语言创造现实，并能选择我们的现实）；

3. 发展 / 经验模式（相信经过科学方法证实的模型和技术）；

4. 指导或内容模式（类似于学徒）。

在本书中我选择使用了前三种模式。至于第四种模式“指导”，因为它较少出现在教练学组织和学校中，所以我就略过了。尽管从业者和组织可能会组合使用前三种模式，但我只根据早期教练培训公司的主要模式对它们进行分类。

根据 Goldrich 的定义，CTI、人生教练学校、教练学校和 ACT 被归类为人类潜能模式，它们的培训课程所使用的方法都是基于对人类潜能的信念之上。教练学校（位于英国）在很大程度上受到了 Gallwey 本人，及其在体育、人本和超个人心理学领域的背景的影响。CU 基于本体论和人类潜能模式的组合，同时夹杂了一些指导内容。CU 的创始人 Thomas Leonard 在模式设计方面深受 Erhard 和 Flores 的影响。

西部新企业和纽菲尔德网络都产生于本体论模式。这两个组织的成立者 James Flaherty 和 Julio Olalla 都接受过本体论教练学的倡导者 Fernando Flores 的指导。赫德森研究所和后来的培训机构，如阿德勒专业教练学校、牛津教练和导师学校（Oxford School Coaching and Mentoring，简称 OSCM），以及学术机构都被归类为发展 / 经验模式。它们的方案都基于心理动力、行为 / 认知和人本主义的系统模型、心理模型和理论。

人类潜能模式

基于人类潜能、成长和模范的教练培训课程都归功于 Werner Erhard 和其他个人成长组织的贡献。在本节中，我将讲到六个最早的组织，它们分别是：

1987 SUN（www.successunlimitednet.com）

1992 CU（www.coachu.com）

1992 CTI（www.thecoaches.com）

1994 OFI（www.addcoach.com）

1995 ACT（www.coachtraining.com）[现名为InviteChange（www.invitechange.com）]

1996 汇才人文机构

规模最大、知名度最高的两家组织为CU和CTI。他们的学员和毕业生成了很多新一代教练培训机构的建立者。

成功无限网络（SUN）

作为美国版的Results Unlimited公司，Success Unlimited由Sally McGhee（当时的Hedges）成立，为当时正在美国从事教练学的Teri-E Belf提供培训和认证。Belf在1982年通过学习Flores的行动交流课程成为教练。她这样描述道："我们被分成不同的小组，然后假设'你正在谈买卖，你想要这个'，我们学习教练术，它的含义和今天的基本相同"。该课程也影响了McGhee。

Success Unlimited的教练课程是8次面对面的谈话，为此Belf让McGhee从伦敦飞往美国8次。此后又经过9次出差和160个小时的努力，Belf才获得认证。Belf对教练学做了以下描述：

> 教练学就是帮助客户学习如何掌握在所有方面持续实现目标的能力，并由此带来一种幸福感。带着这种观念，SUN的基础方案从生活目标开始，从而让学员和客户能够以全局的角度做出对其最有利的选择。另一种理念是设定你的目标和期望，再以同样的激情放弃这些目标和期望，然后活在当下。

1987 年，Belf 买下了 McGhee 的公司，并将其更名为 SUN。当前的课程基于一些传统课程，包括体育心理学、管理论、NLP、心态培训、综合学习法和速成学习法。SUN 的教练学还结合了精神法，并且全力支持其毕业生进行创业。Belf 自 1992 年开始成为教练导师，到 2006 年已有 90 名注册教练从 SUN 毕业。

教练大学（CU）

CU 的前身是 Thomas Leonard 在其 33 岁时（1988 年）离开 WEA 公司会计部之后所创立的人生规划学院。在他早期的注册人生规划师学员中，有 Sandy Vilas 和 Laura Whitworth。Shirley Anderson（也就是为人所知的“迈阿密教练”）在 1989 年秋天参加了 Thomas Leonard 主持的为期两天的“人生规划双休日”研讨会，然后继续在人生规划学院接受教练培训。除了有一次六个月未出现，Leonard 在此后数年里一直在佛罗里达州、得克萨斯州和其他多个州内主持实时研讨会。

1992 年 9 月，CU 正式成立。1992 年年底，当 Pamela Richarde 在洛杉矶的一个废品堆里看到 Leonard 所写的一篇文章后，她就去就读了 CU。当 Cheryl Richardson 进入 CU 时，CU 实行的是三年制课程。根据 Madelyn Griffith-Haynie 所述，当时开设课程有私人教练学、商业教练学和教练学基础。

1993 年，CU 迎来了下一批学员，亦即后来的远距离授课的领军人物，包括 Sherry Lowry、Diane Menendez、Jeff Raim、Judy Feld、John Seiffer 和 D.J. Mitsch。根据 Bruce Anderson 的回忆，1993 年 10 月，他在得克萨斯州休斯顿参加了 Thomas Leonard 主持的一个研讨会，午饭期间 Leonard 问一些参与者是否有兴趣帮他以远程授课的模式运作 CU。CU 使用的教材都是由 Leonard 拼合而成，并且 CU 顾问委员会的大部分成员都出自 Landmark 论坛，所以 CU 使用的很多表述和概念都跟 Landmark 的一致或相似也就不足为奇了。这一现象一直持续到 20 世纪 90 年代中期，因 Landmark 提起的诉讼而告终。该起诉讼是在 Sandy Vilas（于 1996 年）买下 CU 很长时间以后才提起的，并在 1999 年以庭外和解的方式解决。

Thomas Leonard 是应用互联网和其他技术的先驱者，无怪乎 Jane Turner（Le Dojo in France 创始人）的朋友在 1991 年通过互联网搜索到了 CU。在接下来的两年里，Leonard 将他的早期学生聚集在一起（后来被称为他的研发团队）讨论各种想法，然后他再加以扩充并创立课程。1993 年，Leonard 学会了 Bridgelines 技术，并在 1994 年年初指派他的早期学生免费为 CU 远程授课。前 AIP 成员 Jay Perry 就是进行远程授课的第一人。

1994 年，Thomas Leonard 邀请他的早期学生和客户加入 CU 并成立了 CU 顾问委员会，因为他无法再独自经营公司了，他需要别人帮他来发展 CU。委员会的成员都是一些熟悉的姓名——Jay Perry、Susan Corbett Klein、Joan Cook、Stephen Cluney、Cheryl Richardson、Laura Berman-Fortgang、Cindy Reinhardt、Sandy Vilas、Bruce Anderson、John Seiffer、Shirley Anderson、Jeff Raim、Steve Straus、Madelyn Griffith-Haynie、Madeleine Homan 和 Marlene Elliott（现名 Panet-Raymond）。他们每周用电话进行沟通，并在每年 1 月或 2 月份召开一次面对面会议（共持续了三年）。前两次会议在佛罗里达州 Susan Corbett Klein 的家中举行，接下来的一次是在佛罗里达州的基西米，最后一次是在牙买加举行（Leonard 缺席）。正是在这些会议中，“热座”技术得到完善，就是让一个人坐在椅子上，然后由他所有的教练同时对他进行辅导。1994 年，Jeff Raim、Madelyn Griffith-Haynie、Shirley Anderson 和 Thomas Leonard 成为 CU 的首届毕业生。

正是在这段时期，他们才真正开始制定课程教材。到 1994 年 10 月，CU 拥有 36 个全面的教练培训模块。学员在注册时会领到一箱 10 磅重的材料，那就是他们所有的课程。我还记得我在 1995 年年底入学时领到的那个箱子。CU 的第五位和第六位毕业生是 1995 年 6 月毕业的 Steve 和 Pam Straus，接下来是 1995 年年底毕业的 Karen Whitworth、Cheryl Richardson、Laura Berman-Fortgang 和 Connie Ceccanese。

在 1994 年互联网出现之前，早期教员（也是顾问委员会的成员）通过电话和传真来记录他们之间的所有通信。Madeleine Homan 记得有一段时间她授课时只有一个课程题目和一张学生的名册。她会在授课前 30 分钟打电话给 Thomas Leonard，他就会告诉她要怎么做。然后，她会在课程结束之后把她的笔记传真给 Leonard，这样就成了一节课。1995 年，Leonard 声明他不再使用传真了。从那时起所有的沟通都使用电子邮件，这让很多顾问委员会的成员感到相当沮丧。此时，他聘用了 Judy Feld 来帮他建立 CU 的网站。同时，Judy Feld 也通过远程授课的方式教授计算机技术，从而帮助教练们使用互联网。

1995 年 1 月，Thomas Leonard 聘用 David Goldsmith 作为 CU 的校长，但两人直到 1995 年 4 月才在得克萨斯州休斯顿的培训会议上初次见面。在 Feld 和 Goldsmith 等人的帮助下，Leonard 得以运用他独特的营销手段来扩大教练学和 CU 的知名度。1996 年 2 月，著名的《新闻周刊》刊登了一篇文章，上面有一张 Leonard 的照片，他坐在他的 RV 前面，腿上放着笔记本，耳朵还接着电话。我还记得当时我作为快速响应小组的成员，负责接听所有电话和提供有关 CU 的信息。Leonard 还登上了各大主要的电视网络（包括多纳休访谈）和报纸。

随着《新闻周刊》的报道，CU 获得了爆炸性关注，Leonard 决定从 Landmark 的志愿者模式转变为开始向远程授课教员支付费用。在 Pamela Richarde 的催促下，Thomas Leonard 雇佣一位全职人员 Jennifer Corbin 作为他的第一个员工。而就在 Corbin 开始工作之前，Leonard 在 1996 年 7 月将 CU（按照它现在的称谓）卖给了 Sandy Vilas，以便他能够集中精力写作；同时，他同意继续担任研发团队的主管。此时，CU 已拥有 331 名学员。此后发生了很多变化，包括 1997 年在牙买加举行的 CU 顾问委员会会议决定将 ICF 分离出 CU。

1997 年，Vilas 聘用 Joan Cook 作为培训主管，确保远程授课教员获得适当的培训，以及有足够的教员来教授所有的课程。在这段时间里，CU 高级认证教练（CCMC）职称被设立。仅在授予 43 人之后，CCMC 就被 ICF 设立的高级认证教练（MCC）职称取代。1997 年 2 月—6 月，Thomas Leonard 在英国伦敦成立了 CU 国际部。1997 年春季，为加速国际扩张步伐，CU 为每个国家的注册全部课程的前五名学员提供奖学金。1997 年，Mamoru Itoh 在日本成立了 Coach 21 公司，成为 CU 的首个许可机构。澳大利亚、新西兰和新加坡在 1998 年获得许可。之后，意大利和韩国分别在

2002 年和 2003 年获得了成立公司的许可。

1997 年秋季，Thomas Leonard 启动了他的吸引力项目（Attraction Program）。1997 年年底，Corporate Coach U，以及由 Jeannine Sandstrom 和 Lee Smith 开发的教练诊所（Coaching Clinic）启动。

1998 年，认证指导教练（CMC）职称启用。2001 年，CMC 职称在被卖给刚刚启动的 CoachVille，后被更改为专业指导教练职称。

1999 年 5 月，CU 开始举行自己的会议。第一次会议的主题为“引领千禧年”，吸引了全世界 450 名教练前往得克萨斯州的达拉斯。此时，CU 分支机构已经扩展至 36 个国家，并在全球建立了 125 个分会。从 1996 年 2 月的《新闻周刊》文章到 1999 年 12 月，全世界共发布了 250 多条关于 CU 的媒体消息。1999 年年底，CU 和 Corporate Coach U 的控股公司 CoachInc.com 成立。2000 年，CU 资助 Leonard 驾驶他的 11 米长 RV（一种适用于娱乐、休闲、旅行的汽车）在美国 100 个城市进行“千禧年教练学之旅”。

此后，CU 自己的培训会议仅仅举行了两年——2000 年 6 月在佐治亚州的亚特兰大，主题为“人类进化业务”；最后一次是 2001 年在夏威夷。2000 年 3 月，Corporate Coach U 在加拿大多伦多举行了主题为“企业发展教练学”的会议，吸引了 500 名教练参加。

CU 和 Corporate Coach U 的部分毕业生已经成立了他们自己的机构，如 Patrick Williams 的 ILCT（前身为 Therapist U）、Will Craig 的教练培训联盟，以及 Jeffrey Auerbach 的高管教练学院。

教练培训学会（CTI）

CTI 由 Laura Whitworth、Henry 和 Karen Kimsey-House 于 1992 年成立，其总部自成立之日起一直位于加利福尼亚州的洛杉矶。三位创始人的背景（分别是金融、表演和商业）都影响了其课程的体验性和表现性。Karen Kimsey-House 将 CTI 的理论和经验描述为具有亲密性、部落性和进化性。

在 1988 年，Laura Whitworth 和 Henry Kimsey-House 在 Werner Erhard 的课程中初次见面，后来 Henry 成了 Laura Whitworth 的第二位客户。一

年之后，Henry 从纽约搬到了洛杉矶，并见到了帮助 Laura Whitworth 开展研讨会的 Karen Kimsey-House。20 世纪 90 年代初期，Laura Whitworth 和 Henry Kimsey-House 在 David Crump 设计的必备经验研讨会中相互合作。他们还与 Julio Olalla 及其业务伙伴 Rafael Echeverria（纽菲尔德网络创始人）保持联系，因为他们的办事处离得不远。

从 1990 年开始，Laura Whitworth 开始和 Henry Kimsey-House 一起着手成立 CTI。尽管 Henry Kimsey-House 当时不感兴趣，但被 Laura Whitworth 的坚持说服了。1991 年，Henry 同意和 Laura 一起成立一家公司。他们从 1992 年 2 月开始开展研讨会，参与者包括 Fran Fisher、Breeze Carlile、Caterina Rando、Cat Williford、Eric Kohner 和 Cynthia Loy Darst，他们所有人都希望接受进一步的培训。1992 年，他们聘用 Breeze Carlile 为 CTI 工作，此后 CTI 的业务开始扩大。

Thomas Leonard 向 Laura Whitworth 和 Henry Kimsey-House 提供了他为人生规划学院编写的材料，让他们在他让出的洛杉矶地区展开教练培训。但是，正当他们在 1992 年准备教授第一节课程时，Leonard 却要回了他的材料。虽然他们归还了材料，Leonard 还是以提出诉讼来威胁他们，此举导致了 CTI 和 CU 的分裂，并由此开始了两个组织之间的激烈竞争。Laura Whitworth、Henry 和 Karen Kimsey-House 利用这次机会在研讨会中提出了共创式教练模式。Henry Kimsey-House 认为这次分裂反而促成了今天的 CTI。

1993 年，Laura Whitworth、Henry 和 Karen Kimsey-House 以非营利组织的形式注册了 CTI，这样他们就可以利用他们的非营利性质来帮助贫穷的学员参加课程。Laura Whitworth 认为这实际上限制了 CTI 的发展，因此他们在 1995 年注册成了营利性组织。

CTI 的首批认证毕业生是 1994 年毕业的 Breeze Carlile、Caterina Rando、Cat Williford 和 Elizabeth Marymond。此时，CTI 已经制定了他们的主要课程，其最初用途是开发教员。Eric Kohner 和 Cynthia Loy Darst 是少数几位同时参加 CTI 和 CU 的学员中的两位。1995 年，当他们仍然在 CU 学习时，就被 CTI 聘用，成为 CTI 的头两位教员。之后，Thomas

Leonard 因察觉到利益冲突而将他们开除。

1994 年，Jeff Staggs 和 Phil Sandahl 将 CTI 课程带到了明尼苏达州的明尼阿波利斯。1995 年—1996 年，Fran Fisher 赞助了 CTI 在西雅图的培训。1996 年 11 月，CTI 搬进了他们的第一个实体办事处，并雇佣 Andrew Gabel 进行经营。Andrew Gabel 经营该办事处十余年之久，同时运营 CTI 的校友会“共创网络”。

1998 年，CTI 将实时培训课程带到了英国。1998 年 11 月，Laura Whitworth、Henry Kimsey-House 和 Phil Sandahl 出版了《共创式教练学》。Karen Kimsey-House 未被列为作者之一的原因是他们认为四个人的名字太多了，而 Karen Kimsey-House 以“Kimsey-House”已经出现为理由，慷慨地决定她的名字不需要出现了。

2000 年 5 月，Hide Enomoto 将 Henry Kimsey-House 带到日本讲授 CTI 课程并获得了极大的成功，由此 CTI 开始了国际扩张。接下来的 18 个月，Phil Sandahl 都待在日本，帮助 Hide 成立 CTI Japan。2000 年 9 月，Linda Taylor 在伦敦成立 CTI UK。在 Lori Shook 的指导下，CTI 的扩张延续到了挪威和其他 7 个欧洲国家。

由 CTI 的毕业生所成立的三个早期教练培训学校分别是 Fran Fisher 在 1995 年成立的教练培训学院、Peter Reding 在 1996 年成立的人生教练和 Dorothy Siminovitch 在 1996 年成立的克利夫兰格式塔学院教练培训学校。

至善功能学会（OFI）

1994 年，Madelyn Griffith-Haynie 为 CU 最初创建了为 OFI 所用的注意力缺失症（ADD）专业教练项目的材料。当 Thomas Leonard 在发布周取消该课程时，她成立了自己的公司以提供这项课程。致使 Leonard 决定取消这项课程的部分因素是关于 ADD 治疗的负面舆论和科学论派的争议，以及随后的国会调查。与此同时，Edward Hollowell 和 John Ratey（1995）出版了颇受欢迎的《分心不是我的错》（*Driven to Distraction*）的 ADD 书籍，其中阐述了针对 ADD 健康管理的一种最有效的工具是教练。

在延迟了六个月以从其材料中删除关于 CU 的引用后，Griffith-Haynie

讲授了她的第一堂课，其中有诸多 ADD 教练领域的精英听讲。Griffith-Haynie 聘请 David Giwerc 作为其第一任校长。在佛罗里达奥兰多举办 1999 年 ICF 会议的前三周，David Giwerc 向 Griffith-Haynie 提出了离职请求，以创建他自己的公司 ADD Coach Academy，并希望在他们举办的 ADD 专家座谈期间启动创建。Griffith-Haynie 支持 David 的决定，尽管由于一系列的不幸致使她在会议期间颇为黯淡而 David 却大放异彩。这似乎让她回到了三年前。OFI 项目包括电话课程，并辅以导师制度、手册和工作簿。

教练培训学院（ACT）

ACT 由 Fran Fisher 在 1995 年创建于华盛顿州贝尔维尤，旨在教会人们实现设想（the Living Your Vision，简称 LYV）的过程，其中作为培训的一部分，需要教会人们一定的教练技能，首堂 ACT 教练技能课程于 1997 年 5 月开课。全部 ACT 课程由 Fran FisherRon Roesler 和 Kathy Mallory 开发，一直延续到 1998 年 10 月。

Fisher 自 1980 年主要从事于个人成长事业。1991 年，他在称为基本经验的研讨会中遇见 Laura Whitworth 和 Henry Kimsey-House。他们辅助 Life Partners 的 Judy 和 Bill Elbring，并赞助了该课程。当决定在 1992 年 2 月试行教练技能课程时，邀请了 Fisher 参与。Fisher 表示对成为教练不感兴趣；但他们成功地说服了她，认为教练技能可转移为与任何人共事的技能。修完周末课程后，Fisher 成为耀眼的教练冠军，并最终成为 CTI 首届全能教练课程的毕业生。在 Henry Kimsey-House 的指导下，Fisher 通过每周的教练会议发展了她的 LYV 过程。1994 年与 Henry 合作，她发展并创建了自己的事业，并于 1995 年达到事业巅峰，推出了 LYV 认证培训。然后在接下来的三年里，Fisher 与作为其教练的 Laura Whitworth 合作，保持着既合作又竞争的特殊关系。

1997 年，在将 CTI 拓展至西雅图以培训教练期间，Fisher 受到想成为教练的人们的欢迎。Laura Whitworth 和 Henry Kimsey-House 在她的培训材料出版前进行了评审，明确表示不涉及 CTI 材料的专利侵权。接下来 Fisher 推出了以 LYV 过程为核心的 ACT 认证教练培训课程。1998 年，

ACT 被 ICF 认可为最早的三大认证教练培训学校之一。

LYV 提供了从内到外的变革性的教练经验。学员教练能够辨识其特殊的愿景和目的，明确其价值并通过教练支持行动建立成功的人生计划。用 Fisher 的话说，ACT 的教练定义是“教练是大爱的神圣空间，这里自然发生着学习、成长和转型”。

2007 年，ACT 的五位毕业生购买了该公司，从而发展为服务和产品更为丰富的 InviteChange。

汇才人力技术有限公司（Top Human Technology Ltd.，简称汇才或 Top Human）

汇才信奉外部和内部学习相结合的哲学。“人”是表示“人类”或“个人”的中国汉字，其符号（人）由类似三角形的两个笔画构成。左边的笔画代表知识和技能，而右边的笔画是关于信念和态度。

本着要为中国做些事情的想法，黄荣华创建了汇才。她在加拿大注册了公司汇才人力技术有限公司，通过互联网她发现了北美洲有不少公司从事教练业务，其中包括 CU。汇才于 1995 年在香港地区创建分公司以提供人本教练培训，并于 1997 年将业务拓展至中国其他地区。

黄荣华以体验方式综合以管理和咨询中用到的技能为基础，设计了她自己的教练培训项目。她发现通过转换心智模式、创新和区分可以自我教练，同时（这些能力）也可以成为帮助他人的资产。这个为期 9 个月的综合性培训课程，涵盖公众演讲、聆听和教练技巧，以客观标准和成果度量坚持、激励、个性扩张和感召技能。黄荣华教练项目涵盖了太极、禅宗、儒家和道家元素。

截至 2006 年，汇才人力技术有限公司已拥有 100 名各级训练师和 12 家分支机构。黄荣华继续升级该项目，花费了 10 年的时间开发、实践和完善人本教练模型，并在由约翰・威立国际出版公司（Wiley）出版的一本书中进行了阐述。但在 2007 年，汇才人文机构从互联网上消失，黄荣华也离开了教练领域。尽管汇才人文机构停止了经营，但在 2010 年黄荣华仍然参加了于新墨西哥举办的大师对话（CAM）活动。

本体论模式

教练的本体论模式源于20世纪80年代智利哲学家Fernando Flores的著作。Flores的著作以认知生物学（Humberto Maturana）、语言哲学（Francisco Varela）和一般哲学（John Searle）的著作为基础。

根据Terrie Lupberger所述，具有本体论基础的两项最早的教练项目是：西部新企业（1986）和纽菲尔德网络（1990）。

纽菲尔德网络澳大利亚总监Alan Sieler出版了《心灵教练：本体论教练和深刻变化》第一卷（2003年）和第二卷（2007年）。这些书籍是深入了解本体论和教练的必读书目。这些书中阐述了基础理论和本体论教练方法学，据Sieler称（2003），该方法学可使教练观察并利用语言、情感和肢体来支持客户发展新的观点，从而产生更有效的行为。

西部新企业

西部新企业由James和Stacy夫妇于1986年创建于加利福尼亚州旧金山。该项目提供基础教练课程，强调专注于自我意识和能力构建的教导与经验式的方法，并基于强大的理论基础。

在诸多优秀教师中，James Flaherty受到了Fernando Flores的深刻影响，他于1978年从Flores那里接管了被称为沟通行动的课堂。Flaherty给出了这样的描述：

> 我与他的合作十分密切，也因此受益匪浅，因为我每周为他免费工作一天，他也会将他的知识毫无保留地教给我。这有点儿类似学徒计划。对我来说，他是首位没有仅将教练等同于体育界工作人员的导师。他将教练类比于竞赛中有三个人：运动员、评说优劣的评论员，以及与运动员谈话，使其更有信心，或更加精通并实现目标的教练员。

不久后，Flaherty成为一名虔诚的禅宗学徒，专注于自省、意识和存在。他还继续广泛阅读哲学（包括Ken Wilber）、社会学、生物学、文学和精神领域的著作，还将他的培训融入罗尔夫按摩技术，并将身体学研究融入其方法中。

1986 年，西部新企业首次在纽约和旧金山提供六个月的教练 I 课程，不久后便拓展至华盛顿特区、波士顿、小石城和明尼阿波利斯。1988 年设计了卓越教练课程，并向 Pacific Bell、Chrysler 和其他机构开放。在这段时期，课程清单中新增了教练 II，以及后来的一系列其他课程。到 1989 年，季刊 *Coaching Roundtables* 在旧金山免费发行，并且季度教练通讯 *Distinctions* 也迎来了首次发布。1994 年，随着教练学习需求的增长，一年制的专业教练课程首次于旧金山开课，该课程的设计旨在培训和认证准备以教练为职业的人们。该课程业务于 1996 年拓展至华盛顿特区，1999 年拓展至加拿大渥太华，之后不久拓展至波士顿、芝加哥，然后于 2005 年拓展至南非开普敦。

西部新企业项目的哲学基础是实用主义、本体论、语言学、生物学、成人发展理论和整体理论。Flaherty 的著作《教练：唤起别人的优秀》于 1999 年出版，其中分享了他的对于教练的哲学和实践方法，并于 20 世纪为西部新企业画上了句号。21 世纪开始了 ICF 的专业教练课程认证，即 ACTP。

纽菲尔德网络

1990 年，Julio Olalla 和 Rafael Echeverria 在加利福尼亚创建了纽菲尔德网络，提供以认知生物学、哲学和语言本体论以及身体运行研究等哲学传统为基础的培训。一个重要的理念是人类以语言、情绪和情感，以及身体构成自身。教练帮助人们扩展观察角度，以发现他们未能发现的模式、背景和问题。该项目着重于实现精彩人生所需的智慧，并强制全身心学习、观察和教练。

Olalla 和 Echeverria 出生于智利，分别于 1979 年和 1988 年与 Fernando Flores 共同受训和合作。1982 年，Olalla 开始基于语言哲学的教学并从事教练事业。他们的第一个课程被称为掌握专业教练的艺术（Mastering the Art of Professional Coaching，简称 MAPC），该课程在南美、墨西哥并随后于北美洲提供为期三天的讲授。然而为期三天的课程无法满足人们的需求，所以后来有了为期九个月的长期课程。1996 年，Echeverria 和 Olalla 分开了。Echeverria 的公司变更为纽菲尔德咨询，并专注于管理工作。Olalla 的公司为纽菲尔德网络，专注于提供公共转型项目。1988 年，当 Terrie Lupberger 成为 Olalla 的业务合作伙伴时，纽菲尔德网络的高级沟通技能项目已在美国、加拿大、阿根廷、澳大利亚、巴西、智利、墨西哥、西班牙和委内瑞拉培训了超过 3.5 万人。2009 年 7 月，Terrie 离开纽菲尔德网络追求其他理想。

据 Terrie Lupberger 称（2006，pers.com），西部新企业因与纽菲尔德网络有着相同的渊源而持相近的哲学思想，尽管纽菲尔德网络更加注重情感和运动，及其对行动能力的影响。由于他们十分偏重于转型，纽菲尔德网络直至项目的第四个月才有新的学生开始教练，因为“您必须先做好自身工作——解析实现目标的方法，以及什么有用，什么没用”。

发展 / 实证模式

20 世纪 90 年代中期以前，仅有一家教练培训机构采用发展 / 实证模式，这就是两位发展心理学家创建的赫德森研究所。这种以证据为基础的教练观点，将现有理论和模型与教练实践结合起来，在 2000 年左右流行起来并进入教练培训领域。（学术性的教练项目阐述见第十三章。）

赫德森研究所

1986 年，当 Frederic Hudson 博士和 Pamela McLean 博士创建赫德森研究所时，他们以教导为基本模型持续帮助人们实现转变。指导 Hudson 和 McLean 工作的知识领域，包括成人发展、人本主义心理学和哲学、成人教育系统、人力和组织系统思考，以及转型变革理论。多数这些教育技术在菲尔丁研究所（Fielding Graduate Institute）均受到高度重视，Frederic Hudson 于 1973 年—1986 年任该机构的创始校长。

在 Hudson 的领导下，Fielding 成为通过创新型自我导向式的教育模型

（信奉机遇转变和发展），为毕业生和中年人提供教练服务的教育机构。据Hudson和McLean称：

> 多数这些理念和观点至今仍在赫德森研究所的工作中发挥着重要的作用。变革管理、人的发展、成人发展和教育领域的早期影响人物与思想领袖对Hudson的课程及基本方针产生了深远的影响。影响人物包括成人教育之父Malcolm Knowles，来自组织发展领域的Robert Tannenbaum、Edgar Schien和Richard Beckhard，著名的发展心理学专家和意向领域研究员Marjorie Lowenthal Fiske，Leslie College的创始人和成人教育革新者Fred Jacobs，Redecision心理治疗创始人Robert Goulding医学博士，教授和主张教育跟随发展而变化的作家Art Chickering博士，社会科学家Nevitt Sanford和很多影响人物，如Vivian McCoy、Carol Gilligan、Daniel Levinson，以及早期的理论学家和研究员，如Robert Kegan、Jean Piaget和Abraham Maslow。

构成赫德森研究所课程基础的成人发展、人类系统思想和变革理论的主要理论根源在教练领域兴起以前就得到了良好的发展。

20世纪80年代，赫德森研究所推出了称为人生地图策略的为期一周的研讨会，该研讨会唤醒人们关注其动机，以及如何展开理想的人生。Edie Seashore在早期就参与了赫德森研究所，他是NTL的领导人物，被授予了组织发展网络终身成就奖。

20世纪90年代早期，出现了从导师（存在等级体系）向教练（偏重于合作和“如何进展”）的转变。在与Jane Turner（法国Le Dojo创始人）的谈话中见证了这项工作的全球影响。她知道有一位法国人前往Santa Barbara并会见Hudson以学习教练，那时存在着成长与治疗之争。

Frederic Hudson被Laura Whitworth邀请参加IAPPC论坛（1994年春季于旧金山举办）时，赫德森研究所教练项目的发展较为稳定。

快速发展到21世纪时，McLean阐述了优秀教练培训的四大要素，包括理论和理念、教练的自我认知、了解教练过程和教练实践。要进入赫德森研究所教练培训项目，学生必须完成其LifeLaunch课程，且须申请加入教练培训课程。并非所有的申请者都会被接受。2001年1月由ICF认证时，每年最多有75人完成这一课程。

其他教练培训课程

在20世纪末的几年里，许多教练培训课程采用各种模式创建。以下列出了这些学校及其创建者姓名（若已知），并概述了学校的历史。

1990年，Le Dojo（Jane Turner，法国）。初始创立时提供人际关系培训、NLP、TA和普通语义学课程，1993年增加了教练培训并于1995年建立了成熟的教练认证体系。

1996年，人生教练（Peter Reding及其合作伙伴，USA，www.coachforlife.com）。这所学校在对激励教练实力的赞叹声中建立。Reding是国际贸易咨询师，在CTI首次从事教练培训，而Marcia则效力于CTI和CU培训。在了解到客户知道他们自己最好的答案这一教练基本信条时，他们认为如果将教练和客户联结至他们定义的自己的资源，则会发生真正的变化。基于精神基础，他们创建了人生培训项目的教练基金会（The Fulfillment Coaching Model）。2003年，Reding创建了非营利的基金会，向所有人开放这一教育模型。

1997年，教练学校（Myles Downey英国，www.theschoolofcoaching.com）。由Alexander Group和Inner Game的Myles Downey创建，该学校是与Work Foundation（关于工作咨询和运动的慈善机构）的合资企业。该机构在创建时仅开设为期两天的教练技能课程，主要专注于教练技能开发和有志向的专业教练。

1997年，Coaching de Gestion（Jean-Pierre Fortin，加拿大，www.coaching.qc.ca）。该学校面向全国开设以法语为主的商业教练课程。课程以电话为载体提供，参与者可涉及多种教练场景进行交流和反馈。

1997年，生活目标学院（Brad Smith，美国，www.lifeonpurpose.

com)。为期一年的教练培训项目包括三个模块：充实的人生基础课程、教练培训和实践、基于目的业务建设和高级教练。

1997 年，Coach 21 Co. Ltd（Marmoru Itoh，日本，www.coach.co.jp）。该项目获得了 CU 的许可，在日本提供现场和远程授课培训。David Goldsmith 教授早期课程。

1997 年，高管教练中心（William Bergquist，美国，www.psychology.edu）。本中心在位于加利福尼亚萨克拉门托的专业心理学学校的 William James Institute 成立。

1997 年，人际关系教练学院（前身为 Life Partner Quest Relationship Coaching Resources；David Steele，美国，www.relationshipcoachinginstitute.com）。作为治疗师，Steele 于 1997 年偶然接触教练，在参加一些人生教练课堂后，开发了自己的课程，其中涉及从单独至充实人生合作的五个阶段。所有课程采用远程授课，设置了两个等级的认证，每种均适用于单人或双人。

1998 年，一对一教练学校（Suzanne Skiffington 和 Perry Zeus，澳大利亚，www.1to1CoachingSchool.com）。该行为课程由 Skiffington 通过一对一谈话、小组指导和跟随教导的方式授课。课程专注于四个方面：学习如何提供教育 / 培训服务，学习如评估和教练需求分析的咨询服务，学习如何使用最新的行为变化和可持续的学习工具，以及学习如何评估教练结果。随着 2007 年 Skiffington 的去世，该课程由 Zeus 及其教练团队负责。

1998 年，阿德勒专业教练国际学校（Adler School of Professional Coaching International，最初由 Linda Page 创建，现由 Adria Trowhill 负责，加拿大，www.adlerinternational.ca）。1998 年，该学校由 Linda Page 在其咨询心理学学生的请求下创建，其课程由 Melinda Sinclair 和从多所学校毕业的教练同事设计。当 Page 亲自负责课程时，她注意到与 Adlerian 方法的相似度很高。她的下一目标是提议在阿德勒学校成立教练系，而非设立在心理学系中。Adler 教练培训的基本教练模型基于心理学原理，并综合涵盖了面对面的互动课程、作业和远程课堂，以及实习。同时还提供如领导力和教练技能研习、家长教练培训和团队教练培训等特色课程。

1998年，牛津教练和导师学校（Eric Parsloe，英国，www.theocm.co.uk）。1998年创建，OSCM由EMCC创始成员之一Eric Parsloe领导。该机构提供从教练导师实践到教练和导师高级专业实践性能提高认证的7～12个月的资格课程（高级管理领导力）。截至2008年，OSCM的认证资格项目已有超过1000名毕业生。OCM成立于OSCM与其姊妹公司牛津总学习小组（OTLG）和牛津教练指导频道（OCMC）合并时，所有这三家机构均归Eric Parsloe所有和管理。

1998年，国际教练学和领导力（Betska K-Burr和John Burr，加拿大，www.coachingandleadership.com）。在线研讨会专注于个人问题的分析业务教练和核心教练。该项目采用四级系统中的过程和终生教练模型。

1998年，ILCT（前身为Therapist U，Patrick Williams，美国，www.lifecoachtraining.com）。该项目使用一种适合任何工作或专业的全面教练学方法，协助在帮助和学习方面具有丰富经验的专业人士转变为人生教练。课程主要采用远程授课方式，培训内容包括积极、人文和超个人心理学领域的理论与基础哲学，以及专注于解决方案的治疗。课程专业包括基督教教练和健康教练（Patrick Williams，2006，pers.com）。2009年末期，Williams将该机构出售给LifeOptions集团，这是一家通过为专业人员配备培训网络媒体和资源"带来健康生活"的健康媒体公司，Williams在该集团任执行副总裁。

1998年，Mentor Coach（Ben Dean，美国，www.mentorcoach.com）。该机构的创建旨在为持证的治疗师提供知识和技能，为他们正在进行的临床工作提供教练服务，强调转换关系的发展。以电话为载体的授课项目基于积极心理学原理。

1998年，成功教练系统（前身为Results Life Coaching，澳大利亚，www.resultslifecoaching.com.au）。致力于通过教练改善人为绩效，该结果教练模型以结果为导向并利用了神经系统科学、成人教育和变革理论的最新成果。该项目通过在线和电话方式面向个人及公司内部授课，始建于澳大利亚并于 2000 年扩展至新西兰，2001 年至美国，2002 年至新加坡，2004 年至南非。

1998 年，成就教练学（Christopher McAuliffe，美国，www.accomplishmentcoaching.com）。为期一年的课程以人为本并以结果为导向。该课程包括亲自培训和教练，提供周末加强和周中教练课程。

1999 年，B-Coach Systems（Mike Jay，美国，www.b-coach.com）。该项目基于 Jay 的著作 *Coach2 – The Bottom Line：An Executive Guide to Coaching Performance，Change，and Transformation in Organizations*。它采用电话和网络授课模式，具有广泛采用行动学习方法（带行为事件反馈）的特点。

1999 年，高管教练学院（Jeffrey Auerbach，美国，www.executivecoachcollege.com）。该学校旨在对希望通过教练方式帮助人们提高效率或获得更高生活满意度的心理学家或治疗师进行技能再培训。开始是单独的六小时课程，在 2000 年，增加了关于在教练中使用评估和教练欣赏式探询的课程。根据开始规定的招生要求，该学校以研究生院级别成立。

1999 年，综合教练大学（也被称为教练学院，Terri Levine，美国，www.comprehensivecoachingu.com）。为希望学习教练技能或成为认证教练的个人提供培训。自 2000 年以来，囊括了组织教练技能项目，除可掌握成功运营教练业务外，个人完成项目时还可获得信心并增强能力，并学习有效的教练学。

1999 年，专业授权教练学院（IPEC，Bruce Schneider，美国，www.ipeccoaching.com）。专注于人类潜能的教练、意识和发展，IPEC 为学生提供设定目标的工具并根据直觉和其他的主见能力完成任务。该项目基于从咨询到心理疗法，从情商到形而上学等多种模式。

1999 年，ADD 教练学会（David Giwerc，美国，www.addcoachacademy.com）。提供教练培训以与有注意力缺失症（ADD）的人员相处，从而基于能力、技能和成功设计人生计划。

1999 年，高管教练学院（John Matthews，澳大利亚，www.iecoaching.

com）。该机构专长于培训高管教练，主要在澳大利亚和亚太地区运营。培训基于经验、实践方法，包括三个级别：级别 I 和 II 偏重教练理论和实践，级别 III 偏重“元技能”或更高级的教练方法。

21 世纪见证了数百家教练培训项目的成立，多是成立于私人培训学校和学术机构内（详细阐述见第十三章）。这些项目遍布印度到韩国、哥伦比亚到冰岛的广泛区域内。多数使用各种培训方法，包括面对面课程、电话、互联网和书籍。学习这些项目的学生希望成为专业的教练，希望利用教练技能助力职业生涯，还有其他各种目的。

总结

最早的教练培训公司 SUN、赫德森研究所和西部新企业成立于 20 世纪 80 年代，用以促进个人成长和改变个人机遇。到 20 世纪 90 年代中期，这些公司转变为面向个人提供教练培训服务。同时，如纽菲尔德网络、CU 和 CTI 等公司兴起，提供具有一定特色的教练培训服务。20 世纪 90 年代结束之前，特色教练培训项目在全球范围内兴起。21 世纪之初，研究生学术机构（见第十三章）先后提供了认证、学位和项目，服务于希望成为专业教练，以及希望利用教练技能助力职业生涯的人士。

第十一章

首批专业教练协会

专业协会的形成，以及专业文献、信息资源和研究学习的发展展现了教练学向职业化发展的过程（见图 32）。本章追溯了教练领域中首批专业协会的起源和成长。

IAPPC	PPCA ICF ACA	PCMA 美国	NABC →	→	→	→	→	→ WABC（加拿大） IAC		ICCO	GSAEC IAAC
英国					ACTO			BPS-SGPC AC EMCC →	→	→	APECS → EMCC（欧洲）
	其他				JCA（日本）	NCF（北欧）		APS-IGPC（澳大利亚）	CCA（中国）		
1994	1995	1996	1997	1998	1999	2000	2001	2002	2003	2004	2005

资料来源：摘自 Brock 的著作

图 32　教练专业协会的出现

可以根据其担当的角色，对专业协会进行分类。一些专业协会担当以下两种角色之一：帮助统一教练学中有分歧的领域（伞功能）或为有专业兴趣的人提供活动场所（特定领域）。还可以按服务受众的地理范围划分五个等级：地方、州省、地区、国家、国际。通常，从业者可从属于帮助满足不同职业发展需求的多个协会。Houle 指出“专业协会扮演多种角色，包括满足状态需求、承诺或感召、共享政策制定和实施的愿望……责任感、加入协会和社区的愿望，以及对成人教育的兴趣”。

多年来，专业协会对教练的专业发展和社会化起到了一定的影响。大多数教练会议得到了一家或多家专业协会的赞助。自 1996 年以来召开的 74 场会议中，有 65 场（83.8%）得到了专业教练协会的赞助，12 场（16.2%）得到了非专业教练协会的赞助。在不是由专业教练机构赞助的 12 场会议中，有 58% 由 Linkage 赞助（1998 年—2002 年），42% 由 Conference Board 赞助（2003 年—2007 年）。同样，大多数过去和现行期刊，以及多数有影响力的书籍的发行也得益于这些协会。

专业协会对个人、行业和社会都有益。关于对个人的益处，Darkenwald 和 Merriam 表示，协会最有价值的功能是专业发展。这可以通过会议和出版等活动，以及参与协会带来的非正式社交机会实现。通过参与这些活动，还可以结识具备行业观点、理念、价值观等的新从业者——这是所有专业团体普遍经历过的社会化过程。

专业协会以其强大的阵营在帮助塑造行业形象和提高其关注度方面起到十分重要的作用。通过提高行业的认知度，协会可以在更广的范围内促进对行业的了解。1990 年尚无教练专业协会。目前有多种不同类型的专业协会服务于教练行业（见表 15）。对教练从业者所从属的部分专业协会的一项粗略调查重点突出了会员广度。此外，对部分专业协会来说，教练代表着可以提供的一切。2006 年有 16 家教练协会，包括目前仍在运营的最大的专业教练会员机构 ICF、英国教练协会、美国的 GSAEC，以及 EMCC。16 家专业机构中有约 25% 的机构面向个人和培训机构颁发证书，EMMC 授予互惠证书。

表15　开创性的教练协会

缩写	协会名称	创建时间	解散时间	所在章节
AC	教练协会	2002		12
ACA	美国教练协会	1995		12

（续表）

缩写	协会名称	创建时间	解散时间	所在章节
ACTO	教练培训机构协会	1999		12
APECS	专业高管教练和督导协会	2005		12
APS-IGCP	澳大利亚心理学会–教练心理学兴趣小组	2002		13
BPS-SGCP	英国心理学会–教练心理学特殊小组	2002		13
CCA	中国教练协会	2003	2007	12
EMCC	欧洲指导与教练委员会	1992（2002）		12
GSAEC	高管教练研究生学院联盟			13
IAAC	AD/HD教练推进机构	2005		12
IAPPC	国际专业及私人教练协会	1993	1995	11
ICCO	国际教练组织联盟	2004		12
ICF	国际教练联合会	1995		11
JCA	日本教练协会	1999		12
NABC	全国企业教练协会	1997	2002	12
NCF	北欧教练联合会	1999	2005	12
PCMA	专业教练和导师协会	1996	2011	12
PPCA	专业及私人教练协会	1995	1997	11
SCP	教练心理学学会	2006		13
WABC	世界企业教练协会	2002		12

本章将讨论 1993 年—1995 年在美国成立的 3 家教练协会：隶属于 PPCA 的 IAPPC 和 3 家中唯一尚存的 ICF。第十二章将介绍其他 15 个专业教练协会的历史。

1994 年以前，Thomas Leonard 尝试创建专业教练协会——NAPC。1992 年 11 月 1 日，Dodie Theune 在特拉华州加盟该协会，每人出资 25 美元作为种子资金。Leonard 打印了非正式的会员证书并发放给希望参加其课程的人们。

另一家早期创建的协会是纽约教练联盟，于 1994 年或 1995 年作为非正式的教练社团创建于大纽约区，曾出版了单页通讯《纽约教练联盟新闻》。指导委员会成员包括 David Matthew Prior、Angie Pincin、Laura Berman-Fortgang、Jane Jakimetz 和 Isabel Parlett。该协会每月聚会，包括所有教练，无论其培训背景或从属关系如何。当 CU 社团和 CTI 社团开始分离专业教练组时，该协会的运行遇到了困难。

国际专业及私人教练协会（IAPPC）

1993 年 11 月在北加利福尼亚教练会议上创建，IAPPC 旨在提高教练价值，开发教练职业和教育其成员。IAPPC 首任会长 Breeze Carlile 表示，人们参加 CTI 的课程是希望构建和支持其毕业后的教练职业，他们希望继续了解并改进教练，协会满足了他们这方面的需求。

作为有规章制度、董事会和责任制的完整专业协会，IAPPC 每月召开会议，有来自旧金山湾区的 20 ~ 30 名教练参与。IAPPC 的会员制扩展至专业会员（定义为每周工作至少 20 小时并领取金钱报酬的专业教练）和准会员（定义为对教练职业有兴趣的任何人员）。

1994 年 7 月，IAPPC 发行了题为 *The Coaches Agenda* 的硬拷贝新闻通讯，该通讯由 C.J. Hayden 编辑，一直发行至 1995 年 11 月。按照 IAPPC 的定义，教练“是增强客户能力以有效专注于学习、促使转变、实现所需目标和体验成就感的专业关系”。根据 *The Coaches Agenda*，IAPPC 会员的优势包括：

- 专业可信性；
- 加入专业教练社交圈；
- 每月教育项目；
- 每月会员焦点；
- 专业和成员宣传；
- 会员卡和证书；
- 每月新闻通讯。

1994 年 IAPPC 成立指导委员会

Breeze Carlile——终身展览

C. J. Hayden——新闻通讯

Ric Lobosco——公共关系

Lisa Nichols——道德和标准；终身展览

Stefan Smith—— 娱乐

Laura Whitworth——程序和业务

其他委员

Karen Kimsey——会员 / 通讯

Elizabeth Merriman——会员

C.J. Hayden——新闻通讯编辑

1995 年 1 月，IAPPC 变为 PPCA 分部。同样是在 1995 年 1 月，通过 *The Coaches Agenda* 发布了首届董事选举将于 1995 年 3 月开始的消息。1995 年 2 月发行的 *The Coaches Agenda* 将当届创始董事会的重要目标描述为“完成企业化进程、制定规章制度、扩展会员优势和增加会员数量”。根据 1995 年发行的 *The Coaches Agenda*，6 名入选的董事包括 Susan Berland、Breeze Carlile、Kathy O’Donnell、Aaron Ulysses Parnell、Laura Whitworth 和 Richard Winetzky。

1995 年早期，CTI 的 Laura Whitworth 和 CU 的 Sandy Vilas 产生了将全世界尽可能多的教练聚集起来以召开教练会议的想法。据 Breeze Carlile 称，“我们前往不同的地点和组织寻找这些人并发出邀请，‘您是否愿意到旧金山参加会议并讨论教练的未来？’这些非教派的邀请函尽可能多地被发送至他们所知道的教练领导者。当 CU 的创始人 Thomas Leonard 看到 Laura 的名字印在邀请函上时，他推测这是为了 CTI 的利益并禁止任何 CU 的人参与”。

1995 年 5 月，IAPPC 在旧金山举办了首届非教派性的教练会议，旨在拟定教练的定义和规范教练职业。在纪念日举行的这一标志性的活动中，这些专业的教练自费出席。代表们有来自全美的区域教练团队和教练培训项目人员。邀请到了约20位来自美国和其他国家的教练团体代表参与会议。这些团体包括按地理缀名的协会（如纽约或洛杉矶协会），教练培训课程的毕业生团队，如国家教练网络等专业协会，以及服务于ADD人群的教练。

根据PPCA的历史记录，如同其1997年会议呈现的那样：

> 会议的一项拟定议项成果是探讨由所有与会者代表和自发兴起于全世界的教练行业是否有足够的共同点（足够的哲学和方法论相似性）使其可被称为职业。

Breeze Carlile这样描述：

> 周末，我们坐在位于560 Commercial的Laura旧办公室的房间里，艰难地拟定至今仍在使用的保持不变的教练定义。我们拟定所有这些不同的教练学校都会认同的教练的定义。

PPCA的历史记录表明：

> 规划委员会被与会者代表的各种经验和团体所鼓励。第一个周末的工作成效显著。星期天下午，我们带着专业教练的定义、专业教练关系的必备元素清单，以及在年底前成立全国教练协会的承诺出现在会议上。我们建立了协会愿景、使命宣言和基本的道德规范。在建立了小组委员会以设计我们的协会结构、定义会员制度并开发行动计划后，我们结束了会议。

截至1995年9月，IAPPC拥有70位成员教练。1996年1月，IAPPC被指定为新成立的PPCA的第一家分会。

专业及私人教练协会（PPCA）

PPCA 是一家专业教练协会，采用会员选举的会员制，其成立的目的是引领全球教练行业的发展，并规划全球教练行业发展的未来。1995 年春季，PPCA 诞生于旧金山举行的教练核心会议，并于 1995 年 11 月正式成立。此次教练核心会议创建了小组指导委员会，由 David Matthew Prior、C.J. Hayden、Cynthia Loy Darst 和 Breeze Carlile 组成，其宗旨是继续塑造本次核心会议成立的教练社区。由于当时是建设更具包容性的全球组织的最佳时期，因此，在 1995 年 5 月到 8 月期间，召开了一系列的电视周会。

PPCA 的官方记录对它的成立描述如下：

> 1995 年 8 月 1 日，在一次全国性电话会议上，教练核心会议代表核准了小组委员会的建议，指定了代理董事会。1995 年 10 月 1 日，PPCA 正式启动，开始接收会员。IAPPC 成立于 1994 年，70 位会员通过会议策划和提供资金的方式举办了核心会议，对于 IAPPC 旧金山湾区的热情和慷慨，PPCA 表示衷心的感谢。IAPPC 利用会费为 PPCA 的初始财务需要提供启动资金。我们希望成为一家面向专业教练，以及希望在职业和个人生活中运用教练技巧与方法的人的国际协会，通过遍布全国的地区社区，以及积极的应用团体，促进他们的职业发展。

有趣的是，1995 年 3 月，Sandy Vilas 被推选为 PPCA 的第一任会长，Laura Whitworth、Fran Fisher、Diana Dring、Breeze Carlile 和 David Matthew Prior 等人被选为创立董事。1996 年，Prior 和 Vilas 在 PPCA 首届官员大选中共同竞选会长职务，最终，Vilas 当选，但在一周内便提出辞职，然后，被推选担任副会长的 Breeze Carlile 接任成为新任会长。包括 Vilas 本人在内的许多人都认为 Thomas Leonard 对他做出辞职决定有很大影响。

根据 PPCA（1996a）的会员名录，在 113 名协会创始会员中，包括来自弗吉尼亚州、持有首批 ICF MCC 证书的 Teri-E Belf，来自俄亥俄州、在 Gestalt Institute of Cleveland 开创了教练培训课程的 Dorothy Siminovitch，来自纽约、首批 CU 讲师之一的 Madeleine Homan，来自新泽西州、登上奥普拉脱口秀的首位教练 Laura Berman Fortgang，来自亚利桑那州、担任 ICF 第二任会长的 Jeff Raim，来自加拿大温哥华、Canada LifeSkills Coach Training 的 Roy Oster（见第八章），来自马萨诸塞州、International Coaching Week 的创始人 Jerri Udelson ，ADD 教练学创始人 Nancy Ratey 和 Susan Sussman，以及来自得克萨斯州、后来从 Thomas Leonard 手中收购 CU 的 Sandy Vilas。

PPCA 期刊 *Being in Action* 的创刊号由 C.J. Hayden 编辑，于 1995 年 9 月出版。创刊号明确了下列会员分类：

> 专业会员教练：PPCA 提供的最高会员分类……包括基本福利、可列于推荐服务和代言队伍列表中，以及可在营销中使用 PPCA 标识。
>
> 有经验的会员教练：（专业会员标准制定之前的临时分类）。在过去 12 个月内的执教时间至少为 200 小时的专业教练，已经填写申请表宣布成为符合下文教练定义的有经验教练，同意遵守 PPCA 的《道德规范》……包括福利利益、可列于推荐服务和代言队伍列表中。
>
> 会员教练：进行实践的新教练、培训中的专业教练、申请成为专业或有经验会员后等待核准的申请人。包括基本福利。
>
> 附属会员：在职业中使用教练技巧但没有教练实践的个人、学生或对教练专业感兴趣的任何人。包括基本福利。

Being in Action 创刊号还提出了教练的定义：

> 专业教练是一种持续的关系，专注于让客户采取行动实现自己的愿景、目标或渴望。教练利用探究和个人发现过程来建立客户的意识与责任水平，为客户提供建构、支持和反馈。

另外，创刊号也对“专业教练的必要和基本要素”进行了说明，2009 年时，“专业指导的必要和基本元素”仍存在于 ICF ：

- 专业教练是精心设计的主动与响应的完美联姻，是一个随时间发展的过程。

• 专业教练采用……客户发起的议程、发现和询问、规划和目标设定、倾听、问责、反馈、灵活性、理解和行动请求。

• 专业教练……专注于客户议程；提供前瞻性指导、建构和支持，建立意识和责任，提升技巧，解决态度和行为，扫除内心障碍，向其他专业人士求助治疗问题。

1996 年 PCCA 章程

我们的愿景：成为每个人都能获取训练理论和应用的场所，面向教师、父母、牧师、青少年、老年人、公司执行管理人员、经理、公司员工、父母和所有其他人。通过这一范围更广泛的愿景，在我们的社会中，教练将会越来越被尊重、越来越被关注。PPCA 作为一个国际协会，对全世界的教练工作卓有远见、充满热情。随着人们学习教练技巧、开发教练应用、在日常生活中应用教练技巧，教练学会在全球各地得以共享。

我们的使命：促进教练学和教练原理能够得到更广泛的应用，促进教练理论和应用的壮大与发展，提供一个教育和理念的自由交流全球论坛，设立道德、资格和素质标准。

我们是谁：PPCA 代表并囊括各类背景和培训能力的教练，以及熟悉教练应用的人员。PPCA 由推选出的董事会领导，董事会对全体会员负责。PPCA 拥有来自加拿大、荷兰、英国、美国、德国和哥伦比亚的 430 多位会员。在 PPCA 运营的第二年，PPCA 正在建立培训、认证和经验的确认标准，并且正在建立教练应用和地区性的教练社区。

资料来源：摘自 PPCA 文件

在对 SHRM 等组织的现有道德标准和结构开展广泛研究之后，PPCA 为教练专业协会建立了首版道德准则。正如 *Being in Action* 中所述，该准则强调：

PPCA 期望会员始终坚持高度专业性，使客户的愿景、目标、期望，以及教练的专业性能得到积极提升。以下是我们期望所有 PPCA 教练（有经验的会员教练、专业会员教练和会员教练）能够时刻遵守和落实的基本道德准则：

1. 客户保护。在任何教练关系初期，PPCA 教练同意将客户 / 教练关系的各项条款形成由双方签署的书面协议。PPCA 教练认为任何职业关系中都存在高度信任，PPCA 教练不会利用客户满足其个人、性或经济目的……

2. 利益冲突。PPCA 教练将恪尽职守，避免出现利益冲突。在与客户开始任何工作之前，PPCA 教练将会讨论利益冲突的可能性。但是，如果利益冲突确实发生，在向客户进行披露后，教练会在保障客户最大利益的前提下尝试解决。如未能解决，教练将终止与客户的教练关系。

3. 个人利益。PPCA 教练向 PPCA、其他 PPCA 会员或客户推荐任何人、服务或供应商时，教练应告知 PPCA、PPCA 会员或客户其因推荐行为会收到的任何个人或专业上的收益或利益。

4. 机密性。PPCA 教练将尽最大努力按其与客户达成的客户协议的规定尊重客户的机密信息。

5. 准确表述。 PPCA 将准确表达其任职资格、经历和专业技能。

6. 训练获得性。PPCA 教练将营造相互尊重、保护各自尊严的氛围，尽力使所有人都能获得训练，不论其年龄、身体状况、性别、国籍、种族、宗教或性取向如何。

7. 我们无法为客户服务时。如果因任何原因，PPCA 教练觉得无法再为客户服务，教练应做合适的推荐。

8. 尊重所有教练。PPCA 教练在所有口头或书面交流中，应尊重所有专业和私人教练，坚守职业礼节，保护彼此尊严。

9. 违反道德的情况。如果 PPCA 教练故意或持续违反这些道德规范，需要对其行为做出解释，并且可能会被协会除名。被协会除名的任何人不得再次申请成为会员，其文献中所引用的协会内容必须全部删除。

1996 年，董事会扩增至 12 人，除开展其他活动外，举行年度大会是他们的工作重点。曾于 1996 年主持过亚特兰大国际教练研讨会的 Teri-E Belf 加入 PPCA 董事会成为会员主席，任职当年，会员人数增至 430 人。

1996 年 10 月 4 日—6 日，PPCA 在旧金山召开了首届年度大会，会议标题为“开创未来——面向 21 世纪的教练学”，共有 250 人出席了会议。实际上，此次会议是专门设计和制定的。正如 Fran Fisher 所描述，“我们大家都是头一次见面——这是一场宏大、协作性的庆祝活动”。Sir John Whitmore、Roger Herman 和 Joyce Fioia 在会上发表了主题演讲，Teri-E Belf、Laura Whitworth 和 C.J. Hayden 主持了会前研讨会。参与计划的其他人还包括 Jeff Staggs、Eric Kohner、Karen Kimsey-House、David Matthew Prior 和 Fran Fisher。PPCA 会员和与会人员可以购买会议磁带。在首届 PPCA 会议召开的三周之前，Thomas Leonard 还特意安排了首届 ICF 会议。

为了增强其包容性，1997 年 9 月 25 日—28 日举办了主题为“将教练学织入生活”的第二届年度大会，Georgia、Bob Davies、Jean Hollands 和 Laura Whitworth 在会上发表了主题演讲。据 Sherry Lowry 称，在本次会议上，首批道德和标准委员会，以及资格审查委员会汇聚一堂。PPCA 会长 Breeze Carlil 在向与会人员发表的欢迎辞中写道：

> （Watts）Wacker 称，社会机构的下一个驱动力将是陌生人社区——因身份、抱负而非地理联系在一起的人们。对于我来说，这个描述听起来指的就是我们的协会。所以，我们欢聚在亚特兰大。因为董事会致力于将 PPCA 打造成为国际性协会，所以董事会愿意这么早便将会议从加利福尼亚（总部所在地）挪到这里，这存在着很大风险。

Charlile 当时并不知道这个风险有多大。会议通知对主题的描述如下：

> 作为点亮人们生活、实现个人、文化乃至全球目标的催化剂，教练技术将成为所有人的通用语言。不同的人和专业，拥有不同的渴望和目的。他们汇聚一堂，共同谱写了一首人类持续发展之歌。生活如同一幅织锦。教练学成为贯通各行各业日常生活的一根丝线。想象一下这幅焕发活力的全球化织锦，其众多的纹理和色调是由教练学这根共同的线条

连接在一起的。艺术作品总是始于梦想，然后是简单的行动……线条！来吧，创建这幅织锦——教练技术和整个世界的未来！

与 PPCA 首届会议一样，Thomas Leonard 在 PPCA 会议召开的三周之前安排了ICF会议。据David Matthew Prior称，由于没有大量的本地教练，CU 人员参加他们自己的（ICF）会议，PPCA 的出席人数不足以支付相应成本，所以第二次 PPCA 并未取得成功。时任 PPCA 财务主管 Fran Fisher 称："因为我们没能招到新人，我们知道参加此次会议，会让我们变得一无所有。我们需要招到一半人数，才能达到收支平衡。我们陷入了财务困境。" ICF 会长 Jeff Raim 和副会长 Dawn AnJolais，与包括 Sherry Lowry 在内的其他人一样，分别注册并参加了 PPCA 亚特兰大会议，希望两个机构能够建立起桥梁关系。

跟专业要求统一声音的想法一样，在本次会议上，资格认证的讨论已经成型。Fran Fisher 描述转折点是 PPCA 董事会与 ICF 的 Jeff Raim 和 Dawn AnJolais 之间的即兴谈话，与会人员还包括 Rich Fettke、Laura Whitworth、Breeze Carlile 和 Cynthia Loy Darst：

我们在屋内来回走动……脑中浮现出一个愿景，教练行业正在成为一门专业。我们无法在一个市场中总保持着竞争状态。然后，我们选择去做的事应该是看什么对教练专业最有利，而不是为了我们的自身目的。这是两个不同的协会。我们分享自己的立场，投票决定要不要将力量联合起来。

尽管 PPCA 的董事会成员未全部出席，但与会人员非正式地表示同意联手。亚特兰大会议之后，Rich Fettke 被推选成为第二任 PPCA 会长。

Fettke 和 Raim 同意 PPCA 董事会和 ICF 董事联手会符合双方的最佳利益。他们与 PPCA 董事会和 ICF 董事会共同召开了电话会议，讨论两个协会合并的可能性。随后，PPCA 董事会做出决定，解散组织，邀请其会员加入 ICF，理由是一个代表性的教练专业协会能够更好地服务教练社区和普通公众。

解散时，PPCA 在世界各地拥有 1100 名缴费会员，他们拥有不同的教练培训背景和观点。另外，PPCA 拥有传统的非营利协会结构、董事会、强大的委员会结构、执行董事、季刊、年会和道德准则。

1997 年 12 月 31 日，PPCA 与 ICF 合并。两个协会的合并将在有关 ICF 的内容中讨论。

国际教练联合会（ICF）

1995 年，在 Susan Corbett Klein 位于佛罗里达的家中，Thomas Leonard 在 CU 的董事会议上宣布成立 ICF。出席会议的 CU 董事会成员有 Mogens Gilmore、Thomas Leonard、Stephen Cluney、Jeff Raim、Marlene Elliott、Bruce Anderson、Madeleine Homan、Joan Cook、Jay Perry、Susan Corbett Klein、Sandy Vilas、Cheryl Richardson、John Seiffer 和 Shirley Anderson。本次董事会议结束后，很快他们所有人又参与了 ICF 讨论。据 Bruce Anderson 称，“Thomas（Leonard）最早提出了成立 ICF 的想法，他设想让 ICF 不与 CU 分离”。Anderson 还接着说：“Thomas Leonard 只是提出了 ICF 名称，但没有采取任何行动。ICF 是对 PPCA 的回应。”

根据相关人士得知，ICF 的成立存在多个版本。有些人称“1992 年，Thomas Leonard 成立国家专业教练协会时有了这个想法”，还有些人称“Thomas Leonard 成立 ICF 是为了对 1995 年 5 月 IAPPC 召开的教练核心会议（Coaching Caucus）做出回应”。在美国邮政发出的、日期标为 1996 年 4 月 16 日的一封信中，Leonard 称：

> 对于经验丰富的教练和新手教练来说，ICF 是一个很棒的地方。为服务所有会员，ICF 建立了传真广播和邮件分发系统，ICF 会员无须上网获取相关信息。ICF 在很多方面都在效仿 CU——渐进式、自愿性、吸引力。CU 甚至还以资金和服务的方式向 ICF 出资 10000 美元，提供必要的基础设施和现金储备以满足 ICF 可预见的未来财务需要。作为

CU 教练培训计划中的一位教练，您将自动成为 ICF 的会员，每周收到通过电子邮件发来的 *The Coaching News*。

Jeff Raim 的故事确认了上述两个版本中的第二个，他回忆了当时发生的事：

> ICF 是完全不同的情况。PPCA 是首先创立的，它是由整个海湾地区和整个团队创建的。Thomas（Leonard）来自该地区。说实话，有两种情况，一是你确实需要一个协会，但 PPCA 采用传统模式，而这些模式非常烦琐，其中表现在他们的结构方式上，并且会试着民主。当你试图创建一个新的行业时，却不能高效或有效地进行。二是 Thomas 想要绝对的控制权。他想要一种错觉，即存在一个独立的协会，但他却不是（该）独立协会的一部分。
>
> PPCA 成立期间，我和 Cheryl Richardson、Sandy（Vilas）找 Thomas 谈话，表示我们应该参与 PPCA，并以此来激励他。他同意了，安排了首次会议。我没能参加，但 Sandy 和 Cheryl 参加了。事实上，我认为 Sandy 当上了会长。Thomas 回来时，正处于困境中，所以他告诉他们他不想做了。他打算创建 ICF。尽管我没在那里，我还是被推选为办公室人员，我不记得这对于 PPCA 算什么。他们确实做到了，他们非常真诚。然后，Thomas 把我们召集起来，说："好，我们将要创建 ICF，你们所有人都需要退出 PPCA。" Sandy 和 Cheryl 说好，然后，他们辞职了……此时，我其实是被 CU 给踢出来的……我写信给 PPCA 说："我不想再参与这里的事情了，所以我辞职。" 我告诉 Thomas（Leonard）"如果这是他想要的，我既不会加入 CU，也不会加入 ICF"。

据 C.J.Hayden 称，CU 的出资"使 ICF 攻克了 IAPPC 和 PPCA 没能攻克的大量公关，因为他们只利用会费来维持运营"。Thomas Leonard 期望能够拥有这样一个教练联盟：领导人员是任命的（而非选举的），不收取会费，设立有东道主的分会，为教练培训以外的交往提供场地。

尽管 ICF 申请表的电子邮件版本已经发送给 CU 的学生和校友，

Thomas Leonard 仍根据教练名单发送 ICF 入会邀请信，并附上入会表格，内容包括使命、福利，以及教练推荐服务的列名信息。他对向 350 名 ICF 会员提供纸质表格饶有兴趣，会员们可以与他们的同事共享这些纸质表格。申请称不会收取会费，ICF 将利用认证考试的考试费用维持自主运营。申请还称，到 1996 年 4 月 30 日时，ICF 将在多个城市和地区设立 100 家以上分会。每位会员需要坚守 ICF 标准、惯例和道德承诺，同意支持 ICF 的使命。提供两种等级的会员：

准会员：正在执教或打算执教的任何人。

认证教练会员：对至少 100 位客户专业执教至少一年时间，成功通过 ICF 认证教练考试的书面和口头测试（1996 年 6 月生效），在个人和职业生活方面能够为客户和其他教练树立榜样。

作为第 60 号 ICF 会员，我收到了协会自成立以来的电子邮件和消息。1996 年 5 月，Cheryl Richardson 和 Sandy Vilas 被任命为 ICF 的首任联合会长，但是 1996 年 7 月 Vilas 从 Thomas Leonard 手中收购 CU 时，Vilas 辞去了会长职务。Susan Corbett Klein 出任第一任秘书，Laura Hess 出任第一任财务主管。1996 年—1997 年期间，最初创始人和董事小组负责 ICF 的运营。Jay Perry、Bruce Anderson、Jeff Raim 和后来的 John Seiffer 是 ICF 启动团队中的其他成员。很快，委员会成立，这些人中的领导被任命为董事会成员。Susan Corbett Klei 描述道：

有一段时间 CU 和 ICF 的董事会会议合并进行并且是同一个班子。后来问题层出不穷，但刚开始我们需要那样，因为我们需要凝聚力和相容性，这是 Thomas 的决定，因为 Thomas（Leonard）是 CU 和 ICF 的领导。

ICF 标准、惯例和道德承诺

作为国际教练联合会的会员，我宣誓将遵守最高的道德标准。我将视客户的利益高于自身利益，我宣誓将诚信对待客户，尽自己所能为客户服务。

我宣誓：

- 遵守教练－客户协议；
- 坚守自己的底线；
- 保障机密性；
- 尊重他人、发挥助益；
- 快速响应；
- 虚心受教；
- 表现专业；
- 保持专业距离；
- 维持明确的财务协议；
- 树立榜样。

资料来源：www.coachfederation.org

从一开始，ICF 董事会就想与 CU 分开，1996 年 5 月，ICF 购买了域名 coachfederation.org，并把 ICF 的全部电子邮件地址、通信方式和网站资源从 coachu.com 移到了该域名下。

Thomas Leonard 撰写了第一版 *The Coaching News*，并于 1996 年 4 月 16 日作为 ICF 的官方时事通讯发行，Judy Feld 负责编辑。*The Coaching News* 开头写着："尊敬的教练：我们是 *The Coaching News* 的联合主编 Judy Feld 和 Thomas Leonard。本期为创刊号，向世界各地订阅本刊的教练们分发……"当时有 410 位电子邮件订阅者。据 Judy 称，在 Leonard 第一次说了"你做到了"之后，她做了很多年。这份非正式的"电子时事通讯"周刊，到 1997 年时变成了月刊，像专业社区一样进一步将教练们联系在了一起。较为频繁的电子"Special Broadcasts"使会员们不断更新。ICF 的各种通讯方式，提供了重要的信息和战略，帮助教练们解决执教时面临的诸多挑战，包括法律、法规问题等。到 *The Coaching News* 发行时，非营利职业协会 ICF 已经拥有了 500 位会员教练。

北得克萨斯教练协会（North Texas Coaches' Association）被任命为第一个 ICF 分会，随即更名为 ICF-North Texas。Judy Feld 和 Pam Straus 是该分会的共同创始人。1996 年期间，在美国西海岸成立的其他分会包括由 Howard Spizer、Christine Martin 和 Tim Kline 创办的加利福尼亚洛杉矶分会，以及由 Linda Miller 和 Vikki Brock 在华盛顿西雅图创办的 Puget Sound Coaches Association。截至 1996 年 5 月，全球共设立了 60 多家 ICF 分会。

1996 年 9 月 20 日—22 日，ICF 在得克萨斯州休斯顿逸林酒店召开了首届年度大会，选修的培训会议于 9 月 19 日举行。会议由 Marlene Elliott 主持，由休斯顿分会的志愿者和教练承办。在本次年度大会上，完成了所有小组会议、圆桌会议、专题讨论会和特别奖励会的报名事宜。共 250 位教练通过支付不到 300 美元的费用参加了首届年度大会。Cheryl Richardson 发表了主题演讲，Sandy Vilas 发起了有关“教练技术的未来”的闭幕讨论。Thomas Leonard 由于不喜欢参加公共论坛，因此没有出席本次年会。

1996 年 11 月 13 日，ICF 在内华达州拉斯维加斯注册成为一家非营利组织，并通过了内部章程。Corbett Klein、Laura Hess 和 Cheryl Richardson 为签署人。据 John Seiffer 称，内部规章要求几年内不再进行选举，以便给组织时间站稳脚跟，官员可以委任。1997 年，ICF 会员 John Tessier 制定了 ICF 道德承诺，主要关注如下几个方面：遵守教练 – 客户协议，坚持自己的底线，保障机密性，尊重他人、发挥助益，快速响应，虚心受教，表现专业，保持专业距离，保持明晰的财务协议，树立榜样。

在牙买加举行的一次顾问委员会会议上，Cheryl Richardson 放弃担任会长并面谈了三位董事会成员，希望他们接任会长。她选择了 Jeff Raim 来完成她余下的半年任期。据 Richardson 称：“尽管受到了 Thomas（Leonard）的压力，但我知道他有能力做好。我还知道他是个特立独行的人，而此时，组织正需要这样一个特立独行的人。”根据 Joan Cook 描述，Raim 的情况属于“我会做，但这是我想做的，我希望它成为一个独立的组织。它应该做出自己的样子，而不是处于 CU 的保护之下，我们（顾问委员会）都认为这是好主意”。

Raim 致力于将 ICF 与 CU 分离并开始收取会费。Raim 和其他人称，在这场争取 ICF 独立和财务分离的行动中，Raim 惹怒了 Leonard，被要求离开 CU。Leonard 期望 ICF 与 CU 社区并驾齐驱，继续保持着松散的联系。很快，在董事会和 Leonard 的一次电话会议中，董事会支持独立。接着，Leonard 声明他将利用 CU 的分会创建另一个组织，与 ICF 分会一较高下。

ICF 第 72 号会员、Thomas Leonard 的 CoachVille 继承人 Dave Buck 称：

> 这件事有其两面性：一方面，这是 Thomas 的威吓。如果他不能采用他自己的方式，他将做自己的事情。另一方面是 Thomas 的愿景，他的想法是 ICF 是不应该为行业所处的高创造性服务。两者都对。让人们需要制度、需要行政系统和需要标准，ICF 在这一点上做得很正确。它高度发展、高度增长，Thomas 的这一点也是正确的。

1997 年年初，在 Sandy Vilas 的家中召开了一次 ICF 非官方会议，30 个人出席了会议，会议对教练技术的未来，以及 ICF 的未来进行了讨论。Cheryl Richardson、Jeff Raim 和 Laura Hess 也出席了此次会议。

1997 年，新董事会成立，任命 Jeff Raim 为会长。ICF 总部从得克萨斯州休斯顿（Thomas Leonard 的居住地）转移到新墨西哥州安盖尔法尔（新会长 Raim 的居住地）。在此期间，Butch 和 Audrey Farley 是 ICF 的职员。来自俄勒冈州波特兰的修行和商业教练 Dawn AnJolais 被任命为副会长，商业教练 John Seiffer 被任命为财务主管，来自佛罗里达的生产效率教练 Susan Corbett Klein 继续担任秘书职务。Cheryl Richardson 作为往届会长继续留在董事会中。

1997 年 9 月 11—14 日，ICF 以“联通”为主题的第二次年度大会在得克萨斯州休斯顿召开。Jeff Raim 拉来了 Guy Stickne 主持会议，Raim、Stickney 和 AnJolais 计划会议召开两天。当时 CU 的所有人 Sandy Vilas 发起了第一天的会议。本次会议的焦点跟首届会议一样，即明确教练技术到底想要成为什么样子，以及随着领域的不断发展会员想要些什么。多个小组会议对如何进行训练进行了演示。CU 在周日演示了“鱼缸”法，4 位教练在舞台上形成一个小组，一位 CU 客户被提出让每位小组成员进行指导训练，每个人训练了该客户一小会儿。多位高级教练，包括来自 CTI 的 Laura Whitworth 和一位志愿者客户也站在舞台上，与观众一起，帮助这位客户。Elizabeth Crouch 以此对大会上的这个重大事件是这样描述的："Laura（Whitworth）和 Sandy（Vilas）来到舞台上称这将是一场心灵的盛会，他们将停下两家组织之间的分歧"。

Jeff Raim 和 Dawn AnJolais 出席了两周后在佐治亚州亚特兰大召开的 PPCA 会议。他们继续对话，并于 1997 年 10 月 1 日宣布他们将在 1998 年召开联合会议。本公告是在两家组织合并之前发布的。

1997 年 10 月 1 日，ICF 成为缴纳会费的会员制组织，发起了教练推荐服务。当时，该联盟拥有 650 位会员，在美国各州和至少 10 个其他国家和地区（包括英国、法国、加拿大、维尔京群岛、南非、瑞典和澳大利亚）共设有 89 个分会，还拥有两个虚拟分会。当时，ICF 存在的三个理由为：推动教练社区在世界各地的发展；维护并更新教练专业标准和惯例；支持会员打造高品质生活和成功执教。

在这个过程中，董事会修订了内部章程，添加了此前不存在的选举流程。John Seiffer 对此描述如下：

> 对于怎样任命，现在存在很大的争议……我们既想人们能够被任命，但又不想它成为某些人聚集了一些乌合之众的地方，他们来掌管这个团体，却不了解任何历史，也不了解如何经营，甚至不善于管理一个团队，仅仅是让一帮人进行投票，我们必须从中取得平衡。我们的解决方法是……组建任命委员会，由前会长挑选出的 4 位董事构成，提供一连串被提名人，而想与其竞选的人有机会进行请愿。

1997 年 12 月 31 日，在 Jeff Raim 的带领下，PPCA 解散后，ICF 向 PPCA 会员提供了正式会员资格，Raim 的"30 人协作式联合董事会"愿景得以实现。据 1998 年—2005 年期间的 ICF 会议策划人 Guy Stickney 称，"在 Jeff Raim 担任首任会长，以及我们与 PPCA 进行联合的早期，Jeff Raim 还没有掌控 ICF，还没把他自己的钱放进去……我不知道 ICF 与今天的模式已经很接近了（2006）”。

ICF 和 PPCA 合为一体

1997 年 12 月 31 日，PPCA 解散，ICF 邀请原来的 PPCA 会员加入 ICF。PPCA 会长 Rich Fettke 在 1998 年 6 月 22 日的一封信中向会员们传达了如下官方声明：

> 在 1997 年 12 月召开的 ICF 会议，以及在 1997 年 10 月召开的 PPCA 会议上，与会人员表示强烈支持创建专业教练社区的统一。与会人员觉得这样会为教练专业带来更高效能和效率。ICF 随后也向 PPCA 董事会和其他教练协会发出统一组织的邀请，统一组织将代表我们做出如下承诺：
>
> 1. ICF 将尊重你们当前的 PPCA 会员资格；
>
> 2. 你们可以以每年 150 美元的费用加入 ICF 的教练推荐服务（Coach Referral Service）；
>
> 3. ICF 出版电子版本的 *ICF Coaching News*。

1998 年 1 月 10 日，ICF 会长 Jeff Raim 向广大会员发表官方声明：

> 在 1997 年 9 月召开的 ICF 大会上，与会人员对创建专业教练社区的统一声音达成一致意见。现在，这个请求正在实现中，对此，我们感到非常高兴……ICF 还向已知的众多专业教练组织发出了邀请，希望将他们的人才和资源也加入到代表整个教练专业的统一组织中。我们非常高兴地宣布 PPCA 董事会选择接受了 ICF 的邀请。为了让教练技术以公认、统一的专业形式发扬光大，PPCA 董事会打算停止日常运营，ICF 董事会已投票接纳 PPCA 的所有会员……我们相信这些措施将有助于建设、支持，以及维持我们专业的不断壮大和完整。我们将共同努力，让我们的专业更上一个台阶，对于你们过去，以及未来的支持，我们表示

衷心的感谢。

PPCA带来了传统非营利专业协会的特色，即道德、资格认证、日志、协作与包容、多样性和观点。ICF带来了创业型企业的特色，即分布广泛、更好的品牌知名度、更多会员和财务稳定性。另外，Jeff Raim的会长职务是有关教练专业的统一声音，这里包含着ICF和PPCA的成功联合。ICF与CU分离后，以及实施合并之前，ICF第一次收取了会费。根据ICF当时的财务主管John Seiffer所说，因为PPCA财务上没有偿债能力，ICF也无能力接管他们的债务，所以，两个团体不能合并。因此，ICF能做的就是拓展会员人数，声称PPCA会员可以自动免费成为ICF会员。ICF还扩大了董事会规模，纳入了PPCA董事会成员。

1997年12月31日，在亚利桑那州斯科茨代尔召开的具有历史意义的会议上，PPCA董事会会见了ICF会长Jeff Raim，除Cindy Reinhardt外，Jeff Raim是参与本次会议的唯一一位ICF成员。Sherry Lowry也出席了这次会议，并做了如下描述：

在1997年新年的周末，我们所有人去了斯科茨代尔……我们PPCA董事会中的全体12个人都出席了，包括会长Rich Fettke……他是关键人物，因为他促成了这件事……他流着泪，因为这是他经历过的最艰难的事情之一。我们到了斯科茨代尔，期望能够在那里见到ICF董事会。（在非董事会成员Guy Stickney和Marcia Reynolds的支持下，只有Jeff Raim和Cindy Reinhardt来了）只有Jeff Raim来了，是因为PPCA已经失去了风华，并且无法偿还他们在亚特兰大酒店的25000美元债务。他告诉我了实情，说“ICF财务上没有义务来接管你们的债务，（但）我们需要这么做（合并），我想为了这个行业来做这件事。我过来只带来了我唯一的一票，我是在做我自己，但是在这种情况下，我能够成功完成这件事”，他确实做到了。我不知道他怎样做，我们不能去问，但我们做到的就是拿着两个董事会的合并协议离开了那个周末召开的会议。

Fran Fisher 说："PPCA 的会长和财务主管 Rich（Fettke）和我当年在亚特兰大和斯科茨代尔之间能做的就是申请 PPCA 破产，我们关门了。因为我们经历了破产，在与 ICF 谈判时，我们是处于劣势的一方。他们对名称拥有决定性的一票……我们根本没能力讨价还价。他们给了我们几千美元——这是我们售出数据库的谈判结果，他们给了我们几千美元用来偿还我们的部分债务，完成破产程序"。

Bruce Anderson 对 ICF 第二任会长 Jeff Raim 建立真正独立于培训公司的独立专业组织的愿景和领导能力给予了很高的评价。对于 Rich Fettke 和 PPC 实现了教练专业统一声音的愿景，其他人也给予了高度的评价。Cheryl Richardson 形容 Fettke 是"一个可靠、踏实、体面、正直的人"。有一点非常明确，即 Raim 和 Fettke 都想让这个专业协会具有包容性。C.J.Hayden 描述称："当公众都听说了教练学时，我们想要这成为一个来源，我们所有人可以通过共同努力将这个专业发扬光大"。

1998 年，在那个极其动荡的时期，Raim 所做的便是管理这个由 26 个人组成的联合董事会，重点是让人们联结起来，让他们感到自己融入其中。所有委员会主席都是董事会中的董事。1998 年 4 月 13 日—18 日，ICF 举行了为期一周的首次年度教练巡航，用 Mandalay 帆船，从圣马丁岛出发，趁机将不同教练团体中的教练聚在了一起。明确 ICF 未来的发展方向和发展方式是本次巡航的目标之一。

联合董事会继续召开定期会议，有时每月两至三次，通过电话解决两个组织的合并细节。Cindy Reinhardt 描述了开始几年的紧张局面。Reinhardt 和董事会的其他成员，如同时属于 PPCA 和 ICF 的 Madeleine Homan 和 Sherry Lowry，在接下来的几年中，花费了大部分时间来发挥整合时期的桥梁作用。除了修订内部章程，他们的工作也使 ICF 的描述发生了改变，如网站在 2000 年 5 月 19 日称，ICF 是一家非营利性私人与商业教练专业组织，它的存在是为了打造、支持和保持教练专业的完整性。根据 ICF 的 Pamela Richarde 所述，当时她和来自 PPCA 的 Laura Whitworth "工作兢兢业业，致力于消除社区内持续的、竞争性对话"。PPCA 前任会员 C.J.Hayden 称："从那时起，早期付出过努力的我们所有人（PPCA）将我们的一切都献给了 ICF，我们中有很多（PPCA）在董事会中担任官员，扮演不同的角色。”

联合董事会的首次集体亮相是 1998 年 10 月 17 日—19 日在亚利桑那州斯科茨代尔召开以“连接全球精神”为主题的第三届年度全球 ICF 大会上。ICF 职员 Butch Farley 邀请 Wayne Dyer 参与了会前会（会议向公众售票），并在大会上发表了主题演讲。根据 John Seiffer 所述，能够吸引这样高水准的演说家确实使 ICF 出了名。

Fran Fisher 回忆说：“我们共同策划了斯科茨代尔大会，然后，在大会上，我们以联合董事会的名义相见，我们重新创建了一个新的董事会，从那时开始，我们有了一个小型董事会和一个管理团队。想法是这样的，我们将在两个董事会中担任官员，而他们将成为一个管理团队。”CTI 和 CU 的学生，同时也是 ICF 和 PPCA 的会员的 Cynthia Loy Darst 和 Cindy Reinhardt 被邀请作为 1998 年会议的联合主席。正如 Darst 所描述：“Cindy（Reinhardt）和我就是蝙蝠侠和罗宾。我们是一个令人难以置信的伙伴关系。我们能够从两方面看到将来会发生的事情，我们两个在一起确实能够将视野放得更远”。本次会议的内容抛弃了教练演示，提供了更多共享教练工具的突破性方法。

Jeff Raim 回望为期 18 个月的会长任期，对那些支持改变的 ICF 和 PPCA 成员，心中满怀喜爱和尊重。在每种情况下，无论是 ICF 脱离 CU 还是 PPCA 与 ICF 联合，或是个性紧张局势下的诚信与协作，都存在着操控和竞争。担任会长的时间太长，这是 Raim 后悔的一件事情，他描述称，“我意识到适用于我的宇宙规律是去做我过去做的事，我是做这件事的恰当人选，但从此刻开始，我不再是接管它的恰当人选”。

ICF 的成长和发展

治理和行政管理

截至 1999 年 1 月，*The Coaching News* 订阅者达到 6814 人。第三任

ICF 会长，即第一位由选举产生的会长是 John Seiffer。除了竞选副会长的 Chrissy Carew 外，董事会的所有其他成员均投赞成票。Raim 本来打算让 PPCA 前任会长 Rick Fettke 接任第三任 ICF 会长，但 Rick Fettke 后被任命进入执行委员会，以平衡选举代表的权力。副会长 Carew 不是执行委员会的成员，其致力于媒体公关建设，提升 ICF 媒体报道率。在接下来的四年，Carew 与 Amy Watson 一起开办了免费的公共关系研讨会，培训教练如何与媒体互动。

Seiffer 成为会长时，ICF 已经有 400 名会员，一年之后，会员数量增至 1200 名。到 1999 年 10 月时，ICF 已在美国各地和 20 个国家设有 120 个分会。作为精明的商人，Seiffer 知道 ICF 不能继续壮大了，并且仍然只由新墨西哥州安盖尔法尔的两个职员和许多志愿者在经营。因此，他创立了协会管理人员协会（Association of Association Executives，简称 ASAE），并成为会员。

由于 ICF 当时没有执行董事，Seiffer 聘用了一位自由执行董事 Jenna Ryan。在此期间，Audrey 和 Butch Farley 先后离开，转去了 CU。Jenna Ryan 从事全职工作后，设立一个遴选委员会被用来寻找协会管理公司来运营 ICF。决选名单制定完成后，Seiffer 的任期也走到了尾声，所以即将上任的会长 Marcia Reynolds 和会长当选人 D.J. Mitsch 决定聘用华盛顿特区的 Bostrom 担任 ICF 的管理公司。在 David Santini 被推为执行董事之前，Bostrom 的 Gina Ryan 一直担任临时的执行董事。在接下来的五年，Kathy Schramek 成为支持资格审查的员工。

所有人把 ICF 从新墨西哥州安盖尔法尔到华盛顿特区的过渡描述为艰难的过渡。Reynolds 实际上将安盖尔法尔办公室打包运到了华盛顿特区。这次过渡花费了 6 ~ 8 个月，Reynolds 在其会长任期中，大部分时间都花费在了这次过渡上。在安盖尔法尔办公室进行计算机化期间，记录和其他资料总是找不到或没有条理。Reynolds 形容 2000 年为 ICF 的多事之秋："财务上，我们真的捉襟见肘，但我们还必须在这次过渡中投入一大笔钱"。

推选的 1999 年—2000 年董事会中包括 Marcia Reynolds，担任 ICF 首任会长，因其拥有企业背景。前几任会长中，有一位是私人教练，两位是小型企业的商业教练。董事会结构修改后，将包括官员、会长当选人，以及自由董事。据 Judy Feld 所述，当她没被任命进入董事会时，她发出请愿，赢得了自由董事职位。聘请管理公司后，董事会成为一种政策，而不是关注危机管理的一个经营团队。

2000 年—2001 年的 ICF 董事会提名名单，经过任命委员会确认，由会员选举，D.J. Mitsch 被推选为会长，Bobette Reeder 被推选为会长当选人。

2001 年 8 月，免费的 *Coaching World* 时事通讯取代了免费的电子版 ICF *Coaching News* 时事通讯。*Coaching World* 由 ICF 出版，所有文章只由会员提供，该期刊的目的是提供有关 ICF 和教练专业的更新信息。

在 2001 年 9 月刊的 *Coaching World* 中，即将离职的 ICF 会长 D.J Mitscht 强调了他在会长任期内的 3 个关键成就，包括 6 个 ICF 分会的特许，针对日本和芝加哥、罗彻斯特和北欧地区的分会配对项目，为内部企业教练发行公司内部教练认证（Corporate Internal Coaching Certification，简称 CICC）。

2001 年 9 月 11 日震惊世界的袭击事件发生后，ICF 积极响应，召开“24 小时全球心连心”电话会议，发起全球公益活动辅导项目，为遭受“9·11 事件”和随后事件影响的人们提供帮助。截至 2002 年 2 月，580 多位教练签名加入，其中 40 多位教练拥有一位以上客户。

2002 年，ICF 选举董事会成员，Bobette Reeder 被任命为会长，但是由于 D.J. 启动了一个新业务，签署了 5500 位经理的培训合同，因此作为会长当选人的 Bobette Reeder 在 D.J. Mitsch 的最后 6 个月任期便接替了他的职务。Judy Feld 被推选为会长当选人。顺便插一句，当一个人成为 ICF 的志愿者会长时，从过去的资料来看，由于他们履行会长的职责需要花费一定的时间和精力，因此，他们的收入会减少一半。即使受聘于管理公司，志愿者会长在 ICF 面前仍需承担大量职责。

到这时，Daniel Martinage 还是为 ICF 服务的 Boastrom 的员工执行董事。2002 年 2 月 27 日，ICF 会员从 Reeder 得知，董事会可能会与一个营利组织建立从属关系。3 月初，通过对上述营利组织 CoachVille 的问答公告，Reeder 进行了跟进。该公告称：

Thomas Leonard 的 CoachVille 计划正在开发 CoachVille 分会网络，已经邀请现有的教练分会成为或加入 CoachVille 分会。ICF 分会和 CoachVille 分会不会联合。

2001 年 11 月，ICF 的首个战略计划出炉，并于 2002 年实施。2002 年 7 月，ICF 宣布了首个会员需求评估调查结果。会长 Reeder 在汇报中强调两点："首先，我们需要在聆听你们的需要时做得更好一些。其次，我们需要在转达我们已经提供的服务时做得更好一些。"

ICF 会员向任命委员会推选出 ICF 董事会 2003 年的备选人员 Judy Feld 被选为会长，Barbara Walton 为会长当选人。在 ICF 的历史上，Pamela Richarde 第二次被推选为补名的候选人，对被提名人 Margaret Krause 进行了罢黜。为此，董事会一致投票在 4 月份进行内部规章修订，改变候选人将名字写入选票时所需的签名数量。

如 ICF *Coaching World* 中所述，"在不到 10 年时间里，ICF 已经从一个只有几百名会员的自管理小型协会过渡到一家在 33 个国家拥有 6000 多名会员、188 家分会的专业管理协会"。在 Feld 的带领下，ICF 总部开始通过每月的全球论坛与 ICF 全球社区架起了讨论问题、标准、惯例和政策的桥梁。

根据 2002 年的战略规划工作，ICF 董事和员工召开了计划 3 天的心灵静修，*Coaching World* 报告称此次静修是为了强调：

> ……将 ICF 进行更高的定位……聚焦那些我们能够、应该做好的领域。这是从"把所有东西推广给所有人"转移到资源的最佳应用。ICF 领导层明确了那些能够或应该驱动我们战略方向的关键因素。根据这个驱动因素，我们制定了五年战略规划，主要致力于如下四大举措：
>
> • ICF 将主要服务专业教练——受到 ICF 认证或努力获取 ICF 证书的人；
>
> • 向世界证明 ICF 教练和培训计划是业内最好的；
>
> • 支持我们的会员可持续性地经营和扩展卓越的专业教练业务；
>
> • 通过世界级的高自律性，消除来自监管方面的威胁。

2003 年 2 月 11 日，Thomas Leonard 英年早逝，引起了 ICF 会员的一片唏嘘之声和一系列反应。2000 年接任了志愿者 Judy Feld 的 Marilyn Schwader，在 2003 年 6 月辞去了 *Coaching World* 有薪编辑的职务。Beth Barry 被聘为编辑。

在 2003 年 8 月期 *Coaching World* 刊登的会长寄语中，Judy Feld 回顾了 ICF 的过去，并展望了现在和将来。“现在，ICF 拥有 23 个委员会，帮助确保 ICF 和教练领域的成功运转——在 ICF 领导层的号召下，每个季度召开一次会议。ICF 还组建了往届会长顾问委员会，利用他们的智慧、经验和观点，为 ICF 当前和未来的领导层的成长提供支持。ICF 的领导层致力于培养未来的领导人员，从年会时举办针对分会和委员会领导的领导力开发活动开始。”

Judy Feld 担任 ICF 会长期间的关键成就有：

1. 推出全球蓝丝带委员会和全球论坛，拓展 ICF 的国际影响；
2. 实施首次世界范围内的教练调查；
3. 加强联系，与教练组织和教练学校建立桥梁关系，尤其是 CoachVille，让他们加入 ICF 社区。

在 2004 届董事会中，Barbara Walton 担任会长，Steve Mitten 担任会长当选人。Cynthia Loy Darst 为使 Steve 当选为第一位非 CU/ICF 会长当选人施以了援手。在加拿大魁北克，董事会全体成员与员工会面，Walton 对此描述称，“为继续建设、支持和发扬教练艺术与科学，让世界各地的职业教练获得成功，（他们）在计划必要的项目和行动”。在关键的监管、组织改进、市场营销 / 公关和财务模型领域，提出了四大战略举措。ICF 官员负责每个议题的工作小组。每个小组确定一个行动计划，每个行动计划将成为 2004 年战略计划的一部分。

2004 年 9 月，ICF 会员第一次被要求为 ICF 的新战略计划输入血液。到那时，ICF 已在 29 个国家设有 132 个分会，拥有 7600 多名会员。1200 多名教练从 ICF 获得了 ACC、PCC 或 MCC 称号。

2005 年，ICF 庆祝运营十周年。会长 Steve Mitten 明确了团结、高标准和明确的信息是成功的关键。2005 年 7 月，一家新的管理公司受聘处理日常管理事务。Host Communications 从肯塔基州列克星敦市开始运作，在 Lisa Simon 换届后，整合了 ICF 和 Host 的经营，聘用和培训核心人员，创建高效率的制度，使 ICF 在战略举措的协作下快速向前发展。与从新墨西哥州安盖尔法尔过渡到华盛顿特区一样，这次行动也有好有坏。

2006 年 1 月，会长 Pamela Richarde 和会长当选人 Kay Cannon 获得任命。Steve Mitten 没有以前任会长的身份留任董事会。

2006 年 8 月 11 日—12 日，ICF 在加拿大温哥华举办了全球峰会，暨“发展对话：有关教练学未来的峰会”。组织者（Patrick Williams 和 Vikki Brock）的原本意图是召开与 1949 年临床心理学启动会议类似的一个大会。因此，聚集这些与会者的意图是超越 ICF 和任何组织——让大会影响和能够影响教练学未来的人们聚在一起——实际上是把他们聚在一间房间中，预见将会发生的事情。ICF 董事会参与了本次峰会，实际出席名单中还包含 ICF 所有的往届会长。来自 14 个国家，代表各个教练专业协会、背景和观点的多位教练出席了本次峰会。会议明确了将要继续探索的五个领域：市场营销、联盟建设及协作、研究和理论基础、教练精神和灵魂。另外，教练基金会承诺未来还将举办一次大会，届时会有不同的人员出席。

温哥华峰会之后，接踵而至的是 ICF 委托实施的首次全球教练专业状态研究。在普华永道的独立管理下，该研究的目的是对教练专业的规模和范围提供见解。除了英语，在双语会员的努力下，这次调查还采用了汉语、日语、法语、德语和西班牙语。

2007 年，ICF 董事会由会长 Kay Cannon 领导，会长当选人 Diane Brennan 提供支持。由于 IMG 收购了管理公司 Host，执行董事 Lisa Simon 在 3 月份离开，Gary Boyler 接管了执行董事职位，“改变”成为当时的主题。4 月时，随着普通会员要求授以证书，ICF 完成了向年费计费流程的过渡，根据该流程，每位会员将在每年的同一个日子延续其会员资格。2007 年，普华永道提出了 ICF 全球教练研究成果，为完成同伴客户 / 消费者研究，还制订了计划。

Diane Brennan 被任命为 ICF 2008 年的会长，而来自澳大利亚的 Karen

Tweedie 被任命为会长当选人。会长当选人的首次竞争性选举发生在 2007 年，当时，董事会的两位副会长 Soren Holm 和 David Matthew Prior 与提名委员会的候选人 Karen Tweedie 进行了竞选。为了响应此举，2008 年 3 月，董事会更新了 ICF 内部规章，其中包括组织官员遴选的变更。三位副会长和财务主管不再由会员直接选举，取而代之的是，由合格的董事会成员进行选举。对于会员意味着他们不再直接选举执行委员会了。更新后，候选人不能再请愿加入董事会，担任执行董事会的职位。另外，董事会的当前成员不能为任何候选人或代表任何候选人争取董事会的职位。

2008 年，当两位董事竞选、被推选为副会长时，董事会的这两个职位全部由董事会填补，这在 ICF 的历史上还是第一次。取代他们的董事会成员是来自英国的 Philip Brew 和来自澳大利亚的 John Annesley。

2009 年 1 月，来自澳大利亚的 Karen Tweedie 成为领导 ICF 的第一位非北美洲会长，而会长当选人 Giovanna D’Alessio 来自意大利。为了延续 Kay Cannon 开创的模式，董事会为 8 个 ICF 全球委员会推选了主席和副主席职位：会议教育指导；资格审查和程序认证；道德和标准；财务；市场营销；会员和社区；监管；调查和研究。

ICF 董事会还批准了 ICF 基金会首个受托管理委员会的推选，ICF 基金会是独立于 ICF 的非营利实体，为职业教练的培训、研究和慈善目的服务。除了 ICF2009 年的董事会成员 Diane Brennan、Giovanna D’Alessio、Sylviane Cannio 和 ICF 往届董事会成员 Ginger Cockerham 和 Barbara Walton，Harnisch 基金会的会长 Ruth Ann Harnisch，以及 IBM 的 Beverly Wright 也被推选进入了基金会 2009 年的受托管理委员会。ICF 2005 年的会长 Steve Mitten 将其任会长期间撰写的市场营销书籍的收入捐给了该基金会，作为种子基金。随着 ICF 从之前的管理公司过渡到现在的公司，该基金会一直处于幕后，直到 2009 年，该基金会才正式成立。

由于全球经济低迷和其他因素，2009 年，ICF 会员数目从 18000 名锐减到 14000 名（ICF *Coaching World*，2009b）。2009 年 10 月初，ICF 的 2010 年董事会宣布成立，经验不满一年的董事会成员第一次被提名并被推选为会长当选人。

资格审查、认定和道德

尽管PPCA和ICF各自做了一些资格审查的准备性工作，但在1997年12月31日召开的会议上：

> Teri-E Belf向整个团队请求援助。我们必须将其做成一个职业，认真对待。我们需要继续教育，我们需要被认可的计划，我们须具备能力标准和多层次的资格审查。我记得会长Jeff Raim看着我说“好，Teri-E，去做吧”。我说“谁想帮助我”？然后，致力于该专业的17位了不起的人加入了进来，我们花了一年半时间建立了资格审查、认定和继续教育，启动了整个工作。

Teri-E Belf带领着17位志愿者教练建立了继续教育、能力标准、多层次资格审查和认定计划。在接下来的两年中，Fran Fisher和Sherry Lowry共同担任道德和标准委员会的主席，并组建了6个委员会，约200人。Lowry负责制定教练学的道德、标准、能力和定义，而Fisher负责制定教练和学校的资格审查规则。Fisher当时的丈夫Ron Roesler担任学校的资格审查小组委员会主席，而Fisher负责管理教练。Roesler制定并设计了目前仍在使用的评分表的大部分内容。整个资格审查程序在1998年大会召开之前的9个月内制定完毕，并在接下来的15个月中推出。据Lowry称，这些人中，大约有30人每周或每两周便召开一次会议。在参与这个项目的200人中，Lowry没有听说过任何与培训机构所有人、董事会、委员会或基层有关的利益冲突事件。这使笔试部分得以起草和试点，同时口试也成功起草和试点，教练培训计划的认定随之展开。

ICF的1998年会议记录合订本“定义、范畴和关键术语”中的资格审查信息明确了下列术语：

> **认证**。对学业完成后的状态、资格和特权的准确性、真实性或有效性进行证明的行为，以及证明是否达到能力标准的行为。
>
> **资格审查**。称号授予和具体要求符合度的证明过程，以及个人能否根据这些要求获得信心、声望或权威，使其能够被称为教练的过程。证

书是对申请人权威、身份、权利和特权的书面证明。

专业认证教练。发给专业教练的一级证书。

大师级教练。发给专业教练的高级证书。

ICF资格审查计划的目的是：制定行业法规，以及制定专业教练和教练培训机构的资格与熟练程度的最低标准；保证参与教练培训机构的公众、专业教练和大师级教练达到或超过行业标准，继续按照行业标准运作；确保专业教练行业成为一个独特、自制的专业。

第一批20位大师级教练在斯科茨代尔召开的大会上收到了他们的证书，随后，在迅速壮大的资格审查流程中，他们立刻投入了大量时间，自愿担当评估人职务。

在2006年3月期的*Coaching World*中，时任ICF会长Pamela Richarde对如何发展核心竞争力进行了描述：

> 成立了各种委员会，以解决标准、道德制定，教练学定义，以及更多事宜。特殊委员会推选了一个小组委员会，该小组委员会成立后，负责制定我们现在的ICF教练组合考试（ICF Portfolio Exam）。来自两个单独培训计划的两位领导出任联合主席职务。在他们的首次会议上，这两位明确了在我们能够构建或“编写”一个考试之前需要做的几件事：
>
> 1. 我们需要约定和最终敲定强大、清晰的能力要求。
>
> 2. 我们需要明确所养成的能力能否真实地代表教练学。所以，我们知道我们在创作的交谈中需要纳入各种现有的培训计划。

Fran Fisher回忆称，各种资格审查小组委员会成员包括：

申请复核委员会：Jeff Raim（不受新规定限制）和Ron Roesler（学校）。

考试：Laura Whitworth和Pamela Richarde。

组合：Terrie Lupberger和Travis Twomey。

内部教练：Katharine Halpin。

重新认证：Elaine Jaynes。

该小组委员会负责开发组合考试，由来自 CTI 的 Laura Whitworth 和来自 CU 的 Pamela Richarde 负责领导，邀请 1999 年的 8 家教练培训学校校长参与该项目。这些学校包括赫德森研究所、纽菲尔德网络、CTI 、CU、人生教练、SUN、ACT 和西部新企业。Richarde 对接下来一年发生的情况做了如下描述：

> 在接下来的一年，这些培训实体每周聚在一起，利用各种筛选方法和教练理论基础，共同创造了职业能力。最后，所有人对职业能力达成共识，正如我们今天所知道的那样，职业能力即教练学的核心。哇哦！多么了不起的发现！无论理论基础怎样，证据表明从各种背景总结出的职业能力是所有工作中固有的。这是在教练学发展过程中迈出的第一大步。正是这种协作，可以与学校进行持续对话，并最终成为 ACTO。

1999 年 3 月 31 日，随着不受新规限制阶段结束，ICF 引入的独立资格审查宣告成功。107 位大师级教练（Master Certified Coaches，简称 MCC）和 73 位专业教练（Professional Certified Coaches，简称 PCC）享受不受新规限制的特权。被称为资格审查教母的 Teri-E Belf 获得了第一张 MCC 证书。MCC 须满足以下要求：

> MCC 需具有至少 2500 小时的直接执教经验，经 ICF 调查，这些经验应是在至少 4 年的主动参与中积累而来的。MCC 还须对教练领域的发展自愿做出过贡献。如果他们已经积累了至少 125 小时教练专门培训，是很有帮助的，但是，在不受新规限制的情况下，如果申请人能够证明他们的背景和培训是如何支持他们的教练质素的，则可不做此要求。

PCC 须满足以下要求：

> PCC 教练须承诺完成 750 小时的直接执教，通常，需要一年半的主动、全职参与方能完成。尽管在不受新规限制期间不需要其他培训规范和相关背景，但这些是很有帮助的。

对于资格审查计划在ICF会员内外引起的热烈反响，ICF非常感激和兴奋。为了让这个计划成为可能，65位高级教练自愿付出了大量时间、精力并给出了自己的见解，这些人中包括满怀期望的Rich Fettke和Teri-E Belf，以及申请复核监督委员会（ARC）的Sherry Lowry和Fran Fisher。ICF证书和他们所依据的核心质素用了两年时间完成了界定。从1999年开始，Margaret Krigbaum成为资格审查考量中的驱动力量，促进了资格审查标准和惯例的发展与实施。资格审查在过去由大师级教练自愿管理，并且现在也是这样。

同一时期还创建了道德标准。据Sherry Lowry称，1997年—1999年，Skip Borst独立记录了几乎每个道德标准。Dolly Garlo、Christine Martin和来自斯科茨代尔的Janice女士携手起草了道德合规流程。小组委员会，即Isabel Parlett担任主席的语言委员会，主要关注准确和清晰语言的使用，避免使用行话和模糊用语。该委员会还起草了教练技术的定义。

教练培训认定计划于1999年6月启动，其中3个计划已被批准成为ACTP。ACTP授权该计划进行PCC水平的ICF资格审查考试。1999年6月24日核准的教练培训机构（CTI）“教练认证计划”是第一个计划，之后是1999年6月25日核准的ACT“教练认证计划”。不久之后，CU“研究生认证计划”也获得了批准。1999年10月16日获得认可的第四个计划是日本Coach 21 Co. Ltd的“教练培训计划”。

资格审查委员会由前律师Margaret Krigbaum和Kay Cannon担任主席，那时，Kay Cannon在一个国家医疗保健公司中任职，对有资质的提供商、监管和法律依从性负责。Kribaum聘用了Cannon，Cannon起草了有关继续教育政策和程序的白皮书，后被Krigbraum提交给了董事会。白皮书规定了ICF继续教育的政策和程序基础。在接下来的五年中，他们继续担任委员会的联合主席。在1999年期间，组合考试流程开发完成，为获取资格证书另辟了一条蹊径。在这个委员会中，Christine Martin自愿成为这个流程的“试验品”。对培训、训练时间进行记录并通过考试后，她发现在不受新规限制的情况下提交的MCC申请被提早授予，早已收入囊中了。

1997年—1998年期间，开发PCC和MCC证书时，没进行太多的内部辅导。但是，在 1998 年年底，Madeleine Homan 和其他人（例如 Jeannine Sandstrom、Lee Smith、Laura Whitworth、Cynder Niemela）认为有必要为内部公司教练制定一个独立的资格审查流程。Jan Austin 负责率领 CICC 特别小组，该小组需要明确这个新证书的要求。CICC 不受新规限制的阶段始于 2001 年 5 月 5 日，于 2001 年 5 月 31 日结束。据 ICF 的资格审查联合主席 Kay Cannon 所述，由于内部教练已被认证，我们发现不管一个人是内部从业者还是外部从业者，核心教练能力都是相同的。唯一的区别在于核心能力的使用场合不同。因此，CICC 重新并入 PCC，而 PCC 已经自然地向 MCC 靠拢。

2002 年 2 月，ICF 发布两个公告，让 ICF 会员了解并向其通告资格审查和道德领域的政策与发生的变更。在此期间，Margaret Krigbaum 担任资格审查主席，Dolly Garlo 担任道德主席。ICF *Ethics Bulletin* 的四期主要关注：道德和良好的商业惯例、一级道德标准、ICF 道德承诺、道德和标准材料的提议修订。ICF *Credentialing Buttelin* 传达了现有的资格审查要求和程序，以及 2001 年 7 月开始的、不受新规限制的个人资格审查阶段。2002 年 2 月，*Credentialing Bulletin* 宣布向从事 ICF 教练定义、道德规范和使用核心教练能力的教练，已完成 60 小时专门教练培训的教练，已实际执教至少 250 小时的教练，致力于在 3 年内获取 PCC 的教练，以及致力于出席 ICF ACC 教育课程的教练颁发新证书，即助理级教练（ACC）称号。

新使命宣言和道德行为评估（Ethical Conduct Review，简称 ECR）程序在 2002 年 ICF 国际会议上公布。使命宣言切中了教练学的要点：“成为教练艺术的全球论坛，鼓励转型对话、提倡卓越、传播教练可为人类未来做出贡献的意识，是我们的使命。”ECR 程序是教练专业行为的评审机制。如声明中所述：

> 2002 年 12 月，由 ICF 道德标准委员会开发的 ECR 程序向公众发布，用于评估、调查和解决教练投诉。虽然我们知道我们对道德规范的强调会消除很多顾虑，我们也知道愿意让 ICF 会员发誓遵守的道德行为、使道德行为得到界定和评估是任何楷模专业的标志。通过监督程

序，这个誓言现在具有实质性意义。

2003年7月，监管委员会为培训美国的立法者做出了大量努力。纽约州心理健康从业者法律对心理健康专业的广泛定义，以及使教练学从该法律中豁免的愿望是ICF重点关心的问题之一。此时，在科罗拉多、佛罗里达、明尼苏达州和加利福尼亚，类似的立法正在审议中。截至2003年9月，科罗拉多的教练一直面临严重的监管挑战。根据*Coaching World*的描述，“科罗拉多心理健康部门的教练Amos Martinez解释说教练学符合该州的心理疗法法律定义，因此，教练必须注册成为无执照治疗师”。一个称为科罗拉多教练联盟的特设团队成立，到2004年7月时，科罗拉多审核通过了一项新法律，根据该法律，科罗拉多教练可以得到医疗健康法规的豁免。

2005年6月，会长Steve Mitten宣布ICF从2006年开始引进新的会员等级，提议ICF证书成为整个专业的标准。该宣言引起了会员们褒贬不一的反响。

2005年9月期的*Coaching World*宣布变更ACC证书的教练经验要求。简化了教练首个ICF证书的获取程序，除此之外，经验要求也从250小时缩短到100小时。

2006年4月1日，ICF引进实施多等级会员计划，并在10个月内完成过渡。*Coaching World*对等级的描述如下：

> 持证教练（Credentialed Coach）。符合ICF培训和经验标准，以及持有ACC、PPC或MCC证书的专业教练。
>
> 附属教练（Affiliate Coach）。尚未获得ICF证书、致力于获取ICF核心能力，以及支持ICF使命和目标的从业教练。
>
> 行业合作伙伴（Industry Partner）。支持ICF使命和目标的非教练人员（个体、机构、企业、协会和供应商）。

2007年6月，ICF董事会决定建设资格审查系统，使其完全符合个人认证机构的国际标准化组织（ISO）标准。

2008年，董事会继续实施资格审查的重大变更。从2008年7月1日开始，通过组合考试程序申请 ACC 的教练须向有资质的导师教练证明其已完成 10 小时的训练作业。2008 年 1 月，在有限成员参与的情况下，ICF 董事会对多个重要变更进行了投票：首先，使 ACC 证书具有可续期性；其次，对允许会长和会长当选人获取工资的内部规章进行修订。

2009 年 8 月，ICF 发生了历史上的一个重大事件，董事会宣布了一项向着单一 ISO 证书而非当前的三级资格认证计划发展的提议。那时，ICF 评估人与其他 ICF 会员共同表示了对这个提议的抵触。截至 2009 年 11 月，700 多位号召“ICF 教练表明立场”（ICFCTAS）的 ICF 会员（包括 ICF 往届会长、董事会成员和委员会主席）签名致信给董事会，要求采取 7 项行动，包括停下向单一证书前进的举动。在一系列虚拟会议和 ICF 年度国际会议的网络会议后，董事会决定将资格审查系统的变更推迟到 2012 年，并成立工作委员会，对资格审查事宜进行调研。值得注意的是，2009 年 10 月，当 ICF 2010 年会长当选人被提名时，董事会任命了一位会员去填补董事会产生的职位空缺，被任命的人员是支持 ICFCTAS 活动的 Meryl Moritz。

ICF 全球会议

1999 年 10 月 14 日—16 日，以“今天的工具——明天的智慧”为主题的第四届年度会议在佛罗里达州奥兰多召开。Timothy Gallwey 发表了开幕致辞，Julio Olalla 发表了闭幕致辞。在会前研讨会上，Gallwey 将所有人带到了网球场，向人们展示了如何用教练方法打网球。凭借第一批 20 位大师级认证教练（在 1998 年斯科茨代尔会议上获取各自证书）的努力，John Seiffer 在奥兰多会议上颁发了第二批共 40 个大师级认证教练（MCC）证书。

2000 年，ICF 的大多伦多地区分会（Greater Toronto Area Chapter，简称 GTA）设立了一个奖项，对通过训练达到卓越的机构进行庆祝和表彰。该奖项称为“玲珑奖”（Prism Award），每年评选一次，向分会所在地区的企业或机构颁发。对于那些为企业或机构的成功做出过贡献的教练和教练协作团体，该奖项也是对他们的表彰。卡尔加里专业教练协会从 2003 年开始颁发自己的“玲珑奖”，到 2004 年时，玲珑奖已向所有 ICF 分会开放。

2000 年是明确会议战略的头一年。为了表彰占会员总数 15% 的加拿大会员，1999 年，就在 Jeff Raim 离开董事会之前，董事会首次决定在美国以外的地区召开全球大会。2000 年 10 月 26 日—28 日，第五届 ICF 国际大会在加拿大温哥华召开，以“超越国界：共同创造有意识的改变”为主要关注点。Jan Marie Dore 担任大会主席，诗人 David Whyte、作家 Richard Brodie、教练 Rich Fettke 和诗人 Oriah Mountain Dreamer 是大会的主题发言人。大会以温哥华原始部落人的祈福开始，有关温哥华的印第安传统是贯穿大会的一条主线。大会 1100 张门票全部售光，另有 300 人被挡在了门外。

2001 年 8 月 16 日—18 日，第六届年度国际大会“教练技术：人类发展的全球性业务”在伊利诺伊州芝加哥召开。Margaret Wheatley、Cheryl Richardson 和 Don Miguel Ruiz 主持了会前研讨会，Wheatley、Richard Strozzi-Heckler 和 Suze Orman 发表了主题演讲。“Margaret Wheatley 跟我们讲话时就像‘人类旅程中的开拓者和同伴’一样，她说：‘这不是我们编的！这是赐予我们的！教练技术是服务全人类的一个良机’”！截至本次大会时，ICF 在 30 个国家共设有 176 家分会。

ICF 会长 D.J.Mitsch 原本想在芝加哥召开 2001 年全球大会，并且为了获得教练们认为合理的资费结构，大会的举办日期第一次挪到 10 月、11 月以外。意外的是，3 周后纽约市发生了“9·11 事件”。会议门票销售一空，900 多位新教练和 500 多位资深教练出席了大会，为此，这次大会成了截至当时规模最大的一次教练学大会。教练示范是出席人数最多的活动，它是在 Jay Perry 的坚持下纳入大会计划的。

2002 年 10 月 24 日—26 日，以“与人们携手：建立关系网，改变世界”为主题的第七届 ICF 年度国际大会在佐治亚州亚特兰大召开。与“9·11 事件”之后召开的其他专业会议一样，大会筹划委员会主要担心出席率会不会降低 60% ~ 70%。Benjamin Zander 发表了开幕致辞，Ken Blanchard 发表了闭幕致辞。大会主席第一次不是由志愿者教练担任，而是由 ICF 的员工联席董事 Beth Burns 担任。

2003 年 11 月 13 日—15 日，ICF 第八届年度国际大会“卓越的典范”

在科罗拉多州丹佛召开。1300 多人出席了会议，当 CoachVille Community 的领导人、大师级教练 Dave Buck 受邀站在舞台上宣布“我在这里是要告诉你们，作为 CoachVille 的领导人，我和我们 4 万位教练对 ICF 的仇视已经结束啦”时，得到了与会人员的热烈反响。100 多位分会和委员会领导出席了首次领导人论坛。大会宣布全世界有 900 多位教练持有 ICF 证书，17 个教练培训计划已获认可。2003 年 ICF 分会奖向如下 3 个领域颁发：致力于分会和会员发展的大多伦多地区，致力于公关建设的新泽西专业教练协会，致力于社区关系 / 服务的佐治亚教练协会。

在第八届年度国际大会召开的前一天，ICF 主办了首次教练研究座谈会，座谈会为期一天，汇集了诸多学者、研究人员和从业教练分享各自想法、建设社区。座谈会发言人、悉尼大学心理学学院教练和心理学系主任 Anthony（Tony）Grant 讲述了当前的教练研究文献，以及“科学家 – 从业者”如何帮助建设教练领域的基础。在本次座谈会上，共做了 90 多场演讲，由 ICF 出版的研究成果纲要的书已经脱销。

在第九届年度国际大会召开的前一天，ICF 主办了第二次教练研究座谈会，Dianne Stober 担任座谈会的发言人。此次座谈会提出了教练和教练研究的重大核心问题，例如，研究在教练学中起到什么作用？教练“循证”有什么意义？教练能够证明服务的效力后，这对于教练有什么意义？教练培训学校如何将研究发现和方法纳入其课程中？

2004 年 11 月 4 日—6 日，第九届年度大会“教练艺术和科学的全球论坛”在加拿大魁北克市召开，Dame Anita Roddick 担任大会发言人，Benjamin Zander 担任大会主席。共 80 位发言人向来自 31 个国家的教练进行了发言。ACTO 和 ICF 发起了面向持证教练、题为“成为教练灵魂的管家（a Senior Café）”的互动计划。

2004 年 9 月期的 *Coaching World* 称近 9000 位专业教练出席过 ICF 会议，每次会议的出席人数从 250 人增加到了近 1500 人。

主题为“教练研究：建立对话”的 ICF 第三次教练研究座谈会于 2005 年 11 月 9 日召开，200 多人出席。主要发言人 W. Barnett Pearce 面向包含从业者和教练导师在内的观众提出了教练即为对话的观点。会议主席 Mary

Wayne Bush 称会议专题“包括面向教育领导层的教练技巧、循证教练实践、核心教练能力和教练研究的道德考量”。

2005 年 11 月 10 日—12 日，以“深受鼓舞 – 点燃火焰”为主题的第十届 ICF 年度大会在加利福尼亚圣何塞召开。1700 多人参加了会议，这是当时在同一时间、同一地点举办的最大的一次教练聚会。大会主席 Tracy Leighton 称 46 个国家派出了代表。ICF 首任会长 Cheryl Richardson 发表了主题演讲，他回忆了教练学的开端和十多年的发展历史，鼓励教练们为教练专业创造美好的未来。首个国际玲珑大奖颁发给了 IBM 和 MIC，第一个年度 ICF 会长奖颁给了对教练技术做出贡献的挪威人 Frank Pederson。

在本次大会上，Joan Cook 组织了私人晚宴，邀请 PPCA 和 ICF 创建时的出席人员参加。Chrissy Carew 参加了晚宴，形容说：“再也没有人认识我们了。尽管我们没赶上，但这次晚宴也根本不是针对我们的。因为我们美丽的行业发生了巨大的变化，而且还将继续蓬勃发展，所以没人认识我们是件好事。”Cook 称：“这次晚会是一次宣泄的晚会，同时也是让人大开眼界的晚会。”问题是当时没有中央资料库来记录机构的故事。PPCA 首任会长 Breeze Charlie 出席了这场盛宴，对于她和 PPCA 的其他创始人来说，这是一场备受肯定的、感人的盛宴。大会展示了 ICF 历史中的大事年表，让人感伤地想起了早年的日子，但它没有对 PPCA 的贡献做出回应。

2006 年 11 月 1 日—3 日，以“人类潜能的量子思维方式”为主题的第十一届 ICF 年度教练学大会在密苏里州圣路易斯召开。有 1400 多位教练出席，大会由 Barbara Luther、Alison Hendren 和 Amy Ruppert 主持。位于达拉斯的得克萨斯大学（为执行 MBA 计划中的每个学生提供职业经理人训练）和 Verizon Business（为加快高级领导力的发展、为新兴企业领导提供支持，提供一对一教练辅导）获得了国际“玲珑奖”。向尖端人才颁发的主席奖颁给了贡献卓著（包括企业社会责任项目和哲学）的黄荣华和梁立邦。Steve Mitten 被授予年度加拿大教练奖。

2007 年 10 月 31 日—11 月 3 日，以“全球学习 – 联通性”为主题的第十二届 ICF 年度国际大会在加利福尼亚州长滩召开。主要发言人包括 Zainab Salbi、Richard Tamas 和 Arun Wakihu。1600 多名教练出席了这次全球盛会。玲珑大奖的获得者为 Deloitte 和 Touche，以及 LLP 和 NASA APPEL/4-D Systems。一直致力于加强与世界各地其他教练协会联系的 Kay Cannon 将 ICF 的会长奖颁给了来自英国的 30 年资深教练 John Whitemore 先生。加拿大教练推选 Adria Trowhill 为当年的加拿大教练大奖得主。大会指出，截至 2007 年年末，ICF 在 80 多个国家拥有 13000 多名会员，同时在近 40 个国家中，愈 3300 名教练持有 ICF 证书。

2008 年 11 月 12 日—15 日，以“多元化、知识和社区”为主题第十三届年度国际大会在加拿大魁北克省蒙特利尔召开。来自 40 多个国家的 1200 多名教练出席了本次会议。大会主要发言人有来自印度的 Vandana Shiva 和来自美国的 Peter Senge。British Broadcasting Corporation（BBC）和加拿大的 SYSCO Food Services 获得了 ICF 国际“玲珑奖”。

以“全球对话：鼓舞人们、建设社区、影响世界”为主题的第十四届年度国际大会第一次在 12 月份召开。1000 多名教练出席了在佛罗里达奥兰多召开的为期 4 天的此次盛会。

ICF 在欧洲

1998 年年初，来自强调资格重要性的企业背景的一位英国教练——Elizabeth Ferguson 发现了 ICF。Elizabeth 觉得 ICF 会产生很好的增效作用，于是，她和 Aboodi Shabi、Philippa Fitzpatrick、Carolyn Matheson 共同成为 ICF UK 的创始会员。截至 1998 年年底，ICF UK 拥有 34 名会员，还有一两个对此感兴趣的欧洲人。下一步是界定角色和责任，Ferguson 与澳大利亚的教练取得联系，澳大利亚的教练的构建时间先于他们 6 ~ 12 个月。据 Ferguson 称，由于机构是虚拟的，在没有地址的情况下，如何开立银行账户是英国团队面临的困难之一。

为了建设欧洲基地、实现真正的国际化，2001 年 5 月 17 日—19 日，首届 ICF 欧洲大会在瑞士格林沃德召开。据 Guy Stickney 称，ICF 总部决定负责召开三年欧洲大会。逾 200 多人出席了首届大会，大会启动时遇到了诸多困难。当时已经存在一家有 60 名会员的德国 ICF 分会，以及众多的其他德国教练协会。基于合作精神，Peter Szabo、Johan Tandberg 和其他会议主办方还邀请了以德国为基地的欧洲教练协会（European Coahing Association，简称 ECA）参加。这并不意味着春天的到来，相反，有传言说 ICF 就是个科学论派。ICF 欧洲请求 ICF 董事会否认 ICF 是个科学论派的说法，董事会发布免责声明予以回应，称 ICF 与其他机构无关。

2002 年 5 月 8 日—11 日，以“跨文化实施教练”为主题的第二届欧洲大会在西班牙锡切斯（巴塞罗那）召开。大会主要发言人有美国的 Julio Olalla、英国的 John Whitmore 先生和法国的 Alain Cardon。在大会上，来自法国、英国、德国、瑞士、奥地利、加拿大和美国的多元文化评估小组负责对非英语国家专业教练的 ICF 证书进行了不受新规限制测试。

2002 年 11 月 22 日—25 日，以“教练技术提供新的机遇”为主题的首届俄罗斯教练学大会在莫斯科和圣彼得堡召开。在圣彼得堡亚历山大亚威金培训中心和莫斯科培训、咨询和形式支持中心的安排下，大会在 ICF 的主办下召开，在圣彼得堡和莫斯科分别吸引了 120 人和 250 人参加。与会人员包括来自俄罗斯 36 个地区的代表和国际教练社区的会员，包括 Marcia Reynolds（ICF 前任会长，美国）、Daniel Martinage（ICF 执行董事，美国）、Marilyn Atkinson（加拿大）、Gina Harris（英国）。

2003 年 5 月 7 日—10 日见证了由大会主席 Giovanna D’Alessio 和众多志愿者组织的以“你准备好做个大飞跃了吗”为主题的第三届欧洲教练学大会。会议在意大利斯特雷萨召开，来自欧洲和全世界 30 个国家的 350 名教练出席了会议。

2005 年 5 月 18 日—21 日，以“发现和探索教练学”为主题的第五届 ICF 欧洲大会在挪威滕斯贝格召开。来自 26 个国家的 450 多名教练出席了此次盛会，大会由会议主席 Lise Heiberg 和 NCF 会长 Frank Pederson 联合协办。

2006 年 5 月 18 日—20 日，以“教练技术中的互动”为主题的第六届 ICF 欧洲大会在比利时布鲁塞尔召开。来自 30 多个国家的 600 多名教练出席了大会。大会主要发言人包括 Robert Quinn、Marshall Rosenberg、Daniel Ofman 和 Paul Jackson。从此刻开始，欧洲大会已由欧洲人自己主办，不再由 ICF 总部主办，大会每两年举办一次，而 NCF 在斯堪的纳维亚轮流举办大会。2006 年 7 月，第二届捷克教练学大会在布拉格召开，其间还举办了为期两天的研讨会。

2007 年，EMCC 和 ICF UK 分会董事会与 ICF 总部召开圆桌对话，探讨未来的合作机遇。ICF 第七届欧洲教练学大会由芬兰教练基金会（FCF）和 FCF 联合主办，于 2007 年 6 月 7 日—9 日在芬兰赫尔辛基召开。大会主席 Kaj Hellbom 欢迎来自 20 个国家的 300 多人前来参会。

全球领导论坛通常在年度国际大会开幕时每年召开一次，2008 年 6 月 26 日—28 日，全球领导论坛与以“连接世界”为主题的 ICF 欧洲教练学大会首次在瑞士日内瓦共同召开。来自 40 多个国家的 400 多人出席了由 Virginia Willians 主持的此次盛会。

ICF 在澳大拉西亚

为了成为真正的全球化机构，2000 年 5 月 1 日，ICF 澳大拉西亚（ICFA）启动，Christine McDougall 担任会长。澳大利亚、新西兰、巴布亚新几内亚、印度尼西亚、马来西亚、泰国、菲律宾、文莱、中国香港、新加坡和其他东南亚及太平洋的国家和地区的分会都包含在该地区团体中。ICFA 直属于全球机构 ICF，与 ICF 关系紧密。

2002 年 7 月，以“教练精神：成功的精神”为主题的澳大拉西亚地区开幕大会，由大会主席 Margaret Krause 和 Lexie Palmer 联合主持，吸引了 400 多位教练和 22 个教练培训学校前来参加。在大会上，Tony Grant 和 Michael Cavanagh 分别讲述了教练大舞台中存在的“教练心理学”。大会报告称：“这是在澳大利亚和亚太地区举行的首次 ICF 大会。大会的成功显示了教练学在澳大拉西亚非常活跃，发展良好。”

以“携手共建成功：造就卓越”为主题的第二届 ICF 澳大拉西亚大会于 2003 年 8 月 22 日—24 日召开。大会主要发言人包括 John Whitmore、Matt Church、Alexander Caillet 和 Gloria Burgess。本次和未来的所有大会均由澳大利亚当地教练组织，但 ICF 总部会与其亲密合作，帮助宣传。

2007 年 10 月 2 日—5 日，以“今天创造未来”为主题的 2007 年 ICF 澳大拉西亚大会在澳大利亚墨尔本召开，300 多人出席了大会。接着，以

“共同创造未来蓝图”为主题的半年度澳大拉西亚大会于2009年8月31日—9月2日在澳大利亚阿德莱德召开。本次盛会也是ICFA的十周年庆典，往届会长回忆了他们的领导历程，以及ICFA教练社区的发展历程。

总结

IAPPC、PPCA和ICF的创立及转型记录了教练行业从牙牙学语到青少年阶段的成长发展。对于创建新的互动和协作方式的团体，在他们开发和发展新的领域时，通常都会经历一段动荡时期。但这些组织还是成功将其影响范围从北加利福尼亚拓展到了美国，最终，拓展到了世界各地的教练社区。

为了让大家全方位了解教练行业的全球发展，第十二章将讲述部分非美国教练协会和新兴的北美教练协会的历史。

Coaching Technology

第十二章

早期的专业协会

第十一章总结了首批教练学专业协会的历史，包括规模最大的 ICF。本章则涵盖其他 16 家教练协会，包括 1995 年—2005 年期间在美国成立的 8 家协会、2002 年以来在英国成立的 4 家协会，以及 1999 年—2004 年期间在全球其他地区成立的 3 家教练协会。本章还讨论了对教练学的传播、扩大教练资源网络，以及提高相关学科协会对教练学的重视做出贡献的多个年度盛事。

总部位于北美洲的协会

本节概述了北美洲 8 家教练协会的历史。这些协会成立于第十一章重点描述的 IAPPC、PPCA 和 ICF 之后，具体包括：

美国教练协会（ACA）成立于 1995 年。

专业教练和导师协会（PCMA）成立于 1996 年。

全国企业教练协会（NABC）成立于 1997 年。

教练培训机构协会（ACTO）成立于 1999 年。

国际教练协会（IAC）成立于 2002 年。

世界企业教练协会（WABC）于 2002 年取代 NABC。

国际教练组织联盟（ICCO）成立于 2004 年。

AD/HD 教练促进机构（IAAC）成立于 2005 年。

美国教练协会（ACA）（www.americoach.org）

1995 年，Susan Sussman 创立了面向 ADD 教练的 ACA，其目标是向渴望训练的每个人提供个性化培训。具体来说，“ACA 的使命是将需要训练的人员与提供训练的人们联系起来，让普通大众了解教练学的概念，为教练提供培训、监督和专业社区”。若要加入协会，必须完成教练培训。从 1995 年春—1997 年夏，ACA 共出版了 10 期 *Coach Approach* 时事通讯。目前，ACA 仍活跃在 AD/HD 教练学社区，提供培训、交流和教练推荐服务。

专业教练和导师协会（PCMA）（www.pcmaonline.com）

1994 年，一个小群体在加利福尼亚州奥兰治县开始发展他们称为“教练学”的咨询业务分支，这时商业教练学仍处于起步阶段。他们开始定期会面，合作并分享他们的经验和想法。随着越来越多人的加入，他们开始试用这个称为“教练学、商业”的新概念，一个松散的组织逐步形成。1996 年，一个正式的组织——专业教练和导师协会诞生。

PCMA 创始人 Vance Caesar 出任首届会长，其他创始人包括 Rick Eggleton、Joe Freire、Brad Leggett、Ken Masco、Madelon Miles、Agnes Mura、Steve Shipley、Rick Usher，以及被悼念的 Dave Gentry。这些创始人、会员教练和导师最初服务于加利福尼亚州，他们创建的这个协会立足于相互支持、相互学习和相互分享的价值观。自 20 世纪 90 年代 PCMA 创始人第一次会面、彼此支持、彼此鼓励以来，PCMA 已经成为一个“高度个性化”的机构。当时，他们并没有意识到这一点，但通过创始人们热烈的讨论和相互支持，他们形成了个人和专业关系，这些关系成为“PCMA 体验”的典范。正是这种体验，一次又一次地吸引会员们参加 PCMA 分会会议，加入到特别利益和指导小组。

1994 年，该协会对愿景、使命和价值观做出了初始定义，如下所示：

愿景：致力于最大化发掘企业领导、团队和所在机构潜力的教练和导师的基础社区。

使命：成为服务于企业和机构教练与导师的一流机构，提供一种环境，能够挑战、鼓舞和培育会员、发展专业、创建成功的实践惯例。

价值观：分享智慧、与众不同、加速获取商业成果、致力于终生学习、展示丰度原则、致力于彼此的成功。

PCMA 是同事和商务专业人士的社区，致力于终身学习，以便更好为企业领导及其团队提供支持，促进企业教练和顾问实践。就这一点而论，不存在会员资格的合格准则。作为非营利性教练和指导协会，PCMA 非常自豪能够成为一家服务新兴和大师级教练的组织，他们内部辅导计划的多样性和学习实验室可证明这一点。

尽管 PCMA 与其他组织如 ICF、ICCO 协作，PCMA 仍然是一个致力于企业教练和咨询的独特、多元化专家团体。PCMA 决定不参与认证业务，但会将其会员转入网站上的教练学校和认证计划。

当前，PCMA 在加利福尼亚州设有分会，在美国、欧洲地区、菲律宾、俄罗斯、澳大利亚拥有虚拟会员。另外，协会在旧金山港湾区、大洛杉矶地区和奥兰治县成立了正式分会。这些分会每月定期举办晚餐例会，由讲演者对教练学的发展前沿发表演讲。在讲演者演讲之前，是有关适时和相关话题的结构化、交互式学习会议。1997 年—2007 年期间，PCMA 共召开了 10 次年度全国性大会，每次大会都吸引了 200 ~ 300 人参加，同时还吸引了一些杰出的主题发言人前来参加。

2009 年，在 Scott Coady 的促进下，PCMA 董事会进行了多次场外会面，对 PCMA 的愿景、目的声明和价值观进行审核及更新，如下所示：

愿景：PCMA 是针对全世界企业教练的重要资源。

目的：PCMA 为教练社区提供联系、贡献和成长的论坛。

PCMA 会员是：致力于企业训练和辅导的企业专业人士。

价值观：

——接纳：创造一个欢迎加入和有归属感的氛围；

——同情：真正关心自己和他人的福祉；

——好奇：开放心灵和思维，渴望去问、去检视、去挑战；

——卓越：致力于遵守严密的标准和最佳惯例；

——慷慨：我们免费共享资源、智慧和精神；

——真诚：我们的意图、言语和行动符合 PCMA 的价值观与我们自身的最高标准。

领导力叙述：PCMA 是一个滋养心灵、观念和精神的，充满活力的社区。秉承彼此承诺，通过丰富的实践，我们为改造领导力、改造组织、改造世界创造可能。

2008 年，董事会对战略举措达成一致，即利用设有“寻找企业教练和顾问”功能的新网站，该功能能够连接训练和咨询的购买者与合格的企业教练和顾问名单，进而提升 PCMA 知名度，拓展影响力，提供额外的会员价值。PCMA 保留其缩写 PCMA，不过现在是指专业教练、导师和顾问（Professional Coaches，Mentors and Advisors）。

尽管从历史上看，PCMA 是以加利福尼亚州为主要基地的一家由 300 人组成的会员组织。随着企业教练学的出现，PCMA 教练在国际范围内工作。PCMA 分会的会议总能聘请到国际知名发言人进行发言，而这些引起了全球企业教练社区的兴趣和问询。2011 年 12 月 31 日，PCMA 正式解体。

全国企业教练协会（NABC）

1997 年，NABC 由马里兰州的 Steve Lanning 和伊利诺伊州芝加哥的 Hal Wright 创立，成为一家面向企业教练的营利性协会。1998 年，Wright 因健康原因离开了公司，而 Lanning 则在早期一直致力于机构的建设。

NABC 专门面向企业教练，随着教练专业的不断发展，小型企业和公司对教练学越来越感兴趣，NABC 就是在这种背景下应运而生。1997 年—2001 年期间，NABC 引进了 5 个教练认证证书称号。另外，《志愿者会员道德和行为准则》（一系列的会员个人承诺）于 1999 年 11 月首次出版。

1997 年，NABC 引进认证企业教练（CBC）称号和项目时，NABC 成为企业教练学的先锋。CBC 称号主要受到了想要与小型企业（员工数少于 100 人）和创业公司业主共事的教练的追捧，但他们并不是唯一的目标人群。通过严格筛选流程和小型企业业主，以及 CEO 教练考核的教练能够获得 CBC 称号。因此，CBC 称号的获得者在小型企业的多方面运营中拥有丰富经验。2002 年，CBC 称号中断授予。

2000 年，引入注册企业教练（RCC）和注册内部企业教练（RICC）称号。候选人成功完成 WABC 提供的 RCC 课程后，在一段时期内可选择被授予 RCC 或 RICC 称号。对于致力于内部训练的教练，RICC 称号更适合一些。但是，只有部分会员选择使用 RICC 称号，大部分没有选择这个称号。他们认为不同的称号可能会引起市场上的困惑。因此，根据导师和参与者的反馈，RICC 称号中断授予。

RCC 导师称号也是 2000 年引入的。RCC 导师教授 RCC 课程，是企业中以机构为导向的资深教练。他们教授成为有效企业教练所需的技巧，以便企业教练对合格经理人、顾问、教练、心理学家、人力资源和专业培训人士进行训导。

2001 年引进的第五个称号是注册高管教练（CEC）。在有高管人员、快速晋升通道或高潜力管理人员的机构中，进行一对一辅导的教练希望获得 CEC 称号。能够了解高级领导层和管理层的需要，以及能够向客户提供不同的运营观点，是成为 CEC 的基本资质要求。通过严格筛选流程并完成机构内一对一高管教练课程的会员高管教练能够获得 CEC 称号。认证高管教练在企业之中和高管训练方面拥有丰富的经验，在任何机构中都可有效担任最高级别的领导力训练工作。

在 Lanning 决定卖出 NABC 之前，它已经发展了 5 年，2002 年 5 月，加拿大的 Wendy Johnson 全部接管了 NABC 的特定资产。在 Johnson 的领导下，2002 年 11 月，NABC 重新命名为 WABC，该协会将在本章后续部分单独说明。

Johnson 接管 NABC 的领导职位时，该协会提供 5 个教练称号。经过随后几个月的仔细审核，很显然，有些称号与重命名后的 WABC 的最新核心理念不匹配。因此，CBC、CEC、RICC 和 RCC 导师称号不再授予。然后，WABC 着重开发符合认证最佳惯例的新证书，主要针对领域如法律可预防性、具体的投诉和上诉程序、认证续期和维护要求、心理测量方面，以及销路好的领域。

NABC 中断授予的称号仍然有效，可继续由证书持有人引用。今天，除了 WABC 的新证书（本章后文说明），WABC 还继续提供以前设立的 RCC 称号。另外，世界各地的导师仍提供 RCC 课程，该课程在发出新通知之前将继续实施。

教练培训机构协会（ACTO）（http：//actoonline.org/）

ACTO 由 1997 年—1998 年从事 ICF 认证委员会工作的 8 家教练培训机构协作发展而来，负责制定核心能力质素、资格审查考试，以及 ACTP。这 8 家分别为 CU（由 Pam Richarde 领导）、ACT（Fran Fisher）、人生教练（Peter Reding）、CTI（Laura Whitworth）、赫德森研究所（Frederic Hudson）、纽菲尔德网络 -USA（Terrie Lupberger）、西部新企业（Pam Weiss）和 SUN（Teri-E Belf）。

据 Peter Reding 称，早在 1996 年召开的 PPCA 旧金山大会上，几家机构就召开了会议，讨论通过协作而非竞争来相互支持。但是，在 ICF 认证委员会工作期间，尽管每个人教授和获取证书的方式不同，在尊重个性的同时，他们意识到理念上应存在一致性。西部新企业和纽菲尔德网络遵循本体论方法，根据该方法，在了解客户、查找发生了什么事，以及帮助教练决定适当类型问题时，身体起到非常重要的作用。在了解不同生活阶段和每个阶段的重要内容方面，赫德森研究所遵循成年人的开发途径。其余的学校遵循个人成长和人类潜能方法。

1998 年 ICF 启动资格审查和不受新规限制条款后，1999 年时，8 家教练培训机构仍然是非正式团体。他们每月召开电话会议，发展和建设彼此之间的桥梁，共享文献和实践惯例，探讨教练学知识和技巧的开发方式，明确适用于 ICF 培训课程的标准。2000 年 5 月，原来 8 家创始学校的领导人在 CTI 位于加利福尼亚州圣拉菲尔的总部召开会议，同意设立非营利性机构，即 ACTO。Fran Fisher 担任 ACTO 的首任执行董事。据 Bill

Lindberg 称：

> ACTO 由获得 ICF 的 ACTP 称号的首批 8 家机构代表成立，担任高品质教练培训的管理人。其会员包括教练培训机构的代表、个体教练，以及渴望提升教练专业全球公信力和影响力的其他专业人士。

2000 年 11 月，第五届 ICF 年度全球会议在加拿温哥华召开时，这 8 家机构召开了一次早餐会。据 Fran Fisher 描述称，“从这次对话中得出的结论是，我们想要成为高品质教练技巧培训的管理人，这是我们想要投入精力的地方，所以 ATCO 由此诞生”。

2002 年 6 月，ATCO 创始人批准了如下目的声明：

> ACTO 的存在是要成为当前和未来高品质教练培训的管理人。作为管理人，我们将继续探讨、挑战和发展品质教练学培训的意义与原则。
>
> 我们支持和遵守作为教练学培训基本机构 ICF 提出的定义、道德与能力质素。
>
> 我们邀请在教练学专业中遵循和倡导高品质教学标准的每个人加入 ACTO。作为独立的会员机构，我们的会员包括教练培训学校代表、私人专业教练，以及渴望提升教练学专业全球公信力和影响力的其他专业人士。
>
> 让会员有机会共享和探讨有关教练学与教练培训发展主题的观点、思想及想法，是我们的愿景。每位会员可以为自己在机构中选择承担一个积极的角色。会员可以是教练学专业的财务赞助商和前沿观察人，他们也可能活跃在如下领域：研究、文章撰写、演讲、高级培训研讨会、组织会员论坛，帮助促进理解、定义、能力质素、教练学应用，以及最佳培训惯例。

值得注意的是，每个创始学校均持有 ICF 的 ACTP 认证，通过分享 ICF 资格审查和认证需要关键元素的开发历程，与 ICF 具有紧密的联系。

在 2003 年 11 月召开的 ICF 大会上，ACTO 和 ICF 共同主办了以“为了所有人利益的教练学”为主题的盛会。Peter Reding 被任命为 2003 年—

2004年的ACTO第二任执行董事。2004年5月26日—27日，他们又继续在加利福尼亚州圣地亚哥市合作召开了以“合作关系：ICF和ACTO联手提高教练学意识”为主题的首届ACTO年度大会。ICF管理公司Bostrom的执行董事Daniel Martinage在ICF的时事通讯中写道：“首届会议邀请了教练学专业中的20位权威人物……（以及）承诺提高公众对教练学益处的理解是本次大会的主要成果。”2004年11月，他们又继续在加拿大魁北克市召开了ICF大会，会议期间ACTO召开了以“作为教练学灵魂的管理人”为主题的会前研讨会，80多位高级教练出席。ACTO的独立培训课程和多家大学的教练学课程之间也开始了对话。

2005年，Bill Lindberg成为ACTO的第三任执行董事，“不要问ACTO能为你做什么，而是你能够为ACTO做些什么”是当时的主旋律。ACTO和ICF之间的合作非常牢固，与ICF执行董事也展开了每月对话，以衡量如下六大举措的进展情况：

共同发起和支持教练研究，在ICF会前会时召开2005年教练学研究座谈会（11月份举办的ICF年度国际大会的一部分）。

继续努力打造ACTO和ICF品牌。

加强和拓展教练学知识体系。

探讨ACTP学校能否对毕业所需的最低小时数达成一致。

强化ICF的资格审查流程，包括MCC称号考试。

创建如何选择教练培训课程的小册子。

截至2005年，ACTO有19位会员已经获取了ICF培训课程认证（获得认可的会员）或正在努力获取（准会员）。除了创立这8家机构，还包括阿德勒专业教练国际学校（加拿大）、The Coaching Academy UK Limited、Corporate Coach U、ILCT、International Teaching Seminars、Top Human Technology Ltd（汇才人力技术有限公司）、Academy for Coaching Excellence、The Centre for Coach Training、CoachVille、Comeback LLC和Fearless Living Institute。作为一家经验丰富的专业机构，ACTO每月举办远程论坛、出版时事通讯季刊、召开年度大会。2006年年初，ACTO正式

成为加利福尼亚州的一家非营利性协会。

国际教练协会（IAC）（www.certifiedcoach.org）

2002年4月，Thomas Leonard和CoachVille想要以国际教练学标准委员会（International Coaching Standards Board，简称ICSB）的形式另建一所教练协会。Michael（Coop）Cooper同意带领研发团队以下列方式建立ICSB：

> 我向Thomas（Leonard）发送电子邮件称："嘿，我认为另建一所协会是个很棒的主意。"邮件发出去五分钟之后，他发出了时事通讯，我回应道："好的，我认为这是个很棒的主意。"那天下午，我组建起了研发团队。

为了将ICSB建设成为可进行教练认证、可对称号和品牌进行保护的独立专业监管机构，Cooper获许进行了初始研究。但是设想了两类认证，一是Thomas Leonard离开CU时带出的认证导师教练称号，另一个是新的认证教练称号。

2002年5月，研究启动。2002年夏，委员会确定了成员构成，并召开了首次会议。Thomas Leonard以个人名义要求Cooper、Laura Hendershot和Susan Austin与他一起为委员会即现在的国际认证教练协会（IACC）效力。Cooper担任IACC的首任会长，Austin担任首届董事会主席。2002年9月，CoachVille总经理Andrea Lee宣布IACC成立，会员免费，所有CoachVille会员自动成为IACC会员。IACC的常见问答文件描述如下：

> IACC是一家非营利性、采取会员制和投票制的专业协会，拥有自己的管理委员会。CoachVille提供25000美元现金、在线体系和应用，以及教练熟练等级相关的知识产权，为IACC的发展提供资助。在一年内，你将会看到IACC届时将能够独立运营，就像1994年ICF由CU建成之后的发展一样。

认证考试立足于15个熟练等级，据Dave Buck称，Thomas Leonard

将这15个熟练等级视为毕生的工作成果。Cooper确认Leonard打算利用3年时间将这些熟练等级和知识产权的所有权授予IACC。Cooper还称从事考试流程的每个人是没有资格审查经验的志愿者。这些考试包括三部分：书面考试、记分卡和面试。2002年10月，学习指南中公布了第1.7版本的15个熟练等级，其中包含了他们的发展历程：

> 这15个教练熟练等级是数百名教练20多年工作的精华。这15个教练熟练等级最初由Thomas Leonard和Susan Austin制定，之后，由1000多位教练构成的CoachVille研发团队历经一年时间进行调整和改善。本资料是之前教练培训的演变，多数教练通过把这15个教练熟练等级运用到客户训练工作中，借此来改善他们自己的技巧和知识。

在此阶段，该机构被重新命名为IAC。2003年，书面考试完工之前，Thomas Leonard意外去世。正如David Goldsmith所描述的：

> Thomas（Leonard）去世时，IAC仅是一个概念，还处于萌芽阶段。Goldsmith团队成立IAC，开设了第一个银行账户，帮助它取得进展、启动……Thomas去世后，我为全部50个州的教练投保了责任险，作为提供给他们的IAC福利。Thomas去世两天后，“道德原则和道德规范”（Ethical Principles and Code of Ethics）出版。他们立足于美国心理学协会的道德规范，内容包括能力质素、诚信、专业责任、尊重人们的权利和尊严。

2003年3月，IAC作为新墨西哥州的非营利性实体正式启动。CoachVille总经理Andrea Lee在发给CoachVille会员的电子邮件中描述IAC是：

> 提供教练认证、教练学校认证（教练学校认证委员会）、专业审核委员会（coachingcomplaints.org）、教练信息中心，以及更多服务的非营利性专业协会。

2003年3月，Cooper卸任会长，Austin卸任董事会主席，Hendershot卸任秘书。Shirley Anderson被推选为董事会主席，Barbara Mark被推选为会长。据 Mark 描述，在接下来的两年中，每个人都因 Thomas Leonard 的去世心情十分悲痛。

> 对于我所做的大部分工作，我感觉我是这个机构的养母。我觉得我已经接受了事实，即这个机构已经没家了，它的父母已经死了或需要走了，这个机构需要一个聚在一起的地方，这样它最终才能兴旺起来。

Mark 的焦点是与 CoachVille 现在的所有人 Dave Buck 协商教练熟练等级的使用事宜。据 Mark 称，结果是 IAC 持有永久许可证，按 Thomas Leonard 希望 IAC 做的，可将 15 个熟练等级用于认证目的。

2004 年 1 月，电子邮件通讯启动。截至 2004 年 3 月，IAC 拥有 6000 多名会员，与当时的 ICF 规模相同。2004 年 6 月 4 日，IAC 成立职业道德审查委员会（PERC），对审核投诉、道德违规行为进行核查。据 Mark 称，投诉流程为：

> 您可以与这个人交谈，查看您是否能够获得清晰回复，或您的交谈可以得到 PERC 委员会成员的调停，查看是否得到解决。如果您对所得到的结果仍不满意，我们将进一步实施该流程，最终要求这个人脱离机构，取消他们的会员资格。

2005 年，董事会变动后，PERC 不再存在。但道德标准仍然保留。

2003 年—2005 年，在 Harnisch 基金会会长和 IAC 董事会秘书 Ruth Ann Harnisch 的捐赠下，IAC 得以持续运营。在此期间，有关提高会费的讨论仍在继续，这样，IAC 在未来才能永续运营。到 2005 年年中时，尘埃落定，IAC 转移工作焦点至认证所依据的知识产权。IAC 组建了国际教练团队，制定将通告全世界、并在全世界创建的 ICA 认证流程规范。

2005 年 9 月—2006 年 4 月，由于存在技术问题，IAC 需要做出重大决定、花费大量时间和资源进行修正，因而，*IAC Voice* 未能发布。2006 年 1 月，Mark、Harnish 和秘书 Barbara Lemaire 卸任，新治理委员会推选成立，Natalie Tucker Miller 出任新会长，Diane Krause-Stetson 出任副会长。由于 Mark 卸任前所做的努力，董事会首次纳入了国际社区的几位中坚成员。2006 年 4 月，新网站、标识和使命发布，*IAC Voice* 重现，由 Barbra Sundquist 担任编辑。IAC 的新使命声明如下：

> 鼓舞不断地演变、应用通用的教练学标准是我们的使命。我们严格的认证流程将对特定熟练等级的演示进行评价，（设置）熟练等级是高效、杰出教练的标志，另外，我们还将对教练道德、专业和商业行为设立较高标准。该标准的目的是向教练的客户提供有效的保证措施，确保他们能够获得最佳训练。

IAC 描述自身为独立的认证机构，其网站上称：

> IAC 认证体系是立足于绩效的一个体系，根据事先录制好的教练样本评估结果测量教练的精通程度。本体系要求具备较高的训练精通标准，但对训练中的教育、经验、参照、指导、特殊模式或流程不做任何具体要求……由于 LAC 的认证体系对如何训练的学习过程未作任何具体要求，这意味着教练、导师和学校可自由利用他们学到的新颖方式，教授权威训练法。

2007 年 1 月，IAC 创立年度会费，更改名称为国际教练协会（将 coaches 改为 coaching），反映了教练学（coaching）作为一种方法和一种专业的广泛影响。多样性、革新、精通、诚信、学习、信赖、服务、协作和服务受训客户等指导性价值观支持机构和会员的重点工作。

2007 年 9 月，IAC 教练学精粹（IAC Coaching Masteries）作为新标准发布，用于认证过程中的教练评价。向仅使用本标准实行教练认证的过渡到 2008 年 1 月时才完成，包括新的在线考试，以及评估培训记录的评分体系。

2008 年 4 月，Angela Spaxman 成为新任会长，任期两年。2008 年 12 月，IAC 发起了教练学精粹许可计划（Coaching Masteries Licensing Program），允许教练导师、培训师和学校使用 IAC 教练精粹帮助教练准备 IAC 认证。2009 年 8 月，随着 IAC 征集会员的想法，IAC 启动了重要战略过程，展望教练学的未来。

截至 2002 年 10 月，IAC 拥有 600 名会员、53 名认证教练、13000 名电子邮件时事通讯 IAC Voice 的订阅者，在 13 个国家设有 24 个分会，以及 25 名持照导师和学校。2010 年 1 月，Bob Tschannen-Moran 成为 IAC 第五任会长。

世界企业教练协会（WABC）（www.wabccoaches.com）

2002 年 5 月 31 日，来自加拿大的 Wendy Johnson 完全接管了 NABC 指定资产（请见本章前述部分的 NABC 介绍）。这些资产并入根据加拿大法律正式成立的一家新私人持股公司 WABC Coaches Inc.。2002 年 7 月题为“为 NABC 塑造一个全球化未来”的会员调查结束后，2002 年 11 月，NABC 改名为 WABC，WABC Coaches Inc. 以该名称从事商业活动。WABC 确立了其目的是“发展、促进和推广世界范围内新兴的企业教练专业，通过坚守该使命，将全世界各地的企业领导统一起来”。

WABC 由专职会长兼 CEO Wendy Johnson 率领，她负责协会的战略规划全球营销。NABC 改名为 WABC 后，Johnson 女士在新闻稿中称，“我们的新名称更加精确地反映了协会作为国际焦点和全球会员基地的角色”。从这点来说，WABC 已在北美和海外市场服务与发展企业教练。2002 年年末，提供全面服务的网站被推出。

自 2002 年 5 月承担领导责任以来，新任会长兼 CEO 始终强调通过机构的全面建设将协会提升到新的水平。这意味着要集中精力为会员创建道德、诚信和专业职责的最高标准。出于这个考虑，鉴于 WABC 不断拓展自己的国际影响力，在过去的 7 年多时间里，Johnson 主要聚焦新标准和核心服务的创建。

建立会员资格和资格再审查标准、建立资信认证流程是 2002 年实施的第一步。WABC 的高级许可和会员资格续期标准是建立在企业经验、教练经验和参考文献的基础上的。会员想在标有协会标志（例如 WABC 姓名、WABC 标识、WABC 称号等）的资料（如营销和推广资料、简介、名片、网站等）上列出姓名、受教育程序和专业称号时，资信验证流程要求他们必须提供资信证明材料。

对于那些为了会员和企业教练行业的利益愿意分享资源与专家意见的权威专家、企业及机构，WABC 会设法与他们建立选择性联盟。作为本企业战略的一部分，为了让 WABC 的企业教练与客户联系在一起，2002 年 10 月，WABC 与 Coach Connection 建立了战略联盟。稍后，由于会员缺乏兴趣，联盟中断。

2003 年 5 月，Johnson 进行了题为“交流、会议 / 研讨班、教育、主导资源和指导”的第二次会员调查，之后在 2003 年 7 月，又进行了题为“帮助我们建设新的 WABC 道德和诚信”的第三次会员调查。她还组建了多个专家顾问特别小组，重点放在交流、道德和诚信、会议和研讨会工作。对于企业教练道德和诚信规范的草稿，Johnson 在发给 WABC 会员的一封公开信中称：

> 仔细查看会员反馈、分析其他协会、规范和投诉流程、研究其他关键文件后，特别小组最终一致同意崭新的规范有助于全球各地会员以最好的方式解决不同的业务交互和业务决策。

2003 年 10 月，WABC 网站上发表了第一版 WABC 企业教练道德和诚信规范（WABC Code of Business Coaching Ethics and Integrity）。本规范包含调解、裁定、监控和审核过程，在会员无措的时候向其提供直接帮助。这个综合规范包含三个部分：企业教练学定义，原则，安全港调解和裁决过程，允许会员和客户能够与 WABC 代表在安全、机密的环境下谈论高度敏感的道德问题。

2003 年 10 月 23 日—25 日，以“加速未来”为主题的 WABC 企业成功大会在伊利诺伊州芝加哥市召开。本次盛会聚集了众多的企业所有人、领导、经理，以及致力于商业教育、网络互联和企业教练的 WABC 会员与准会员。

会员调查信息的分析明确了 2004 年 WABC 的关键举措，包括组建 WABC 顾问委员会（即现在的 WABC 国际顾问）、建设会员队伍、提供先进的专业教育、聚集主导资源、创建专业标准、展开企业教练知识体系的研究。依据 2003 年专家顾问特别小组的工作成果，沟通和活动策划团队、道德和诚信委员会成立。

2003年10月—2004年3月，WABC在Lyn Chritian的主持下进行了“大使计划”试点。本计划的目的是发现和创建企业、教练与WABC之间的联系。作为2002年品牌再塑举措的一部分，2004年7月美国专利与商标局（USPTO）正式将“世界企业教练协会”注册成为商标。

2004年5月，WABC组建了国际顾问团队，其中包括来自澳大利亚的Bronwyn Bowery-Ireland、来自英国的John Whitmore和Lawrence Lyons、来自美国的Marshall Goldsmith和来自比利时的Philippe Rosinski。仍然有效的七个议题为：企业教练是一个新兴专业；企业教练是一个缺乏知识体系、培训标准和资格审查体系的混合专业；企业教练是一个自律行业，企业教练可能会受到分裂影响；企业教练会从统一中受益；大量教练培训计划和称号充斥市场；企业教练行业需要一个集中的国际化协会来创建统一的知识体系、培训标准和资格审核体系。WABC承诺解决这些问题，达到“以WABC作为行业的发展前沿，让企业教练作为受人尊敬的专业发展壮大”的目标。

2005年春，《世界企业教练》（*Business Coaching Worldwide*，简称*BCM*）创刊号出版。2007年7月，同侪资源网络评判员将*BCM*评为专业协会的一流电子杂志。该杂志每年出版3次，支持在线打印复制。评判员们描述本出版物时称“与其他专业协会的出版物仅重视宣传、假装‘善于处事’不同，这个电子期刊收纳了备受从业者称赞的，以及各领域专家和全球各地教练创作的，有关实践惯例、市场营销、评估、ROI和其他高相关话题的优秀文章”。WABC会员和非WABC会员可免费获得该时事通讯，但是，只有会员才能参加不同话题的讨论论坛。

WABC致力于为企业教练开发遵守行业最佳惯例、要求验证、实施重新认证需求、可进行撤销的循证国际认证计划。2005年—2006年，一个由44人组成的国际认证项目专家小组成立，为制订新的个体从业者国际认证计划提供支持。该专家小组负责评估WABC认证计划，提供反馈，确保计划具有相关性，符合严格的标准，可向世界各地推广。专业能力质素和认证模型的国际开发权威机构——英国密德萨斯大学教练国际研究中心主任

David Lane负责领导实施该举措。该认证计划专注于高级别的企业教练，与利益相关方共同开发。评估过程透明，独立于WABC，由权威认证机构进行水准鉴定。

2007年10月，WABC发布了新的企业教练定义，以及相关的企业教练能力质素。WABC企业教练定义包括一系列练习（例如团队和个别教练），但实现企业目标是其明确的重点。它还称“企业教练解决客户的发展问题，目的是实现企业成效而非实现个人或职业目标”。

企业教练能力质素分为三个领域：自我管理，核心教练基础，企业和领导力教练能力。每个领域分为多个层次，最顶层为“范畴”（综合性最强的），中间为“能力质素”（具体的），底层为“指标”（最具体的）。如WABC网站上所描述的，范畴和能力质素包括：

- **自我管理——自我了解、自我掌控：**

1. 自我了解——自我洞察、了解自己；
2. 承认自己的优势和发展需要；
3. 自我掌控——通过促进有助于取得职业和机构的成功的行为，来管理自己的思想、感觉和行为。

- **核心教练基础：**

1. 奠定企业教练基础；
2. 发展企业教练关系；
3. 促进客户理解；
4. 促进个人转型；
5. 专业发展。

- **企业和领导力教练能力：**

1. 密切合作；
2. 领导力学识和公信度；
3. 教练作为自有企业的领导和开发人员；
4. 在企业教练过程中，与所有利益相关方建立和维护合伙关系；
5. 了解机构行为和机构的发展原则；

6. 评估；

7. 尊重、了解多元文化问题及多样性。

WABC 之前提供的 4 个教练称号作废（但是已经获得这些称号的教练可继续使用这些称号），只有 RCC 称号继续由 WABC 提供。

2007 年，WABC 宣布对高级教练授予“特许企业教练™”（ChBC ™）称号。该称号是对在各种场合下应用教练学的企业教练的表彰，应用成果具有不可预知性。该级别的企业教练负责临界分析、诊断、设计、规划、执行和评估。他们可大量行使个人自主权，对所在机构、专业或学术圈有重大影响和领导力。ChBC ™属于独立证书、三级或最高等级认证。

2008 年，WABC 宣布向经验丰富的企业教练颁发“大师级企业教练™”（CMBC ™）证书。本级别的企业教练能够胜任机构中各个层次的运营作业，可应对开放训练议程的不确定性。CMBC ™属于独立证书、高级认证和 WABC 二级认证。ChBC ™和 CMBC ™称号可以让教练获得备受认可的企业教练硕士学位。英国密德萨斯大学提供的专业发展（企业教练）计划文学硕士，向 ChBC ™和 CMBC ™持有人授予。

2008 年 11 月，WABC 向企业教练从业者颁发新的“企业教练™”（CBC ™）证书。WABC 对于将教练学用于较窄范围的企业教练也进行表彰。本级别的企业教练可以是在机构中执业的内部教练，或向小范围客户提供有限服务的外部教练，通常设有与企业成果直接相关的固定议程。CBC ™属于独立证书、一级认证。

2007 年—2008 年，国际认证项目专家小组成立，为培训机构新国际认可计划的发展提供支持。该专家小组负责评估 WABC 的认可计划，提供反馈，确保计划具有相关性，符合严格标准，可向世界各地推广。2008 年试点后，对于围绕企业教练能力质素的企业教练计划，将提供 WABC ™认可。培训计划须经历严格的独立评估和定期重估方能获取 WABC ™认可。培训计划有三个等级，市场上比较常见的是从业者等级（Practitioner Level）和大师等级（Master Level），第三个等级或特许等级是专业发展基金会 / 密德萨斯大学专有的，不对外开放。从业者等级提供给拥有从业者教练开发计划的培训机构，主要是在机构中从业的内部教练，也可以是向小范围客户提供有限服务的外部教练，通常遵守与企业成效直接相关的固定议程。从业者等级是 WABC 考虑认可的第一个培训等级，该等级与企业教练中的研究生证书水平等效。大师等级提供给拥有大师教练开发计划的培训机构，是指有资质为各类机构提供服务的教练，他们可胜任机构中各类级别的运营，可应对开放训练议程的不确定性。大师等级是以获取认可为目的的高级培训等级。该等级与企业教练中的硕士学位等效。

2008 年，WABC 开始为会员筹备新的专业标准。WABC 与驻扎在英国的专业发展基金会（Professional Devevlopment Foundation，简称 PDF）再次携手进行该作业。由于企业教练中不断发展的专业地位已经成为世界各地的“热门话题”，我们用了一年多时间进行调查，现在正在做出重要的贡献。在创建新的专业标准之前，WABC 想从这些努力中受益。

2009 年 5 月 18 日—19 日，WABC 在加拿温哥华召开国际会议，欢庆协会十周年庆典。本次大会的出席者来自 11 个国家，涵盖从 WABC 会员到仅了解 WABC 的非会员，从经验丰富的教练、中级教练到希望进入该领域的新手教练。庆典主持人 Peter Coppin 对包含 Marshall Goldsmith 和 David Lane 在内的发言人进行了介绍。

为了会员和企业教练行业的利益，多年以来，WABC 已建立了战略联盟。从 2002 年 11 月开始与 Rey Carr 和同侪资源网络建立独家战略联盟后，WABC 从 2004 年 8 月到 2005 年 11 月，与 Jack Philips 和 ROI Institute 保持了 15 个月的联盟关系。2006 年 1 月，WABC 与 Business Book Review 建立了第二个战略联盟，为 WABC 会员提供了 700 多份 8 页的顶级企业总结。2009 年 8 月，WABC 宣布与 PDF 建立独家战略联盟，通过联盟，可为 WABC 会员和该行业带来循证研究、设计、信息、报告和其他领先服务。WABC 将持续拓展服务和计划，更多信息，请访问网站查看。

国际教练组织联盟（ICCO）（www.coachingconsortium.org）

ICCO起源于高管教练峰会（Executive Coaching Summit，简称ECS）。

> 2003 年，ECS 为新机构的形成播下了种子，ECS 出席人员在白皮书中表示，他们想要的不仅仅是一年举办一次的活动，他们想要可以持续存在和运行的组织。在他们的共同意图中，存在两个核心问题：当今高管教练中缺少些什么？我们怎样做才能为领导层带来更大的影响？。

Mike Jay 和 Wiliam Beergquist 促成了 ECS 峰会上的此项举措，此次峰会对 2003 年—2004 年期间 ICCO 的启动进行了设想和资助。根据 2003 年 ECS 出席人员创建机构的要求，指导委员会成立。实际的指导 / 过渡委员会由 John Lazar 和 Wanda Lee 共同担任联合主席，而 Lazar 担任代理执行董事 14 个月。正如会员更新信息中所描述的：

> 在过去的一年中，由 8 人组成的指导委员会团队和四个特别小组（资格审查、价值定位、道德和研究）召开了多次电话会议，根据会议结论，推出了一家新机构，即 ICCO。ICCO 是一家非营利性机构，该机构以结果为导向、以客户为中心、基于研究和学术，与更广泛的教练社区形成桥梁关系。2004 年高管教练峰会期间，接受并签署了提议的章程。

ICCO 章程在机构和商业世界创建了会员论坛，其深远影响甚至超越了高管教练。

> 在 2004 年 ECS 召开时，第二天下午，我们花了一些时间讨论这个新机构能够成为什么样子，将创建最初的委员会，让人们能够根据自己的兴趣和承诺进行自我定位。这些委员会包括联盟 / 拓展委员会、研究委员会、治理委员会、活动筹划委员会，以及市场营销 / 公关委员会。

随着 ICCO 章程的发表，以及在 2004 年 ECS 上的宣告，指导委员会的角色转变为提供领导视角，让 ICCO 的宣布过渡到正式领导结构的建设（推选成立执行委员会），以推动 ICCO 向前发展。指导委员会为执行委员会提供建议，在 2005 年 1 月末之前，完成授权，退出历史舞台。

2004 年 10 月，ICCO 在伊利诺伊州组建成为一家非营利性法人社团。

ICCO 是一个社团，即连接松散但拥有共同目标的一个团体，可能包括个体成员、机构、协会和专业公司。社团未设立会员规范、会员包括机构、教练、教练培训计划、教练公司和协会。根据 ICCO 网站所述：

> 在全球层面上最大限度提高教练解决方案在机构中获得的成功和效用是 ICCO 的目的。这包括：持续拓展教练学产生积极成果的方式和原因相关知识体系，持续创建理论和实际的教练资源，分享最佳实践惯例。所有利益相关人在对话、研究和辩论方面的整合努力是非常关键的，有助于教练解决方案在机构中获取持续的成功。

ICCO 章程明确了机构的五大显著特点：

1. 注重效果；
2. 非政治、非意识形态；
3. 注重研究和学术；
4. 注重客户效果；
5. 与更广泛的教练社区具有桥梁关系。

章程规定 ICCO 由 12 人执行委员会负责管理，其中 4 人为从业者，4 人为采用广泛教练服务的机构成员，两人为机构教练培训团体的成员，两人为其他教练协会的代表。ICCO 会员还选举了一位执行董事，任期两年，负责履行 10 个具体任务。Agnes Mura 出任 ICCO 首任主席，Suzi Pomerantz 出任副主席，Bob Johnson 出任秘书，Wiliam Bergquist 出任财务主管。

筹划两组活动使会员和客户受益：远程论坛（一对一，针对具体话题，进行一个半小时问答演示，由确定主题的专家通过电话会议进行讲述）和座谈会（二对二，为期一天半，亲自参加，参与人数限为 30 人，不包括设计团队成员，围绕相关话题 / 主题，提出活跃的问题，促进案例研究，促成沉思和对话）。另外，还创建了电子时事通讯季刊 *Coach Leader Update*（*CLU*）。定期举行远程论坛。

2006 年春，首届 ICCO 座谈会在加利福尼亚州萨克拉门托市召开，共

25 人出席，使用 Open Space Technology 进行交互。2006 年 10 月，第二届 ICCO 座谈会在纽约召开，随后，2007 年 6 月时，又在华盛顿州西雅图召开了第三届 ICCO 座谈会，David Rock 提出了基于大脑的教练学。随后，在墨西哥城、危地马拉市、圣何塞、哥斯达黎加、奥斯陆、华盛顿特区、洛杉矶、密歇根州卡拉马祖和伊斯坦布尔也召开了座谈会。另外，还开发了新的签名交付成果，称为 ICCO Learn，包含有关机构教练和评估话题的 10 个远程课程，以及与座谈会类似的活动。

AD/HD 教练促进机构（IAAC）（www.adhdcoachinstitute.org）

2005 年 5 月，AD/HD 教练促进机构（Institute for the Advancement of AD/HD Coaching，简称 IAAC）由 AD/HD 教练社区中的一组领导创立而成。创始委员会成员包括 Carol Gignoux、Linda Sepe、Jodi Sleeper-Triplett、Susan Sussman、Madelyn Griffith-Haynie 和 Sandy Maynard。IAAC 的目标是限定、保护 AD/HD 教练学在全世界的完整性，为其提供继续教育、资格审查、认证和道德标准。据机构网站描述："通过向世界各地的 AD/HD 教练制定和提供资格审查与认证，促进 AD/HD 教练的发展，追求卓越，是我们的使命。"面向大众招收会员，存在道德规范和核心能力质素。资格审查计划的第一期，资深 AD/HD 教练不受新规限定阶段，于 2007 年 9 月启动，持续 6 个月；第二期，AD/HD 教练资格审查阶段，在不受新规限定阶段结束后立即启动。

英国和欧洲

本节将讲述欧洲 5 家教练协会的历史。这些协会有：

欧洲指导和教练委员会（EMCC）成立于 1992 年。

北欧教练联合会（NCF）成立于 1999 年。

欧洲教练研究所（ECI）成立于 1999 年。

教练协会（AC）成立于2002年。

专业高管教练和督导协会（APECS）成立于2005年。

欧洲指导和教练委员会（EMCC）（www.emccouncil.org）

EMCC存在的目的是将教导和教练最佳惯例及其期望在欧洲各地发扬光大。EMCC是第一个强调研究作为最佳惯例立足点的教练协会，也是第一个将专业人士、学者和公司客户汇聚在一起的协会。

1992年，EMC由David Megginson和David Clutterbuck创立，成为学者、咨询顾问、公司和公共服务机构之间的联盟。在EMC，会员主要为学者，支付会费是会员须遵循的唯一要求。1994年，EMC召开了首次欧洲指导大会（European Mentoring Conference），将欧洲各地的指导和教练研究人员、模式协调人与执业者汇聚在了一起。2001年，EMC召开了首次年度教练和指导研究庆典。

多年来，EMC的会员结构努力在执业者和学者之间取得平衡。因此，2002年时，机构修改其着重点，纳入教练学，更改名称为EMCC。2003年，在ICF、教练协会（SC）和欧洲国家培训机构（ENTO）的投入下，制定了道德规范和投诉、惩戒性程序。为了对教练培训计划进行认定，2003年，还制定了能力质素要求。2003年11月，由Bob Garvey编辑的学术期刊教导和教练期刊（*Journal of Mentoring and Coaching*）创刊号出版。此次出版恰逢第十届EMCC年度大会，在本次大会上，Philippe Rosinski（*Coaching Across Cultures* 的作者）担任主题发言人。

2004年，EMCC年度大会首次在欧洲大陆（比利时布鲁塞尔）召开，委员会已拓展纳入了众多欧洲大陆国家。西班牙和瑞士分会是当年成立的首批分会，随后，又在德国、瑞典和法国设立了分会。此外，土耳其也设立了分会。到2005年9月时，EMCC已在捷克、波兰和斯堪的纳维亚设立了分会。

EMCC 指导原则

1.EMCC 面向志在提升品质，以及发展教练和指导的各方人员，是一家包容性机构；

2.EMCC 是泛欧洲机构；

3.EMCC 是一家独立、公正的非营利性机构；

4.EMCC 旨在汇聚所有利益相关方，包括：

- 教练和指导服务提供商（包括培训和监督）
- 教练和指导的研究人员
- 教练和指导服务的购买者

5.EMCC 推动采用质量标准。

资料来源：摘自 EMCC 文件

为了推动标准化进程，2005 年 2 月，Pauline Willis 领导的标准研究项目启动。该项目利用 EMCC 的初始研究成果，专注于能力质素，为本土化发展提供教练和指导惯例标准。在英国，该项目涵盖了国家就业培训机构和英国特许人事发展协会。

标准研究项目启动后，是 2005 年 3 月由 David Lane 领导的、有关教练和指导能力质素标准的“风筝标志”项目。能力质素框架由多位教练心理学家进行了严谨研究，充分采纳了行业领军企业的反馈意见。项目报告中称：

> EMCC 应承担制定标准的角色，而非承担注册教练和导师的角色，本项目是在这样的决策之下推进的。EMCC 须成为独立的标准来源，这样，其他人才能要求各种服务在推入市场时遵守指定标准。这将是多方合作的一个过程，而非单一模型的强制执行。

根据教练和指导核心能力质素的研究，能力质素由初级、中级、从业者等级和大师等级组成。200 多个能力质素分为如下范畴：过程；特定领域的知识、专门技术和焦点；专业地位和惯例创建；自我；技巧；价值和途径；沟通；促进；开发领导人才。作为一家标准制定机构，EMCC将通过与他人的合作来制定标准，对他人的资格标注风筝标志。该角色不包括设立教练和导师注册。

2005年6月，第三届年度标准节到来，随后到7月时，第六届研究节来临，在此节日盛典上，教练和指导能力质素研究的II期，以及风筝标志方案调优是其主要焦点。以EMCC品质大奖（EQA）著称的教练和指导培训风筝标志基准于2005年9月启动，17家培训机构请求参与首批评定。

2005年11月，第12届EMCC年度大会在苏黎世召开，David Megginson、David Clutterbuck和Peter Hawkins发表了主题演讲，EQA风筝标志大奖启动。根据EMCC的新闻通讯：

> 截至2006年，首个试点机构正在通过健全的综合评估流程进行运作，夏季时，公布了首批获奖名单。牛津布鲁克斯大学是这些开创性的机构之一。引领教练和指导实践硕士学位研究的Elaine Cox博士解释了为什么大学决定设立新的标准。“EMCC拥有合适的综合方法来制定标准。”她说，“它是在可靠研究和多方机构参与的基础上制定标准的。可以说我们能够从泛欧洲机构获得标准，就这个事实本身，这是一个好事，而且通过做到这一点，我们也能够表明我们正与专业的最新发展保持同步。”她追加道。（EMCC标准委员会主席）Gil Schwenk补充说：“该奖项为走完该流程的机构提供了巨大优势。它提供了一个品质审核，使机构能够对其流程、程序和输出进行反思。”。

2005年12月，EMCC UK创建后，EMCC英国执行委员会的多项职责转移到欧洲指导小组，EMCC的管理权转移至欧洲大陆。欧洲执行指导委员会成立，到2006年4月中旬时，宣布了修改后的愿景、目标和多元化声明。“EMCC的存在是为了将教导和教练最佳惯例及其期望在欧洲各地发扬光大”，这个愿景对协作建立起来的统一和包容机构EMCC提供了指导。

北欧教练联合会（NCF）（www.icfnordic.org）

NCF是活跃在斯堪的纳维亚国家的一家非营利性私人和企业教练机

构。创立委员会成员有 Johan Tandberg、John Rasmussen、Eirik Mellbye 和 Mai-Len Holmberg。通过与 ICF 合作，教练学成为一个专门工艺，NCF 成为ICF 地区团体的核心力量。因此，NCF 的会员也支持ICF 及其内部章程、标准惯例和道德承诺。成为北欧国家专业教练的代言人和机构是 NCF 的发展愿景。

1999 年 5 月，NCF 在 Johan Tandberg 的父母位于瑞典斯德哥尔摩的家中举行了首次大会，共 8 位教练出席了此次大会。由于 NCF 决定向斯堪的纳维亚地区拓展、在每个北欧国家都设立强大的教练分会，2000 年 5 月，第二次大会在丹麦哥本哈根“最便宜的一家宾馆”召开，共 10 人参加了本次大会。2000 年 9 月，NCF 的时事通讯 *Coaching In Action* 创刊号出版。

2002 年 1 月，NCF 第三次大会在芬兰赫尔辛基会议中心召开，25 人出席了本次大会。Shirley Anderson 担任主题发言人，多位芬兰 NLP 大师对建模方式进行了分享。2002 年，第四次大会在挪威奥斯陆召开，大会主题发言人均为斯堪的纳维亚人，60 位教练出席了本次大会。2003 年 3 月，第五次北欧教练学大会暨“与世界共享教练学的方方面面”在瑞典哥德堡召开；随后，2005 年，大会在挪威滕斯贝格召开；2007 年，大会在芬兰赫尔辛基召开。

2002 年，Tandberg 从会长职务上卸任后，他着重在斯堪的纳维亚建设强大的 ICF 分会。基本说明会之后是与“密友”的私人会面，为了让教练在分会大会上感觉自在，他制定了一个流程，根据这个流程，潜在会员只要坐下就可以参加 ICF 会议。在接下来的几年，北欧教练联合一直致力于打造 ICF 品牌，建设斯堪的纳维亚分会。在 2005 年之前，北欧国家教练需要支付 NCF 会费和 ICF 会费。2005 年，NCF 与 ICF 结为一体，到 2006 年时，斯堪的纳维亚共有 400 名会员。

欧洲教练研究所（ECI）（www.europeancoachinginstitute.org）

ECI 是面向欧洲个体教练和教练培训公司的一家中立的、非营利性评定机构。ECI 向公众保证，面对欧洲的各类需求，执业教练和教练培训机构符合其设立的评定标准。1999年，在ECI首任CEO Ben Botes的领导下，以及在 Erikson Coach Training 负责人 Aina Egeberg 的支持下，相关教练创立了 ECI。起初，ECI 的重点为人生教练，会员类别包括助理教练、受认可的教练、公司、培训机构和联盟机构。

2004 年 1 月，ECI 首份电子时事通讯出版，国家注册教练启动。2004 年 11 月，国际卓越教练奖宣布颁发给教练文化实施公司。到 2005 年时，ECI 在 30 多个国家都设立了分会。2005 年 3 月，机构采用道德规范，为英国和爱尔兰提供专业责任保险。

自 2006 年 4 月以来，机构向教练和教练培训机构提供认定与认证。ECI 为私人教练提供六个评定级别，为专职教练培训提供四个评定级别，为短期课程提供一个评定等级，为研讨会提供一个评定等级，ECI 认为称职教练须具备的六个核心教练能力质素范畴为：在各种场合能够呈现良好的专业形象；为训练关系创建安全的环境；提问技巧；聆听技巧；促进成长；规划和问责制。

2006 年 10 月，ECI 在爱尔兰召开了以“下一个层次，遍布欧洲的专业教练学”为主题的首届年度欧洲大会。2008 年 11 月，ECI 澳大拉西亚教练学创立大会在悉尼召开。

2010 年 1 月，ECI 重命名为国际教练研究院（IIC），确立其目标为：

> 坚持成为统一的专业教练道德和标准机构；
>
> 通过时事通讯、网络讲座和职业社交网络传播对专业教练有益的信息；
>
> 为专业教练提供认定，确保所有执业教练达到本行业值得拥有的高标准；
>
> 使客户与受认可的教练联系起来，确保所有人能够得到最佳训练。

IIC 拥有九个国际团体，通过电子邮件发布时事通讯月刊。

教练协会（AC）（www.associationforcoaching.com）

AC 作为一家面向教练、教练培训 / 服务机构，以及教练文化建设公司的一家独立的非营利性专业机构，于 2002 年 7 月 1 日在英国启动。AC 着重提升最佳惯例、提高教练领域的意识和标准、向会员提供增值福利。AC 共同创始人和首任会长 Katherine Tulpa 称 AC 原本打算促进教练学成为一种专业，这在当时的英国还是一个相当年轻的行业。Tulpa 与 Alex Szabo 是该协会的共同创始人，Alex Szabo 出任副会长职务。

AC 是一家独立的非营利性机构，在向会员（无论是专业教练还是从事教练的机构）提供增值福利的同时，致力于提升最佳惯例、提高教练行业的意识和标准。

我们的目标如下：

◇ 向世界各地积极推进教练学的教育和最佳实践惯例；

◇ 制定、实施有针对性的营销活动，促进行业成长；

◇ 推动、支持问责制和公信度在行业中的发展；

◇ 鼓励公开交流各类观点、经验和咨询意见并提供机遇；

◇ 打造战略联盟和战略关系网，最大限度发掘协会的潜能。

资料来源：www.associationforcoaching.com

AC 拥有三类会员——个体专业教练、教练服务机构，以及以私人学校或学术机构形式存在的培训机构。每位申请人在被接纳成为会员之前须走完特别保护权流程和品质流程。

早期，AC 由 12 位志愿者委员会成员率领，开发团队拥有 30 ~ 40 位志愿者。2003 年 2 月，*AC Bulletin* 开始出版，内容涵盖行业走势、值得报道的教练学相关文章和书评，以及影响教练行业的立法等。如创刊号所述，*AC Bulletin* 努力推进教练学的教育和最佳惯例，鼓励公开交流各类观点、经验和咨询意见并提供机遇。

教育论坛（在线和离线）、认定和过程识别计划、交流网络和持续的发展活动、国际会议、研讨会和讨论会、出版的书籍（现在已经进展到第五版）、公关、研究，以及国际循证教练期刊是成为 AC 会员能够获得的部分增值福利。另外，针对会员时，产品和服务可议定折扣，网站提供在线的教练和培训机构名录。AC 着重教练的卓越性，提供给教练的道德框架和标准立足于七大核心价值观，即高标准、客户为本、诚信、有教育意义、开放、循序渐进、积极响应。

2003 年 7 月，苏格兰教练协会（CAS）成为 AC 的苏格兰分部。2004 年召开了两次会议，一次是题为“拥抱成功”的苏格兰大会，另一次是在 10 月份召开的以“突破”为主题的英国 AC 大会。在英国大会上，John Whitmore、Stephen Palmer 和 Alexander Caillet 发表了主题演讲，350 人出席了本次大会，大会还发布了“企业训练报告：针对机构训练的英国受训率调查和指南”（Corporate Coaching Report：UK Coaching Rates Survey and Guidelines for Coaching in Organizations）。

AC 主要着眼于持续的专业发展（CPD）活动，象征性地收取一定费用来支付活动开支。在一系列座谈会中，包括专门针对企业会员的座谈会（如公司“智囊团”、机构早餐会），以及专门针对教练 / 培训机构的座谈会。这些活动还包括共创式教练论坛，在论坛上，专业教练学聚合在一起，继续对教练学进行监督和相互支持。

2005 年 5 月，AC 提出了教练认定方案；2005 年 10 月，AC 宣布了能力框架，一旦被认定，其有效期与 AC 当前的会龄相同。针对教练的投诉不会得到支持，每年完成 30 CPD 小时，教练定期接受教练学监督。支撑认定程序的核心能力框架拥有 10 个元素，即知识和认定、自我意识、CPD 和监督、培养学员独立性、融洽关系、有效沟通、合约关系、合法、职业公民、建导与学习。

2006 年 3 月，以“领先一步”为主题的第二届半年度会议召开，Ian McDermott、Cary Cooper、Katharine Everett 和 Katherine Tulpa 发表了主题演讲。荣誉奖颁发给了 Darren Robson 和 Katherine Tulpa。2006 年 11 月，以“在苏格兰发展教练学”为主题的 AC 苏格兰大会召开，Katherine Tulpa、Deirdre Macdonald、Myles Downey、Oliver Johnston 和 Averil Leimon 发表了主题演讲。

2006 年 8 月，在会员的建议下，AC 与 Kogan Page 共同出版了第一本书《教练学的卓越性：行业指南》。这本书是 AC 所出版书籍中的第一本，各个章节均由具有影响力的多位专家写就，如采用不同教练模型的 Anthony

Grant、John Whitemore 先生和 Ian McDermott，AC 出版的第四本书为《领导力训练：与领导层合作开发精英性能》（*Leadership Coaching*：*Working With Leaders to Develop Elite Performance*）。

2007 年 12 月，AC 进入爱尔兰共和国和北爱尔兰，举办了多次重大活动和论坛。2008 年 3 月，以“拥抱卓越”为主题的第三次半年度大会转移到伦敦举行，为期两天，来自公司的主题发言人为 Alan Jones、Gordon Coutts、Laura Berman-Fortgang 和 Lynne Franks。

为了加强与学术界的联系，推动市场上进行更多的循证教练研究，2008 年 7 月，在 Routledge 的主导下，AC 与主要由学术顾问组成的一家国际编辑委员会联合出版了《教练学——国际理论、研究和实践期刊》（*Coaching*，*an International Journal of Theory*，*Research*，*and Practice*）。Stephen Palmer 担任执行主编，Carol Kauffman 博士和 Tatiana Bachkirova 博士担任联合主编。

截至 2009 年 9 月，AC 在 40 个国家内的会员数已增长超过 2800 人。在 AC 的会员结构中，高管 / 企业教练与私人（生活）教练的比率大致为 70∶20，余下的 10% 为企业会员。2009 年 10 月，新的“局部 – 整体结构”的宣布使 AC 能够继续向世界拓展，为广泛的国际会员更好地服务。现在，AC 的志愿者已超过 200 人，包括国家委员会，其会员还将继续免费服务。

专业高管教练和督导协会（APECS）（www.apecs.org）

2005 年 1 月，APECS 创立，成为英国首家企业教练认定机构。Patti Stevens 和 John O’Brien 共同创立了这家认定机构，其核心目标是在企业背景下创建高管教练和高管教练监督的高专业标准。该协会设立后，教练、督导人员、执行训练企业买家，以及该领域中的顾问能够彼此接触、交流各自观点和最佳惯例、彼此支持和发展、展开企业相关领域的研究。

APECS 是一家非营利性机构，设有全部会员必须遵守的道德规范。该机构的五个会籍类别为：经认可的高管教练；经认可的高管教练督导人员；致力于获得认可的准会员；高管教练和督导的企业买家；受邀会员，如调查市场、提供高管教练相关咨询和实施高管教练相关服务的顾问。

资格完全获得认可的会员数量达到 100 名以上。申请过程严格，强调全面展示最佳惯例——申请人的企业经验 / 背景、教练经验、能够展示其对人类行为充分理解的能力，包括心理意识。如果申请符合要求，候选人会受邀参加认证对话，在此过程中，候选人作为高管教练的实力和能力会受到专家考察，同时还会进行案例讨论。

企业会员包括 BBC、安永公司、毕马威会计事务所、辉瑞（美国制药公司）、普华永道等。企业会员可以享受的福利包括得到被认可的教练和教练主管注册、免费的月度活动、高级讲习班研讨会和会议、获得发展和影响标准与研究的机遇。

非英语国家和地区

尽管在非英语国家和地区中有其他教练协会，但在亚洲建立的首批教练协会中，有两家与 ICF 有关联：第一个是由 Keiko Hirano、Miho Suzuki 和 Coach 21 其他毕业生于 1999 年创立的 JCA；第二个是由黄荣华于 2003 年创立的 CCA。CCA 在中国香港注册，2007 年解散。JAC 和 CCA 分别是日本和中国根据各自国家法律制度建立的唯一的专业教练协会，该法律制度要求任何此类机构须由政府发起。

专门针对教练人员的活动

有 3 家公司连续几年内举办了支持教练学的多个重大活动，这 3 家公司为营利性培训公司 Linkage、非营利性会员机构世界大型企业联合会（The Conference Board），以及与 ICF 年度大会共同举办的高管教练峰会（ECS）。此外，Conversation Among Masters ™（CAM ™）自 2007 年以来，公司每年都举办一次促进对话、开拓思维的年度盛会（如全球教练大会和国际教练研究论坛等循证教练活动在第十三章中论述）。

Linkage Inc.（www.linkageinc.com）

1998 年 5 月，Linkage 在华盛顿特区召开了首次年度教练和教导大会。下列事实推动 Linkage 举办了教练活动：

> 1997 年，在创意领袖中心近期开展的研究中，即有关正式发展关系，如教练和教导关系的管理学习研究，是促进管理人员成长和变革的最有效的方式。事实上，在实施正式教导和教练计划的 U.W. 公司中，77% 的调查对象援引了“改进挽留和改进整体性能”的表述。

1998 年，Linkage 教练大会专家发言人包括来自 PDI 的 David Peterson 和 Mary Dee Hicks（*Leader as Coach* 共著者）、Ken Blanchard（*Everyone's a Coach* 共著者）、Cheryl Richardson（*Take Time for Your Life* 作者），以及 Laura Berman Fortgang（*Take Yourself to the Top* 作者）。

1999 年，Linkage 在波士顿和伦敦又进一步举办了活动，两次活动分别吸引了 600 人和 300 人前来参加。参与人员包括人力资源高管、领导力发展专业人士、高级经理、机构和职业发展专家，以及内外部教练。出席伦敦活动的发言人有 *Inner Game of Tennis* 的作者 W. Timothy Gallwey、欧洲创意领导中心的 Phillipe Rosinski、伦敦教练学校的 Myles Downey、*On Becoming a Leader* 的作者 Warren Bennis，以及多本教导著作的作者 David Clutterbuck。2000 年，Linkage 又继续在伦敦召开了教练学大会，2001 年，在阿灵顿、弗吉尼亚和伦敦召开了大会，2002 年和 2003 年，又分别在圣地亚哥和加利福尼亚召开了大会。从 2003 年开始，Linkage 已面向全球提供教练课程和认证机遇。

世界大型企业联合会（The Conference Board，简称 TCB）（www.conference-board.org）

TCB 成立于 1916 年，是一家全球企业会员和研究网络，连接着各个行业、公司和国家的高管人员。TCB 召开会议、召集高管、进行企业管理研究。自 2003 年以来，TCB 已召开多次教练会议。首次会议着重“业务成效导向的教练学”，但是，2004 年—2007 年期间的会议则提出了“教练、高管”论题。首席教练研究人员 Mary Wayne Bush 在 TCB 高管教练学大会顾问委员会中占有一席之地。

高管教练峰会（ECS）

众多高管教练表示需要在 ICF 社区内建立聚焦高管教练独特需求和问题的机构或活动，为响应他们的需要，ICF 高级教练团队创建了 ECS 活动。1998 年，Madeleine Homan、Laura Whitworth 和 Laura Berman-Fortgang 在 Linkage 大会上产生了 ECS 的想法。尽管他们中没有人出席 ECS 大会，但他们来到 ICF 董事会向董事会推销了这个活动想法。CoachWorks International Inc.（CWI）的 Jeannine Sandstrom 和 Lee Smith 受聘帮助 ICF 企业教练委员会会员即教练培训研究所的 Laura Whitworth，收集了一份受聘启动首次 ECS 的高级教练名单。ECS 在 ICF 年度大会至少两天前召开，他们共用同一个宾馆和会议室，但各自主办、各自付费。

1999 年，在 ICF 的支持下，在 ICF 年度大会召开的两天前，首届 ECS 由（CWI 和 CTI 采用全部运营成本资助）CoachWorks 和 CTI 在佛罗里达奥兰多主办召开。在首届 ECS 上，36 位高管教练出席，会议重点关注高管教练专业的定义和辨别。在本次峰会上，Lee Smith 和 Jeannine Sandstrom 撰写了白皮书（本白皮书和所有后续部分已在ICF所在地备案）。2000年，第二届 ECS 在加拿大温哥华召开，集中研究企业最佳惯例和高管教练的未来。ICF 董事会和高管教练委员会包括 Jane Creswell 和 Bob Johnson 在内的诸多人员仍继续努力拓展 ECS。2001 年，第三届 ECS 在伊利诺伊州芝加哥召开，安排社区建设，通过案例研究分享学习，探讨如何更好地与 ICF 保持一致。2002 年，严格的申请流程落实到位，确保参与佐治亚州亚特兰大第六届 ECS 的人员拥有高管教练经验或为高管教练学做出过贡献。与之前活动的 30 ~ 36 位出席人员相比，这 71 位教练参加了行业困境和客户视角的相关对话。

2003 年 5 月，由 ICF 主办的首届、唯一的欧洲高管教练峰会（EECS）在意大利斯特雷萨召开，来自三大洲 10 个国家的 31 位教练出席了峰会。

为期一天半的本次盛会旨在共享最佳惯例。在着重国际高管教练独特文化需求的同时，ECS 为 EECS 的诞生、向北美洲以外地区扩大全球对话做出了贡献：

> 出席北美洲首届高管教练峰会后，Philippe Rosinski 提议在增加欧洲见解的同时根据美国经验开始打造欧洲的对应活动。在 ICF 的赞助下，以及在主席 Philippe Rosinski、副主席 Katrina Burrus，委员会成员 Jane Creswell、Stephan Oberli、Dominique Ringler、Michael Sanson、Bernard Sténier 组成的执行团队与 Maryvonne Lorenzen、Danièle Darmouni 和 Anita Hussl-Arnold 组成的顾问委员会的共同努力下，首届欧洲高管教练峰会诞生。

2003 年，第五届 ECS 在科罗拉多州丹佛召开，强调采用最佳惯例来发现新的服务方式。本次峰会也开启了创建 ICCO 的对话，由 William Bergquist、John Lazar 和 Agnes Mura 负责领导。

2004 年，第六届 ECS 在加拿大魁北克省魁北克市召开，对 ECS 社区的主要贡献和学习情况进行了高度概述。2005 年年初，创建了第七届 ECS 愿景、使命和主题，ICCO 副主席 Suzi Pomerantz 和 ECS 主席 John Boisvert 合作编写了白皮书。本白皮书对 ICF、ECS 和 ICCO 进行了区分，明确了多个 ECS 举措，旨在配合 ICF 和其他机构向高管教练提供服务。此类举措的示例包括：

ICF 高管教练委员会；

ICF 大会上的 ICF 高管教练跟进 / 座谈小组；

ICF 高管教练特别利益小组（SIG）；

ICF 内部教练特别利益小组（现在称为“内部教练课程委员会”）；

ECNet（峰会社区邮件列表），Mike Jay 创建、免费举办；

国际组织教练期刊（IJCO），由 William Bergquist 和 John Lazar 合编的首个行业期刊；

国际教练组织联盟（ICCO）。

截至2005年8月，第七届ECS的设计能力达到80位会员。11月份时，峰会在加利福尼亚州圣地亚哥召开，“面向急剧变化市场的前沿实践”是本次峰会的主题。2006年10月末，第八届ECS在密苏里州圣路易斯召开，随后，2007年10月，第九届ECS在加利福尼亚州长滩召开，然后是由Harrison Owen推动的户外模式。2008年，通过Carollyne Conlinn的努力，ECS在加拿大温哥华由Royal Rhodes University主办召开。

ECS年度活动不再直接附属于ICF，但直到2010年时，ECS活动仍继续在ICF年度全球大会的两天前召开。众多的高级策划组和长期业务关系在ECS上诞生。这些专门的高管教练将通过研究、作品、当前行为和最佳发展惯例的应用来继续定义教练专业并促进专业的发展。

大师之间的对话™（Conversation Among Masters™，简称CAM™）（www.conversationamongmasters.com）

2006年，Bobette Reeder、Donna Steinhorn和Guy Stickney共同意识到，资深人生教练、企业教练和高管教练没有太多的机遇聚在一起进行大师级对话和分享。因此，2007年时，他们合作创建了CAM，发起了CAM™。

> CAM™是一个仅限于受邀人士参加的年度大会，专门针对并且仅针对大师级（资深、成功）教练。CAM™被设计成为一场“会谈”，相信听众中的大师与舞台中的开场人员享有同样的风采。
>
> 促进高层对话、开拓思维是CAM™的独特目的。它是这样的一场活动，出席人员与“表演中”的人一样，从头到尾，都给人留下深刻的印象。在这样的活动中，你可以随意地转向任何出席人员，至少有一点是可以肯定的，你将会进行有趣的对话，很可能会发现一个合作者、一位头脑风暴的同伴或一位终生挚友。
>
> 根据CAM™的基本前提和名称中隐含的意义，我们邀请了来自各个领域的“对话开场人员”带来前沿的“在那里（out there）”概念和想法，将它们置于对话的中心。活动格式包括开场人员展示想法、思想的

各种方式……然后促进大规模的对话（需要时，与提供支持的专业引导师一起）……或较小群体有机会反复思考、创建、破坏、集体讨论（太阳雨到飓风），以及分享他们对这个新想法的智慧！

就其本质而言，在这次聚会上，每位与会的CAM ™会员有机会与其他资深、成功的同僚接触……有机会向我们展示他们的风采！这些年来，随着CAM ™的不断发展，来自五大洲各个国家的、拥有不同背景和证书、拥有不同经验的教练人员之间已经建立了友谊，拓展了各自的知识和视角，找到了可以带入工作和生活中的新技能与想法。

CAM ™活动每年在美国举办一次，已举办如下活动：

2007年，在加利福尼亚州蒙特利举办，120人出席；

2008年，在北卡罗来纳州阿什维尔举办，124人出席；

2009年，在密苏里州布兰森举办，140人出席；

2010年，在新墨西哥州Ana Pueblo举办，出席人数最多，达到200人。

未来的CAM ™活动将为那些等待参加或评论CAM ™的人员提供基于科技的多种机遇。

网络

除了遍布全球的多家专业协会，在对教练学的传播做出过贡献和支持的相关学科领域中，也存在着其他的一些协会和公司。

同侪资源网络（www.peer.ca）

1981年，本团体在加拿大创立，起初着重对等教导资源，1997年，新添了教练资源。（有关本团体的更多信息，请阅读第十章。）

教练和教导网络（Coaching and Mentoring Ntework，简称 CMN）（www.coachingnetwork.org.uk）

1999 年，CMN 由 Anna Britnor Guest、Pauline Willis 和 Martin Richards 创立。

> 向实施和 / 或接受教练或指导的人员，以及向对本领域感兴趣的广泛群体提供主要基于网络的服务。针对专门群体，提供免费、独立的信息资源是教练和教导网络的主要活动。从资金上讲，其业务目的在于达到足够的营业额，能够承担各类开销，投资服务，但不以盈利为目标。

这个包容性社区是关注教练和教导各个方面的一个门户和资源信息中心。CMN 认为"其既是评论员，也是流言的终结者，提供事实信息，以及最佳惯例信息，协助个体和机构做出自己的决策"。

除了致力于提供有关教练和教导的免费及客观信息，CMN 还提供教练配套服务。免费服务包括：

- 在线教练和教导书店；
- 文章和案例研究；
- 其他网站产品相关信息和服务的链接；
- 培训和认定计划相关信息；
- 教练和教导相关活动；
- 教练和教导电子快讯。

The Coaching Commons（www.coachingcommons.org）

The Coaching Commons 是高管教练、企业教练和人生教练的在线新闻来源。Harnisch 基金会会长 Ruth Ann Harnisch 是 The Coaching Commons 的创始赞助商，直到 2010 年 12 月 The Coaching Commons 撤出之前，其一直是 Harnisch 基金会的一个项目。

The Coaching Commons 是在 Harnish 对"一站式资源"和"教练新闻和活动"的渴望中诞生的，或者正如 Commons 上描述的，"在党派'大帐篷政策’下，教练们可以通过互联网在非商业背景下自由地共创未来”。

CoachVille 前任总经理 Andrea Lee 受聘负责发展和实施这个愿景。2007 年 11 月，Andrea 组建了小团队（包括 David Drake 和 Vikki Brock），进行头脑风暴，创建了这个实体，即后来的 The Coaching Commons，“在 The Coaching Commons 上可探索和追求各种激进的可能性”。2008 年 1 月，网站启动，成为“一个畅谈社区，欢迎每一位教练加入，表达自己、自己的成就和挑战、信息、问题和请求”。The Commons 涵盖如下范畴：

教练相关的爆炸性新闻；

坦诚互联；

活动日程；

特色文章；

针对新来的教练人员；

入门指南；

加入虚拟对话；

市场；

教练名人堂；

教练基金会；

教练学的未来；

教练学的赠予。

教练学虚拟博物馆。

The Coaching Commons 早期团队包括：

Ruth Ann Harnisch——创始人，梦想家。

David Goldsmith——创始人，军事家。

Andrea Lee——建筑师，作者。

Linda Ballew——团队负责人，运营。

Sandra de Freitas——团队负责人，技术。

Vikki Brock——团队负责人，互联和陈列馆。

Mary Wayne Bush——团队负责人，研究。

Francine Campone——团队负责人，研究领域知识库。

John Bennett——负责全球教练学大会的联络。

2009年，Harnish聘请Mark Joyella作为首位记者，2010年时，开始利用业余记者进行额外新闻报道。The Coaching Commons主要播报爆炸性新闻、原始报道、煽动性的读者评论，依靠专业教练、新闻记者和读者构成的网络，覆盖、讨论世界教练行业正在发生的事情。The Coaching Commons记录教练发展历程的各类故事，并根据当前的研究进行更新。

CoachVille（www.coachville.com）

CoachVille由Thomas Leonard创立，2001年6月2日启动成为全球教练的虚拟社区。"改善世界教练品质、为每位教练提供家园"是该社区的使命。根据"增加价值、感受快乐"指导原则，早期时，CoachVille的终生会费为79美元。2002年8月29日开始，CoachVille对于想要加入的所有人员不再收取会费。

Thomas Leonard认为"每个人都是教练"：

> ……即使可能不是专业教练，但一定是他们自己方式的教练。毕竟，教练学仅仅是一套高级沟通和关联技巧，其间交织着知识和经验。我们乐观猜测，教练成长的最大源泉实际源于非教练行业，意味着经理们在他们的交易中变得更像教练，高管们将教练技巧织入他们自己的专业技能中，甚至，会计人员们在他们的做事风格中也会纳入教练方法。

在最初的100天，CoachVille的会员规模就达到了5300人，很快，CoachVille成为世界上最大的专业网络和教练培训机构。截至2005年，CoachVille在175个国家和地区的会员数量已超过65000人。

Thomas Leonard认为如下六点促进了CoachVille的显著增长：

- 价格不可抗拒。我们的低成本机构、在线自动/技术、志愿者支持模式使其成为可能。
- 终生会员（与会员资格每年展期的模式）是一个引人注目的模

式。鉴于较高的交付成本结构，很少有虚拟网络、学校或协会能够负担得起这种模式。

• 考虑到这是一个新鲜的价值驱动模式，对于以某种形式训练不愿加入传统教练学校或传统协会的人们，其中80%的人都会参加CoachVille。

• CoachVille的演变和产品开发速度非常快，使CoachVille保持新鲜和激动人心，因此非常引人注目。

• CoachVille会员通过推荐吸纳了48%的新会员，这非常令人难以置信，非常好，使CoachVille保持发展后劲。

• CoachVille是世界范围内的一个奇迹。我们正在100多个国家和地区中吸纳会员，并且会在这些国家和地区中继续存在。

Thomas Leonard于2003年2月去世后，Dave Buck成为CoachVille的CEO兼总教练，CoachVille将继续向教练提供各种教练培训、业务发展和个人成长计划。CoachVille培训计划的核心是由15个教练熟练等级（15 Coaching Proficiencies）、生命论框架（Life Frameworks）、客户交付成果（Client Deliverables）、聆听澄清（Listening Clarifiers）和沟通风格（Communication Stylepoints）组成的教练体系。CoachVille的教练研究生院（Graduate School of Coaching）为资深教练设置了经ICF认可的认证课程。

基督教练网络（CCN）（www.christiancoachesnetwork.org）

1998年4月，Judy Santos与想要在基督徒和专业基督教练之间设立合作通道的其他基督教练共同推出了基督教练网络（CCN）。Santos对该机构履行的个人使命为：

• 为了开辟出一条道路，引进专业教练学、提供支持是帮助信徒在艰难时期响应和履行上帝召唤的可靠和有价值的途径；

• 成为寻找教练的基督徒和想与信徒共事的基督徒教练之间的通道和催化剂；

• 为了向各行各业中寻求发展的基督徒提供教练社区中的机遇，更有效地利用上帝赋予的潜能、天赋和技能，找寻生命中更多的平和和欢乐；

• 向 CCN 所有会员提供支持、信息、丰富化方案、互联和专业发展。

2009 年年底，Judy 癌症复发后，要求 Gary Wood 考虑接管 CCN 的领导职务：

> 通过祷告和磋商，Gary 考虑了该提议，确认了他的感觉即上帝支持这件事。2010 年 2 月 1 日，正式移交。2010 年 3 月初，Judy 过世。会员教练确认了自己的感觉，这种变化反映了上帝允许 CCN 未来为基督教练社区服务。

顾问委员会与主管共同商讨“会员政策、程序和问题，以及未来祷告和战略规划”事宜。顾问委员会成员包括 Vicki Corrington、Paul Duck、Dean Harbry 和 Susan Britton Whitcomb（职业教练学院所有人），Chris McCluskey 出任荣誉会长。

CCN 会员代表了世界多个国家的各类派别和世界观，在对专业协会中每个人进行支持的同时，着重共同的信仰和价值观。

相关学科协会对教练学的重视

除了遍布全球的多家教练专业协会，在对教练学的传播做出过贡献和支持的相关学科领域中，也存在着其他的一些协会和公司。

有些协会是循证的，拥有广泛的研究，在分会中设立了特殊教练团体，其教练重点在第十三章讲述。这些协会包括驻扎在英国的特许人事发展协会，以及位于英国和澳大利亚的心理协会。美国心理协会选择不设立专门的教练重点团体，将在本章中进行论述。

机构发展网络（ODN）（www.odnetwork.org）

ODN 是“以价值观为基础的社区，向会员提供人类机构和体系发展的相关支持，为专业提供领导和学识”。ODN 未设置成员加入标准。5000 多位会员的目的、惯例和愿景反映出了教练专业：

> 我们作为专业的目的是推进相关流程，根据该流程，人类和人类体系能够为了共同利益和相互康乐而一起生活和工作。我们的惯例立足于广泛共享的学习和发现过程，期望人们能够过有意义、充实、美好的生活，同时这种生活方式也能为他们自己、他们的机构、社区、社会乃至世界服务。实践原则以核心价值观和原则、尊重与包容性、协作、真实性、自我意识和授权为依据。

因此，不出意外，1994 年，在 ODN 华盛顿西雅图年度大会上，Laura Whitworth 和 Karen Kimsey-House 举办了会前教练研讨会。另外，在 ODN 季刊 *OD Practitioner* 中也定期发布教练学和机构发展的相关文章。

国家健康研究院（NWI）（www.nationalwellness.org）

NWI 成立于 1977 年，现已明确发展愿景，即促进对健康和康乐有益动态因素的了解，制定和共享战略，积极影响对世界人口健康和平衡生活方式的支持因素。该愿景与教练专业的愿景一致，尤其是那些从事健康和康乐训练的教练。例如，ILCT 创始人 Patrick Williams 多次在 NWI 年度大会上发表过主题演讲。

人力资源管理协会（SHRM）（www.shrm.org）

SHRM 于 1948 年成立于美国，其使命是通过最基本和最全面的资源为人力资源专业人员的需求服务，促进人力资源专业以重要合作伙伴的角色进行发展、制定执行机构战略。该机构未设立正式的会员资格标准，目前，SHRM 拥有 20 多万个多位会员。

自 1996 年以来，该协会已发表了多篇教练学相关文章，包括 Mary Shurtleff 和 Steve McKenzie 在 1996 年 2 月编写的关于“教练和辅导”的白皮书（2002年7月修订）。*HR Magazine* 的2004年各期包含了Leslie Weatherly撰写的有关“高管教练：人力资源实践和视角”的文章，Nancy Lockwood撰写的《高管教练：跨文化视角》，以及《它是教导吗或它是教练吗？》等文章。SHRM第59届年度大会包含了由David Rock主持的题为“将教练学整合到全球人力资源矩阵中：新的视角”的小组交流会。

美国心理学协会（APA）（www.apa.org）

APA的目标是促进心理学成为提升健康、教育和人类康乐的科学与途径。APA于20世纪90年代在美国创立，包括执业者和专业学者，对会员设置要求。几个部门的利益与教练领域类似：

部门12：临床心理学（www.apa.org/divisions/div12/homepage.html）

部门13：咨询（www.apa.org/divisions/div13/）

部门14：机构（www.siop.org）

部门17：辅导（www.div17.org/）

尽管自1996年起出版物中有3期集中讨论高管教练问题，但APA没有正式的教练利益团体（见第十三章）。APA官方月刊 *Monitor on Psychology* 在多期中发表了多篇教练文章（APA，2009）。

多年来，部门14的领导，如高管教练和作者Richard Kilburg和David Peterson进一步提升了SIOP中高管教练的意识和兴趣。SIOP中，15% ~ 25%的会员参与了OD相关活动。

美国培训与发展协会（ASTD）（www.astd.org）

ASTD是英国CIPD在美国的对应机构，致力于领导个体、机构和协会获得与工作有关的能力、业绩和成果。该协会于1944年成立，对于70000多位会员，未设立正式的会员资格标准。除了有关教练学的多个信息快讯小册子，包括 *Coaching and Feedback*（1990）、*Selecting a Coach*（1998）和 *A Guide to Successful Executive Coaching*（2002），自1993年以来，ASTD在 *Training and Development* 杂志中也发表了多篇教练文章。2006 年，学习与绩效专业资格认证（Certified Professional in Learning and Performance，简称 CPLP）称号视教练为工作场所学习和绩效角色之一。

国际压力管理协会（International Stress Management Association，简称 ISMA）（www.isma.org.uk）

ISMA 是一家注册的慈善机构，拥有各个学科的专业会员。该机构的存在是为了提升人类压力预防和减压知识及最佳惯例。该机构成立于 1974 年，设定了专业标准，有助于个体和机构使用会员提供的服务。英国教练研究人员 Stephen Palmer 加入该机构，研究并撰写了多篇压力和教练相关论文。

员工帮助专业协会（Employee Assistance Professionals Association，简称 EAPA）（www.eap-association.org）

EAPA 成立于 1971 年，目标是成为员工协助领域中的全球之声。在美国和 30 多个其他国家，会员人数约为 5000 人。近年来，多位教练执业者受邀请在 EAPA 年度大会上发言。

国际引导师协会（IAF）（www.iaf-world.org）

与其他学科如咨询和培训一样，建导作为一门学科，很快占据了一席之地。IAF 专门培养引导师，通过对等网络、专业发展和年度大会，鼓励使用群体过程方法。该协会是在 1994 年 1 月弗吉尼亚州亚历山大市举办的网络会议上提出并采用的。70 多人注册成为分会会员，截至 2007 年，协会在 63 个国家的会员数量超过 1500 人。IAD 的核心价值观与教练领域的核心价值观类似：包容性、全球范围、参与性、庆典、创新形式和社会责任。与个体和团体合作时，教练引导师使用建导技能作为他们技能组合的一部分。

全国演讲家协会（National Speakers Association，简称 NSA）（www.nsaspeaker.org）

NSA 于 1973 年成立于美国，在 23 个国家的会员数量超过 4000 人，目前已经成为会议产业中的主要参与者。很多教练同时也是演讲家，因此，ICF 往届董事长 Marcia Reynolds 在 2005 年 3 月时在 NSA 为教练设立了专业教育集团。

总结

专业协会是教练领域成熟的标志之一。专业教练协会的成长始于 1994 年，并且一直持续到今天，目前已有 20 多家大型协会和多家地区 / 专业协会。年度专业活动和社交网络是教练领域成熟与成长的其他两个标志。

这对教练意味着什么？创建各类教练协会后，教练社区得以发展，文化差异受到尊重，教练也能保持专业的永续发展。各种道德和专业标准的存在，使教练领域可以进行自我调节。面向教练的众多会议和活动从 1994 年的零场次发展到 2009 年的每年 30 多场次。在这些活动中，许多活动并不是与任何其他专业协会合作举办，而是主要关注专业教练领域。

大量专业教练协会的衰落，是因为教练行业没有统一的道德规范、个人资格审查或培训课程认证。另外也是因为各个专业协会之间虽然存在协作，但也存在对教练的公共认知、对个人教练的利益不利的竞争。

下一章将探讨循证、学术性教练培训和专业协会的兴起，以及相关重大事件。

第十三章 循证教练

20 世纪 90 年代期间，教练领域通过私人和非循证教练培训课程，以及专业协会在全球范围内迅速发展、扩张。到 21 世纪初期时，私人教练培训机构和个人执业者已创建了大部分教练知识库。如本书第一部分所描述的，教练起源于众多学科，可以追溯到 20 世纪之初。一直到近十年间，教练学才引起了研究人员和心理学家的注意。从那时开始，教练行业便一直向循证教练和执业者具备专业学术基础的方向发展。

据 Ronald M. Cervero 称，大多数行业中的高校主导型研究和培训模式将“知识的产生和执业者的生产”融合到同一结构中。这样做的结果是 Anthony Grant 将“教练心理学”看作心理学新的分支学科。根据英国心理学会（British Psychological Society）的 Ho Law 所述：

> 教练心理学作为心理学家的专业实践领域，自从 21 世纪早期，已积蓄了力量和发展动力。对教练学的心理学基础的兴趣成为心理学家和教练们持续探索的源泉。

International Journal of Evidence-Based Coaching and Mentoring 的编辑 Elaine Cox 支持 Ho Law 的观点：

> 教练心理学曾被定义为“行为科学的系统应用，目的是对没有临床意义上心理问题或异常压力的个体、群体和机构提升生活体验、工作绩效和康乐”。教练心理学立足于有关严格大学心理学培训的心理学理

论、科学和研究，以及“科学家从业者”和“渊博从业者”方法的采用。尽管教练心理学开始发展科学依据基础……教练学发挥效用所依据的机制或流程尚未设立好……此外……基于大脑的方法会提供潜能，进一步添加在有关教练心理学效能的新兴科学依据基础上。

拥有心理学背景的一些教练人员认识到了这一趋势，预测会产生教练学的研究生学位。随着研究生学位的出现，需要进行具体的教练研究，需要循证方法：

“循证教练”术语是由悉尼大学教练心理学部人员创造的，对超越了自助或个人成长流派的执行、个人和人生教练学进行了描述；它特意以行为和社会科学为依据，明确立足于最新的科学知识。

知识是得自理论和实践相关有效研究的信息。它不取决于是否来自教练或相关领域：

意识到解决这些问题的重要性，各个学科中越来越多教练已开发了以广泛学术知识为依据的教练方法论。的确，教练已经成为越来越被接受的跨学科方法论，来自不同专业背景的人们正在从事教练职业。这些背景包括行为和社会科学、机构变更和发展、精神分析疗法、成人教育，以及商业和经济科学。

根据 Grant 等人的观点，教练是：

……一个学术上尚不成熟但仍属新兴的学科。对于广泛的教练行业和教练心理学来说都是如此。教练所面临的众多挑战是青年时代的职责。随着专业知识在各个领域兴起，实践往往领先于良好理论和实证基础的创建……创建促进思想和研究共享的有效平台是教练研究人员和理论家面临的挑战之一。该领域中涌现的许多关键期刊，立足于各类……与人类发展、康乐和生产力有关的学科……

Patrick Williams 认为教练“以先于教练的学术理论为依据”。Leni

Wildflower认为虽然教练没有广泛的专业知识体系，从多个领域，如心理学、成人学习、机构理论、沟通和对教练知识和实践有影响力的其他领域可以获得大量证据。Cavanagh、Grant和Kemp同意：

> 行为学可能是关键的教练知识体系。这是因为本质上教练是实施和维护人类与机构的变化——行为学的核心焦点之一。当然，在包含行为学在内的广泛知识体系中，多个领域与教练存在关联：运动心理学、教育心理学、咨询和临床心理学、健康心理学和组织心理学，以及存在可被教练使用和用于教练群体的重要知识基础的每个领域。

不管什么领域，Suzanne Skiffington对“循证”进行了类似的定义：

> “循证”是一种科学方法，利用该方法，依据有条不紊的临床和行业研究、评估，以及（为制定实践决策而）对最新研究发现的利用，基于这些证据，专业实践是合乎情理的。

据英国知名心理学家Stephen Palmer说：

> 所使用的战略和技术（在循证方法中）大多数源自认知和行为方法。另外，使用了时间管理、问题、解决、求解、目标优选和沟通技巧等管理技能。

使用来自行为学其他学科的模型和理论，其原因之一是很少有人会进行特定的教练研究，因此，从业者不得不对得自相关循证学科的理论和技术进行适应。Grant和Cavanagh描述教练和教练心理学有潜力：

> 为应用积极心理学，以及为促进个体、机构和社会的变化提供潜在的平台。几个关键主题涌现，包括有助于改善健康、促进社会变化、机构发展的教练潜能。在教练循证方法的需求上，存在明确的共识。为了蓬勃发展，教练心理学须与个人成长行业频现的煽情和伪科学方面明确区分，同时参与教练行业更广泛的发展。

本章将回顾学术教练培训计划的成长，然后对循证教练研究、文献、协会，以及会议进行论述。

学术教练培训计划

20 世纪 90 年代末，重点高校开始提供教练证书和学位课程。Patrick Williams 称，“随着高等教育圈接受教练学，证书的可选择性开始倍增”。1998 年，美国首个教练证书课程在乔治·华盛顿大学启动（并在乔治梅森大学进行了报道，但我没能见证这一幕）。2000 年，澳大利亚悉尼大学成为提供教练心理学研究生学位的首所大学。很快，其他学院和大学也提供了教练，以及相关领域的认证和学位课程。

截至 2005 年，超过 24 所学院和大学提供了教练认证课程或完整的研究生学位。在这些课程中，多个课程应用学术研究的科学从业者模型，该模型着重“实际的技能应用，以及科学、严谨的循证研究和研究方法论知识”。学术机构进入教练培训领域，Harnisch 基金会提供研究补助，其结果就是教练专业研究的大幅增长。多家大学提供教练和教练心理学学位。2007 年，在教练基金会发起的一个项目中，GSAEC 对认定机构提供的全球教练计划和课程进行了研究，发现北美洲、澳大利亚、英国、爱尔兰和新西兰有 123 家机构提供某种类型的教练课程。截至 2009 年 10 月，这个数目增长到了 152 家（详见表 16、表 17）。

表16　认定机构提供教练重点课程

国家/地区	机构	研究生学位	研究生证书	非学位证书	教练学的应用
加拿大	17	2		3	13
美国	91	35	11	5	61
英国	29	14	7	9	31
澳大利亚/新西兰	14	5	3	1	7
其他	1	1	1		
总计	152	57	22	18	112

澳大利亚有 3 所提供特定教练硕士学位的大学：悉尼大学、位于珀斯的科廷理工大学，以及位于新南威尔士州的伍伦贡大学。提供研究生证书教练课程的两所大学是伍伦贡大学和位于墨尔本的莫纳什大学。

仅英国就至少有 10 个教练学位课程，伦敦城市大学在 2004 年、东伦敦大学在 2007 年均设立了教练心理学系。牛津布鲁克斯大学提供教导和教练博士学位课程。阿什里奇商学院、牛津布鲁克斯大学、谢菲尔德哈勒姆大学、东伦敦大学、朴次茅斯大学、桑德兰大学和胡弗汉顿大学均提供教练硕士学位课程。密德萨斯大学为想要进行博士级别学习的从业者提供专业研究的硕士 / 博士学位，拓展他们的从业知识，而非从大学学习新的知识。爱丁堡大学拥有企业教练 MBA 课程，阿伯丁大学和斯特拉斯克莱德大学提供教练证书课程。另外，兰卡斯特大学、诺森比亚大学、德比大学、威斯敏斯特大学和伍赛斯特大学也提供专业教练证书课程。

表17　按照国家和成立年份排列的学术教练培训课程

年份	国家	机构	课程	提供
	澳大利亚	科廷理工大学	教练研究生文凭	GDP
2000	澳大利亚	莫纳什大学	教导和教练研究生证书	GCP
	澳大利亚	悉尼大学	应用科学硕士（教练心理学） 组织教练硕士	GDP GDP
	澳大利亚	伍伦贡大学	企业教练硕士 企业教练研究生证书	GDP GCP
	加拿大	康科迪亚大学	私人和专业教练课程	NDC
	加拿大	安大略教育研究学院	领导力教练证书	NDC
	加拿大	皇家路大学	高管教练研究生证书	GCP
	加拿大	多伦多大学	过渡教练； 领导力教练专业OISE/Alder证书	NDC NDC
	英国	阿伯丁大学	成功教练学研究生证书	NDC
	英国	爱丁堡大学	企业教练（MBA）	GDP

（续表）

年份	国家	机构	课程	提供
	英国	斯特拉斯克莱德大学	高管教练研究生证书	NDC
	英国	阿什里奇商学院	高管教练硕士	GDP
2004	英国	伦敦城市大学		
	英国	兰卡斯特大学	兰卡斯特教练证书	NDC
2002?	英国	密德萨斯大学	高管教练硕士计划	GDP
	英国	诺森比亚大学	教练学研究生证书	NDC
	英国	牛津布鲁克斯大学	DCaM –教练和教导博士 教练和教导实践文学硕士 督导教练和教导研究生证书	GDP GDP GCP
	英国	谢菲尔德哈勒姆大学	教练和教导理科硕士 教练和教导研究生文凭 教练和教导研究生证书	GDP GCP NDC
	英国	德比大学	企业教练研究生证书	NDC
2007	英国	东伦敦大学	教练和教练心理学理科硕士 教练和教练心理学研究生文凭 教练和教练心理学研究生证书	GDP GCP NDC
	英国	牛津大学	变革咨询和教练	GDP GCP
	英国	朴次茅斯大学	教练和发展理科硕士	GDP
	英国	桑德兰大学	组织卓越教练文学硕士	GDP GCP
	英国	威斯敏斯特大学	工作教练和教导研究生证书	NDC
	英国	胡弗汉顿大学	教练和教导文学硕士	GDP
	英国	伍斯特大学	教导和教练研究生证书	NDC
	美国	贝尔维尤大学	高管教练证书计划	NDC
	美国	圣伊丽莎白学院	高管和职业教练研究生证书	GCP
	美国	哥伦比亚大学	哥伦比亚教练计划个人和 专业教练计划	NDC
2005	美国	菲尔丁研究生大学	循证教练研究生证书	GCP
			12周循证赏析教练证书	NDC

（续表）

年份	国家	机构	课程	提供
2000	美国	乔治·梅森大学		NDC
1998	美国	乔治·华盛顿大学		NDC
2000	美国	乔治城大学		NDC
	美国	哈佛大学	教练——新视野：理论、依据和实践	NDC
	美国	约翰·肯尼迪大学	教练证书	GCP
	美国	肯尼索州立大学	管理教练证书	NDC
	美国	麻省职业心理学学院	教导和教练研究生证书	GCP
	美国	纽约大学	组织和高管教练研究生证书	GCP
	美国	夏洛特皇后大学	教练证书计划	GCP
	美国	得克萨斯大学达拉斯分校	高管和专业教练研究生证书	GDC NDC
注意： GDP = 研究生学位课程；GCP = 研究生证书课程； NDC = 非学历证书				

资料来源：摘自 GSAEC 文件

在美国，至少 7 所大学提供特定的教练研究生证书课程，这些大学包括菲尔丁研究生大学、得克萨斯大学达拉斯分校、夏洛特皇后大学、麻省职业心理学学院、约翰·肯尼迪大学、圣伊丽莎白学院和纽约大学。在加拿大，皇家路大学是唯一一所提供特定教练研究生证书课程的认定机构。表 17 列出了 2009 年前受认定学术机构所提供的所有已知的特定教练学位和证书课程。

国际专业研究大学（International University of Professiona Studies，简称 IUPS）、卡佩拉大学、瓦尔登大学等机构还提供选择性教育和学位课程。这类课程的重点为自我导向学习、导师关系，以及远程学习模块。

在加拿大，多伦多大学和康科迪亚大学提供非学历证书教练课程。在美国，哈佛大学、哥伦比亚大学、肯尼索州立大学、菲尔丁研究生大学、得克萨斯大学达拉斯分校和贝尔维尤大学也提供类似课程。

许多国家的其他大学也设立了教练心理学课程。据 Anthony Grant 说，Dolly Chotam-Chotam Ishi 在鲍勃·沙佩尔特拉维夫大学社会工作学院（Bob Shapell School of Social Work at Tel Aviv University）提供教练学的持续教育。哥本哈根大学也设立了教练心理学系。

下列各小节将对特别专注于教练的几个最早的学术课程进行简要说明。

乔治·梅森大学

根据同侪资源网络 1999 年的教练培训课程名单，1998 年时，乔治·梅森大学提供了一个为期 9 个月、整合了教练和组织发展的证书课程。该课程与纽菲尔德网络合作推出，包含 130 小时的体验式学习，以及至少 30 小时的教练实践。该课程举办过两次，自 2000 年起，不再提供。

乔治·华盛顿大学（www.gwu.edu/~mastergw/programs/coach/）

乔治·华盛顿大学是 1998 年经 ICF 认定的首个大学课程，通过组织发展系提供研究生证书课程。领导力教练证书课程利用整合的系统视角，探讨教练在机构内增强和发展领导力时所起的作用。该证书将新兴的教练理论与组织教练实践入门结合在一起。该培训通过 4 个面对面课程展开，每个课程计划授课 3 周以上。Chris Argyris 的学习理论和有效对话如何为个体及团队带来变化，是该课程的依据。

悉尼大学（www.psych.usyd.edu.au/psychcoach）

在 Anthony Grant 的领导下，澳大利亚悉尼大学通过教练心理学系发起了第一个学位课程。2000 年 1 月，Anthony Grant 在悉尼大学建立了教练心理学系，继续进行指导工作。循证教练术语是由 Grant 创造的，该术语将明确立足于广泛实证和理论知识基础的专业教练与从“通俗心理学”个人成长流派发展过来的教练进行区分。

该大学提供两个研究生学位的教练课程：一个面向拥有心理学背景的

人，另一个面向没有心理学背景的人。自 2000 年起，还提供一个为期 5 天、40 小时的面对面教学课程，授予教练和教导证书。

乔治城大学（scs.georgetown.edu/programs/35/certificate-in-leadership-coaching）

从 2000 年开始，乔治城大学领导力教练证书课程在职业继续教育中心设立，并于 2002 年 1 月获得 ICF 认可。该课程是由 MCC 的 Chris Wahl 启动的，Chris Wahl 毕业于西部新企业，曾获得 Interdevelopmental Institute 发展教练认证。

该课程面向机构内想要提升技能、与领导层共事的资深教练人员。每年举办 3 次，由多元化的教练从业者团队执教，检验教练与机构发展之间的关联，同时从三个层次强调教练技能的开发：了解自己作为教练的角色，以及了解变革的手段；在教练角色中建立卓有成效、得以实现个人抱负的关系；了解体系动态中的教练学。在这种背景下，该课程将学术严谨性、亲身体验性，以及情绪学习结合在一起，注重体验式和灵性学习。除了关注机构内的领导层，乔治城大学领导力教练证书课程还致力于参与者自我认识的深入发展，为实现该目标，该大学成为将成人发展阶段融入教练课程中的少数几个教练学校之一。

高级教练学位

2009 年，全球仅 3 家学术机构提供教练心理学博士学位。第一家为悉尼大学（见上文），第二家和第三家分别为设在英国的伦敦城市大学（www.city.ac.uk/psychology/research/CoachPsych/CoachPsych.html）和东伦敦大学（www.uel.ac.uk/psychology/coaching）。密德萨斯大学提供教练学研究生文凭。

2004 年，伦敦城市大学建立教练心理学系，提供经认可的 DPsych（即教练心理学博士）课程，以及专注于教练心理学的科研博士学位。该学院还负责监管参与 6 年心理辅导或健康心理学学习的 DPsych 学生，着重教练心理学及心理学领域之间的接口。在任何时候，该课程会招收 6 名或 6 名以上学习博士学位的学生。

密德萨斯大学与多家培训中心合作，对教练课程进行认定。该大学拥有两家经确认的教练学硕士学位合作伙伴，即专业发展基金会（Professional Development Foundation）和阿什里奇商学院（Ashridge Business School）。该大学还与专业发展基金会合作创建了从事科研的国际教练学研究中心（International Centre for the Study of Coaching）。专业发展基金会和密德萨斯大学在多个国家拥有承担教练学研究课程的联合培养博士生。

2007 年，东伦敦大学开始提供教练心理学研究生资格证书。现在，该大学在 Jonathan Passmore 领导的教练心理学系（Coaching Psychology Unit）提供 8 个教练和教导资格证书。这些课程包括咨询辅导和教导学理学硕士学位、研究生证书、研究生文凭、教练学理学硕士学位、教练和教练心理学博士课程。据 Passmore 称：

> 东伦敦大学一直在设法拓宽我们对教练学用作社会变迁驱动工具的了解，提供推动发展的教练学模块、基于健康的教练学模块、教育教练学模块，以及领导力模块。东伦敦大学通过与患者、警方和军队驱动人员、公众共同对这些领域的研究，以及对学校学生的研究来对这些模块进行支持。

英国牛津布鲁克斯大学是提供教练学博士学位的唯一一所经认可的学术机构。大多数教练学学位由商学院或教育学院提供，而非由心理学学院提供。通过心理学学院、管理学院、机构发展学院和其他相关领域提供教练学博士学位的学术机构数量预计将继续增长。

循证教练专业协会

循证教练人员、心理学家、研究人员和专业学者们之间的广泛协作和合作是常规性的，在非循证教练专业协会如 ICF、IAC、AC 和 ICCO 中并不一直存在。

EMCC 是首家循证教练和指导专业协会，1992 年成立时只进行教导，2001 年时，协会拓展，纳入教练业务（完整的历程，请见第十二章）。

自 2002 年英国心理学协会 – 教练心理学特殊小组（British Psychological Society–Special Group in Coaching Psychology，简称 BPS-SGCP）和澳大利亚心理学协会 – 教练心理学兴趣小组（Australian Psychological Society-Interes Group in Coaching Psychology，简称 APS-IGCP）教练重点团队发展以来，随着更多的教练心理学专业机构在欧洲和国际范围内涌现，教练心理学一致在增强其专业认同性。2008 年 4 月，国际教练心理学协会（International Society for Coaching Psychology）成立。2005 年，GSAEC 成立，对美国的学术机构给予支持。如本节末所述，2009 年年末，教练专业协会研究所（Institute of Coaching Professional Association，简称 ICPA）在哈佛医学院 / 麦克莱恩医院成立，建立了教练学的科学基础。

最近，丹麦心理学协会（Danish Psychological Association）、瑞士心理学协会（Swedish Psychological Association）、瑞士心理学家联合会（Federation of Swiss Psychologists）、南非工业和组织心理学协会（Society for Industrial and Organizational Psychology of South Africa -SIOPSA）和爱尔兰分工和组织心理学心理学会（Division of Work and Organizational Psychology of the Psychological Society of Ireland）内部均成立了 SCP。

表 18 列出了主要的循证教练专业协会，具体详情如下所示。由于英国特许人事发展协会（United Kingdom Chartered Institute of Personnel and Development，简称 CIPD）拥有 *Coaching At Work* 杂志、举办教练学大会、实施调查，并拥有其他以教练学为核心的刊物。因此，本组示例中也包含了该协会。

表18 主要的循证教练专业协会

协会	网站	领导层
英国心理学协会–教练心理学的特殊小组	sgcp.bps.org.uk	主席：Angela Hetherington 前任主席：Ho Law 往届主席：Vicky Ellam-Dyson，Alison Whybrow，Pauline Willis，Stephen Palmer
英国特许人事发展协会	www.cipd.co.uk	主席：Dean Royles 会长：Gill Rider 前任会长：Vicky Wright
国际教练心理学协会	www.iscp.net	主席：Siobhain O'Riordan 会长：Stephen Palmer
澳大利亚心理学协会–教练心理学兴趣小组	www.groups.psychology.org.au/igcp	会议召集人：David Heap 往届会议召集人：Peter Zarris、Chris Nunn、Michael Cavanagh、Ray Elliott
高管教练研究生院联盟	www.gsaec.org	会长：John Bennett 前任会长：Ruth Orenstein 往届会长：Robert Hicks
教练专业协会研究所	www.instituteofcoaching.org/index.cfm？page=about_icpa	成立中

英国心理学协会 – 教练心理学特殊小组（BPS–SGCP）（sgcp.bps.org.uk）

BPS-SGCP 成立后，向心理学家（BPS 会员）提供教练心理学相关研究和实践经验的分享方式。教练心理学家来自多个心理学专业，SGCP 由来自不同学科的成员构成，专注于教练心理学的应用，强化个人生活和工作领域的康乐和绩效。

2002 年 5 月，在 BPS 咨询心理学部门（BPS Division of Counseling Psychology-DCoP）的年度大会上，28 位其他代表出席了由 Stephen Palmer 召开的研讨会，意图是在咨询心理学部门内成立一个咨询心理学的特殊兴趣小组（SIG）。代表们对未经培训的或缺乏培训的教练人员表示担忧，为了教练专业、教练人员、客户，以及公众等的利益，需要推动改进实践标准。

那时，建立 SIG 不太可能，因此，在 2002 年时，Palmer 在 Ho Law 的支持下设立了在线教练心理学论坛（Coaching Psychology Forum，简称 CPF），目的是为讨论和推动教练心理学提供一个平台。2003 年 2 月，一个由 Palmer 领导的工作小组成立，讨论 CPF 是否想要在 BPS 内建立正式结构。Palmer 成为 CPF 的首位前任主席，他与 Alison Whybrow 是 BPS 创建教练心理学特殊小组（Special Group in Coaching Psychology，简称 SGCP）的共同提议人。该提议由另外 20 人签署，包括 Pauline Willis，这显示了包括辅导、临床和职业心理学等专业心理学领域均对该提议给予了高度支持。

参与初始小组的所有个体大力推动了 CPF 的成长。最初的 CPF 网站由 Palmer 和 Law 设立，后来替换为由 Willis 提供支持的新网站，并于 2004 年 1 月启动。Willis 和 Alanna O'Broin 向心理学家名录中的全体人员发送个人电子邮件，邀请他们参加该小组，这有助于提升英国心理学协会会员对 CPF 的意识。CPF 委员会所有成员付出了大量精力和热情，确保了 SGCP 的创建游说取得成功，会员队伍继续快速壮大。

CPF 以 4 种方式推动教练心理学向前发展，即推动基于互联网的讨论论坛，游说成立教练心理学特殊兴趣小组，促进召开教练心理学研究和案例研究的短期会议，以及在更广泛的教练领域中作为心理学的代表。

2003 年 12 月，教练心理学论坛建立了第一个执行委员会，成为一个游说团体，请求 BPS 设立一个团体，为从事教练实践的心理学家们提供支持，使他们能够聚焦教练心理学作为心理学实践领域的深入理解和意识。教练心理学特殊兴趣小组的成立得到了教练心理学论坛最初会议成员们的积极支持。另外，教练心理学论坛成立后，教练心理学得到了强调，成为心理学家进行教练实践的焦点，举办各类活动和会议，促进了教练心理学基础的研究。

SGCP 创立大会于 2004 年 12 月召开，360 位会员出席了会议，100 多人处于候选人之列。SGCP 执行委员会在本次会议上成立，Pauline Willis

担任主席，Stephen Palmer 成为前任主席。其他执行成员包括担任当选主席的 Margaret Chapman、担任名誉秘书长的 Alanna O’Broin，以及担任名誉财务主管的 Alison Whybrow。截至 2005 年 1 月末，BPS-SGCP 共拥有 1623 位会员，一个月之后，CPF 邮件讨论表关闭。2005 年 7 月，网站域名的控制权移交给 SGCP，到 2006 年 5 月时，整站托管全部转移完毕。

SGCP 对 BPS 的全部会员或附属会员开放。附属会员对 SGCP 非常重要，其中包括对心理学理论和教练实践方法的适度应用感兴趣的非心理学家教练人员。BPS 的附属会员无须拥有任何正式的心理培训，但须真正地对心理学理论和实践感兴趣。SGCP 欢迎来自英国心理学协会中任何小组成员，并将继续发展成为跨心理学学科心理学家的多元化组合。

CPF 和 SGCP 后期采用的教练心理学定义为“教练心理学以立足于成人学习或心理学方法的教练模型为支撑，目的是加强个人生活和工作领域中的康乐和绩效”。

SGCP 拥有两份列于 psychINFO 和其他文摘机构的同行评审出版物。其创作的第一份出版物为《教练心理学家》。第二份出版物《国际教练心理学评论》（*International Coaching Psychology Review*，简称 ICPR）由 BPS-SGCP 和 APS-IGCP 联合出版。更为重要的是，SGCP 还拥有一个专门网站（www.sgcp.org.uk），提供最新盛事、出版物和各类活动的最新信息，以及如何加入的相关信息。

SGCP 拥有 2300 多名会员，自 2010 年起，已成为英国心理学协会内的四大会员网络之一。SGCP 致力于会员的专业发展、学习和交流。该集团是 BPS 内部的一个充满活力、有远见、包容性的集团，在志愿者专门团队的帮助下，可以：

成功召开为期两天、定期融合国际和欧洲焦点的年度大会；

制定活动安排，从交流晚会、网络研讨会到受国际教练心理学协会公认的单日讨论会；

提供列于 psychINFO 的两份同行评审出版物；

提供拥有教练实践经验的特许心理学家名单；

拥有由会员向地方级别会员服务的同行实践组；

提供教练心理学培训机构的在线名单；

提供会员能够进行讨论的互动论坛。

SGCP 还将继续与英国心理学协会接洽，使教练心理学家们能够以适当的方式得到公认。Pauline Willis 担任初始集团的主席，负责制定教练心理学家的实践标准。后来，到 2008 年时，SGCP 对这些标准进行了修订和出版。SGCP 会员一再表示希望能够在英国心理学协会的框架内得到认可。但是，有关心理学实践法规的立法变更阻碍了该协会对这个重要心理学实践领域的认可进程。

英国特许人事发展协会（Chartered Institute of Personnel and Development，简称 CIPD）（www.cipd.co.uk）

1913 年，历史悠久的英国专业协会拥有 12.5 万位会员，其中大部分是执业者。CIPD 的使命是：

> 引领良好的实践惯例在人员管理和发展领域中的发展和发扬，使其能够被专业会员及其机构同事所应用。

自 2004 年以来，CIPD 已经进行并发布了教练研究，出版了特定的教练杂志（见下文）*Coaching At Work*，并举办了特定的教练会议。CIPD 还提供免费的在线资源，拥有多个培训课程和证书可供选择，并出版了由英国一流教练和教导专家撰写的书籍。*Coaching and Buying Coaching Services Guide* 就是此类出版物之一，由 CIPD 高级教练顾问小组编写完成。

自 2003 年以来，CIPD 进行的特定教练研究及出版的书籍包括：

Valerie Anderson、Charlotte Rayner 和 Birgit Schyns 撰写的 *Coaching at the Sharp End*（2009 年 4 月）是英国朴次茅斯大学商务学院的研究报告，该学院调查了基层管理人员有望在工作场合提供指导对于机构和基层管理人员的意义。这一研究还伴随采用了包含调查问卷、诊断、案例研究等实用工具，有助于发展教练文化、评估基层管理人员的教练实践情况。

Ann Knights 和 Alex Poppleton 撰写的 *Developing Coaching Capability in Organizations*（2008 年 4 月）是亚许里吉教练卓越中心（Ashridge Centre for Excellence in Coaching）的科研项目报告，调查了教练在英国机构中的提供情况。报告中包括针对 Cega Group、Orange、Essex County Council、Yell、BBC、Zurich Financial Services、Metropolitan Police 和 Mand G 的案例研究，深入了解权威机构的实践和经验情况。同时，还可以免费获取有关研究背景、初步调查结果、案例研究和良好惯例的早期总结报告。

Julia Lampshire 和 Lise Lewis 撰写的 *Coaching*（2008 年 4 月）成了解释如何与机构设置教练课程的一个工具。

Coaching and Buying Coaching Services（2004）是对需要制定教练选定决策的人力资源执业者们的一个实用向导。由 CIPD 顾问小组制定，本向导对教练人员也十分有价值。

Coaching Supervision：*Maximizing the Potential of Coaching*（2006 年 12 月）是基于教练监督研究项目的一个“变化议程”报告。本研究包含了针对 BBC、领导力卓越中心（Centre for Excellence in Leadership）、大曼彻斯特警察（Greater Manchester Police）、普华永道（Pricewaterhouse Coopers）和渣打银行（Standard Chartered Bank）教练监督的深入案例研究。

Jessica Jarvis、David Lane 和 Annette Fillery-Travis 撰写的 *The Case for Coaching*：*Making Evidence-Based Decisions*（2006 年 6 月）引用了教练研究的广泛评论。教练需要在哪里使用、如何使用、进行财务投入后会得到什么回报，本书的目的就是帮助从业者们在这些问题上做出判断。

Managing External Coaches：*practical tips for HR*（出版日期未知）是为人力资源执业者们管理外部教练人员时提供支持的一个互动工具。该书包含的一些信息为：如何发展教练战略，定义教练学中不同人员的角色和责任，做出教练人员选定决策，对与教练人员之间灵活的关系进

行管理，以及对教练学的参与是否成功进行评估。

Making Coaching Work：*Creating a coaching culture*（2005 年 8 月）由 David Clutterbuck 和 David Megginson 撰写。本书描述了在花费培训和开发费用之前如何创建可以支撑教练学的文化。

The Coach's Coach：*pers onal development forpers onal developers*（2004 年 9 月）由 Alison Hardingham 连同 Mike Brearley、Adrian Moorhouse 和 Brendan Ventor 共同撰写完成。本书根据企业教练和运动员的经历，提出了建议、技术和示例，有助于您成为更优秀的教练，并从中获得乐趣。

Leadership Coaching：*From Personal Insight to Organizational Performance*（2003）由 Graham Lee 撰写。本书明确了教练为实现高效目标应具备的技能，为人力资源管理人员们提供了买家指南。

自 2004 年以来，CIPD 已举办了“工作中的教练学年度大会”（Coaching at Work Conference），目的是向人力资源专业人士和教练专家提供机会，以探讨最新的教练发展和潮流。为期两天的大会云集了多位权威教练专家和最佳实践机构，还吸引了众多教练人员和人力资源专业人士前来参加（有关 CIPD“工作中的教练学年度大会”的更多信息，请见下文的会议章节）。

CIPD 提供多种教练培训课程和资格证书，从教练和教导证书（CCM）到采用 NLP 和教练团队的教练课程等。

国际教练心理学协会（ISCP）（www.iscp.net）

ISCP 的出现已经成为最重要的国际化发展之一。作为教练心理学家认定和认证机构启动后，该协会“将对被认可的教练心理学家、监督者、培训师和顾问人员进行注册，并维护注册机制。还将对教练心理学领域的教育和培训课程给予认可，对继续专业教育和发展的课程进行宣传和评论”。

2006 年 12 月，在伦敦城市大学举办的首次国际教练心理学大会上，本协会是在 Stephen Palmer 召开的会议之后建立的，Ho Law 担任秘书。来自世界各地的 20 位代表就创建 ISCP、学会或论坛的可能性进行了讨论。需要指出的是，那时存在国际性的教练协会，但不存在专门针对教练心理学的协会。卓有成效的 BPS–SGCP 在英国拥有 2000 多位会员，而 APS-IGCP 拥有 500 多位会员。但是，事实上，教练心理学学科的发展仅限于少数几个国家。因此，需要建立一个旨在全世界范围内发扬和发展教练心理学的国际协会或学会。

在会议上，该协会的可能目的包括：创建跨社区、跨文化的教练心理学家网络机构；教练心理学家的认定；不同国家之间的协作；跨文化研究；明确 / 缩小文化差距；明确起作用的部分。

本文还讨论了此类国际机构的入会资格。经约定，创始人会员论坛（Founder Membership of the Forum）向有能力成为其所在国家心理学协会成员的心理学家开放。他们决定了该国际集团最初采用松散的关联结构进行运营，设置了通过电子邮件进行讨论的在线讨论小组。会议结束后，很快设立了论坛网站和电子邮件讨论小组，国际教练心理学论坛（International Coaching Psychology Forum）成立。

仅在一年多之后，即 2008 年 4 月，教练心理学协会（Society for Coaching Psychology，简称 SCP）启动，对论坛中的核心理念进行推进。SCP 是提供教练心理学家国际认定 / 认证的首个专业协会。2008 年 9 月，认定 / 认证流程的第一阶段启动，对于身为 SCP 正式会员的合格心理学家而言，这是一个隔代培训的过程。2009 年 5 月，第二阶段启动，是向 SCP（GradMSCP）毕业生会员提供的一个组合体系，通过建设教练心理学学习和能力质素组合系列，他们能够逐步成为 SCP 的正式会员。经认定或认证的教练心理学家须维持年度继续教育，对他们的工作获取监督或咨询。学会将继续对会员和经认定的教练心理学家进行注册，对于监督人员、培训师和顾问的注册也正在研制中。

2009 年 10 月，Stephen Palmer 被任命为名誉董事长。2011 年 7 月，该协会获许更名为 ISCP。ISCP 在全球范围内推广教练心理学，促进本领域内理论、研究和实践的发展。ISCP 是一家进一步促进教练心理学学科和专业发展的国际会员制专业机构。随着世界各地对教练心理学的兴趣日益浓厚，该协会希望能够促进教练心理学理论、研究和实践的发展，为教练心理学家提供作业支持。澳大利亚、加拿大、中国、丹麦、新西兰、葡萄牙、英国、美国和瑞典的名誉副董事长反映了该协会的国际性。

澳大利亚心理学协会－教练心理学兴趣小组（APS–IGCP）（www.groups.psychology.org.au/igcp）

2002 年 8 月，APS-IGCP 在年度大会上由 APS 创建。在 1998 年—2002 年的 5 年间，APS-IGCP 成长为国际心理学专业中首家正式组建的单位。该兴趣小组的使命最初是向在 9 所 APS 学院覆盖的多个专家领域中进行教练实践的 APS 会员提供专业对话论坛，这些领域包括组织心理学、咨询心理学、临床心理学、教育和发展心理学、健康心理学和体育运动心理学。推动研究、专业发展和教练心理学论文的发表，参与澳大利亚的教练产业，加强教练心理学家的专业理论和实践是 APS-IGCP 的首要任务。

2002 年，在澳大拉西亚 ICF 首届大会（ICFA）上，领导创建 APS-IGCP 的 Ray Elliott 与大会组织者们协商召开了心理学家会议。本次会议吸引了来自澳大利亚各地的 28 位心理学家和心理学学生前来参加，包括在大会上分别讲话的心理学家 Anthony Grant 和 Michael Cavanagh。2002 年，在 APS 全国大会（APS National Conference）上，Grant、Cavanagh 和 Travis Kemp 被接纳成为教练心理学研讨会的发言人。正因为同意在 ICFA 创立大会内召开心理学家会议，APS-IGCP 同意非心理学家人员以没有投票权的订阅者身份参与该会议，表明了 ICFA 和新兴 APS-IGCP 之间的关系得到了尊重，具有专业精神。

2002 年 9 月，IGCP 在 APS 董事会的请求下批准成立，该集团现已广为人知、已准备好吸纳会员。2002 年 12 月，Ray Elliott 被任命为会议召集人，Jill Macnaught 出任秘书，Pamela Wakefield-Semmens 出任财务主管，Anthony Grant、Michael Cavanagh、Paul Mitchell、Travis Kemp 和 Angela Bird 成为委员会成员。

2003 年 1 月，Ray Elliott 召开了首届国家委员会会议，决定 APS-IGCP 将：

> ……促进教练心理学作为新兴理论和应用心理学分支学科进行理

论、应用和专业发展。作为一门应用积极心理学，教练心理学将利用并开发完善的心理学方法，可以理解成为行为学的系统应用，目的是让没有临床意义上心理问题或异常压力的个体、群体和机构提升生活体验、工作绩效和康乐。

Elliott 进一步称："心理学家专业教练全部技能中的重要部分涉及新的客户关系导向。这与专业服务的提供形式有关，这些形式在跟踪客户、与客户（作为主动学习者）合作方面起着积极作用，有助于他们达成自己的明确目标和解决方案。"在澳大利亚各州举办论坛，明确教练心理学面临的关键问题，是该集团接下来的任务之一。这在 2003 年 7 月悉尼大学举办的"首届国际循证教练学大会"（First International Conference on Evidence-Based Coaching）上达到高潮，大会利用会议报告编辑完成了循证教练手册。2003 年 9 月，Elliott 辞职，Michael Cavanagh 被提名担任国家会议召集人。

2004 年 7 月，APS-IGCP 召开首届"教练心理学：高级专业实践"（Coaching Psychology : Advancing Professional Practice）全国座谈会。该座谈会向教练领域中实践的专业心理学家提供论坛，以便其呈现和讨论他们的实际解决方案，以及对该新兴知识体系的应用，该座谈会是在教练心理学的研究和理论进展上建立起来的。Michael Cavanagh 在座谈会期间召开的年度全员大会（AGM）上被任命为国家会议召集人。该兴趣小组是 APS 中第二大集团，拥有 520 多位会员，其中大部分为心理学学者或心理学从业者。

2005 年 2 月，APS 教练心理学兴趣小组的时事通讯首刊发行。与 Pauline Willis、BPS-IGCP 创始成员和 EMCC 董事会成员讨论后，2005 年 5 月期包含了发给 APS-IGCP 会员的邀请，邀请他们参加 EMCC 标准项目。悉尼大学心理学学院教练心理学系在 2005 年 10 月召开了题为"从实践到理论：跨学科视角"（From Practice to Theory : Cross-Disciplinarypers pectives）循证教练学大会。会员规模稳定保持在 600 人，APS-IGCP 依然是 APS 中的第二大兴趣小组。

2006 年 1 月，能力质素框架草案发布。2006 年 2 月，BPS-IGCP 和 APS-IGCP 共同出版了 *ICPR*，成为专注于教练心理学理论、研究和实践的、同行评审的学术和专业期刊。

以“提问正确的问题：探讨教练心理学的前沿发展”为主题的第二届半年度国家座谈会于 2006 年 7 月召开。在同时召开的 AGM 上，Chris Nunns 被推选为 APS-IGCP 的第三届国家会议召集人。2006 年 9 月至 10 月期间，APS-IGCP 的各州分会举办了持续专业发展电视会议、座谈会及展示会。

高管教练研究生院联盟（GSAEC）（www.gsaec.org）

2005 年年末，GSAEC 在美国成立，起初仅有 20 多位会员，每人均代表着可提供研究生水平教练教育课程的认可学术机构。2004 年，与肯尼索州立大学和富兰克林大学共同召开的会议对学术教练课程进行了讨论，开始搜索可提供教练课程的其他机构。作为迈出的第一步，2005 年 5 月，富兰克林大学和肯尼索州立大学联合召开了为期两天、有关高校教练学的教练会议。组织者们邀请了他们知道的每所学校，以及几所额外学校参加了对话，包括来自 Vanderbilt、Xavier、佐治亚州和得克萨斯大学达拉斯分校的代表。围绕教练教育的标准设置问题创建一个学校联盟成为本次大会取得的成果。2005 年 10 月，跟进会议在得克萨斯大学达拉斯分校召开，来自麻省专业心理学学院、纽约大学、杜克大学和罗格斯大学的代表参加了讨论。在本次会议上，出席人员做出了财务承诺，启动了建立非营利性组织的流程。

2006 年 1 月，GSAEC 的以下创始会员在得克萨斯州达拉斯召开了进一步会议：阿德勒专业心理学院的 Linda Page、巴布森学院的 Joseph Weintraub、菲尔丁研究生大学的 Dianne Stober、富兰克林大学的 John Brent 和 Ray Forbes、肯尼索州立大学的 Stephen Brock、纽约大学的 Dennis Garritan、罗格斯大学的 Ruth Orenstein、宾夕法尼亚大学的 Deb Giffen、得克萨斯大学达拉斯分校的 Rob Hicks 和 Judy Feld。特别来宾如澳大利亚悉尼大学的 Michael Cavanagh，我作为 ICF 的代表也出席了会议。

多元科际研究法、坚实的理论基础、循证效果担保、新会员筛选体系、在线和 / 或面对面的教育方法是本次会议解决的关键问题。大会建立了组织结构，推选出董事会，Rob Hicks 担任首任董事长。此外，还建立了学术标准委员会。

2006 年 4 月，GSAEC 发展迅速，内部章程草案获得批准，使命声明商定完毕，高管教练的定义也最终敲定。截至 2006 年夏季，GSAEC 已组建成为一家非营利性机构，2007 年 1 月，首届年度全员大会召开。

机构第一年运营的关键任务包括研究生级别的联合调查项目，以明确教练学在美国教育机构中起到什么程度的作用。由于某些信息的存在，GASEC 对未来教练教育标准的设定将产生一定的影响力，因此在该项目中，研究生们将对这些重要信息进行搜集。学术标准委员会的报告描述了自 2006 年 1 月份会议以来已采取的行动，包括从有关学术标准的其他专业学科中搜集信息，从 GSAEC 会员机构中整理科目、项目课程和摘要，从而勾画出教练员教育应教授或提议教授的教育内容。该委员会还与澳大利亚和英国的平行小组就这些国家中的教练员教育学术标准的发展进行了对话。到 2007 年 4 月时，课程标准起草完毕。

教练专业协会研究所（ICPA）（www.instituteofcoaching.org/index.cfm？page=about_icpa）

2010 年，ICPA 成立，并与哈佛医学院 / 麦克莱恩医院的教练研究所结盟。结盟后，可以获取同行评审的期刊、进行交流、有机会与领导层共同进行教练研究、获得教练示范等。ICPA 提供三种会员级别，即附属会员（Affiliates）、创会会员（Founding Members）和创会同伴（Founding Fellows）。

教练研究、基金、期刊与书籍

有关教练研究的文章自 1996 年开始多起来，当时《心理顾问杂志》

（*Consulting Psychology Journal*）为高管教练专门出了一期。自2000年以来，有关循证教练的研究、期刊和书籍大量增加，并且预计在今后的一段时间里将继续保持迅速增长。自 2003 年开始，陆续创办了 6 种同行评审方面的教练期刊，为循证教练提供了支持。每种期刊都由一家循证专业协会创办或与其相关。有关循证教练的文献也大量涌现，自 1999 年以来已出版了 16 种。

但是，Passmore 和 Gibbs 则在 2007 年称，“关于哪种介入方式对被教练者收效最大，或哪些方法对在解决被教练者问题时最有效，还缺乏足够的循证研究”。但是，自 2007 年以来，教练研究的规模和广度都相当大。

教练研究

对支持教练实践的理论和模式的研究还是一个比较新的现象。有关研究和实践的探讨可以视为行为上、循证的教练与人文上、基于事件的教练之间的比较。通过运用和构建一种连续过渡，依据寻求研究和实践之间的平衡，我们就能将“教练实践和现有的科学与实践知识基础联系起来，在提高可信度，以及从以注重方法与技巧为主，向加深对教练培训相关知识理解方面转化法方面迈出重要的一步”。此外，正如 Cavanagh 和 Grant 所指出的：

> “循证”这个词的更深一层含义指以明智而负责的方式，尽可能利用现有最佳知识，在如何为教练客户提供教练服务，以及设计和提供教练培训课程方面做出决策。现有最佳知识指从相关的、有效的理论和事件中得出的最新信息。由于目前针对教练的学术文献比较有限，现有最佳知识往往从有关相关领域的知识、理论和实践的已有文献中获得。

大量的教练研究是在提供教练学位、证书或强化课程的学术机构内进行的。例如，以 Stephen Palmer 为领导的伦敦城市大学的教练心理机构（CPU）一直在从事健康与幸福教练，以及教练能否减轻压力、焦虑和意志消沉方面的研究。而东伦敦大学的 Jonathan Passmore 则截然不同，他一直在和伦敦警察厅（London Metropolitan Police）、英国陆军和交通部驾驶标准局（Driving Standards Agency of the Department for Transport）合作，研究教练在司机培养，特别是降低 18 ~ 25 岁年龄段司机的事故和死亡率方面的作用。他还正在和许多英国的公立学校及一家国际知名的私立学校合作，研究教练在促进个人成长和提高考试成绩方面的作用。

教练研究对教练从业者的好处是能帮助他们更好地了解哪些和何时介入是有效的。许多教练心理学家能直观地感觉到有效的介入和介入时机，但研究则能为实践提供证明。教练心理学应当和循证实践相关。事实上，Carol Kauffman 认为教练和正向心理学之间的联系将继续发展，并“预计各种观念、实践模式，以及相关研究之间的相互启迪会加深，这种互动对这两个心理学分支都是有益的……（并且）正向心理学的研究将有助于为教练领域奠定科学基础”，认为“正向心理学的理论和研究将为教练领域提供有力的依据，使其在科学上能够站得住脚”。

根据 Grant 等人的研究：

> 截至 2009 年 5 月，列入 PsycINFO 的已发表教练学术文章和论文共有 518 篇。这一数字包括人生教练（也称个人教练）、高管教练和职场教练，不包括有关其他应用领域的教练的文章，如运动或田径教练、法医学应用、临床或心理治疗人群和教育教练，或心理测验或教育考试做假方面的教练等。教练方面的文献近年来增长迅猛。1937 年—1999 年的 62 年间只发表了 93 篇论文，而仅在 2000 年—2009 年 5 月间发表的论文总数就达 425 篇。

已发表的教练研究文献涉及的范围很广泛，包括观点性的论文、描述性文章、理论探讨、博士论文和经验研究等。Grant 等人指出：

> ……在自 1980 年以来发表的 499 篇论文中，有 265 篇是观点性的论文、描述文章或理论探讨，还有 77 篇博士论文，只有 186 篇是经验研究。许多已发表的经验性论文是关于高管培训性质方面的调查或描述性的研究，有关不同的组织在教练的应用方面的调查或探讨培训学校特点的研究。也就是说，迄今为止，大部分经验文献都是关于教练和被教练者特征，或教练服务提供的背景性，或基于调查的研究，而并非从为个

人或组织带来改变的方法角度，对教练的效果进行探讨的结果性研究。

Grant 等人对有关心理学教练效果文献的一次研究表明，从 1908 年至 2009 年 5 月，一共有 156 项结果性的研究，包括 101 项案例研究、39 项受试者内部研究和 16 项受试者间研究。只有 11 项课题间研究是随机性的，这表明教练心理学仍处在发展的早期阶段，可以视为一门新兴的，或处于前科学阶段的心理学学科。2010 年发表的一篇文章认为：

> 作为一个相对较新的研究领域，教练结果研究可能正从研究发展的“自然”阶段，即从基于案例的研究向受试者内部研究发展，并将发展到半经验型和随机对照的“受试者间”的研究设计。实际上，迄今为止所进行的 55 项结果性研究为教练有效性的证明提供了有用的基础，并且研究的数量正处在上升之中。但是，对于研究中所采用的结果指标的差异问题需要加以解决，以在不同的研究之间得出有意义的比较，从而在教练的有效性方面形成连贯的知识体系。

由 Grant，以及 Grant 和 Cavanagh 对现有学术文献所做的两次早期研究的记录表明，自 20 世纪 90 年代中期以来，这方面的学术文献有所增加（见图 33）。在两篇文献研究中的第一篇（发表于 2004 年）中，Grant 和 Cavanagh 认为：

> 教练行业已经达到其成熟期的第一个关键点。这次成熟化由至少 3 种相互关联的力量的驱动：教练经验的积累，越来越多有着广泛前期背景经历的专业人士加入教练行业，以及管理和人力资源专业人士的经验不断加深。我们找到了 1935 年—2003 年期间发表的 128 篇同行评审文章，除了 1955 年—1959 年期间为 8 篇以外，1980 年前的任何一个 5 年期内发表的数量都不超过两篇，并从 1980 年开始呈上升趋势。在这 128 篇文章中，73 篇是对教练、教练理论或方法应用的介绍，55 篇是不同类型的经验研究。

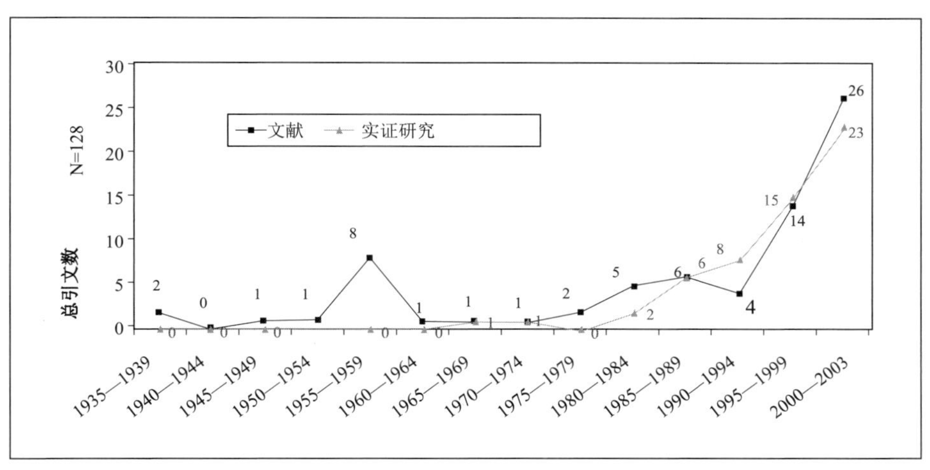

资料来源：摘自 Brock 的著作

图 33 随时间变化的同行评审文章与经验研究对比

在此期间，在这一领域内的研究也已经有了一定的基础。Grant 和 Cavanagh 在针对教练的研究领域中发现了五个大趋势：

- 经理与其直接下属之间关于内部教练的讨论文章；
- 关于内部教练及其对工作表现影响的，更严格的学术研究开始出现；
- 研究扩展到将专业教练所提供的外部教练包含在内，这些教练旨在为个人和组织带来变化；
- 教练研究开始出现，这些研究旨在为人员和组织变化提供心理学机制与过程；
- 针对专业教练的理论文章的出现。

在 2005 年发表的第二篇研究文章中，Grant 指出：“通过在工作场所或组织内安排教练来提高工作表现和促进高管培养的做法正日益流行。附注的参考文献是用‘教练’这一关键词，从同行评审的商业文献中搜索出的学术论文”。

从 1996 年开始，商业文献中发表的同行评审文章的数量大幅度增加。1955 年，商业文献中发表了第一篇有关教练的同行评审文章。1955 年—

2005 年 9 月，共发表了 417 篇同行评审文章（其中 342 篇发表于 1996 年以后），其中 105 篇是经验研究，312 篇是关于教练、教练理论和方法应用方面的文章。在 105 篇经验研究文章中，有 78 篇是 2001 年以后发表的。大部分经验研究是非对照的分组研究或案例研究。虽然与教练相关的研究尚处在幼稚期，对于工作场所和高管教练的有效性，已经开始出现经验性的支持体系。

针对教练的博士论文自 20 世纪 60 年代晚期开始出现，“到了 20 世纪的 90 年代，针对教练的博士论文开始体现外部专业教练的出现”。截至 2009 年 5 月，一共提交了 77 篇博士论文。虽然教练研究在 2005 年仍处于幼稚期，但是 Grant 和 Cavanagh 发现：

> 随着时间的推移，在上述针对教练的研究方面中，已经形成了 3 个相互重叠的大研究趋势：关于经理所做的内部教练方面的报告；关于内部教练及其对工作表现影响的更严格的学术研究开始出现；体现和探讨专业教练所提供的外部教练，这些教练旨在为个人和组织带来变化，以及教练研究的出现，这些研究旨在为人员和组织变化中提供心理学机制和过程。

截至 2010 年，Grant 等人在教练研究未来的发展方向方面认识到了两个问题：

> 组织教练研究的主要焦点是什么，以及哪些趋势将影响未来教练在组织中的作用？第一个问题“教练研究的重点应放在哪里”的答案是开放式的。虽然教练，特别是教练心理学与超过一个世纪的心理学理论相联系，但教练领域仍处于幼稚阶段，潜在的研究前景巨大。但是，我们认为需要把研究的重点放在三个基本的领域，并且这种趋势正在出现。首先，进行设计良好的结果性研究是显然需要重视的。……第二个研究重点是教练和其他形式的组织与心理学介入之间的界限。这包括教练和组织发展之间的边界，以及教练与培训在有效性上的比较差异。……第三个研究重点是教练对组织的影响研究，……这类研究不仅应当针对教练介入对个人的各种影响，还应当包括对不同组织和工作团队，整个组

织，以及更大范围的共同体的影响。

关于第二个问题，即“哪些趋势将影响未来教练在组织中的作用？”我们预计，有关将教练用作促进组织改变的方法的研究将会持续下去。根据我们的预计，无论是高管教练还是职场教练都将会继续发展，其重点是内部教练的发展，并且教练将越来越多地被用作一种促进整个组织的改变的方法，新的重点是促进文化的改变。

教练研究基金会和共同体

从以上可以看出，由专业协会、基金会和教练共同体所做的教练研究从 2000 年开始呈爆发式增长态势。CIPD 就是其中的一个专业协会，该组织自 2004 年开始进行针对教练的研究并发表了相关文章（见上文有关 CIPD 的内容）。其他组织包括 PDF，TFOC 和教练学会。

专业发展基金会（PDF）

PDF 是一家英国组织，由 David Lane 创办于 1975 年，创办之初是一个技能与研究交流网络。现在，该组织已发展成为一家研究基金会，并于 1988 年成为一个既分离而又相互联系的咨询机构。它目前开展三种工作：研究、咨询和教育。

PDF 目前在专业发展领域从事自己的研究，研究的问题涉及对培养和教育的新思维方面有贡献的各种专业组织。该组织还与 CIPD、EMCC、WABC、BPS，以及咨询机构和企业组织合作进行赞助的研究项目。最后，PDF 还为一些重大问题，包括教练市场状态的探讨创建了合作网络。这些合作往往涉及政府间机构、政府部门、大学和企业组织。PDF 在其研究基地从事咨询，通过开发可供其他人利用的模型，以及创建系统，如 360 度反馈、评估中心，以及管理系统等方法来实现。

作为一家经过认证的机构，PDF 有权制定研究生级别的奖学金。PDF

与多个研究所、大学和专业机构开展合作。提供自己的研究生课程，可授予多个领域的硕士和博士学位。专业机构也和 PDF 合作，为其成员组织创建专业级的认证。例如，PDF 曾与 EMCC 合作创建了质量奖，与 WABC 合作为其制定了一些奖项，与 APECS 合作为其创建了应用流程，与 BPS 合作为其教练能力提供了背景研究。PDF 还与客户合作，为其创建内部认证机制，使这些组织能为其内部人员提供从工作场所的学习中获得奖励的机会。

PDF 流程的独特性在于，他们能创建一套高度灵活的模型，从 10 个学分的有限选择到 60 个学分的更大范围选择，通过灵活结合来制定奖励。但是，由于这些模型是基于学习和专业发展的，而不是内容导向的，它们能够广泛应用于各种专业领域。因此，PDF 并不要求客户完成内容开发流程和单独的认证。客户只需用 PDF 的系统来确认他们想要实现的学习效果，然后按照学员的学习过程来进行评估即可。因此，无论客户是教练从业者、管理人员还是科技从业者，PDF 都可以运用相同的流程。这一流程也可视为基于工作的研究模型，用于展示学员为客户组织的利益所实现的改变——无论学习的效果，还是学习对客户利益的影响都是可衡量的。

教练基金会（www.foundationofcoaching.org）

2005 年 11 月，在 ICF 的第十次全球年会上，由 Harnisch 基金会会长 Ruth Ann Harnisch 和前 CU 会长兼 Thomas Leonard 的遗产管理人 David Goldsmith 共同创办了一个研究基金会。和当年的 ICF 研究座谈会（ICF Research Symposium）主席 Mary Wayne Bush 一起，这三人一起为教练相关的研究制定了未来的发展方向。这一转变促成了 TFOC 的成立，该基金会在资金上获得了 Harnisch 基金会的慷慨支持。

除了研究分部外，还创建了多个其他分部，具体见第十二章。Mary Wayne Bush 担任 TFOC 研究分部的领导人，管理着由 Harnisch 基金会提供的 10 万美元与教练相关的学术研究资助预算。研究分部的宗旨是：促进与教练相关的课题、研究、方法与思路方面的学术研究；教练相关的研究的传播和介绍；创建教练相关研究的全球共同体。

TFOC通过下列方式支持和促进教练相关研究：鼓励教练相关研究领域的对话与交流，为教练相关研究提供资助和参与支持，举办教练相关研究方面的会议和对话。

Mary Wayne Bush还召集了第一批教练专业人士组成研究顾问委员会。James Hunt（美国）、John Bennett（美国）、Michael Cavanagh（澳大利亚）、Alison Carter（英国）和Dianne Stober（美国）帮助定义了教练基金会的宗旨和接受资助申请的准则。由这些知名的创始成员组对提交的研究申请进行评审和讨论，并推荐奖金的发放。Francine Campone也加入进来，专门投入业内第一个教练研究库的创建和推广，公众可随时从库中获得经过同行评审的研究论文。

教练基金会的研究分部是GCC的资金提供者，并且是2008年9月召开的第一届国际教练研究论坛（International Coaching Research Forum，简称ICRF）的协办单位（见下文）。

2009年，在Harnisch基金会为期10年，每年10万美元的资金支持下，教练基金会项目改为教练学会，目前位于哈佛医学院/麦克莱思医院内。

教练学会（www.instituteofcoaching.org）

成立于2009年年初的教练学会，是由哈佛医学院/麦克莱恩医院的教练与正向心理学计划（Coaching and Positive Psychology Initiative）与Harnisch基金会合作的一个项目——教练基金会发展而来的。教练与正向心理学计划于2007年，由Carol Kauffman和Margaret Moore发起，目的是为教练学创建一个学术家园，同时通过正向心理学这一科学的应用，使个人能够达到健康与成绩的顶峰。教练基金会在Ruth Ann Harnisch创建第一家为教练研究提供资金的组织的远见和博爱之心的促使下，在John Bennett和Mary Wayne Bush的支持下方得以成立。

2008年9月，该计划赞助了主题为“教练：新视－理论、新实证和实践”（Coaching：A New Horizon – Theory，Emerging Evidence and Practice）的第一届哈佛医学院（Harvard Medical Education School）教练会议和第一届ICRF。在这次论坛上，顶级的教练研究人士汇聚一堂，提出了100项精简的教练研究计划，以启发和鼓励未来的教练学研究。

教练学会正是始自这些计划，目的是为创建一个稳固的国际教练研究共同体，并通过提供研究资助和教育的方式为教练研究进行支持，以使教练的实践和专业得以进步。该学会位于哈佛医学院 / 麦克莱恩医院——哈佛医学院最大的心理学教学附属机构和世界顶级的心理学医院，以其世界级的临床和创新研究、对心理疾病的治疗及心理健康的改善而著称。教练学会是一家致力于促进教练领域诚信的非营利组织。

学会通过五个中心来实现优化人类潜力的教练使命：研究、教育、领导、医疗和应用正向心理学。该学会的顾问委员会包括 Ruth Ann Harnisch、Anthony Grant、Richard Kilburg、George Vaillant 和 John Whitmore，领导团队为 Carol Kauffman、Susan David 和 Margaret Moore。

教练调查

一些组织，如 CIPD、ICF 和 Sherpa 从 2004 年开始对教练的效果、文化，以及客户进行了一些调查。此外，Frank Bresser Consulting 还于 2009 年 7 月发表了一篇关于全球商业教练调查的文章。

英国特许人事发展协会

CIPD 的学习与发展部从 1999 年开始发布关于发展趋势的年度调查，并从 2004 年开始将文化发展等教练课题纳入。例如，2006 年的调查发现 4/5 的组织通过教练来进行人才培养，而在运用教练方法的这些组织中，有 80% 的组织希望形成一种教练文化。根据 *The Government Monitor* 所述：

> ……CIPD 2009 年题为“教练行业热度观察”（*Taking the Temperature of Coaching*）的调查表明，使用教练的雇主的比例（90%）高于当前经济形势下的期望值。这一情况以往的调查所发现的教练使用情况……大多数调查的回应者（70%）称其教练支出有所增加或持平，只有 20% 称其这方面的预算减少了。……此外，2009 年的调查还发现，大多数

（80%）组织对教练的影响进行了评估，只有 3% 的组织用投资回报率来衡量，还有 8% 的组织则使用预期回报率方法来评估。超过 20% 的企业用关键业绩指标（KPI）和其他 HR 指标来衡量。

Sherpa

从 2007 年开始，Sherpa 教练调查每年进行一次，主要调查对象是北美洲的高管教练。作为对行业的一项服务，该项调查的结果可以免费获得。该调查所确认的趋势包括面对面教练、通用执业标准、固定时间长度的定期和模式化会议，以及在培训和认证方面采用行业标准。

国际教练联合会（ICF）

ICF 在 2006 年进行了一次教练调查，并在 1998 年、2004 年和 2009 年对教练客户进行了多次调查。

> 1998 年，在有史以来第一次对个人和专业教练客户进行的调查中，ICF 对其成员中的 210 名客户的人口统计学数据和观点进行了调查。在调查中，客户将问卷直接——而不是通过教练——交给调查的评分员，以保证答卷的真实性和保密性。调查由 Amy Watson、Principal、PROfusion Public Relations 等几家咨询公司进行，并由 Amber 大学（Amber University）管理与统计学教授 Jackie Rieves Watson 博士提供调查设计协助。

2004 年，由 Richard Zackon 担任主席的 ICF 研究与开发委员会对小企业主和专业人士进行了一次教练客户调查。此次调查的首要目标是“了解小企业主和专业人士对专业教练体验的态度”。样本包括美国和加拿大的 348 名小企业主和专业人士。

ICF 在 2006 年 9 月—10 月期间进行了一次全球教练研究，有 73 个国家的 5415 名回应者参与，其中有 1560 名（28.8%）回应者并非 ICF 的成员。研究结果表明，大多数回应者（68.7%）为女性，主要年龄段为 46 ~ 55 岁（38.8%），超过半数的回应者（53%）拥有高学历。

2009 年 3 月，ICF 发布了其第三次客户研究：ICF 全球教练客户研究（ICF Global Coaching Client Study）的结果，该研究通过 Association Resource Centre 公司和普华永道进行。2008 年 9 月—11 月，共有 64 个国家的 2165 名客户（54% 来自美国）参与了该项调查。研究的主要结果之一是客户总体上对教练体验感到满意。研究还发现，在教练行为可产生经济收益并且可量化的少数情况下，教练能够为个人和公司客户带来较高的投资回报率（ROI）。

此次研究的其他一些亮点如下：

96.2% 的客户愿意重复其教练体验；

82.7% 的客户对其教练体验“非常满意”；

接受教练的动机为“自尊 / 自信”（40%）、“工作 / 生活的平衡”（35%）和“事业机会”（26%）；

年龄 36 ~ 45 岁的客户占比例最高（35.9%）；

大多数客户拥有硕士或博士学位；

教练关系的平均时间长度为 12.8 个月；

65% 的客户为女性。

其他教练调查

个人研究者也进行了一些其他的教练调查。教练协会也在 2004 年进行了一次调查。最有影响力的是 2009 年 7 月由 Frank Bresser 进行的 2008/2009 年度全球教练调查，该调查的目的是了解全球教练行业的状态。调查涉及 162 个国家，对全世界，包括各大洲、地区和国家教练行业的总体情况和发展进行了系统性的研究。此次调查发现全球有至少 43000 ~ 44000 名商业教练，数量最多的国家为美国、英国、德国、澳大利亚、日本、加拿大和南非。

循证教练相关期刊

专业文献包括这里要说明的期刊、书籍和发表的研究文章与论文。在期刊中，第一份有关循证教练的特刊为美国心理学协会的《顾问心理学杂志：实践与研究》（*Consulting Psychology Journal: Practice and Research*）的春季特刊。有关循证教练的专业期刊最早出现在2003年，包括《国际组织教练期刊》、《国际循证教练与指导期刊》（*International Journal of Evidence-Based Coaching and Mentoring*，简称IJEBCM）和《国际指导和教练期刊》（*The International Journal of Mentoring and Coaching*，简称*IJMC*）。

2005年7月，BPS-SGCP出版了一本同行评审的期刊，称为《教练心理学家》。2006年4月，由APS-IGCP和BPS-SGCP共同创办的《国际教练心理学评论》开始出版。最新创办的循证教练期刊之一：《国际教练理论、研究与实践》（*Coaching：An International Journal of Theory, Research and Practice*）于2008年3月出版。随后，《国际教练心理学》（*Coaching Psychology International*，简称CPI）创办。

表19详细列出了最早创办的7种循证教练期刊，包括关于每本杂志的主要方向和编辑团队的简短介绍。尽管不属于循证教练期刊，对其他两本重要的出版物：《职场教练》（*Coaching at Work*）和《选择》（*Choice*）杂志也进行了详细介绍。这两本杂志分别在英国和美国出版，详情见本节末尾。

《顾问心理学杂志：实践与研究》

美国心理学协会（APA）第13分会——顾问心理学协会出版了三期《顾问心理学杂志：实践与研究》特刊，分别是：1996年春季刊、2001年秋季刊和2005年冬季刊。这几期的重点都是"在传统组织发展方法、成人教育、管理培训、行业－组织心理学和普通顾问技术结合后形成新的分学科"情况下，在咨询实践领域新兴的专业——高管教练。

表19　教练行业出版物：循证教练期刊

出版物	编辑	协会	创办日期	出版周期	获得渠道
《顾问心理学杂志：实践与研究》	Rodney L. Lowman Robert B. Kaiser	美国心理学协会第13分会： 顾问心理学协会	1996年春季、2001年秋季、2005年冬季（特刊）	不定	成为会员或订购
《国际组织教练期刊》	John Lazar	国际组织教练公会（松散的联系）	2003年2月	一季度一期（纸质）	购买
《国际循证教练与导师期刊》	Elaine Cox	牛津布鲁克斯大学–威斯敏斯特教育学院	2003年8月	半年一期（电子）	免费
《国际导师和教练期刊》	Angelique du Toit	欧洲指导与教练委员会	2003年11月	半年一期（电子）	成为会员或订购
《职场教练》	Liz Hall	最早由CIPD创办，现在独立运作	2005年	每两个月一期（纸质）	购买
《教练心理学家》	Siobhain O’Riordan	英国心理学协会教练–心理学特别小组	2005年7月	一年两期（在线）	免费
《国际教练心理学评论》	Stephen Palmer（英）、 Michael Cavanagh（澳）	英国心理学协会教练–心理学特别小组 澳大利亚心理学协会–教练心理学兴趣组	2006年4月	每季度一期（在线）	免费
《国际教练理论、研究与实践》	Almuth McDowall、 Emma Short	Routledge教练行业出版协会	2008年3月	（电子版和印刷版）	成为会员或订购
《国际教练心理学》	Siobhain O’Riordan	国际教练心理学协会	2008年10月	一年两期（在线）	免费

《国际组织教练期刊》(*IJCO*)

IJCO 于 2003 年 2 月首次出版，其作者均为资深的教练从业者，愿意为专业教练领域做出持续的贡献，实现使组织专业教练走向成熟并实现可持续增长。该杂志为季刊，每期均有一个主题，编辑围绕着这个主题向作者约稿。此外，杂志还接受非约稿文章的手稿，然后经美国心理学协会制定的审稿流程确定是否发表。迄今为止，IJCO 已发表了来自印度、挪威、墨西哥与克罗地亚的同行评审文章。所有文章和往期杂志均可购买，或从杂志的网站上下载 PDF 文件。

> 这本印刷版和电子版杂志的宗旨是照顾全球以促进以下两种相互设计的关系的从业者的需要：主要贡献者的一对一关系，即在组织内部处于具有影响力的职位的人士之间的关系，和管理他人、领导团队的人士，以及创造组织成果的团队之间的关系。该杂志的读者还包括领导及专业教练服务的使用者，这些人要对那些对其组织或社会产生深远影响的高度复杂的决策负责。该杂志所关注的实践以组织业绩和发展为基础，不过也往往也确实有个人的成分。该杂志所考虑的教练关系所产生的效果是可观察的，并且同组织与个人参与教练过程的利益一致。

其国际编委会成员如下：

美国：John Lazar（执行主编）、Alexia Longacre（办公室经理）、William Bergquist、John Bush、Mary Wayne Bush、Leslie Hilton、Mike Jay、Russell Long、Pamela McLean、Agnes Mura、Suzi Pomerantz、Marcia Reynolds、Jeannine Sandstrom、Barry Schlosser、Lee Smith。

加拿大：Sue Drinnen、Linda Page、Marilyn Taylor。

墨西哥：Michael Sanson。

澳大利亚：David Drake、Christine McDougall。

新西兰：Leslie Hamilton。

印度：Gopal Shrikanth。

德国：Alix Louisa von Uhde。

瑞士：Katrina Burrus。

IJCO 是由 William Bergquist 和 John Lazar 共同创办和拥有的 Professional Coaching Publications 旗下的出版物。该杂志的创办自 Bergquist 在 ECS 2000 年的会议上提出创办这样一本出版物开始。*IJCO* 和国际组织教练公会之间有着松散联系，并为其成员提供折扣。*IJCO* 于 2011 年 12 月 31 日停刊。

《国际循证教练与指导期刊》

IJEBCM 于 2003 年 8 月首次出刊，由牛津布鲁克斯大学国际教练与领导力发展中心创办。Elaine Cox 担任编辑，副编辑为 Birgit den Outer，并由 Otto Laske、Alex Linley 和 Sherryl Stalinski 组成国际顾问委员会。国际编委会成员包括：

英国：Tatiana Bachkirova、Rona Beattie、Ilona Boniwell、David Clutterbuck、Sarah Fletcher、Judie Gannon、Kate Gilbert、Bob Hamlin、Peter Jackson 和 Ian Wycherly。

澳大利亚：Geoffrey Abbott、Michael Cavanagh、David Drake、Anthony Grant、Richard Ladyshewsky、Grace McCarthy。

新西兰：Jan Robertson。

美国：Andrea Ellinger、Leni Wildflower、Wildflower、Leni。

加拿大：Jenepher Lennox Terrion。

南非：Hilary Geber。

尼日利亚：David Okurame。

IJEBCM 是一本免费的国际同行评审期刊，每年两期，分别在 2 月和 8 月。该杂志的宗旨首先是为那些需要保持在此领域发展前沿的学生、专业人士、公司客户、经理，以及学术专家们提供循证的、良好研究的文献来源，其次是为数量不断增加的教练和导师从业者提供一个可接触而又强大的讨论平台，从而使他们的实践能获得实效。

IJEBCM 分为四个部分：首先是社论部分，探讨当前所关注的事项，并

介绍当期杂志的文章。其次是学术论文部分，包括与教练和导师相关的，有良好研究基础的论文。再次是读者反馈部分，为愿意发表意见的读者提供一个平台，以就某一期的内容描述阅读体验或提出教练和导师发展方面的观点，包括往期的 *IJEBCM* 中所涉及的内容。最后是书评部分，包括对相关的教练与导师出版物的简短报告。

《国际导师和教练期刊》

IJMC 最早于 2004 年 11 月出刊，是一本向 EMCC 成员提供的电子期刊，每半年出版一次，非会员也可以购买。该杂志包含三个部分：首先是双盲同行评审部分，包括个人的观点、研究或争论。第二是专业部分，涉及专业技术、实际案例或就某个主题或国家发表的深入的看法或观点。最后是对教练和导师类书籍的评论。该杂志由 Angelique du Toit 主编，编委会由 32 名成员组成（包括 David Clutterbuck、David Lane 和 David Megginson），文章在发表前需经过编委会的评审。

《职场教练》

2005 年开始出版的《职场教练》既有印刷版也有在线版，由 CIPD 创办，这也是该协会努力成为英国教练领域的主要参与者之一的战略的一部分。Liz Hall 自该杂志创办以来就担任编辑，第一届编委会由 12 名顾问组成。两年后，杂志推出了每月一期的电子新闻通讯，并且虽然仍位于英国，其国际发行量已开始扩大。

2009 年夏，杂志被转让给 Liz Hall 和她的出版商合伙人 Stephen Palmer 和 Kate Thomas。其国际编辑顾问委员会扩大到 29 人，其中包括 Linda Aspey、Terry Bates、John Blakey、Alison Carter、Margaret Chapman、David Clutterbuck、Cary Cooper、Caroline Curtis、Anthony Grant、Alison Hardingham、Sam Humphrey、Mike Hurley、Carol Kauffman、Jackie Keddy、Samantha King、Jens Boris Larsen、Ho Law、Jennifer Liston-Smith、Liz Macann、John McGurk、Gladeana McMahon、David Megginson、Siobhain O'Riordan、Stephen Palmer、Kathryn Pope、Lynne Spencer、Patti Stevens、

Katherine Tulpa 和 Hande Yasargil。

该杂志仍然由 CIPD 作为后盾，同时还和英国其他主要专业教练机构有着密切合作。杂志正不断扩大其国际覆盖面，并且大量参与研究，与 EMCC 英国分会合作对针对老年人的年龄歧视进行了研究，与 AC（英国）合作对教练的意义和目的进行了研究，并和 ICF 英国分会合作对教练如何“发挥作用”进行了研究。在转让后，该杂志对研究的参与程度甚至更强，特别是其编辑顾问委员会成员，包括注重研究的教练与导师专家，如 Carol Kauffman、Anthony Grant、David Megginson、Stephen Palmer、Siobhain O’Riordan 和 Alison Carter。

《职场教练》杂志目前正与 ICF 英国分会、EMCC 英国分会，以及 AC 英国分会合作对“不当实践”进行研究。该杂志定期为全球的研究情况撰写文章，并有一个称为“研究事务”的部分，对流行课题的研究进行了总结，由英国谢菲尔德哈勒姆大学汇编。其他部分包括“新闻”、“主题文章”、“观点”、“信件”、“来信”（有关全球教练和导师方面）、“路试”（对某个工具或技术进行介绍和测试，对其优缺点进行“评判”）、“教练式经理”（为承担教练职责的经理提供建议的一个专栏）、“问题解决专家”（提出一个教练方面的挑战性问题，并给出两种可能的解决方法）、“怎么办”（为具体情况下的教练实践提供实际的建议）和“书评”。在线版还有讨论和调查、增加的新闻、博客，以及增加的文章，如提示和窍门等。

《教练心理学家》（*TCP*）

由 BPS-SGCP 创办，于 2005 年 7 月 1 日首刊的 *TCP* 杂志刊载篇幅为 1500 单词左右，与教练心理学研究、理论、实践和案例研究相关的各个方面的文章。还包括正在进行的新教练心理学项目，并提供以良好实践为主题的论坛。此同行评审的出版物每年出两期，刊登教练心理学和相关学科的稿件。

Stephen Palmer 是杂志的首任主编，当时 *TCP* 是提供给 CPF 成员的网上刊物。在 TCP 转变到 SGCP 后，来自 Centre for Stress Management Ltd 的 Kasia Symanska 成为主编。2009 年，Siobhain O’Riordan 成为主编。

编委会成员包括 Anthony Grant、Kristina Gyllensten、Ho Law、Alanna O'Broin、Stephen Palmer、Manfusa Shams、Kasia Symanska、Alison Whybrow。

《国际教练心理学评论》(*ICPR*)

ICPR 由 BPS-SGCP 和 APS-IGCP 通过国际合作共同创办的。该杂志的学术性强于 *TCP*，重点是教练心理学领域的理论、实践和研究，并且自 2006 年以来一直成功地运行着。*ICPR* 是一本同样评审的免费杂志，以电子形式每季度出一期，刊登支持循证教练实践的系统性评论和其他研究报告，篇幅为 3000 ~ 6000 单词。责任编辑为英国的 Stephen Palmer 和澳大利亚的 Michael Cavanagh。有 6 名联席主编：澳大利亚的 Sandy Gordon、Anthony Grant 和 Travis Kemp，英国的 David Lane、Alex Linley 和 Alison Whybrow。

国际编委会有 16 名成员：

澳大利亚：Hilary Armstrong、Paul Atkins、Susan David、Lindsay Oades。

英国：Tatiana Bachkirova、Michael Carroll、Ian Cockerill、Cary Cooper、Stephen Joseph、Ernesto Spinelli、Mary Watts。

美国：Carol Kauffman、James Pawelski、Dianne Stober。

加拿大：Roy Moodley。

泰国：Richard Nelson-Jones。

《国际教练理论、研究与实践》

这本同行评审电子期刊于 2008 年 3 月首刊，以报道与全球教练行业相关的原创研究为主。该杂志由 AC 和 Routledge 出版社共同创办，联席主编为 Almuth McDowall 和 Emma Short。杂志的宗旨是刊登教练理论、研究和实践的发展、测试和进步方面的文章。例如：关于研究和创新实践的报告、简短的案例研究报告、评论文章、采访、技术报告、有关即将发生的事件的信息和书评等。有时会刊登客座主编就某个话题或为某个地区而编辑的特刊。

《国际教练心理学》（*CPI*）

CPI 的第一期于 2008 年 10 月刊出。主编为 Siobhain O'Riordan，编委会成员为 Suzy Green（澳大利亚）、Kristina Gyllensten（瑞典）、Stephen Palmer（英国）、Giles St. Burch（新西兰）和 Kasia Szymanska（英国）。*CPI* 是一本在线杂志，每年出两期（4 月和 10 月）。由于获准在 PsycEXTRA 数据库中列出摘要，该杂志可从协会的网站上下载，因而无论是否会员均可获得。该杂志还有纸质版，每当 ISCP 参加各类活动和会议时都会提供。*CPI* 的宗旨是促进全球教练心理学理论、研究和实践发展的共享，并鼓励就重要问题展开对话和争论。

循证教练相关书籍

早期的循证教练书籍以高管教练为主，注重研究、教练和实证。第一本可称为循证类的书为《教练手册：为经理、高管、顾问和人力资源专业人士提供的综合性资源指南》（*The Handbook of Coaching：A Comprehensive Resource Guide for Managers，Executives，Consultants，and Human Resource Professionals*），于 1999 年 7 月由 Frederic Hudson 出版。Douglas 和 Morely 于 2000 年 1 月发表了一本题为《高管教练：附说明的资料目录》（*Executive Coaching：An Annotated Bibliography*）的小册子。随着 Bruce Peltier 所著的《高管教练心理学》于 2001 年 12 月出版，研究类的文献开始大量涌现。

在这些早期的书籍出版后，在 2002 年—2004 年期间每年出 1 本书，2005 年为 2 本，2006 年 4 本，2007 年 1 本，2008 年 4 本，2009 年 5 本，在 2010 年—2012 年期间又出版了多本。下列所有循证教练相关书籍都对构建教练学的知识体系有很大的贡献：

- Fitzgerald，C.，and Berger，J.G.（Eds.）（2002）.*Executive*

Coaching：*Practices and Perspectives*. London：Nicholas Brealey.

• Stein，I.F.，and Belsten，L.A.（Eds.）（2003）.*Proceedings of the First ICF Coaching Research Symposium*. Mooresville，NC：Paw Print Press.

• Stein，I.F.，Campone，F. and Page，L.J.（Eds.）（2004）. *Proceedings of the Second ICF Coaching Research Symposium*. Washington，DC：ICF.

• Cavanagh，M.J.，Grant，A.M.，and Kemp，T.（Eds.）（2005）. *Evidence-Based Coaching*：*Volume 1*：*Theory*，*Research and Practice From the Behavioral Sciences*. Bowen Hills，QLD：Australian Academic Press.

• Campone，F.，and Bennett，J.L.（Eds.）（2005）.*Proceedings of the Third ICF Coaching Research Symposium*. Lexington，KY：ICF.

• Laske，O.E.（2006）.*Measuring Hidden Dimensions*：*The Art and Science of Fully Engaging Adults*：*Volume 1*.Gloucester，MA：IDM.

• Ting，S.，and Scisco，P.（2006）.*The CCL Handbook of Coaching*：*A Guide for the Leader Coach*. San Francisco，CA：Jossey-Bass.

• Stober，D.R.，and Grant，A.M.（Eds.）（2006）.*Evidence-Based Coaching Handbook*：*Putting Best Practices to Work for Your Clients*. Hoboken，NJ：Wiley.

• Jarvis，J.，Lane，D.，and Fillery-Travis，A.（2006）.*The Case for Coaching*：*Making Evidence-Based Decisions*. London：Chartered Institute of Personnel and Development.

• Passmore，J.（Ed.）（2007）.*Excellence in Coaching*：*The Industry Guide*. London：Association for Coaching and Kogan Page.

• Passmore，J.（Ed.）（2008）.*Psychometrics in Coaching*：*Using Psychological and Psychometric Tools for Development*. London：Association for Coaching and Kogan Page.

• Palmer，S.，and Whybrow，A.（Eds.）（2008）.*The Handbook of*

*Coaching Psychology : A Guide for Practitioners.*Hove : Routledge.

• Drake, D.B., Brennan, D., and Gørtz, K. (2008) .*The Philosophy and Practice of Coaching : Insights and Issues for A New Era.* Chichester : Wiley.

• Spence, G. (2008) .*New Directions in Evidence-Based Coaching : Investigations Into the Impact of Mindfulness Training on Goal Attainment and Well-Being.* Saarbrücken : VDM.

• Passmore, J. (Ed.) .*Diversity in Coaching : Working With Gender, Culture, Race and Age.*London : Association for Coaching and Kogan Page.

• Corrie, S. (2009) .*The Art of Inspired Living : Coach Yourself With Positive Psychology.* London : Karnac.

• Rock, D., and Page, L. (2009) .*Coaching With the Brain in Mind : Foundations for Practice.*Hoboken, NJ : Wiley.

• Stout-Rostron, S. (2009) .*Business Coaching International : Transforming Individuals and Organizations.* London : Karnac.

• Cox, E, Bachkirova, T., and Clutterbuck, D. (Eds.) (2009) . *The Sage Handbook of Coaching.* London : Sage.

• Chapman, L.A. (2010) .*Integrated Experiential Coaching : Becoming An Executive Coach.* London : Karnac.

• Corrie, S., and Lane, D. (Eds.) (2010) .*Constructing Stories, Telling Tales : A Guide to Formulation in Applied Psychology.* London : Karnac.

• Passmore, J. (2010) .*Leadership Coaching : Working With Leaders to Develop Elite Performance.* London : Association for Coaching and Kogan Page.

• Linder-Pelz, S. (2010) .*NLP Coaching : An Evidence-Based Approach for Coaches, Leaders and Individuals.* London : Kogan Page.

• Wildflower, L., and Brennan, D. (2011) .*The Handbook of Knowledge-Based Coaching : From Theory to Practice.* San Francisco :

John Wiley & Sons.

• Neenan, M., and Palmer, S. (Eds.)(2012).*Cognitive Behavioral Coaching in Practice*: *An Evidence-Based Approach*. Hove: Routledge.

循证教练相关会议

自 2004 年以来，许多循证教练方面的会议都强调正向心理学和循证教练之间的联系。在此之前，欧洲导师委员会自 1994 年以来，每年都召开一次为期一天的有关循证的会议。牛津布鲁克斯大学从 2004 年开始举办教练与导师研究会议。澳大利亚的悉尼大学主办了 3 次会议，美国哈佛医学院 / 麦克莱恩医院主办了两次，欧洲的 BPS-SGCP 主办了两次。从 2004 年开始，CIPD 主办了 6 次职场教练会议。此外，ICF 还在 2003—2006 年期间主办了 4 次教练研究座谈会。

澳大利亚会议

首次循证教练会议由悉尼大学主办并于 2003 年 7 月在悉尼大学召开。此次会议的目标是提供一次在学术上有根据的论坛，帮助奠定广泛的循证知识基础，并促进教练之间明智、公开和知情的对话。包含这次会议主要演讲内容的书于 2005 年出版。

主题为“从实践到理论：跨学科视角”(From Practice to Theory: Cross-Disciplinary Perspectives)的第二次澳大利亚循证教练会议由悉尼大学主办。2005 年 10 月 8 日—9 日召开的这次国际会议对新兴的循证工作场所和人生教练领域进行了研究。它将学者和从业者汇聚到一起，对当前教练研究和实践中所了解的各种理论和专业学科之间的相似性和差异性进行了探讨。

主题为“教练与健康：教练的效果到底如何？”的第三次关于循证教练的澳大利亚会议于 2007 年 7 月 5 日—6 日召开。主办方为悉尼大学，会议目标是从学术和研究学科、教练实践行业和个人教练的角度来确定教练的效果：

我们用了“健康”这个词，这不仅仅指和正向心理学的关系，而且关乎整个教练行业的健康。此次会议将要探讨的问题包括：教练行业到底有多健康？我们作为教练，有哪些地方做得比较好？我们真能有效地提高客户的业绩和健康吗？我们有什么证据可以说教练是有效的？教练在哪些方面确实有效？教练所受的教育和培训是怎样的？教练行业自身的形象和推广如何？是否需要对教练进行监管？。

《国际教练心理学评论》杂志刊登过一篇有关此次会议的文章：

研究既需要严厉，又需要有活力……严厉指的是纪律、批判性思维、提出好的问题、和同行一起对我们自己的偏见进行反思和检讨，而活力则指对新想法保持开放的心胸，针对研究目标采用合适的方法，以及进行能够促进教练实践的研究……。

美国会议

2003 年—2006 年，共召开了 4 次 ICF 教练研究座谈会（Coaching Research Symposia）。每次座谈会的成果，包括提供的论文的论文集，均以纸质形式出版。关于这些研讨会的更多详细资料见第十一章。

第一次年度循证会议于 2008 年 9 月 26—27 日召开，由哈佛医学院和麦克莱恩医院主办：

作为哈佛大学最大的心理学附属机构，麦克莱恩医院启动了其教练和正向心理学计划，于上周末召开了一次主题为“教练：新视野 - 理论、新实证和实践”的会议。……据麦克莱恩医院院长兼美国心理学委员会（ABPP）委员 Philip Levendusky 博士称，会议门票很快就销售一空，证明这是麦克莱恩医院所组织的最大、最成功的教育活动之一。……“这次会议是空前的。这是全世界第一次由一家大医疗机构主办的教练心理学会议，会议所关注的原则对广泛领域有着重大意义，包括高管领导力和巅峰表现、人生、健康、应用正向心理学和教练研究等”，Kauffman 说。

第二次年度循证会议于2009年9月25—26日在哈佛医学院和麦克莱恩医院召开，会议主要演讲者包括：David Cooperrider，Benjamin and Rosamund Zander，Robert Kegan，John and Nancy Ratey。

英国会议

在专业协会所主办的教练会议中，在英国召开的数量最多，主办方包括BPS-SGCP、牛津布鲁克斯大学和CIPD。EMCC也主办了超过15场会议，详见第十二章。

在由BPS-SGCP主办的全国性会议中，有3场在英国伦敦城市大学召开。首届教练心理学会议于2004年12月15日召开，在会上由Anthony Grant（悉尼大学）做了题为“教练心理学发展”的主题报告。教练心理学第二次全国年度会议于2005年12月19日—10日召开，Michael Cavanagh、David Lane和Ernesto Spinelli在会上做了主题报告。主题为“心理学在教练实践中的应用”的第三次教练心理学全国年度会议于2007年12月17日—18日召开，共有5人做了主题报告。Carol Kauffman演讲的主题是“将正向心理学应用于教练心理学实践”；Anthony Grant演讲的主题是“教练心理学到底是兴还是衰”；John Whitmore提出了自己的看法，认为教练向超个人心理学的转变是不可避免的；Ernesto Spinelli则对教练心理学和心理治疗进行了对比和比较；Alison Whybrow演讲的主题是“知识和理解之间的差异，以及对教练心理学的意义”。

BPS-SGCP于2006年12月18日—19日在英国的伦敦城市大学主办了其第一次国际教练心理学会议。2006年的国际会议学术委员会主席为Stephen Palmer，其成员包括Tatiana Bachkirova、Michael Cavanagh、Cary Cooper、Anthony Grant、Dianne Stober和Mary Watts。主要发言人及其发言的主题为：

- Michael Cavanagh：What makes for a professional coach？ or what every good coach needs to know？
- Alex Linley：Coaching psychology and positive psychology：

points of convergence and newpers pectives.

• David Lane：Coaching psychology——what will it take to build a profession？

• Stephen Palmer：When “coaching” isn’t enough！

• Pauline Willis：Bringing it all together：what does the future hold for coaching psychology？

首届欧洲教练心理学会议由 BPS-SGCP 于 2008 年 12 月 17 日—18 日在英国伦敦的威斯敏斯特大学举办。会议的第一天包括技术会议及有关研究和实践成果交流的座谈会。第二天安排了提供专业发展机会的硕士课程。主要发言人包括：Alex Linley，发言的主题是“发现教练的长处”；Kristina Gyllensten 发言的主题是“认知教练和心理健康问题的预防”；Reinhard Stelter 发言的主题是“教练在一个日益多样化的社会中的反思空间”；Siobhain O’Riordan 发言的主题是“在教练心理学的背景下考虑未来的生活”；Stephen Palmer 发言的主题是“教练心理学将向何处去”。

主题为“改变视角”的第二届欧洲教练心理学会议由 BPS-SGCP 于 2009 年 12 月 15 日—16 日在伦敦举办。这次会议的内容包括硕士课程、主题论文、研究和案例研究演示、技术会议、广告和研讨会，为教练心理学家等提供了了解教练行业最新研究进展的机会。

第一届教练和指导研究会议于 2005 年 4 月初在牛津布鲁克斯大学召开。这次会议的重点是特定研究项目的成果，着重探讨了教练和指导问题研究中所采用的一系列方法论途径：

伦敦布鲁克斯大学商学院于 2005 年 4 月 8 日，在伦敦布鲁克斯大学校园内举办了其首届年度教练和指导研究会议。共有 60 多人参加了由商学院的国际教练与领导力发展中心举办的这次快节奏、紧张刺激的活动。会上共演示了 13 篇论文，展示了研究生们出色的研究水准，他们已经完成教练与导师实践专业的硕士论文。教练和指导专业的在读博士研究生也做了演讲。这些会议均由学术主管担任主席，内容引人深思，与会者提出了大量的问题。David Lane 教授做了主题介绍。

引发了生动的讨论，并为当天其余的活动提供了标准。最后，David Clutterbuck 教授做了主题总结，为令人兴奋而内容丰富的一天画上了句号。

CIPD 职场教练（Coaching at Work）会议于 2004 年开始举办，“提供从体育和商业届的顶级教练学习的机会，听一听顶级的组织是如何通过培养教练文化来实现业绩转型的”。这次会议于 9 月 2 日在伦敦召开，硕士课程的讲课人包括 Alison Hardingham、Adrian Moorhouse、Brendan Venter 和 Mike Brearley。

第二届职场教练年度会议于 2005 年 9 月 13 日在伦敦召开，与会者有机会参加 9 月 14 日举行的领导力提升教练（Coaching for Leadership Update）会议。这次会议提供的高度实用的课程的重点是如何在总体学习与发展战略中应用教练，为教练如何改善组织的总体业绩提供了洞见，并就如何使用教练进行了回顾，以及在如何选择合适的教练方面提供了建议和指导。

CIPD 于 2006 年 9 月 12 日在伦敦举办了其第三届职场教练年度会议。这次会议上的主要发言人包括：

Peter Hawkins：教练监管；
Neil Offley：展示教练的价值；
Peter Wall：高业绩团队的教练；
Ben Renshaw：成功的教练。

CIPD 在 9 月 13 日又设计了一个新的主题日“创建组织教练能力”。为了对组织在制定教练文化和教练方法时所面临的某些问题进行反思，同时提出了两个主题。这一天的发言人包括：

Dominic Mahony：建立一种教练文化；
John Bailey：把部门经理培养成教练；
P. Alex Linley：优势教练：一种正向心理学方法。

第五届职场教练年度会议于2007年10月17日在伦敦召开，紧接着在2007年的10月18日是二选一的专题日：“工作场所的教练能力”或“创新性的教练方法”。发言者包括David Megginson、Carol Gaskell、Peter Hawkins、David Rock、John Leary Joyce、David Clutterbuck和Seven Suphi。

第六届职场教练年度会议于2008年11月25日在伦敦召开，会议的实践性主题有：如何创造一种文化，通过教练来帮助人们发挥出全部潜力；如何发现成功的教练谈话的关键要素；如何创建教练能力；以及如何探索培养部门经理教练学的方法。发言人包括一些顶级专家，如Erik de Haan、Graham Alexander、Peter Hawkins、Mee-Yan Cheung-Judge。11月26日作为选择性的专题日：“教练文化的植入”或“组织发展”。

2009年的第七届职场教练年度会议于9月24在伦敦召开，主题是在充满挑战的变革时期，如何通过教练帮助组织取得成功。

全球教练会议（GCC）（gccweb.ning.com）

GCC的目标是建立“一个全球性的，以寻求理解教练消费者、从业者和教育者需要为目标的合作对话，为教练和教练培训的实践制定出达成一致的准则”。举办GCC的想法来自3位全球教练研究者，即澳大利亚的Michael Cavanagh、美国的Dianne Stober和英国的David Lane，时间是2006年年末和2007年年初。Harnisch基金会为GCC的创立提供了资金，他们对会议的前景抱有同样的信心，因而为2007年在纽约市召开的创立和初期组织会议，并为GCC提供了管理人员，时间超过一年。

Lane和Down描述了举办GCC的想法最初是怎样产生的：

> 在一项为特许人事和发展学会进行的研究中，Jarvis、Lane和Fillery-Travis对教练这一快速增长的领域进行了探讨。作为对组织提供的组织发展方式，教练越来越多地被采用，许多大公司的CEO正在将教练用于自身的发展，或帮助他们解决组织业绩和发展方面的问题。而许多人力资源专业人士则发现很难让这一领域显得有说服力。他们要面

对那些市场进入者的狂热和自命不凡，行业机构之间为了对这一领域进行监管而发生的一定程度的内部争论，缺乏权威机构的客观意见或信息来源，以及可以信赖的指导或建议。因此，当时我们尚未在目标上达成一致，面临的情况无法预计，关于什么是最佳的实践方式，众说纷纭。

正如De所指出的：

由于全球存在不同的教练协会，大学的课程和大量教练培训组织尚处在建立过程中，对于一个组织内要做出购买决定的人，或希望接受教练培训的人而言，很难了解国际上各种不同框架之间是怎样联系的。

Lane和Down解释道："从这种相当混乱的情况中，开始出现了交流。将全球各方召集到一起开会的想法逐渐形成。"GCC的成立正是这些交流的结果，从此"一个寻求理解教练消费者、从业者和教育者需求，以为教练的教练和培训制定出共同一致的准则和框架的全球性合作对话机制"开始形成。De强调GCC的目标是"认识到且重视教练领域存在的多样性，并开始就教练们已经认为将在全球范围内达成共识的能力、知识和实践标准进行讨论"。

Lane和Down对GCC的方法做了如下描述：

对于这样的会议，按照传统的直线思维，应该是找一群专家提供论文，好让与会者听讲并讨论。但是，在认识到这一市场的喧嚣状态和解决这种复杂框架的可能性后，提出了一种观点，即不采取那样的方法，而是在一起开会，进行五天的对话，没有论文提交者，没有专家的排位，也没有预设的成果。我们只是在一个自己组织的场所内见证会发生什么。对话的过程源自Brown和Isaacs的"世界咖啡馆"（World Café）和Adam Kahane的"解决难题"（Solving Tough Problems）方式。这是一种已经过验证的过程，能够应对复杂而有争议的挑战……

对话在全球兴起，并且主要专业团体、教练、教练培训团体和消费者同意参加对话。第一步是在当前围绕着九个广泛的主题，针对未来建立起对话：

> 教练的知识基础：核心和特殊领域；
>
> 职业道德；
>
> 核心能力：一般和特殊；
>
> 研究生课程的培训指南；
>
> 本领域发展的研究计划；
>
> 教练的职业地位；
>
> 本领域的位置：本领域及其相关领域是什么；
>
> 教练的遴选和教练投入情况的管理；
>
> 教练投入情况的评估。

根据 Lane 和 Down 称，在 GCC 的对话过程中：

> 工作组在虚拟空间里一起创建并探索未来可能的情况——可能的情况是怎样的（不是希望看到的情况，而是根据当前出现的证据来推断可能发生的情况）。有些是正向的，而有些则是负面的和排斥性的能量——但这些都被认为是未来可能出现的情况。在全球 250 名参加这些对话的人当中，共出现了 40 种可能的情况。有些人认为教练令人失望，另一种情况则与内部冲突有关，最终导致教练被其他竞争学科夺走，其他人则对不同程度的合作进行了展望。

2008 年春季，Harnisch 基金会从 GCC 项目中分离出来，不过与 GCC 研究工作组的合作仍继续下去。正如 Ruth Ann Harnisch 在教练共同体所解释的那样：

> 我们知道，要成为 GCC 所希望的那样，则从业共同体就不能有领导，也无法组织。我们用了超过一年的时间试图用这种模式来运行，但我们发现只有在传统结构下我们才能更好地发挥作用。许多 GCC 的志愿参加者认为我们应该对都柏林会议的缺乏组织与交流负责。因此我们就脱离了 GCC 项目。

但是，我们也认识到，GCC 的研究工作组（以及其他工作组）取得的进步堪称典范，做出了预计的工作，获得了一种共同体的感觉，并希望能有更大的联系。看到这种进步，我们很受鼓舞，于是就邀请该工作组和全球的其他研究者一起共同主办 ICRF。我们按照最初为 GCC 都柏林会议所设想的方针来安排这次活动，其中有些参与者既参加了都柏林会议也参加了在哈佛医学院 / 麦克莱恩医院召开的国际教练研究论坛。

GCC 意在使工作组能够与教练界的利益相关者进行商讨，以拿出基于情境的白皮书，以便在 2008 年 GCC 都柏林会议上讨论。经过 12 个月的国际对话，共有超过 250 个人，分成 10 个工作组对教练领域的一些关键方面进行了探讨。正如 Diane Brennan 在描述她的经历时所说，“在线过程有时是具有挑战性的，不过最后还是拿出了有价值的信息，可以作为更深层讨论的基础”。

Lane 和 Down 称：

在有了这些情境后，61 个人同意花 5 天时间在都柏林开会，就这些情境展开讨论。会议没有设定议程，对于这次讨论也没有拿出一致的结果，但所有与会者一致同意参加讨论，看看会有什么结果。在两天的时间里，参加者花时间讨论了怎样选择情境，从而将重点放在一两个或几个上，以及随时间的推移改变选择，因为有些对话会激起热情，有些则不会。所有对话都在一间会议室内同时发生，这样参加一个组（分会）的同时也可以看到电子白板上所写的其他组（分层）的内容，并且可以按照自己的意愿移动到别的组。在第三天，每个分会的讨论都在整个组内共享。在对话中发现的问题成为关乎所有人的共同问题。大量的观点被提出来，其中一个建议是就共同关心的问题发表都柏林宣言。这一建议激发了极大的热情。于是第四天用来起草声明。在这次活动中激发的热情的感召下，各组按照新课题进行了改组，以了解还需要创造些什么才能实现声明中所展望的未来，并在此基础上生成了一系列的工作任务。参加者在这份声明宣读后签了字，同意将其带回各自的组织，以便推行相关的任务。声明从此成为全世界多样化有时是相互竞争的专业学科和文化之间相互合作的催化剂。

正如Grant等人所总结的：

> 在2008年7月，全世界许多主要教练机构（EMCC等许多心理学机构）的代表和领导一起开会讨论如何为职业道德、教育、研究、教练和实践确定共同的框架。在这次会议，即GCC上，发出了《都柏林教练宣言》（Dublin Declaration on Coaching），并对教练的未来进行了持续的对话。和教练本身一样，这些对话尚处于早期阶段，它们对未来的影响还不清楚。尽管如此，在《都柏林教练宣言》的前两条中，仍体现了这些对话的某些精神。代表们为达成以下目的而寻求促进全球对话：
>
> 1. 通过创建共同的核心职业道德、执业标准和教育方针，从而保证质量，以及在我们的实践中居于核心地位的能力的完整性，对这一职业达成共同的理解。
>
> 2. 认识到并确认教练的多学科属性，是一系列学科以独特方式结合在一起，从而为个人、组织和社会创造新颖而独特的价值。为实现此目标，我们必须通过努力对教练的过程、实践和结果进行研究来为教练知识体系做出贡献，以加强其实际的影响和理论的根基。

Lane描述了都柏林会议的成员是如何"清楚地意识到，他们希望将对话进一步推进，形成一个共同体，并且已经想出了多种方法来实现它"的。后续会议已经举行并且做了进一步的工作，但最关键的不是由这个组织来做这项工作，而是通过对话能在其他组织中也引发多种活动，从而自我形成的团体，将自己的理论向前推进。如Harnisch基金会会长Ruth Ann Harnisch所写的：

> 我们所写的内容是为了说明这个被称为全球教练共同体的执业共同体正在以最初的与会者所希望的那样有机地增长。看起来GCC的领导者能够认识自我，并且人们正在使其成为全球性的会议。我们和那些对其发展方向感到欣慰的人一同庆祝。

"全球教练共同体"是都柏林会议的参加者们给GCC的新命名。2009年11月，GCC在其社交网站上共有452名成员和25个活跃的重点方向组。此在线社区称为"GCC的实验性社交网站"。此网站禁止拉拢会员，也禁止会员进行拉拢活动，是一个"发展中的，自我扶助的平台，可供教练行业的相关人员，为了行业的利益而共享、探索、研究与合作"。

2009年的7月9日—10日，全球教练共同体在密德萨斯大学召开了一次座谈会。本次座谈会的成果与决定如下：

就10个工作组中的6个进行了对话、改组并采取了新行动；

GCC的过渡转型组（TSG）将负责咨询过程，以制定领导与交流框架并进行测试；

在"ning"网站上创建一个布告板，向GCC社区的所有成员发布，为GCC在全球的所有活动与会议提供定期更新。

从2008年都柏林会议以来，全球教练社区连续进行了一系列地区级的教练对话活动，包括2010年9月1日—3日在新加坡召开的亚太教练会议和2011年5月11日—14日在南非召开的GCC彩虹会议。

国际教练研究论坛（ICRF）

ICRF由Mary Wayne Bush和Carol Kauffman召集，由Ruth Ann Harnisch和David Goldsmith赞助，并得到Sunny Stout-Rostron的协助。来自7国的40名学术研究者和来自该领域的其他人士在哈佛教授俱乐部召开会议，对100项研究进行了鉴定，这些研究通过教练相关的研究使教练领域推向进步。

教练基金会研究主管Mary Wayne Bush认为"此全球论坛是专门为发现建立教练专业和指示体系而召开的"。联席主席Carol Kauffman指出"这100份简短的研究建议可供任何人参阅，它们大致以'教练增长模型'为基础（目标、现实、选择和前方的道路）。这些想法提供了100种选择，可产生教练研究的100种可行的方式。我们的希望是，教练、学生和研究者在这些研究想法的启发下能对研究了解得更多，或在其鼓舞下创建自己的项目”。

“通向专业化的道路是通过过硬的科学、循证的研究成就的”，教练基金会的创办人和 ICRF 的共同赞助人 Ruth Ann Harnisch 说，“教练是一个令人着迷的领域，有着很多能改变人生的可能性。但由于在世界范围内存在的不同概念如此之多，这一领域并不统一，也不存在制度或管制。没有客户可作为最后手段的仲裁庭，也不存在‘道德警察’，对于什么是好的教练，也不存在共识。这些国际研究者充当了学术看护者的角色。他们握有促使这一新兴领域进步的研究的钥匙。”

由于 ICRF 所做的工作和由此所结成的关系，Ruth Ann Harnisch 成立了 Harnisch 教练基金，该基金将继续新一轮与教练相关的研究资助，并将对教练学会的创立提供支持。其总部位于哈佛医学院的教学机构麦克莱恩医院。该基金计划每年向与教练相关的研究提供 10 万美元的资助，至少持续到 2015 年为止。在协议中特别承诺“利用教练基金会以往的成功经验，并将组织所做的努力延续到麦克莱恩医院目前正在推进的工作”。协议中说道：“基金会的目的将会是创建有经验支持的教练行业最佳时间，特别是关于教练关系转型和有效改变战略方面的同行评审研究，然后确保将这些研究成果进行广泛传播，以鼓励在日常生活中应用教练的对话模式。”教练学会目前由 Carol Kauffman 和 Lew Stern、Susan David 和 Margaret Moore 共同领导。

第二届 ICRF 于 2009 年 11 月 11—12 日在英国伦敦召开。

总结

随着循证实践在教练和教练心理学领域中的推行，自 2000 年以来，旨在衡量教练效果的研究基础一直在不断扩大。循证方法具有提升实践和培训标准、提升教练介入可信度，以及拓宽教练个体的思路和实践的潜力。

随着对循证教练和发展教练心理学分学科的重视不断提高，实践和研究之间所存在的差距正在不断地缩小。2007 年，Grant 和 Cavanagh 认为教练行业面临以下两大难题：

> 首先，如何形成既有成熟理论又有实证基础支持的知识库……
>
> 其次，教练行业领导者、研究者和从业者如何使视野超越眼前的研究主题，扩展到教练在未来如何帮助改善个人生活、组织，以及整个世界的可持续发展性。

尽管已经有了一些进展，但直到2009年年底，这仍是教练行业存在的两大难题。通过和正向心理学分学科展开合作，第二个难题或许能部分得到解决。

随着教练实践在学术机构内的接受度越来越高和研究的日益活跃，“将工业与组织心理学、临床和发展心理学、正向心理学等现有的心理学方法融合为一体的条件已经成熟”。看来教练行业将会继续扩展其知识体系，并提高其作为一个新兴职业的认知度。

Coaching Technology

结语

教练行业的未来

在本书的结语部分，我将首先呈现描述教练学的兴起和当前状态的概念模型。然后，我将分享对于教练学及其兴起的调查研究结果，并阐述这一领域当今所面临的挑战。最后，我将展望教练学未来可能的发展前景。

“这次经济危机并不是一个循环周期，而是一次重新洗牌。”通用电气的首席执行官 Jeff Immelt 说，“它是一次感情、社会和经济的重新洗牌。”

教练行业兴起于 20 世纪后期，诞生于快速变化的社会经济环境之中，并受到心理学、商业、体育和成人教育等起源学科的滋养。在几十年后的现在，当我们面对教练行业现今面临的专业挑战时，从其时间较短但呈现爆发式扩张的发展历史中，我们获益良多 。这段以起源学科之间的互动，以及交叉学科的发展为特征的教练学发展历史，在代际差异、创始者的不同专业背景，以及这一时期的社会经济学形势不断变化等因素的作用下，进一步复杂化。

为便于大家了解教练行业复杂、动态的历史，以及这段历史如何揭示了该领域当前所面临的专业挑战，本书着重阐述了各相关起源学科的影响、创始者背景对这门新兴学科及其实践的影响，以及导致教练这门独特的学科在 20 世纪晚期兴起的社会经济学因素。鉴于我们周围的世界正在不断经历着社会经济的演变，本书以这种方式阐明了从教练学的起源学科中借鉴的实践工具和理论模型，今天的教练使用这些工具和模型的方式，以及今后的教练可能会使用它们的方式。

因此，在本书的结语部分，我将首先呈现描述教练学的兴起和当前状态的概念模型。然后，我将分享对于教练学及其兴起的调查研究结果，并阐述这一领域当今所面临的挑战。最后，我将展望教练学未来可能的发展前景。

转折点

首先，我将分享一个我所开发的概念模型，它可以作为一种观察教练学兴起的方式：今天的情况和未来可能的情况。我采用了 Malcom Gladwell 在 2002 年所推广的两点：转折点和创新扩散曲线。我将从图 34 开始一步一步地解释。

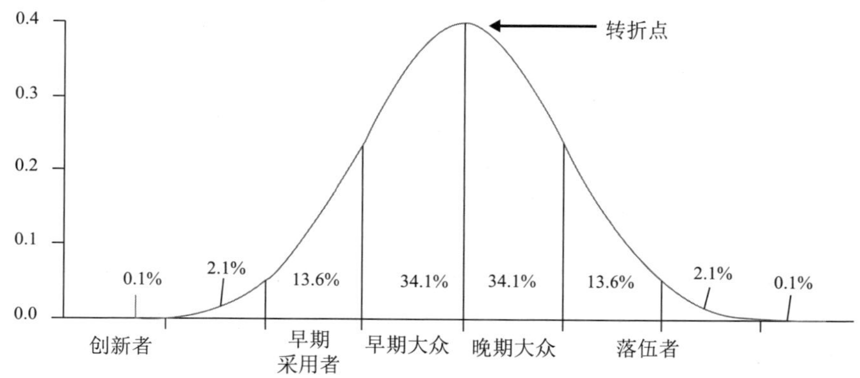

资料来源：摘自 Brock 的著作

图 34　创新扩散曲线

这是创新扩散曲线——它是一个标准的钟形曲线，表示对新现象的适应情况。创新者，即在真正发生之前可能就已经预见到并采取冒险行动的人，然后是早期采用者或团体中的早期意见领袖。这就是 Everett Roger 模型，直到 Gladwell 在 2002 年对其推广后才为人所熟知。也就是说，创新者是那些会说“有一种更好的办法来做这件事”的人，而早期采用者则是那些说“嘿，这真不错，我要加入”的人。紧接着就是早期大众和晚期大众，这是两个最大的群体。这些是那些跟着说“我也要，我也要，我是教练”的大众。正是这两个群体的出现才会出现转折点，而随着这种现象的接受程度和标准化程度的提高，创新的内容就开始减少，而曲线开始掉头向下。最后出现的是那些说“我猜教练学并不是流行于一时，可能会流行一阵”的人，他们是最后一群人。

转折点出现在一种现象开始有了生命并开始到处出现的时候。Gladwell描述了一种符合这种钟形曲线的病毒性的流行病——这既可能是正面的也可能是负面的。转折点就是在突然间可能发生瞬间变化时，而你并不知道流行病发展的方向。

我把这一曲线和这些概念应用到教练学的兴起。我创造了一条兴起曲线（图 35），一条从 1985 年开始到 2015 年结束的 30 年曲线。1985 年，在英国和美国开始出现了一些教练学，并且加入这一被称为教练学的新领域的人大量增加。我把这些人称作影响者，并分成三类：第一类是开创者，他们并不出现在这张图上，因为他们的影响开始的时间远远早于 1985 年。他们是 Abraham Maslow、Carl Rogers 和 Fritz Perls 这样的人，即在教练学还不存在的时候就在相关学科创建了最初的理论和模型的人。第二组我称之为传递者，或第一代教练。这些人是 1985 年—1995 年间的创新者和早期采用者。他们是把开创者的模型和理论付诸教练实践的人。Timothy Gallwey、John Whitmore 爵士、Thomas Leonard 和 Laura Whitworth 属于这一群人。有些以咨询的名义实施教练行为的心理学家也归入传递者一类。第三类包括第二代和以后各代的影响者，或从历史的角度，可以看作新兴的影响者。归入这一类的有 Marshall Goldsmith、Anthony Grant、Cheryl Richardson。

随着新兴的影响者的出现，就有了为本领域制定结构的人。这些人包括从 1995 年开始，数量不断增加的培训学校和专业协会的领导者。到 2000 年为止，已有至少 10 家教练专业协会。2000 年以前，英文的教练书籍共出版了 165 本，其中 95% 是在 1995 年—2000 年期间出版的。随后，在 2000 年—2005 年期间又写了 200 本书。今天，即使要数清到底写了多少本教练书籍都是不可能的。后期的书籍主要围绕着教练的有利基础、如何开创业务，以及教练的实证等问题。

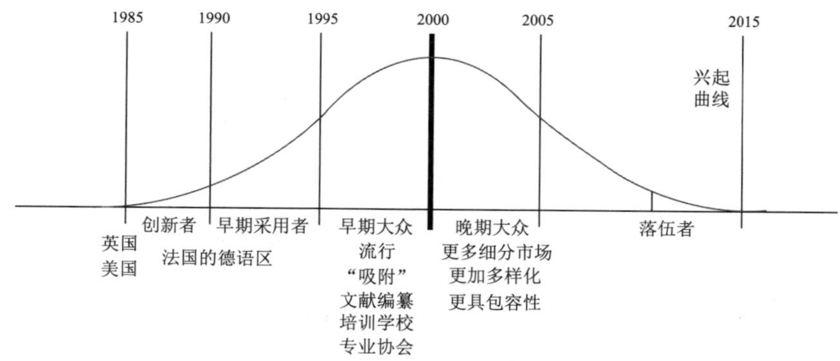

资料来源：摘自 Brock 的著作

图 35　教练学兴起曲线

当我们在 2000 年达到转折点时，我们发现竞争变得骤然激烈：“我做教练比你出色”，“你得接受培训并且拿到证书才能成为一个‘真正’的教练”。这种竞争在本领域内是普遍存在的，从专业协会之间在吸引会员方面的竞争，到学校吸引学生的竞争，再到教练吸引客户的竞争。“我怎样才能做到与众不同？”如果我们只看 2015 年的兴起曲线，我们可能会下结论说，教练行业或许会不存在了，我们正处在下降过程中。但实际上教练行业甚至变得更强大了。

我假设开始了另一条创新曲线。如果看一下这条我称之为显著曲线的另一条曲线（见图 36），就能看出，它实际上从 1995 年，也就是兴起曲线开始的 10 年后开始。这条曲线在这 10 年中较早的那几年里，受那些创造了循证和学者 – 实践者模型的人的驱动。这些术语在教练学的早期是闻所未闻的。在学者参与进来后，开始通过研究，重新在教练理论和模型与实际的执业者之间建立起联系。在这条曲线的影响下，我们在 2010 年将迎来下一个转折点，而显著曲线将终止于 2025 年。可能还会有另一条曲线。这是在假设的教练世界观基础上可能的未来。

但是，如果教练行业只是沿着显著曲线而延续下去，同时仍然这样竞争下去，而教练的定义范围进一步收窄，并且谁是教练谁不是教练这样的争论继续下去，则我们的增长率或加速率将在 2010 年开始下降，即使这

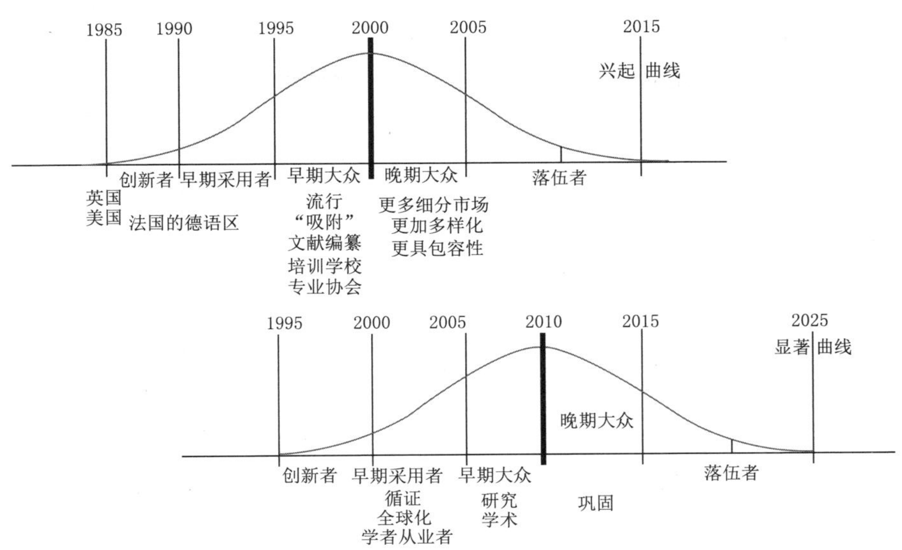

资料来源：摘自 Brock 的著作

图 36 教练学显著曲线

个领域仍在增长。另一个因素是外部的社会经济要素，包括世界范围内的经济衰退的影响。虽然存在我们这些在教练领域内的人能够控制的内部因素，但还有大量的外部因素是我们无法控制的，以及在所有教练之外的领域里的许多其他适应曲线。我所发现的创新曲线并不是孤立的。

观察与挑战

影响教练导入的因素既有代际的，也有不受时间限制的。我的研究已经确定，教练行业的出现是特定的人、影响学科和大量社会经济要素交叉作用的结果。以下五点确定了理解教练行业的出现和当今现状的框架。

历史观察

1. 教练行业是在多个独立起源学科的作用下在多个地点同时诞生的，然后通过一系列复杂，同时又有些不可预见的关系推广开来；

2. 教练行业有着很大的知识框架，它包含了多学科的协同，以及相互滋养的实践与理论；

3. 现代教练模式与实践既不统一，其应用也不僵化，而是动态和随环境改变的；

4. 教练行业因其能在一个快速变化而复杂的世界中填补尚未满足的需要而存在；

5. 教练行业是在新开启的，以多样化和包容为特征的整体社交网络的出现而诞生的。

第一，教练行业是在多个独立起源学科的作用下在多个地点同时诞生的，然后通过一系列复杂，同时又有些不可预见的关系推广开来。这一初始阶段发生在20世纪的60年代，这一时期对人才和职业的探索及其增长是史无前例的。人类潜能运动就是这一时期的产物，它给我们带来了Esalen、NTL、Tavistock和Findhorn等，而教练行业的快速扩张正是在上述会议中一系列机缘巧合的学科间聚会的驱动下出现的。在这些会议中，那些关键的人物通过面对面的会议、研讨会和论坛互相联系，当时的技术远未达到使这种互动过程轻松实现的地步。到了信息时代初期的1995年，教练行业的扩张通过会议、研讨会和论坛（无论面对面还是虚拟环境下）而实现了高速增长。

第二，教练行业有着很大的知识框架，它包含了多学科的协同，以及相互滋养的实践与理论。教练行业所吸引的人来自各个学科，并且有着各种丰富的生活经验。新兴领域的合作性质推动了这些想法和实践的相互滋养，它们可根据教练的环境和特定需要，以及才能的不同，适用于每个教练和每个接受教练服务的人。这种相互滋养在某种程度上仅限于教练行业的最早时期，因为今天进入教练行业的人才的背景似乎不如以前多样，而且以前这些人用来聚会的论坛的数量也变少了。

第三，现代教练模式与实践既不统一，其应用也不僵化，而是动态和随环境改变的。教练实践是根据教练和接受教练的人、环境和教练互动发生时的具体条件而量身定制的。今天的教练所重视的是，客户想要做什么或想要成为什么样的人，以及客户怎样做才能更好地实现这些愿望。教练环境的流动性质要求每位教练不仅要有坚实的知识基础，还要依靠直觉、创造和灵活性。

第四，教练行业因其能在一个快速变化而复杂的世界中填补尚未满足的需要而存在。这种需要，无法通过传统的，以病理为中心的治疗——或称“疾病”模型——来满足，而要转换到建立在人本主义心理学和后现代视角的整体哲学为基础的“健康”模型上才能得到满足。虽然人本主义的出现已经证明了这种转换，大多数临床心理学家仍在实行这种“疾病模型”。教练方法的出现则在增加来自其他领域的补充实践的同时而不受传统临床实践的限制，于是就变得更加具有互动性，更倾向于客户驱动，也更顺畅。

第五，教练行业是在新开启的，以多样化和包容为特征的整体社交网络的出现而诞生的。教练行业的这种第一阶段充满了探索和包容，需要通过相互适应来创建关系。其方法多种多样、鼓励分享与合作、好奇心丰富，并且社交网络开放而又轻松。对于 20 世纪 60 年代的美国来说，目标是把人送上月球。对于早期的教练而言，目标是为他人的健康和成功做出贡献。每个人都受欢迎，大家会兴奋地宣布他（她）的想法。这些教练相遇时，他们的反应是“哦，太好了，你也是教练”。

竞争，或人们指指点点，反对说教练不应该这样或那样——像我们在 20 世纪 90 年代看到的那种情况——在早期根本不存在。我们听到“教练只有一种方式，如果你不按这个方式来，你就不是教练”这种说法时，已经到了那个时代。在 20 世纪 90 年代后期发生过这样一个例子，某人因为是心理学家而不能在一个教练专业协会的理事会中担任职务。我认为，自从教练行业存在以来，我们已经使这种开放性变得狭隘，以至于开始说“我的教练方式不同于你”，或“如果你没有证书，怎么还能当教练？”

了。在某些地区，有证书就等同于没有挣到足够的钱，而没有证书则等于业务蒸蒸日上。在教练行业刚刚出现时，它是开放的，是狂野的西部。教练领域看起来已经转向，开始回归相互滋养和包容的时代。像教练共同体（Coaching Commons）和大师对话（Conversation Among Masters）这样的论坛纷纷涌现，来自各种背景的教练可以在其中聚会并分享独特和共同的观点。

现在，我将根据对教练历史的这五个观察结论提出五个问题，专门针对教练行业今天所面临的专业挑战。

专业挑战

1. 从教练基本学科中抽取的模型和理论如何能以有效、符合职业道德和专业的方式被那些没有这些学科背景的人应用；

2. 我们怎样才能形成教练学的统一知识体系，以便所有像我们这样背景各异的人既能够创造性地付诸实践，同时又不会模糊与我们本来的学科之间的界限；

3. 从事教练工作并不需要教练知识体系、专门的培训或必须有什么资格；

4. 教练行业缺乏一个适用于所有教练专业的固定起点和一致的核心原则及理论；

5. 在一个需要以整合的方式追求创新、创造灵活性、合作和包容的社会经济环境下，教练成为一个有独特参数和公认知识体系的全球学科的潜力如何。

今天的教练所面临的最主要的专业挑战或许是那些从教练基本学科中抽取的模型和理论如何能以有效、符合职业道德和专业的方式被那些没有这些学科背景的人应用。例如，像我这样既不是心理学家，也非教学专家的人，怎样才能以符合道德，同时又有效的方式应用这些模型？而实际上，这些模型我已经用了很多年了，因为有人告诉我“有一种模型”，而我在不名其来历的情况下就说“太好了”。现在我们已经澄清了来龙去脉，那么我们作为一个领域对此将如何行动呢？心理学家的处理方法是增加一个教练心理学的专业屏障，说如果你没有接受过心理学教育，也没有心理学经验的话，就没有资格使用这些理论和模型。相反，你也可以说，如果你没有接受过教练培训，也没有教练经验，就没资格做一名教练；或者说除非你在一个行业工作过，否则就没资格担任那个行业的教练（即使你是一个心理学家或教育家）。在这种争论中涉及各种不同的因素。例如，如果从调侃的角度，心理学家和教练之间的差别不过是“每年 5 万美元”。

这个领域所面临的第二个挑战是我们怎样才能形成教练学的统一知识体系，以便所有像我们这样背景各异的人既能够创造性地付诸实践，同时又不会模糊与我们本来的学科之间的界限？

第三个挑战是，客户对我们的期望是：作为一名教练，我们能做什么，以及能提供些什么。比如，我们有哪些技术，我们在某个专业领域的表现如何等。但并不要求我们掌握某种教练学的知识体系，或接受过特定的教练培训或有任何资质要求。有人就教练客户选择教练的重要标准进行了调查，这些标准并不包括教练是否有证书或接受过培训。实际上，根据美国管理协会 2008 年所做的一次调查，在选择一名高管教练时，最看重的特征是在相关行业的经验，最不看重的是博士学位。

第四个挑战与教练行业在后现代的社会经济时期的演化有关：与其起源学科不同，教练行业缺乏一个适用于教练实践中的所有专业的固定起点和一致的核心原则及理论。不仅如此，在从业者逐渐理解如何与所有人，而不仅仅是一部分人打交道的情况下，教练的进化潜力正在不断增加。即使没有公认的知识基础，教练行业也在继续进化，在受心理学和商业影响的同时也在影响着它们。

我们的后现代时期以快速变化的社会经济状况、复杂性不断增加、技术进步、全球化的加深和环境危机为特征。第五个挑战与第四个密切相关，它针对教练成为全球学科的潜力——在一个需要以整合的方式追求创新、创造灵活性、合作和包容的社会经济环境下，教练成为一个有独特参数和公认知识体系的全球学科的潜力。

当然，这些挑战只有在现代视角下，即在一个划分和区分不同事物的世界下才被视为挑战。相反，在后现代世界则为我们提供了整合所有事物的可能性。考虑到这些差异，我将以彼此联系的方式看待这些挑战。

前三个挑战与创建可共同接受的知识体系，以及每个教练都了解并能胜任其选择的领域有关。要实现这些目标，本领域必须确保教练能有效地，以合乎职业道德和专业的方式应用本领域的理论和模型，即便他们并未接受过专业培训。本领域还必须能在不模糊其各起源学科之间界限的前提下形成统一的教练知识体系。最后，还必须能在客户对教练职责、技术和教练专业领域内的实践技能的期望与专业准备、资格要求和教练知识体系尚不存在的现实之间取得平衡。

在现代时期，为了确保每个人在从业之前都具备统一和客观的知识体系，形成了一套认证和专业跟踪制度。而注重创新和包容的后现代时期的观点则认为，由于跟踪轨迹太多，来自不同方向的人太多，上述过程无法实行。因此，本领域必须找到新方法来确保从事教练工作的人具备相应的能力。那么，我们如何确保所有的从业者都接触过那些作为其实践基础的理论和模型呢？我们怎样才能从传统的职业准备途径之外，为从业者提供继续扩充知识和锤炼技能的机会？

现代社会经济时期的反应是限制对知识的接触，并且规定必须有职业认证才能从业。这一认证过程是专制和统一的。后现代时期则崇尚创新、创造、灵活、合作与包容，并鼓励职责、技术和技能的混搭。因此，从后现代的角度，背景多元化和现有学科边界的模糊不仅是自然的，而且是受欢迎的。后现代时期的观点是，知识是可以获得的，并且为人们提供验证自身技能和技术的方式，以及因自身情况和需要改善技能与技术的方式。

剩下的两个专业挑战涉及教练学怎样才能成为在后现代社会经济环境下，具有公认的参数和一般公认的知识体系的独特的全球学科。同样，现代时期需要通过唯一性区分和部门分割来维持结构与秩序，而这些要求由需要这种区分的市场状况支撑。而后现代时期则是一个整合与联系不断加强的时代，在这种情况下，分明的界限价值较低。按照后现代时期的这种整合的观念，第一个挑战可以改为教练行业如何在与其他实践和学科整合的同时保持对客户的关注。第二个挑战可以改为，教练行业作为这些实际应用中的其他学科的一部分，必须能对市场对独特性的需求做出应对。

最后需要注意的是，我们教练必须提出的一个问题是“要想继续进步，未来我们还需要什么？”我们需要把教练学置于之前已经存在的其他学科的背景中，我们需要从前的巨人的肩膀来把我们撑起到那样的高度。因为我们都是彼此联系的，因此很难想象下一次创新会是什么，好让我们能推陈出新。事实是，我们所有的起源学科都面临着和我们相同的问题：以前有效的方法现在不一定有效，因为环境不同了。因此我们的起源学科也需要变化，和我们一样。

教练学未来可能的一种发展前景

未来可能的一种情况是教练学可能成为一种主导的世界观和全球文化。如果未来是这样的，教练学将在后现代时期的框架中兴起。我所收集的数据表明，外部社会经济因素将继续支持教练学的演化。教练学兴衰的关键在于内部因素。我用了创新扩散模型来探讨这些内部因素，然后通过生成一系列教练学创新曲线（见图 37）来跟踪教练学的内部因素随时间的变化。

这些创新曲线在一个 30 年的时间跨度内开始、达到顶峰，然后下降。这一时间跨度正在不断缩短。兴起曲线（Emergence Curve）开始于 1985 年，显著曲线（Prominence Curve）开始于 1995 年，而世界观曲线（Worldview Curve）开始于 2005 年。在 2000 年左右，兴起曲线上出现了一个转折点，当时教练学已变得闻名，并且已“商品化”。与此同时，发生了一次新的创新爆发，其特点是以循证和全球化为焦点的学术研究，显著曲线就从此时开始。我预言还有另一条曲线，我称之为“世界观曲线”，那时教练学将超越学科的局限，开始进入社交网络和全球世界观阶段。

在这一时期，教练学将有机会通过更大、更松散的网络促进本学科内部的多样化，或通过培育更小，更紧密的网络来使本领域变得更狭窄。包容的表现可能是一种连续过渡，在本研究中作为教练学定义的一部分呈现，而本领域的狭窄化则表现为针对所有教练类型的专门界定大量出现。

这种选择将影响所生成的教练曲线。

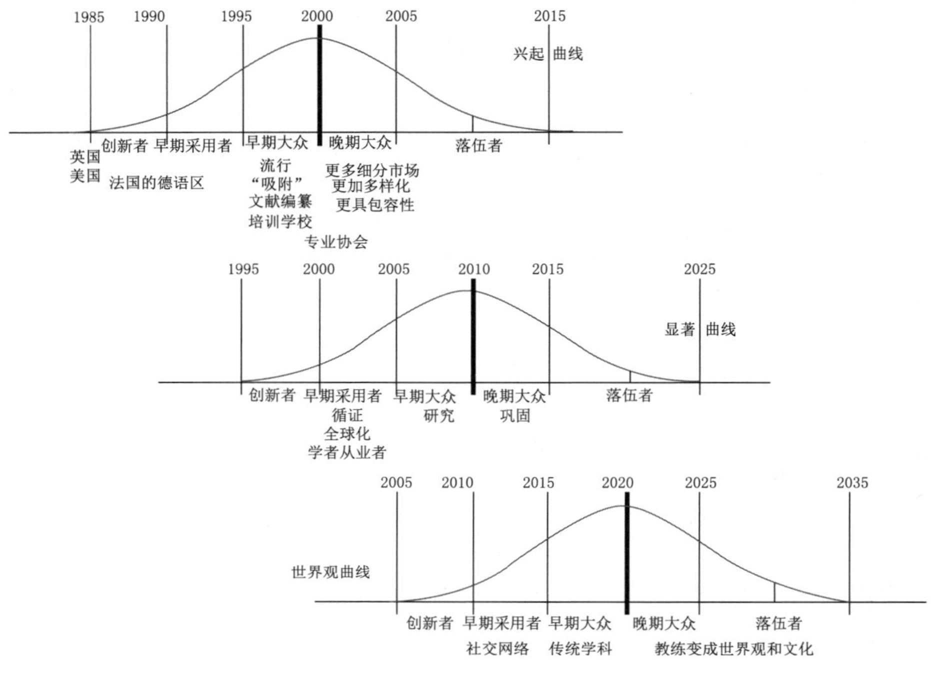

资料来源：摘自 Brock 的著作

图 37　教练学创新曲线

每条曲线的顶点都有模因和转折点的支撑，在这些点上，教练学都需要创新，否则就有制度化的风险，那时另一个团体就会拿出一个新的曲线，就如教练学为了应对社会经济因素而服从心理学一样。下一条教练曲线必须在前一个曲线到达转折点之前很早就开始。

世界观曲线开始于 2005 年，代表了社交网络的框架，当时教练正从人们交流的一种方式向一种主导世界观转变。我预言教练将和哲学与心理学一样，进入我们现代人生活的方方面面。我的这一愿望和 PPCA 相一致，该协会在 1997 年预言，20 年后，教练行业将不再像今天这样，而会被接受为人与人之间互动的主要方式之一。我的分析表明，教练学在向着成为一种主导世界观的方向已经迈进了几小步，并将在 2025 年达到世界观曲线的转折点。这些分析假设教练将借助国际互联网成为一种全球现象，而“教练方法”将成为各种组织和非组织情况下人才发展的组成部分，并且教练术语将开始在流行媒体和商业与专业期刊中出现。我的分析还表明，我们今天所了解的教练将与其他更进一步演化的教练形式并存。

有多个因素可能影响到教练成为世界观和全球文化的可能性，其中有两个内部因素会增加或降低这种可能性。

第一个内部因素取决于教练能否保持网络的开放。这是指与主网络之外的个人和学科存在松散联系（弱结合）的网络。网络越开放，就越容易将新观点和新机会介绍给网络的成员。同时，教练网络保持得越开放、越松散，对我们这种变化的环境的社会经济因素的响应也就越灵活机动。

第二个内部因素是教练在促进多样化和包容性方面的意愿和决心，也就是其商业方式的教练化，以及在教练领域内外的互动。我把教练化定义为合作精神和包容性，重视人们的贡献，并通过自我引导的学习和个人成长来促进改变。这种选择，即全面教练化，可能会影响公众对教练的看法，无论是正面的还是负面的。例如，如果只有持证教练才能做到全面教练化，则对持证教练的需求会大量增加。如果只有参加过特定培训课程或来自特定服务公司的教练才能做到全面教练化，则对某个培训课程的毕业生或来自特定服务公司的教练的需求将会大量增加。通过时时刻刻的亲自示范和参与教练行为，在转折点后也可能维持积极的流行态势。在到达转折点后，和那些针对所有交互方式为教练建立模型的人，没有联系的人也将自然地开始出现教练化行为。

旁注

1997 年召开的 PPCA 第二届年度会议的主题是“进入生活的方方面面”。他们预言在 20 年后，即 2017 年，教练行业将会是这种情况。但他们没有说我们所熟知的教练是否会消失。他们说，这就像今天哲学和心理学在我们生活中的地位一样。

你能做什么

未来可能的一种情况是教练学成为一种主导的世界观和全球文化。如果未来是这样的，教练学将是：

1. 一次开放、流动的社会运动；
2. 像传染病一样通过人际关系和互动传播；
3. 进入生活的方方面面；
4. 成为人际交往的优先交流过程和方式。

你能做什么

◇ 了解这些影响和贡献；

◇ 采纳包容性的教练学定义；

◇ 促进多样化和包容性；

◇ 支持教练学的有效应用；

◇ 亲自示范和参与教练行为；

◇ 将教练作为一种社会现象来加以支持。

为了将这种世界观变成现实，你能做些什么？

第一，你可以理解是谁为教练行业的出现和成长做出了贡献，然后重视这些贡献。

第二，你可以采纳有包容性的教练学定义——一种动态和根据环境而变化的方式，提供多种属性，可以按照教练服务的接受者、教练本人和具体环境来进行量身定制。

第三，你可以促进多样化和包容性——摆脱竞争模型。我们所说的教练是具有合作精神的，但我在教练中见到的诉诸政治化或竞争性行为的人比我在其他承认自己没有合作精神的行业还要多。

第四，支持教练学的有效应用，使医生和经理成为有效的教练。每个人都能称为有效的教练。我们可以支持他人的这种行为，而不要说“不行，如果你不是专业人员就不能担任教练”。

第五，对患者、员工和孩子使用教练方法，能使医生、经理和父母更有效地发挥其职责。这就是说，在你的生活中要时时刻刻，在各种交往中亲自示范和参与教练行为。

第六是“将教练作为一种社会现象来加以支持”。我们可以从把教练视为一系列实践，转变为将其视为一种社会现象——一种远远超乎我们的期望或想象的社会现象。我们开始从学科以外看待它，并且我们不再把自己局限在专业教练的壁垒中。这是教练学成为一种主导世界观的唯一方式——在它远远超越专业教练范围的时候。我们想从狭隘的“我们能从中得到什么”转变为博大的“大家能从中得到什么，如果我们能打开这扇门，整个世界都将变得更美好”。

总之，教练是一个正在兴起和演化的领域，复杂而充满活力，基于未来，同时又受其起源学科的顽固局限。本书旨在为教练这一行业和社会运动的持续发展做出贡献。

教练学既无须实现专业地位，也无须和相关学科有明确的界定，即可成为主导的世界观。我们现在有着难得的机会，可以为地球，包括动植物和我们自身这个物种的健康做出贡献。作为教练，应该有我们提出这个有力的问题。在本书中，我提供了一些事实，揭示了一些现象，并提出了一些问题。我邀请你和我一起发现并回答教练领域当前面对的这些，以及其他有力的问题，这也是整个世界最终需要面对的问题。

附录　主要社会经济、心理学、商业和教练事件纪年表

	社会经济状况	心理学	商业	其他	教练
18世纪	自然科学（生物学、地理学）和物理科学（化学、物理）开始从哲学中分化出来				
19世纪	社会科学（经济学、心理学、社会学、语言学和人类学）开始从哲学中分化出来并采用科学方法 工业革命 法国大革命	从意识、感觉和知觉的研究开始 心理学家将无意识变为有意识	开始从经济学中衍生出来 随着工业革命而产生了工人培训、激励、组织结构、控制幅度等理论；随着工业革命所产生的专业化和复杂化，人员管理和咨询开始出现		
1900年 — 1929年	物理学发现了相对论 内燃机被发明出来 第一次世界大战 咆哮的20年代	精神分析开始成为主要的心理学方法； 在1900年左右产生了以下专业分支学科：工业组织、临床、咨询、社会、发展、教育心理学 1918年创建了运动心理学 行为主义开始挑战精神分析理论，并从20世纪的第二个十年里开始成为主导影响力量	在科学管理理论的鼓励下，开始以科学的方式遴选、培训和培养工人 在计划、组织、指挥员工、协调行为和控制员工方面的管理职责 对于人员作用方面的理论已经很成熟 人际关系运动开始，以工人的态度和感觉为焦点 将心理学理论和模型根据商业需要进行修改后用于商业管理 咨询的重点开始从工程转向成本会计	从整体方法转向以行动为导向，包括从心理、身体和精神角度对性格与行为进行探讨（由内向外和由外向内）	

（续表）

	社会经济状况	心理学	商业	其他	教练
1930年—1959年	现代化生产的商品开始进入日常生活，如电话、电器和汽车 第二次世界大战 顶尖科学家和心理学家逃离纳粹统治下的欧洲来到美国	整个50年代由行为主义占主导，提倡可观察、研究，并通过科学方法验证的经验方法 为了治疗从第二次世界大战中返回的士兵，临床心理学的需求高涨 1949年召开的历史巨石会议（Historical Boulder Conference）讨论了临床心理学研究生的培训标准 人文主义方法的发展拓展了心理学的参数，开始注重人类经验中的个性、本体论和现象学因素 格式塔理论流行，该理论注重选择的责任和活在当下 认知心理学在50年代后期开始出现，该学科考察心理扭曲等心理过程	管理、咨询、教育和发展学科开始推崇军事命令和控制模型；20世纪30年代的法规变动引发咨询业前所未有的增长 20世纪30年代的霍桑研究（Hawthorne Studies） 20世纪40年代产生了作业研究（Operations Research）（一种解决管理问题的科学方法） 通过提升组织的活力来鼓励个人参与决策 个人和组织转型模型产生 20世纪50年代追求生产率和组织效率 行为科学创生，目的是为了提高个人在群体中的技能/自信 20世纪50年代的领导力理论受到行为心理学的很大影响 定义了管理能力 20世纪50年代产生了系统论、质量运动和目标管理 随着科学管理而出现了组织发展学（OD） 国家培训实验室（NTL）成立，作为OD的群体和个体哲学中心	匿名戒酒协会（Alcoholics Anonymous，简称A.A.）于1935年成立，匿名戒毒协会（Narcotics Anonymous）于1953年成立 卡耐基、希尔、Peale、Maltz、Holmes和Hubbard等人的个人成功与激励类书籍出现 方法演技派出现，演员依靠感情和记忆来塑造角色 50年代后期出现了成人发展学科	顾问、治疗师和组织心理学者对高管提供“咨询” 在咨询公司基础上，由心理学家实施的发展咨询与教练类似 销售教练的重点是怎样成为一名更好的销售人员 在教练和业绩提升与管理发展类的文章开始零星出现

（续表）

	社会经济状况	心理学	商业	其他	教练
1960年—1979年	越南战争 反主流文化、嬉皮士运动和女权主义 《人权法案》和《堕胎法》在美国颁布 关于替代医疗和精神治疗的非传统模型出现 东西方通过音乐走到一起，甲壳虫乐队（Beatles）的音乐，以及提倡自助的书籍	从医疗模型转向人类成长模型 注重健康而不是疾病，对人生的观点更加整体化 依莎兰研究所成立并成为人类潜能运动（Human Potential Movement）的中心，吸引了许多人文主义心理学家 20世纪70年代开始出现以解决方案为主的方法 20世纪70年代，从人文主义心理学中诞生出超个人心理学，包括意识的精神状态和状态改变	X理论和Y理论领导力模型出现 过程咨询、管理方格和情境领导力模型被创造出来 NTL（美国）和Tavistock（英国）开始进行敏感性培训 用参与性领导方法对基于任务和基于关系的行为进行了探索 组织的卓越理论形成 在管理学范围内界定了领导力 格式塔治疗概念和方法被应用于OD 咨询业成功实现产业化	人文主义–超个人主义心理学与运动对成绩的注重结合起来 针对暴食者的12步程序在1965年开始出现，针对赌博者的该疗法在1970年出现，针对可卡因使用者的疗法在1979年出现 心灵动力（Mind Dynamics）创立，这是第一个大组织意识培训（LGAT）机构，之后又出现了EST训练、Lifespring等	随着在OD和心理学结合后，观察到领导角色的改变，从而在商业界诞生了教练 高管和商业教练诞生于领导力课程和评估中心 在20世纪70年代出版了17篇关于教练的文章，还有4本关于由经理担任教练的文章 顾问、治疗师和组织心理学者继续为高管提供“咨询” 同侪资源网络组织成立，旨在解决教育中的同侪导师问题

（续表）

	社会经济状况	心理学	商业	其他	教练
1980年—1989年	一个不确定、模棱两可、充满悖论和断裂的时期 社会、经济和文化变化的发生更加频繁 冷战结束和“柏林墙”倒塌 日本和欧洲的工业实力增强 主要工业国在这一时期变得相对富裕	主流心理学强调对认知过程的研究 治疗开始成为主流，治疗师开始服务于寻求自我改善和保持人生平衡的成功人士 相互咨询（Co-counseling）使咨询行业进入大众 超个人心理学回归一个世纪前由James和Wundt开创的意识研究，不过采用了更为整体化的方法	Luthens将行为心理学家的著作转换为管理模型和语言表示的组织行为矫正（Organization Behavior Modification） 权力从经理权威向员工参与的转变 管理理论转向合作、参与和影响 过程改善的质量运动和计划–执行–检查–处理（Plan-Do-Check-Act）模型 人力资源部门开始从员工中分化出来 员工帮助计划（EAP）出现，旨在提供个人或职场咨询	方法演技演员的培训经过发展，包括了一些工具的利用，如荣格心理学（Jungian psychology）的原型人 自助行业和12步程序的影响扩大 Erhard的EST训练成为本体论的论坛	运动界的内心游戏（Inner Game）方法被引入商业，并被称作教练 最早以提供个人和商业教练服务的公司在英国和美国成立 心理咨询公司开始提供称为教练的服务 体育教练和商业人士确定了所有学科的共同教练原则 最早向个人和企业提供教练培训的培训学校在美国和欧洲成立 教练开始引入德语国家的企业 教练学文献增加，出现了博士研究并发表了29篇文章 出版了5部关于主管如何通过教练来提高业绩的书

（续表）

	社会经济状况	心理学	商业	其他	教练
1990年 — 2004年	继续处于不确定、裁员时有发生、全面质量管理的普及和文化变革 富国和穷国之间的经济差距拉大 苏联解体 中国改革开放 从工业化到信息化社会的转变 移民和全球化 个人电脑、互联网和其他数字通讯工具的普及 层级权力的衰退 对健康的关注增加 用整体和系统方法来应对复杂性和变化率的方法开始在世界上出现 创业精神和服务业经济的兴起 呈现出后现代社会的复杂性 全球意识和精神范式的变化开始出现 对人类的人文主义世界观 个人主义趋势的形成 重视环境的可持续性 世界恐怖主义开始成为关键因素	出现了两个新的专业分支学科：正向心理学和教练心理学，二者都从人文主义的角度，体现了应对普通人群的多学科和整合式方法 正向心理学是对人类的最适宜活动的科学研究 个人成长研讨会继续流行	随着对长时间工作带来的压力和影响的担心，出现了工作–生活平衡的问题 重点转移到个人生产率 从商业解决方案转向有很高潜力的职业发展 跨学科方法和理论成为标准 领导力理论包括了平衡计分卡、管理模式重组、复杂性理论和领导力科学和情绪智力 组织学习和系统思维被结合到一起 为实现组织改变而创造了欣赏式探寻（Appreciative Inquiry）		针对教练的培训学校/课程的数量在1995年从2个增加到8个，到2004年增加到164个 职业教练协会在2004年从0增加到12个 教练年度会议的次数在2003年从0增加到16次 教练方面的出版物数量从2000年的0增加到2004年的4种 从2001年开始，共有6篇支持循证教练的同行评审教练文章 教练心理学（在2000年被承认为独立学科）专业兴趣小组在英国和澳大利亚的心理学组织中成立 美国的咨询心理学家出版了3期关于高管教练的杂志 虚拟远程课程教练培训推动了教练行业在全球的扩张 出现了第一个公司内部教练任务 20世纪90年代共出版了79部教练方面的书籍，其中62%在1998年—1999年期间出版 从2000年到2004年共出版了153部教练书籍 在商业和心理学期刊上共发表了132篇教练方面的文章 教练文化开始成为常见的商业术语

致　　谢

感谢我的父母给予我的关爱、支持和启迪，使我的生活如此充实。我与父母之间的关系转变成永恒的友谊，这令我倍感庆幸。

我在世界各地的朋友和同事们，非常感谢你们在我忙碌无暇时给予我的关爱和支持。在此特别感谢 Terry Musch、Sylva Leduc 和 Cynder Niemela，感谢你们在我分享最近的成功与挑战时耐心聆听，并给予中肯建议。

感谢我的论文导师 Francine Campone，感谢您帮我构划研究主题，启迪我成功到达终点；感谢我的第一写手 Cory Williamson，是你教会我如何在事实和轶事的基础上编写有趣的故事；感谢 Andrea Lee 及时雨般的全力支持；感谢我的编辑 Nick Wilkins，感谢你始终伴我左右，让我一直走在正确的方向上。

我还要感谢 Ruth Ann Harnisch——我的赞助人、朋友和榜样，她在将教练学及其优势推向世界方面的成就无人能及。

最后，我要衷心感谢免费与我分享经验和智慧的 170 多位专业人士。这本书记录的就是你们献身提升人类体验事业的生动故事。谨以此书纪念你们对人类潜能开发做出的巨大贡献。